南島法と多元的法体制

徳永賢治著

成文堂

目　次

　　初出一覧

序　章
　　一　はじめに……………………………………………………………1
　　二　問題の所在………………………………………………………3
　　三　本書の構成………………………………………………………5

第一章　沖縄からみたホッブズ『リヴァイアサン』
　　一　はじめに……………………………………………………………9
　　二　『リヴァイアサン』の口絵……………………………………10
　　三　国家の設立………………………………………………………12
　　四　主権者への臣民の服従義務……………………………………14
　　五　リヴァイアサンの顔と人格……………………………………16
　　六　おわりに…………………………………………………………17

第二章　多元的法体制考
　　一　はじめに…………………………………………………………21
　　二　国家法一元論神話の略史………………………………………22
　　三　多元的法体制論成立前史略……………………………………24
　　四　多元的法体制論の成立…………………………………………26
　　五　おわりに…………………………………………………………28

第三章　多元的法体制再考
　　一　はじめに…………………………………………………………31
　　二　ハートの法＝ルール体系説……………………………………32
　　三　多元的法体制の諸事実…………………………………………35
　　　1　超国家的地域組織としてのEC（35）
　　　2　慣習法と先住民の固有法（36）

　　　　　3　商慣習法（law merchant）（38）
　　　　　4　インターネット上の知的財産権（39）
　　　四　多元的法体制論 ………………………………………………… 40
　　　五　おわりに ………………………………………………………… 42

第四章　来間島における部落有地の利用とその開発をめぐる
　　　　法的紛争
　　　一　はじめに ………………………………………………………… 47
　　　二　下地町・来間の概況 …………………………………………… 49
　　　　　1　下地町の概況（49）　　2　来間の概況（51）
　　　三　来間の振興・開発 ……………………………………………… 60
　　　　　1　部落有地開発の経過（60）　　2　紛争の発端（62）
　　　四　部落有地西原505番地の1 ……………………………………… 67
　　　　　1　賃貸借権確認請求事件（67）　　2　和解無効確認請求事件（71）
　　　五　訴え取下げの法文化的意義 …………………………………… 75
　　　六　おわりに ………………………………………………………… 79

第五章　入会林野近代化法と徳之島町手々の共有林
　　　一　はじめに ………………………………………………………… 85
　　　二　徳之島町・手々の概要 ………………………………………… 86
　　　　　1　徳之島町の概況（86）　　2　手々の概況（90）
　　　三　徳之島町・手々をめぐる行政・林野の沿革 ………………… 94
　　　　　1　琉球・薩藩時代（94）　　2　部落有林野統一まで（96）
　　　　　3　手々共有林の成立（98）　　4　共有林成立以後（102）
　　　四　手々共有林 ………………………………………………………103
　　　　　1　手々－与名間紛争（103）　　2　入会林野近代化整備事業（107）
　　　　　3　手々生産森林組合の設立（111）
　　　五　おわりに …………………………………………………………114

第六章　宇検村阿室における枝手久島共有地の開発と入会裁判
　　　一　はしがき …………………………………………………………121
　　　二　宇検村の概況 ……………………………………………………121

三　阿室の概況……………………………………………………126
　　四　宇検村・阿室における林野の沿革……………………………129
　　五　枝手久島共有地の開発…………………………………………131
　　　1　開発の決定と方法（131）　2　紛争の発端（132）
　　六　入会裁判…………………………………………………………135
　　　1　第一次訴訟（135）　2　第二次訴訟（146）
　　七　阿室振興組合の設立……………………………………………162
　　八　おわりに…………………………………………………………168

第七章　深山をめぐる瀬戸内町・篠川・阿室釜の入会紛争
　　一　はじめに…………………………………………………………177
　　二　瀬戸内町の概況…………………………………………………178
　　三　篠川・阿室釜両集落の概況 ……………………………………189
　　四　大島、瀬戸内町、篠川・阿室釜をめぐる行政・林野の沿革…195
　　　1　藩制時代（195）　2　明治時代（198）
　　　3　大正〜戦前（203）　4　戦　後（205）
　　五　入会紛争…………………………………………………………210
　　　1　入会紛争の始まりと経過（210）
　　　2　入会紛争の法的争点（214）
　　六　入会紛争の法的分析……………………………………………215
　　七　おわりに…………………………………………………………219

第八章　金武町金武の入会裁判とシマの法文化の変容
　　一　はじめに…………………………………………………………235
　　二　金武町・金武区の概況…………………………………………236
　　　1　金武町の概況（236）　2　金武区の概況（241）
　　三　金武町・金武区における行政・林野の沿革略史 ……………242
　　　1　行政の沿革略史（242）　2　林野の沿革略史（245）
　　四　入会裁判…………………………………………………………250
　　　1　那覇地方裁判所（250）
　　　2　福岡高等裁判所那覇支部民事部の判断（266）

五　判決の検討 …………………………………………………………… 276
　　　　1　当事者にとっての判決の意義（277）
　　　　2　民法の「公序良俗」と慣習の有効・無効判断（278）
　　　　3　国家法一元論と多元的法体制論（279）
　　六　おわりに ……………………………………………………………… 279
　　　　1　米軍基地（日本政府提供地）からの軍用地料と入会集団の範囲（279）
　　　　2　少子化社会の到来と位牌継承慣行の存続可能性（281）
　　　　3　新しい入会裁判の出現（281）
　　　　4　シマの法文化の変容（282）

第九章　ヤップのタビナウを考える
　　一　はじめに ……………………………………………………………… 289
　　二　ヤップ概観 …………………………………………………………… 290
　　　　1　地理、気候、人口等（290）　　2　略　史（292）
　　　　3　行政、経済（299）
　　三　土地の保有と利用 …………………………………………………… 301
　　四　土地保有権と土地所有権 …………………………………………… 303
　　五　土地の売買と相続による移転 ……………………………………… 304
　　六　おわりに ……………………………………………………………… 305
　　補論　ヤップの石貨 ……………………………………………………… 309

終　章　西欧近代法と南島法の研究
　　一　「守禮之邦」から「守法の国」へ ………………………………… 317
　　二　西欧近代法の特質 …………………………………………………… 320
　　三　南島法と時間 ………………………………………………………… 322

　あとがき ……………………………………………………………………… 327

初出一覧
(本書収録にあたり、発表当時の字句を必要に応じて加筆・修正した。)

序　章
「南島法研究と法文化論」南島文化研究所所報31号1-2頁（1988年）

第一章　沖縄からみたホッブズ『リヴァイアサン』
「沖縄からみたホッブズ『リヴァイアサン』の一解釈」法哲学年報（1991）（所有権論）151-160頁（1992年）
「T.ホッブズとW.ハーヴェイ」沖縄法政学会会報7号13-16頁（1995年）

第二章　多元的法体制考
「多元的法体制考」沖縄法政研究2号39-50頁（2000年）

第三章　多元的法体制再考
「多元的法体制再考」沖縄法政研究5号67-86頁（2003年）

第四章　来間島部落有地の開発をめぐる法的紛争
「来間島における部落有地の利用とその開発をめぐる法的紛争」宮古・下地町調査報告書(3)（地域研究シリーズNo.17）123-149頁（1992年）
「シマの土地紛争とその法文化的意義」法と政治43巻4号1153-1194頁（1992年）

第五章　入会林野近代化法と徳之島町手々の共有林
「入会林野近代化法と徳之島手々の共有林」徳之島調査報告書(3)（地域研究シリーズNo.8）19-46頁（1985年）

第六章　宇検村阿室の枝手久島共有地の開発と入会裁判
「宇検村阿室における枝手久島共有地の開発と入会裁判」鹿児島県大島郡瀬戸内町調査報告書(1)（地域研究シリーズNo.10）、41-89頁（1987年）

第七章　深山をめぐる瀬戸内町・篠川・阿室釜間の入会紛争
「深山をめぐる瀬戸内町・篠川・阿室釜の入会紛争」鹿児島県大島郡瀬戸内町調査報告書(3)（地域研究シリーズ No.12）89-136頁（1989年）

第八章　金武町金武の入会裁判とシマの多元的法現実
「金武町金武の入会裁判とシマの法文化の変容」沖縄法政研究 8 号149-209頁（2005年）

第九章　ヤップのタビナウ考
「ヤップのタビナウを考える」沖縄法政研究創刊号165-174頁（1999年）
「ミクロネシア・CNMI の政体と憲法」島嶼研究部会 3 号165-182頁（1995年）
「法と貨幣：課題を追う」沖縄法政研究創刊号63-78頁（1999年）
「ハワイにおける慣習法の変容」産業総合研究調査報告書 7 - 1　39-43頁（1999年）
「石貨の眼」産業総合研究所島嶼研究部会 6 号 I 編23-41頁（1998年）

終　章　西欧近代法と南島法の研究
「『守禮之邦』から『守法の国』へ」沖縄法政学会会報18号 1 - 3 頁（2006年）
「多元的法体制論からみたシマの一考察」沖縄法学論叢 3 集51-79頁（2010年）
「時間のなかの法と法のなかの時間：課題を追う」沖縄法政研究 3 号71-86頁（2001年）

序　章

一　はじめに

　日本列島もその一部分である西ないし南の太平洋地域の法、すなわち南島の法には、どのような特徴があるのだろうか。近年、日本の法哲学会のなかに、法文化論を唱える研究者が増えている。彼らの共通理解を、南島法文化研究に適用すれば、次のようになろう。台湾、フィリピン、ブルネイ、インドネシア、パプア・ニューギニア、マレーシア等においては、伝統的な地域の慣習法（固有法）は、近代以降これらの地域に移入（継受）された中国法、大陸法、コモンロー、イスラム法、ヒンドゥ法等と交錯し混在している。そこでは、近代西欧諸国との接触が始まる以前に存在していた共同体の法ないし慣習が、今なお強固に社会集団のなかに残存していることがある。このような伝統的規範のなかでは、人と人との関係は、直接的であり感情的一体感をもっており、強制という契機があまりなく、場合によっては国家法の干渉を排除することさえある。特に人の身分（親族、相続等）及び祖先祭祀に関わる領域には、このような共同体法（慣習法）の機能を顕著に見ることがある。現在の日本人の一部は、大昔に黒潮に乗って、南から流れ着いて来たとも言われている。

　近代以降、欧米諸国の南島地域への進出の結果、モノ（商品）を媒介とする人と人との関係が共同体に浸透し始めた。南島地域は、一方では欧米日中への原料・エネルギー資源の供給源として、他方では欧米日中からの工業製品・消費物質の販売先として、欧米を中心とする経済の市場圏に組み込まれた。これに伴い、売買契約、金融、投資、会社、保険、知的財産等の商取引に関わる私法を中心とする分野において、欧米からの移入法が、急速にもしくは徐々に南島地域に広まった。今なお続くこの浸透・拡大過程において、移入法は、家族法及び山林原野・漁場をめぐる生産関係のなかに残存する慣習法と鋭く対立し、摩擦・紛争を引き起こすこともときどきある。この対立・紛争の起源は、プランテーション農業、パルプ・チップを使った製紙・合板工業、遠洋漁業や養殖等の農林水産業、鉱工業、流通機構の近代的産業部門と、伝統的な農耕・漁撈を中心とする生

産活動部門との対立、人口分布における都市と過疎化する農村という地理的・社会的二重構造の対立、欧米の言語と固有の言語（方言）もしくは普遍宗教（一神教）と民俗宗教という二重性に象徴される文化的・宗教的対立、にある。これらの対立に起因する紛争の法的解決は、第三者である裁判所が、裁判規範である訴訟法と実体法を有権的に解釈・適用することにより、事後的に行なわれる。

地域の共同体法（慣習法）と市場の移入法との対立を、裁判所以外の法レベルで処理しようというのが、開発法（発展法）である。資本主義的生産関係に由来する経済・社会の格差を減少し、国家の発展を希求するために、開発法は、政策に基づいて、人々の行為規範を作り出す。開発法を支える原理は、租税を始めとする各種管理・計画型法理である。

以上の法理の三類型モデルを基礎にして、メラネシアのフィジー、ミクロネシアのベラウ共和国、北マリアナ連邦、奄美群島における核反対の住民運動をみると、どのようになるだろうか。これらの地域で共同体の伝統的生活様式を維持している住民にとって、他国（例えば、原発から出る核廃棄物の海洋投棄を主張した日本、核艦船の寄港による軍事的・政治的プレゼンスを主張する米ソ、原爆実験を行なった仏、核燃料の処理施設を建設しようとした大和国家）による海洋汚染の一因は、汚染する側の国々が、市場法理や開発法理にのみ基づき行動していて、汚染されかかっている住民側の共同体法理を無視しているという点にある。

人と人との共感に基づく直接的な一体関係（関係者全員の合意）を規律する法こそ、社会にとっての法である、換言すれば「国家」という名前を有していようが無かろうが、一定の社会集団内部で規範秩序を維持する規制作用があれば、その集団には法があると考える立場に立てば、自由な商品所有者間の市場メカニズムに基づく等価交換を裁判所の判決によって最終的に保障・規律する法こそ社会にとっての法であるという考え、または、構成員の生産手段・所得の平等な再分配を一定の政策による計画メカニズムに基づいて強権的に国家が保障・規律する法こそ社会にとっての法である、という考えは、「法」もしくは「正しい伝統的秩序」としては必ずしも常に認められるわけではないことになろう。

フィジー、パラオ（ベラウ共和国）、サイパン、奄美においては、沖縄においてと同様、珊瑚礁の海はどこまでも澄み切っている。それでいて海は碧い。海は、そのままで豊かな産物を産み出してくれる生き物となっている。海は生命の源泉であり、その波は生命の限りない脈動である。この波打つ海の水平線とあおい空との融け合う天空の一角は、聖なる空間（沖縄では、ニライ・カナイ）を構成する。

聖空間は、人々の日常の俗空間とメビウス的位相の下につながっている。聖空間からの光によって、社会における組織、農耕・漁撈等の生産技術、宗教・儀礼等の精神活動の分野に、聖と俗とを区分する規範観念・秩序が生成・発達する。潮と太陽によって身も心も浄化された世界に住む住民の透明な眼には、時として回復不可能なまでに自他を汚染しながら生ける海をモノ（財）としての死せる海へと化けさせる市場法理、または、生ける海を管理された規格型の海洋牧場へと一方的に変えていく開発法理は、不透明なものとして不自然に映る（中国による南シナ海のサンゴ礁埋め立てによる人工島の建設・領有・軍事利用化は、南島法理からすれば不自然である）。共同体法理にとっては、日常生活において正義、義務、禁止、権利が何であるかは、共同体の自然や社会との、文字通り自然な「共感（ククル、シー、マブイ、タマシ等の共有）」を通して実感的に体得されるものであって、本来裁判所や国家が決める事柄ではないのである。

　南島地域の住民の伝統的法観念からすれば、共同体法こそ法概念の中心であって、市場法や開発法はむしろ辺境に位置する。南島地域の住民が、清く明るいチュラ海の自然のなかで生活し続けていくためには、石油・原子力を中心とする近代欧米文明を支持し、その経済効率のみに則った場合の裁判所や国家の主張する利権・権力的「法」概念を、根底から清い水で洗い直すことが必要である（原油や放射能の流出事故は魚やエビやカキ等の漁業に大きな被害を与える）。南島地域の共同体法理は、海洋（底）に拡がる資源の荒波を、また、水面下を潜航する核の渦潮を、平らに和らげるような、新たな平和の海（産み）の法理を正しいもの（権理）として、市場法理及び開発法理に対して、確立し直さなければならないのではないだろうか。

二　問題の所在

　しかし、このような南島法の位置づけには、残された問題が数多くある。まず、南島地域における三法理が、互いに他の法理をどのように規定しているのか、その規定の態様・範囲・程度に、各地域の法文化の特徴を実態的に見い出し検証することである。次に、各法理を支持し展開している法哲学的原理、例えば、伝統的中国法（徳治主義、礼治主義、法治主義）における道、礼、天、ヒンドゥ法におけるダルマ、イスラム法におけるシャリーア、大陸法における ius や lex 等が、南島の各地域において、南島各地域の伝統的な神聖空間と互いにどのよう

な場合にどのようにどれだけ干渉・同調しているのかを、実証的に比較研究することである。これらの問題に答えるのは容易ではない。ただ答えるに当っては、諸原理の相違点の指摘もさることながら、むしろ生命に関する諸原理の類似点を発見・創造していく研究方法が望まれる。南島の共同体法理は、本来チムビルサンであったはずである。

開発法理と共同体法理と市場法理の対立を沖縄の身近な例でみてみよう。沖縄の辺野古基地建設をめぐり、日本政府側は危険な普天間基地を人口の少ない本島北部の米軍基地とその隣接する土地に早く移設することが大切だと言い、反対派は計画されている基地の機能は現在の普天間基地よりも強化される基地であり軍事基地の新設は認められないと主張している。また、基地問題を抱える沖縄の振興開発は、3000億円の振興基金（特にその内の約2割に該当する600億円）の用途とどのようにリンクしているのか、特に基地負担を重く課せられる北部地域の各種施設を建設する公共工事への補助金の配分情報が公開され透明な会議体で公正に議論された後、ガラス張りの入札手続きを経て公共工事が実施されているのか、の問題もある。お金が絡む問題になればなるほど、官民一体となって「振興・開発」に邁進する傾向はないのだろうか。

一部の住民の立場に立てば、なぜ沖縄だけに過重な基地負担が今なお続いているのか、去る大戦で多数の犠牲者を出した沖縄住民にとって、国内の他の自治体はなぜ基地を引き受けないのか、それは沖縄に対する日本側の差別的な基地の押し付けなのではないか、沖縄の人々は日本人として公正に取り扱われているのか、沖縄の人々（ウチナンチュー）は平等な日本人として他地域の人々（ヤマトンチュー）と等しい配慮・尊重をもって扱われているのか、そして沖縄は日本国憲法を頂点とする（とされている）ヤマト法体制の本土に復帰して幸せになったのか、そもそも沖縄の人々はなぜいつから日本人になったのか、沖縄人（ウチナンチュー）のアイデンティティは何か等の問題を重視するウチナンチューもいる。

南島法理の生命を貫く原理的基礎は、キラキラ輝く珊瑚礁の海にある。コバルト・ブルー、エメラルド・グリーンとも形容される「あお」「みどり」の海の平和をペルシャ湾からの原油・天然ガスで、経済・政治・道徳・軍事的に汚染してはならない。中国共産党やその指揮下にある人民解放軍のような、海洋法条約に違反する南シナ海の軍事基地の建設・領有・利用は国際法上認められないであろう。

リーフは海の頭蓋骨であり、イノーは地球の脳の培養空間である。汚染された海では、新しい脳の神経回路は機能できず、生命は育たない。去る大戦で戦場と

なった南島地域の、汚染されつつある海面下の世界を浄化するためには、それを照らし出す新しい光が必要である。無数の個体から成る群体サンゴが外敵から身を守るために危険防止用の伝達機構を備えた生命の共同体をつくりあげているように、光ファイバーを使った光海底伝送システムを媒介にして、平和を創る新しいコミュニケーションのネットワークの確立が望まれる。

しかし、サイバーネット・ワークに対しては、近年、IT技術を不正に使って、それへのサイバー攻撃（一部の国家やテロリストによる電子ジハード）を行なう一部の国家や犯罪者もいて、「武力攻撃」の概念の中に目に見えない「武力による威嚇又は武力の行使」は含まれるのか否か、新しい問題も生じている。攻撃に対する自衛のための自衛は、どこまで、どのような手続きをもって認められるのか、またそもそもサイバー攻撃元を特定すること（attributionの問題）はどこまで可能なのだろうか。

南島の清い水、大気、光によって、汚染された人々の精神のカタルシスを行なうことが大切である。南島法の研究者は、人間・生命・宇宙の共感に基づいた平和を求める共同体法理が、他の市場・開発法理と共生しつつ自己再生の回路を確立していく過程に、注目すべきである。財産の絡む紛争（相続や事故処理等）を中央銀行の発行する銀行券（お札）だけで処理するのではなく、地域通貨（石貨）で解決して来たヤップの人々の知恵（法に関する深慮 jurisprudence）を学び直すことも必要である。なぜ「法の支配」するはずの社会が、どうしていつの間にか「カネの支配」する社会に変化して来たのだろうか。

三　本書の構成

本書は、全体として、六法全書に代表される国家法一元論の色眼鏡のみで世の中を見るのではなく、目に見えない慣習法（入会権は、支配権を持つ物権の一つとして他人の所有土地上に使用収益の権能を得る権利であるが、不動産登記法第3条の「登記することのできる権利」には含まれていない）という共同法理のメガネをかけて世の中を見ようとする試みである（但し、第九章は入会権とは別）。国家制定法というメガネだけでなく、成文化されていない慣習法（入会権には例えば自分達の共有の山林へ入り会う共有の性質を有する入会権［民法263条］と他人の山に入り会う共有の性質を有しない入会権［民法294条］の二種類があり、民法という国家制定法に認められたまた民法を補充する慣習法上の権利である）のメガネを使って、多角的に世の中の法的世界の一端を見る試み

である。

　なお、全体を通じて、「法」、「法体系」、「法秩序」、「法文化」、「法思想」の各用語は、千葉教授に従い、次の①〜⑤の意味で理解・使用している（千葉正士『世界の法思想入門』講談社学術文庫、2007年、34-35頁）。

> ①法（law）⇒「一方では特有の価値・理念を内包し、他方では正統な権威・権力に支持されて、許された行為と禁じられた行為を権利・義務として指定し、これを組織的制裁（サンクション）の制度で保障することが予定されている、一種の社会規範」
> ②法体系（legal system）⇒「全体として統一のある法規の体系」
> ③法秩序（legal order）⇒「許容範囲の逸脱を含みつつ法体系によって成立する社会秩序」
> ④法文化（legal culture）⇒「法秩序の特徴としてあらわれた文化統合」
> ⑤法思想（lagal thought）⇒「法体系、法秩序、法文化に関する思想」

　第一章においては、近代国家法・国家論の基礎を築いたホッブスの法実証主義を取り上げ、「国家無くしては平和を実現できず」というホッブスの主張は、沖縄から見るとどのように映るかを論じる。

> 「人びとを平和に向かわせる諸情念は、死への恐怖であり、快適な生活に必要なことを求める意欲であり、かれらの勤労によってそれらを獲得しようとする希望である。そして理性は、人びとが同意する気になれるような都合のよい平和の諸条項を示唆する。これらの諸条項は、自然の諸法とも呼ばれる」（ホッブス『リヴァイアサン』第1部第13章）。

　こうして相互の平和を求めようとする理性が働くことになる。これが「自然法」（natural law）である。自然法は各人の本能的な働きを抑止する何らかの理性的なものである。ホッブズが挙げている例では、「己の欲せざることを人に施すなかれ」といったものである。ホッブスは、こうして自然法に基づき相互に自然権を制限することによって平和な社会が実現する、と説く。

　ホッブスやボダンやマキャベリらの近代国家法一元論者は、封建社会から近代統一国家を創設する段階には、役立つ理論であったが、沖縄戦の現実は必ずしもホッブスの意図したような実態では無かったことを論じる。

　第二章においては、国家法一元論の前提を問い直す多元的法体制論が、どのようにして生まれ、発展してきたかを論じる。

第三章においては、「法とは主権者の命令である」というJ.オースティンの法命令説を批判し、「近代国内法体制とは第一次的ルールと第二次的ルールの結合である」と主張したH. L. A.ハートの法ルール説を取り上げ、ルールをルールたらしめるルール自体はルール自体の中には述べられていないが故に、表面上のルールだけがルールではなく、ルールをルールであると信じる人々の明示的または暗黙的な合意が法を法たらしめているのではないか、ということを論じる。

　第四章においては、沖縄県宮古島の下地町来間島における部落有地の利用をめぐる法的紛争を取り上げる。住民による共有地の伝統的な農用地利用が、島外の行政による開発法理、また名古屋の会社によるリゾート地としての利用（市場法理）と、どのように衝突して裁判に至ったのかをを述べ、来間島の法的空間が多元的に構成されていることを論じる。農業を維持したいという住民の法意識からすれば、国家や県等の行政側が推進する来間大橋（農業橋）の架橋、また民間企業によるリゾート開発は、しっくり来ないことを論じる。

　第五章においては、徳之島の北端にある手々の共有林の利用について、伝統的な利用を、生産組合による利用へと転換する入会林野近代化法の試みが、果たして少子・高齢化している集落の農業の活性化に繋がっているのかを論じる。行政側が目指し推進する農業経営規模の拡大化と効率化、機械化農業（フォード社製の大型トラクター）の導入も、実際には有効利用されていないのではないか。故障して使われないまま、大型トラクターは放置されている。

　第六章においては、奄美大島宇検村にある枝手久島共有地の城山地建KKへの売却（観光事業目的に利用が限定されており、約230町歩の土地を1億3800万円で売却）をめぐり、阿室地区在住者と、阿室のシマ外に住む一部の阿室出身者（「枝手久島を守る全国連合阿室会」）との間で、共有地の売却代金の管理や所有権の移転登記をめぐって賛成するのか反対するのかの対立が生じた紛争を論じる。また一部の人々は、城山地建は入手した共有地を他者（例えば、石油備蓄地区としての利用を考える民間企業（東亜燃料KK）など）に転売するかもしれないとの不安にかられ、過疎化、高齢化した阿室地区の振興開発をめぐり、東燃という民間企業の考えと、またシマ出身者と阿室在住者との間でシマ共同体の考えがどのように対立し裁判に至ったのかを明らかにする。

　第七章においては、奄美大島瀬戸内町内の山林である深山（213番地と214番地の係争地）の地盤所有権をめぐる瀬戸内町と篠川部落の間の紛争、阿室釜部落と篠川部落の間の紛争を取り上げる。係争地の地盤は、町有地であるのか、それとも

両部落住民の共有地であるのか、そして係争地は、篠川部落111名の共有地（一村入会）であるのか、それとも篠川部落と阿室釜部落の住民の共有入会地（両村入会）であるのかを論じる。住民の数（戸数、人口数）が減少し、且つ高齢化しているシマの伝統的な慣習法を維持し、若者の少ないシマの振興・開発を進めるためには、入会紛争がどのような法的課題を抱えているのかを、論じる。

　第八章においては、沖縄本島金武町金武に所在し、現在米軍演習地内となっている入会地（杣山）の軍用地料配分が入会集団内部で男女不平等ではないかという入会団体内部の一部の会員（「人権を考えるウナイの会」の26人）が「金武部落民会」を相手として提起した入会裁判を取り上げる。第一審の那覇地裁では女性側が勝訴したが、第二審の福岡高等裁判所那覇支部では、逆転し、女性側が敗訴した。その後、最終的には、両当事者は裁判所の判決ではなく、和解に応じたそうである。将来、仮に米軍基地が返還されるときが到来した場合、金武部落民会が会員世帯に払っている年額60万円（入会補償50万円＋地料補償10万円）はどうなるのだろうか。安全保障をめぐる日米の基地問題の処理が、金武の入会集団の行方に影響を及ぼすかもしれない。慣習法という葡萄酒と、革袋という制定法の関係の一端を論じる。

　第九章においては、ミクロネシア連邦のヤップにおけるタビナウを論じる。近代的な所有権ではない、土地保有の一端を解明する。

　補論としてヤップの石貨を取り上げ、日常生活においてはドルを使用しつつも、今なお石貨の使用も止めないヤップの人々の考えの一端を述べる。なぜなら、「法の支配」（立憲主義、罪刑法定主義、租税法律主義、物権法定主義などの背景にある法原理）という西欧近代法の原理が、現実には、「カネの支配」に影響を受けている西欧近代法の一つの特質を解明する契機にもなり得ると考えるからである。

第一章　沖縄からみたホッブズ『リヴァイアサン』

一　はじめに

　沖縄は、1609年の薩摩藩による侵略、1879年の明治政府による琉球処分、1945年の米軍統治、1972年の本土復帰と、日本国内でも特異な種々の統治体制をこれまで経験してきた[1]。

　去る大戦においては、沖縄の近代史の一つの帰結として、また、日米双方にとって重要であった沖縄の地政学上・戦略上の占める位置の故に、沖縄は、異なる意図をもつ日米二つの作戦が地上で激しくぶつかる国内唯一の戦場となった。

　住民は、当初、武装した友軍が、自分達を保護してくれるものと期待していた。しかし実際に、1945年3月下旬から約三ヶ月にわたる住民を巻き込みながらの、戦闘が始まると、まさにホッブズのいう「人（友軍）が人（住民）に対して狼である」ような状況が一部分に出現した。

　本来、臣民の「生命、自由、財産」を守り人々の平和な生活を保障するはずの国家が、ホッブズの意図とは逆に、一部の地域において、人々を互いに恐怖の暴力死（友軍による、住民虐殺、集団自決の強要、スパイ嫌疑による処刑など）へと追いやったのである[2]。

　沖縄戦の一部の歴史的事実は、ホッブズの言う国家が存在しないが故に「人が人に対して狼である」のではなく、むしろホッブズとは逆に国家が存在するが故に「人が人に対して狼である」ような状況のあることを示したのではなかろうか。

　国家のために人間の生命、自由、権利が奪われるとすれば、果たして、戦争状態から自然権、信約を経て国家設立による平和の確保をめざしたホッブズの論理は、我々にとって何を意味するのであろうか。戦争という自然状態[3]において人が有する自然権は、『リヴァイアサン』において、また、我々にとって、どのような意義をもつのであろうか。

　本稿は、これらの問題を理解し、解明することをめざす一つの試みにすぎない[4]。

二 『リヴァイアサン』の口絵

『リヴァイアサン』の扉にある口絵[5]は、この本の内容を象徴的に表現している。この絵は、「リヴァイアサン」が、巨人であり、巨獣であり、巨大な自動機械であり、可死の神であることを示している。

リヴァイアサンは、無数の小さな自然人を素材として構成された大きい「人」であるという意味で、巨人である。また、それは、それを構成する素材たる自然人の個別的意思とは別個に存在し、自然人とは違った独自の生命運動（vital motion）を行い、自然人一人の力では手に負えない怪力を有するという意味で巨獣、すなわち、巨大な人面獣である。

次に、リヴァイアサンは、それを構成する個々の構成員をまるで一つの歯車であるかのように扱う、形式合理的な人工装置であるという意味で、巨大な自動機械（Automata）である。さらに、リヴァイアサンは、永遠の神（不死の神 Immortall God）の下で、多くの人々を自己の身体へ取り入れ統一し、構成員全員が同時に全滅しない限り、たとえわが身の一部を切らせても一個の人格としては生き続けていく、公共の権力に対する守護神であるという意味で、可死の神（Mortall God）である。

リヴァイアサンは、人であって人（自然人）でなく、人であって獣であり、人であって機械であり、人であって可死的な神でもある。それは、このように相反し対立しあう諸属性どうしが、一つの同じ象徴（Symbol）の下に統合されてできた意味構成体であり、多義的な妖怪である[6]。

口絵の下方には、垂れ幕を挟んで左右に一列ずつの絵があり、各列には上下に五つのパネルがある。俗界を表す左列の一番下にある自然状態としての「万人の万人に対する戦い」の戦場から、この戦いを成立させている武器、武力、権威、命令等のはしごを上方へ昇っていくと、頭に冠をつけた巨人、すなわちリヴァイアサンが、山の彼方に聳え立っている。

人面獣が視えてくる過程は、左列の一番下にある戦場の円陣、その上の太鼓の円、次に大砲の車輪と砲身、次にその上の王冠、そして城砦の塔から発射される弾丸（球）へと次第に、多くの円が種々の情念の空間を運動しながら螺旋状に遠く小さく連続的に収斂していく過程でもある。この円の運動は、その収束過程の終りに、右手（right hand）に剣をもって聳え立つリヴァイアサンに到達する。

聖界を表す右列へ視線を移すと、一番下のパネルには、多数の傍聴人を前にして対立する当事者が公開の場で、互いの論理に基づき、生死をかけた弁論を激しく戦わせている様子が描かれている。その激しさは、その上のパネルにおけるフォークのうちの一本が、パネルのなかで対角線上に伸びており、この対角線が、実はリヴァイアサンの右手の剣および左列の交差した小銃の一丁と、平行関係にあるという点に示されている。

下から二番目のパネルには、弁論の道具（Organon）である、直線的な形式論理学と、曲線的な非形式論理学すなわちレトリックとが、交差して描かれている。フォークに刻まれているのは論理学の推理型である。これは、人々の心を真に刺し動かし、人々に理性の命令としての神への道を示し歩ませるような話し手の説教は、いかにして可能かという問題の解決のために、言葉とその正しい用法、法的推論を含む諸々の推論や学問の研究が不可欠であることを示唆している。

破門章が描かれたパネルは、理性的な議論が通用しない相手に対しては、権威と信仰にものを言わせ、教会組織からの排除もありうることを表している。先が二つに分かれた司教冠のパネルは、下部では何とか円状に丸くまとまって頭に載せられる形をしているものの、キリスト教の世界がカトリックとプロテスタントの二派に分裂していることを示している。

最上部のパネルにある教会の建物内部では、宗教音楽が演奏・合唱されている。これは、左列下から二番目のパネルにある太鼓の音と、対応している。進軍の際の太鼓は、多数の戦士を一つにまとめ行動を統制するための合図である。他方、教会で演奏されるオルガン（Organ）は、本来「組み立てられた道具（Organon）」である。人々の声が神の下で唱和できるのは、この道具としての楽器の演奏（performance）によって、人々の声に一定の形を与えること（per-form-ance）ができるからである。教会は、音楽の調べに乗せて、教会の内外にいる人々の耳の中に神の言葉を出し入れすることにより、人々の魂の浄化を図り、神の命令にまっすぐ耳を傾ける人々を創造する。

教会の屋根には、向かって左側上部に十字架が、右側上部に（多分）右手で上方を指さしている人間の立像が、それぞれ取り付けられている。これらの付属物は、分裂し対立している地上界の人々が、平和な社会・国家を創るためには、自分達の心や眼を垂直に天上界へと方向づけ、より高い次元において調和しなければならない、ということを象徴している。人々の心眼を、地から天へと移行させるには、一つの飛躍が必要である[7]。このことは、この立像や十字架の描かれた

パネルと、このパネルのすぐ上にある大きい教会のある絵とが、別の区画に描かれている点に示されている。

人間の立像が指さすずっと上方の空間には、可死の神であるリヴァイアサンが聳え立っている。この巨人は、思い・悩み・迷う子羊としての人々の群れを、飼い・養って（cultivate）おり、そのための牧杖を左手に持っている。

リヴァイアサンは、聖俗両界の上に立ち、しかも平和を求めて、平和のために戦っている両世界の交通に道を開き、二つの世界をわが手のうちに支配している。この巨人の正体を開示してくれるのが、口絵の真ん中、下にある垂れ幕の裏の世界である。この幕には、LEVIATHAN という文字が記されている。この本は、幕の内幕で行われている「支配」の秘密を人々の目の前で暴いてくれる本である。幕の内側の、すなわち観客（読者）にとっては表側の、リヴァイアサンは、軍服も大外衣（cope）も身につけていない裸の王様として、描かれている。

裸の王様であることが自明であるのに、人々は、どうしてこの人面獣に服従しなければならないのか。それを知るためには、実際に『リヴァイアサン』の次の扉（頁）をあけてみるしかないであろう。

三　国家の設立

『リヴァイアサン』の「序説」において、ホッブズは、神が自然を創ったわざ（art）と、人間が時計（自動機械）を作ったわざとを対比している[8]。神が創った自然人の生命運動[9]を支えるのは、心臓、神経、関節であるが、人間の作った時計の運動を支えるのは、それらに各々対応するゼンマイ、ひも糸、歯車であるという具合である。

またホッブズは、このような自然的人間のわざによって作られた人工的人間が国家（リヴァイアサン）であると考え、今度は、自然的人間と人工的人間を対比する。前者に、魂、関節、神経、体力があるように、後者にも、それらに各々対応する主権、役人、賞罰、成員の富と財産があるというわけである。

では、ホッブズは、どのような哲学に基づいて、またどのようにして、国家設立の必要性と正当性を論証しようとするのであろうか。

彼によれば、哲学とは、既知の原因から推論によってその結果を認識したり、または、既知の結果から推論によってその原因を認識する学問である[10]。

この推論には、分解（division or resolution）と構成（composition）の二つの方法が

ある。前者は、全体をそれを構成している諸部分に分けながら、この各部分の種々の属性を生み出している原因を明らかにしていく方法であり、他方、後者は、分解によって得られた各部分を再び全体へと再構成し、これによって全体の運動を明らかにする方法である。

　時計の場合、実際に時計を諸部品に分解できるものの、国家という人工的人間の場合は、実際に分解することはできない。そこで、頭のなかで、巨人が分解（解剖）されたと仮定して、そこにどのような部品（例えば、臣民、主権者、議会、政府など）があるか、また、各部品の役割は何であるか、さらに各部品間の相互関係（例えば、臣民の自由の範囲と主権者の権利の範囲との相互関係など）はどうであるか若しくはあるべきかを、国家の素材である人間の精神的運動や機能に関する知見に基づいて、調べ理解を深めるのである。

　時計の外枠をはずすとなかの部品がむき出しになるように、社会や国家の人工的枠組を頭のなかではずしたとき、ホッブズは、それ以上分解できない（individable）国家の基本的単位部品として、孤立した裸の個人（individual）を自然状態のなかに発見した。

　ホッブズは、自然状態における個々人は、互いに自然的な身心の能力において平等であり、この平等から不信が、そして戦争が生じると述べる。というのは、自然状態においては、「各人が、自分自身の自然すなわち自分自身の生命を維持するために、自分の欲するままに自分自身の力を用いるという各人の自由」[11]と、この自由を「外的障害なしに行う自由」[12]、すなわち自然権（the Right of Nature）のみにしか存在しないからである。

　このような自然権を用いて、各人は共同で享受することも分割することもできない同一の目的を互いに欲求するが故に、他者へのねたみ、憎しみ、そして不信が生じ、「万人の万人に対する戦い」が始まることになる。しかも人々は、各人の名誉と見栄（vain glory or vanity）、利益等のために、この戦いを止めることができないのである。

　この戦争状態から脱出し平和への道を人々に示すのは、ホッブズによれば、情念（passions）と理性（reason）である。

　人々を平和に向かわせる情念とは、「死への恐怖であり、快適な生活に必要なものごとを求める意欲であり、彼らの勤労によってそれらを獲得しようとする希望」[13]である。特に、「他者の暴力によっては殺されたくない」という「死への恐怖」こそ、見栄や名誉やおごりにとらわれ他者との絶えざる戦いを続けている

人々の目を覚ませ、人々に、自分自身の自然を維持していこうと決心させる契機を与えるものとして、重要な情念といえる。

　他方、理性は、極限状態で人が見い出す知性のひらめき（または神の知恵）であって、この理性が、恐怖・意欲・希望という情念に動かされ支えられて、平和のために人々が遵守すべき規範としての自然法（the laws of nature）[14]を示唆し、人々を、このルールについて協定するように導いていくのである。自然法とは、理性によって発見された戒律または一般法則である。

　しかし、自然法は、名誉、見栄、おごり、不信等にとらわれた限りでの人間の自然（本性）そのものを変えることはできない。自然法は、それらの情念からの人間の自己解放を、人々の良心という「内面の法廷」において義務づけるものの、必ずしも常に、自然法に基づいた行動を、「外部の法廷」において実効的たらしめるように拘束するわけではない。

　そこで人々は、平和実現のために、他の人々も同意するならという条件の下で、自己保存権を他者に対して貫徹する自然権を放棄すること[15]を互いに協定し、信約（covenant）の当事者でない主権者を信じ自分達の保護を彼（すなわちある人またはある人々の合議体）に委ねて[16]、国家（Common Wealth）を設立するのである。

　国家設立の必要性の一つは、人々に対して、信約を破ることによって得られる利益よりも、もっと大きな不利益（制裁）を科すことによって、信約を履行させ自然法を守らせる点[17]に、つまり、すべての人を威圧する共通の権力（public sword）を用いて、人々の行為を平和という共通の利益（Common Wealth）の方へ方向づける点に、ある。

四　主権者への臣民の服従義務

　ホッブズは、主権者以外の者を臣民（subject）と言い、両者間に一たびその関係が成立した後は、前者は権利をもつ優位な立場に立つが、後者は義務のみを負うほとんど無力の立場に立つ関係と考えた。なぜなら、臣民は、信約によって、特定の主権者に服従し、主権者の意思を自らの意思とすることに同意した以上、この信約を無視して臣民が統治形態を変更したり、また主権者から主権を剥奪しようとしたり、さらに、主権者を非難しそれに抗議すること、主権者を処罰すること等は、人々を再び戦争（内乱）状態に転落させかねないと、ホッブズは考えた[18]からである。

権力の分割について[19]、ホッブズは、「分割された諸権力は相互に滅ぼしあうから、コモン・ウェルスの権力を分割することはコモン・ウェルスを解体すること以外の何ものでもない」[20]と言う。彼にとって、主権は絶対、不可分でなければならず、主権者は、立法、行政、司法、外交、軍事等のすべての権能を[21]掌握しなければならないのである[22]。

　ホッブズは、このような主権者の命令が市民法（Civil Laws）であると考えた。市民法は、臣民各自に対して、正邪の区別を、すなわち彼らが何をすることができ、何をすべきでないかを、公然且つ明確に宣言する主権者の命令である。主権者は唯一の立法者であり、主権者のほかには誰も、作られた法を廃止することはできない[23]。

　しかし、ホッブズにおいては、こうした主権者の力の絶対性は、元来、自己目的としての絶対性なのではなく、平和状態を創造するに際して、人々が自己保存という自然権を守るための一つの手段として導き出されたのである。だから、「誰でも、自分を死や障害や投獄から逃れさせる自分の権利を、譲渡または放棄することはできない。」[24]

　各人は国家設立後も、自己保存権自体は自分の内に留保しているから、主権者が、ある臣民に対して、自決せよ、自傷せよと命じ、あるいは彼に攻撃を加える人々に抵抗するなと命じ、あるいは、食料・空気・水・薬その他の人間の生存にとり不可欠なものを享受する権利を放棄せよと命じても、その命令に服従しない自由は臣民に残されており[25]、また自分の犯した罪に関して許されるという保証なしには自己を告訴しない自由も認められる[26]のである。

　ホッブズは、国家設立後も、「兵士として敵に対して戦うよう主権者に命じられたとき、主権者は命令を拒否するこの臣民を処罰できるが、臣民がこの命令を拒否しても不正でない」[27]と言い、このような臣民の自然的自由を、「真の自由（the true liberty）[28]」とも呼んでいる。

　ホッブズにおける「臣民」は、主権者の権力とある場合には並行しある場合には対抗して作用する、生命の維持の自由という前国家的な「真の自由」をもち、この生存以外の臣民の自由については、主権者の命じる市民法の範囲内で、「自由」をもつことになるのである。従って、市民法を除く領域においては、逆に言うと、臣民と同じく、主権者の側も、絶対的な無制限の自由をもつとは言えないのである。

五　リヴァイアサンの顔と人格

　ホッブズは、人格（person）には、自然的人格（natural person）すなわち言葉や行為の効果がその人自身のものと考えられる人と、もう一つの人工的人格（artificial person）すなわち言葉や行為の効果が他者（Author 本人）に帰属し、この他者を代表するとみなされる人（Actor 役者）の二つがあると述べている[29]。

　人工的人格の場合、他者の名において行為し、他者を演じるなど「何らかの行為をする権利」のことを権限（Authority）といい、権限に基づく行為はその権利を有する本人の承認によって行われる[30]。

　権限に基づく代理人の信約は、本人自身が行った信約と同じように本人を拘束し、本人は信約から生じる全結果に服さなければならない。人々全員の顔（ペルソナ）を人々に代わって表現する権利を人々によって与えられた「人（または合議体）」は、自分の行為や判断が、人々全員の行為や判断に等しいことを、人々によって認められて（authorized）いる。

　リヴァイアサンの「顔（ペルソナ）」は、こうしてできた一つの仮面である。巨人は、無数の成員から合成されているものの、それらから独立したそれ自身によって一つ（per se una）である主体であることを示している。人々の眼はすべて、人面獣の顔（人格）へと向けられているにも拘らず、人面獣のまなざしは成員の方へは向いていない。両者の間で、視線は、逆方向を向いており、スレ違ったままである。

　本来、人々の顔面に示される表情は、その裏にある心情や情念と対応していたはずである。だが、現代の忙しい世の中においては、人々はリヴァイアサンの表見的な「顔」しかみておらず、このオモテ（面）の負の部分にある裏見的（＝恨み的）内容についてはみようとしない。仮面は、人間の具体的な様々の表情を覆い隠し、見えなくしてしまうのである。

　沖縄から日本国家（ヤマト）というリヴァイアサンをみたとき、どうみえるだろうか。新崎盛暉氏は、本土政府の沖縄の人々に対する「合わせる顔（または顔向け）」について、次のように述べている。

　「なるほどひとりの人間としての佐藤栄作氏は、ひめゆりの塔の前で涙を流すかもしれない。その涙に嘘はないであろう…。だが彼はひめゆりの塔の前を、あるいは屋良氏や喜屋武氏との会見の場を一歩離れると、たちまち政治家としての

佐藤首相に立ち戻る。……。これは、…政治の場には、人間の論理が通用しないことを示しているにすぎない。…政治家は、政治の論理の要請にしたがって、とことんまで人間の論理を利用しようとする。政治の論理を人間の言葉で語ろうとする。……。私たちは、人間の論理で粉飾された政治の論理に注意しなければなるまい。」[31]

　新崎氏によれば、佐藤氏は、一個人としては、普通の人々と同じように戦争犠牲者の死を痛み悲しみ、時には涙ぐむ。しかし、彼は、住民からの核抜き基地返還の要請に対しては、日本国総理大臣という国民の代表者の仮面をかぶり、言質をとられまいとして抽象的な政治用語を用いて住民に対応し、それまでの態度をガラリと一変させてしまうのである。

　人が仮面で顔を覆い人面獣となるとき、それまで生き生きとしていた彼の表情は失われ何かが死に、その失われ死んだ分だけ、別の何かがこの世に亡霊として生き始めるのである。仮面（ペルソナ）は、こうして、生と死、この世とあの世、俗界と霊界とを媒介する。

　山々の彼方、あの抜けるように透明な青い空の向こうは、神となった人間の霊が集まり宿る不可視の神聖空間である。部分的に雲によって覆われているものの、沖縄戦の戦没者の霊も多分そこに住まっているに違いない。沖縄からみたホッブズの「リヴァイアサン」は、その霊（不死の神）の世界を背景にしながら、東アジアの遠景に聳え立つ仮面国家として、無数の自然的人間の頭上に、出現している。

六　おわりに

　絶対的君主国家制度を正当化した思想家といわれるホッブズでさえ、国家設立の際には臣民が自然権を互いに放棄することについて、慎重に幾つかの留保条件をつけていた。

　しかし、現実の沖縄戦の一部の状況においては、国家といえども奪うことのできないはずの人間の生命・身体を保存する真の自由の大切さが、日本軍の一部の誘導、皇民化教育、狭いシマ、住民に対する偏見、その他の理由により、無視されたのである。友軍の一部には、米軍に投降しようとする一部の住民を殺害するなど、住民の自己保存権を軍の論理によって否定した者もいた。一部の島においては、住民に対しては自己保存権まで否定し住民に多大な危険・犠牲・負担を強

要しながら、軍人達は安全なところで生活していたということも局部的にはあったのである。結果として、皇軍は、住民の生命・自由・財産を守るためにではなく、皇土（特に帝国本土）確保のための捨石としてできるだけ米軍を沖縄に釘付けにし、米軍の日本本土上陸を一日でも長く引き延ばすために、言い換えれば沖縄における軍事力そのものを維持し、住民の一部を戦力として利用しながら戦闘を続けるために、沖縄に来たということを否定することはできない。

明治政府の琉球処分により、琉球国最後の王となった尚泰は、首里城をあけわたし、東京へいわば人質として、行かざるを得なくなった。かつての王の身を案ずる臣下を前にして、尚泰王は「戦世しまち、みるく世ややがてぃ、なげくなよ臣下、命どぅ宝」と琉歌を詠んだ。沖縄の人々は、尚泰王に由来するこの言葉を、すなわち人間としての「命どぅ宝」をよく口にする。

近代的な国民国家に関する最初の哲学を提案した学者の一人がホッブズであるとすれば、もう一度この法・国家論の古典の一つである『リヴァイアサン』に立ちかえり、人間としての生命の尊厳の大切さを自然権として確認し、さらに人権としての平和的生存権として読み返すことを通して、「政府の行為によって国民が再び戦争の惨禍にまき込まれないようにする」ためのさまざまな法的賢慮（juris-prudence）を働かせることは、自然法思想に由来する日本国憲法の将来をまた日本における市民社会の特質を考える上においても、決して無意味であるとはいえないように思われる。

1 沖縄の歴史についての文献には、仲原善忠『琉球の歴史』（『仲原善忠選集』上巻、沖縄タイムス社、1969年）、比嘉春潮『新稿・沖縄の歴史』（『比嘉春潮全集』第一巻、沖縄タイムス社、1971年）、真境名安興『沖縄一千年史』琉球史料研究会1966年などがある。
2 沖縄戦については、石原昌家『虐殺の島』晩聲社1978年、安仁屋政昭『沖縄戦再体験』平和文化社1983年、太田昌秀編著『総史沖縄戦』岩波書店1982年のほか、多数の文献の解題書として、沖縄を学ぶ100冊刊行委員会編『沖縄戦』勁草書房、1985年がある。
3 逃げ場のない狭い島のなかで、恐怖と狂気と絶望に支配された一部の人々の間には、まさにホッブズのいう自然状態と類似した「孤独で貧しく、険悪で残忍でしかも短い」人間の生活状態があったといえよう。(W. Molesworth ed, The English Works of Thomas Hobbes, Scientia Aalen, 1966. vol Ⅲ. p.113, 以下、本書 Leviathan からの引用は、L, p.xx のように略記することにする。訳文は、本稿全体を通じて、水田洋・田中浩訳『リヴァイアサン〈国家論〉』河出書房新社1974年を、参考にした。この訳書か

らの引用は、以下、邦訳○×頁のように略記することにする）

4 拙稿「T・ホッブズ『リヴァイアサン』口絵の一解釈」（『沖縄法学』、第十三号、1985年、243-267頁）、「『リヴァイアサン』における『恐怖』、『理性』、『国家』について」（『沖縄法学』第十四号、1986年、109-121頁）
5 口絵のバリエーションについて、C. W. Schoneveld, "Some Features of the Seventeenth Century Editions of Hobbes's De Cive Printed in Holland and Elsewhere" in J. G. van der Bend ed., Thomas Hobbes, Rodopi., B. V. 1982, pp.125-142, 口絵の作製について、Keith Brown, "The Artist of the Leviathan Title-page" in British Library Journal, Ⅳ (1978), pp.24-36
6 カール・シュミット、長尾龍一訳『リヴァイアサン』福村出版、1972年、43-44頁。
7 ホッブズによれば、キリストの職務は、贖罪者（救済者）としてのキリストの十字架上の贖罪の［古い世界の］時代と、牧者（助言者）としてのキリストの人格とその代行者を通じての我々の回心の［現在の世界の］時代と、永遠の王としてのキリストの再来による神の国の完成の［来たるべき世界の］時代、の三つに分けられる。(L. pp.475-476, 邦訳、322頁)。
8 L. pp.ix-x, 邦訳11頁。
9 生命運動（vital motion）は、想像力の助けを必要としない、例えば脈搏、呼吸、消化、排泄などの、人間の生理的自然の運動である。他方、精神的運動（animal motion）は、予め想像した通りに、例えば歩いたり話したり身体を動かそうとするなどの場合における、人間の意思による運動をさす。(L. pp.38-39, 邦訳37頁)。
10 哲学の対象は、何らかの生成を考えることのできる物体（body）であって、自然物であれ政治体であれ、また、一時的な物体であれ永久的な物体であれ、分解と構成の余地のあるものである (L. pp.72-73, 邦訳57頁)。
11 L. p.116, 邦訳87頁。各人が、自分の生命を維持するために、「自分の欲するままに、自分自身の力を用いるという各人の自由」と、「自分の判断と理性において、そのために最適な手段だと思われるどんなことでもなしうる自由」とは、違う。注目すべき点は、前者の自由は無制限の自由であるが、後者の自由は理性によって制限された自由であるという点である。
12 L. p.116, 邦訳87頁。
13 Ibid., L. p.116, 邦訳87頁。
14 「平和を求め、それに従え（to seek peace, and follow it）」という基本的自然法と、「我々のなしうるどんな手段によっても自分を守れ（by all means we can, to defend ourselves）」という自然権との関係については、L. p.117 f, 邦訳88頁以下参照。
15 L. pp.118-120, 邦訳88-90頁。
16 L. p.159, 邦訳116頁。
17 「信約は、剣なくしては、単なる言葉にすぎず、人一人でさえ守る力を全くもたない」ことについて L. p.154, 邦訳書112頁。
18 L. pp.160-168, 邦訳116-121頁。

19　L. pp.167-168, 邦訳121-122頁。
20　L. p.313, 邦訳214頁。
21　設立による主権者の諸権利については、L. pp.159-170, 邦訳116-123頁。
22　『リヴァイアサン』の口絵の上端にある言葉は、「地上の権力にはこれと並ぶ者なし」となっている。
23　L. pp.251-252, 邦訳175-176頁。
24　L. p.127, 邦訳94頁。
25　L. p.141, 邦訳104頁、L, p.204, 邦訳145頁。
26　L. p.128, 邦訳95頁。
27　L. p.205, 邦訳146頁。
28　L. p.203, 邦訳145頁。
29　L. p.147, 邦訳108頁。
30　支配の正統性（legitimacy）に関してであるが、ゴーティエは権力（Power）といえども、「権限を付与しなければ死ぬことになるぞ」との威嚇を用いて、自己を権利（正義）に変えることはできない、と述べている。(D. P. Gauthier, The Logic of Leviathan, Clarendon press, 1969, p.173)。
31　復帰問題研究会編『復帰問題研究3』、復帰問題研究会、1969年、47頁。

第二章　多元的法体制考

一　はじめに

　筆者は、以前、多元的法体制（Legal Pluralism）について論じたことがある（徳永、1995）。しかし、その後学内行政の仕事に追われて、この研究を進める時間的余裕がほとんどなかった。このたび、千葉正士氏が「多元的法体制」と題する簡潔でありながら密度の濃い論考（千葉、1999）を発表されたので、筆者も、千葉氏の御研究に刺激されまた学ばせていただきながら、自分なりに現在の時点で多元的法体制について考えていることをまとめることにした。

　千葉氏は、多元的法体制という言葉は、法学界ではおよそ次の三つの意味で用いられているとされている。すなわち、(1)法には国家法と国家法以外の法があり、両社は社会のなかで併存していること、(2)法は、道徳・慣習その他の社会諸規範と不可分に関連していること、(3)一つの地域に異文化の法が数種類併存していること、という三つの意味である。氏は、これらのうち(3)を、特に「多元的法体制」と呼び、この語は、1970年代以降に、非西欧諸国には国家法のほかに伝統的な固有法が別の規範として機能しているという事態を指示する用語として主に用いられている、と述べられる。

　千葉氏は、(2)の問題は伝統的に法哲学の問題（特に「法と道徳」や「法の定義」の問題）であるとされ、「法」という語の用法を国家の行使する社会統制に限定するかどうかについてはこれまでに数え切れないほどの文献があると言われる。一定の社会統制を法と呼ぶかどうかの問題は、「法」という言葉の定義を広くとるか狭くとるかの言葉使いの問題でもある。誤解を避けるためにも、グリフィスは(2)を「多元的法体制（Legal Pluralism）」ではなく「多元的規範体制（Normative Pluralism）」と呼ぶ方がいいと提案している（Dupret et al. eds., 1999, p. ix）。

　千葉氏は、法は、(a)国内諸法、(b)国家法、(c)超国家法として、多元的に社会に存立していることを主張される（千葉　1999、32頁）。このことは、筆者（徳永）の考えでは、「違反者に対して国家が制裁を課さない法も法である」ことを認めることに通じる。H. ケルゼンは法規範のピラミッド状の階層構造（制定法の排他的妥

当性）を前提とする純粋法学を説いたが、多元的法体制を認めることは、ケルゼンのこの発想を修正ないし部分的に否定することにつながる[1]。他方、多元的法体制を認めることは、国会が唯一最高の立法機関であると規定する日本国憲法第41条の伝統的意味を、社会科学的に見直すことにもつながる。なぜなら憲法は国民主権原理を前提とする以上、国会ではなく、主権者たる国民が法と呼ぶところのものが法であるはずだからである。多元的法体制においては、核となる中心的法概念（従来はそれは国家法であった）が法の世界のすべて支配するわけではないので、すべての法は権威を求めて正統な主張をすることができる。一つの地域に併存する複数の異文化の法は、全く同じ意味においてというわけではないが、事実上いずれも「法」であると言わざるを得ない。

二　国家法一元論神話の略史

　中世以来の西欧法の歴史は、「法の支配」実現をめざして漸次的な進化の歴史であった。中世の国王は、王位就任にあたり、法（人定法ばかりでなく、神法、自然法、慣習法も含まれていた）の遵守を誓約し、自らを法に拘束させたのである。その後各地の慣習の成文法化、ローマ法の継受等を通して、中世の西欧大陸社会は、次第に国家による法または裁判管轄権の独占を許すようになった。法が統一されればされるほど、社会は民主化され、国家は文明化されるということになった。社会の近代化は、同時に国家による社会の一元化であることが自明視された。そして、フランスの人権宣言やアメリカの独立宣言にあるように、個人の自由・権利は国家によって保護されるべきであり、憲法は人権保障の体系であると考えられ、個人の人権の伸長と近代的立憲主義国家の確立とが結びついたのである。

　では、西欧法史における国家法中心主義神話（「公式の国家法のみが法である」）は、どのようにして生じたのか。ルーランはそれを次のように考える[2]。ローマ人は、被征服民に対して、ラテン語やローマの神々を、またローマ市民法の画一的全面受容を、押しつけなかった。ローマ人は、ローマ市民に対してはローマ市民法を、外国人に対しては自然法と外国法を折衷した万民法を、それぞれ適用した。人は、その法的な身分と能力に応じて、異なる法が適用されたのである[3]。しかし、近代西欧の植民地開拓者達は、ローマ人とは逆に、支配する自分達の側の価値体系に反する現地の慣習を禁止し、しかもこの禁止を正当化する法概念と法学（植民地支配に適合的な法学）[4]を確立した。ローマ人は、全国の自由人が原則と

してローマ市民となったカルカラ帝（212年の勅法）以後の元首政時代にあっても、国内私法を統一しなかった。ローマ人は、法進化主義者ではなかったのである。

　5世紀後半、西ローマが滅亡した後、移動してきたゲルマン人の王国が旧西ローマ帝国領内に出現した。それは属人的原理の法であって、各人は自分の属する部族の部族法に服した（属人法主義の時代）。その後ゲルマンの部族法が新たに定住した地域にしっかり根づき、封建制度が確立し始めると、多元的法体制が当然となった。なぜなら封建社会においては、軍役に基づく封建法、キリスト教に基づく教会法、主に商業に適用された卑俗法、そして国家形成の名の下に残余の法の包括をめざす王国法がそれぞれ妥当性を認められ、同一の法状況に異なる法規範が適用されたからである。例えば、教会法は婚姻を個人の同意の産物とみなしたが、封建法は個人の資格よりも親族の合意を重視した。それでも裁判管轄が重層的に複雑に入り組んだ多様な形をとっていたため、社会移動の少なかった中世においては、法体系間の抵触は深刻な問題とはならなかった。

　ところで、封建制度は、土地を介して、人の支配が行なわれる制度である。人の身分（status）は、彼がどのような性質の土地についての物権（estate）を、どの位の期間保有するのかによって決められた。土地は、近代社会のように人が自由権をもつから絶対的に所有されるのではなく、人が有する地位に応じて相対的にしか保有されなかったのである。人は土地に付属していたのであり、土地の境界を越えると、元の土地の出身者といえども他所の土地の上に権利や権力を行使することは困難であった[5]。ここから法とは、一定の土地に居住する一切の人及び物を支配する規範であるという属地法的考えが芽生え始めた。

　13世紀以降、属人法と属地法とを折衷する区別法主義、すなわち法律関係の種類により適用すべき法律を変えるべきであると主張する説が現われた。王国の主権は、一時的滞在者であれ永住外国人であれ領土内の全人民に及ぶという属地法主義が原則となるが、個人の身分に関わる法については属人法を適用して、その個人が行くところにはその個人の属する本国の法律を適用すべきであるというのである[6]。

　中世から近代になると、主権国家は、法の下での市民すべての平等を宣言し、ギルドや封建的身分に伴う諸特権を廃止した。ナポレオンは、フランス統一の民法典を作るため、1800年地方の慣習法上の特殊性の実態調査を法学者に命じ、4年後の1804年、ナポレオン法典を完成させた。この法典は、一つの国家が同一の法に服することのシンボルとなり、法は主権者の立法の産物となった。こうし

て、①社会にはその全成員の行動を統制する一つの法体系が存在すること、②社会の中の部分社会は法的に独立した地位をもたず、中央集権的統一政府のない社会には法がないこと、が信じられるようになった。国民全てにとって一つの法体系が国民全ての後見役としての国家とともにある (one system of law for all, with the state as guardian)〔またあるべきである〕という国家法中心主義的神話[7]が確立したのである。

三　多元的法体制論成立前史略

　1930年代以降、西欧においては国家法中心主義神話に疑いがもたれるようになった。人類学者の調査は、この神話に反する証拠となる多くの事例を、明らかにした。B. K. マリノフスキー (1884-1942) は、一つの社会内部に複数の法体系が相互作用することがありうることを認め、後の多元的法体制論への扉を開いた。
　マリノフスキーは、メインの進化論的な人類学をとりあげ、メインが未開社会における統治と社会統制の本質を誤解していたと批判した。トリブリアンド島を調査したマリノフスキーは、『未開社会における犯罪と慣習』（1926年）において[8]、島民の法の文化的意義を解明し、その合理性を評価した。彼は、島民の間には、制裁を伴う慣習（すなわち民事法規範と刑事法規範）[9]とそうでない無関心で中立的な慣習があることを解明し、「法」は、権利・義務関係を定めた規範であって、破られた場合、紛争処理を期待された者がこれに介入する蓋然性をもつ規範であると述べた。
　E. エールリッヒ (1862-1922) は、『法社会学の基礎理論』（1913年）において[10]、国家法としての裁判規範でなく、人々の日常的行為を規律する「生ける法」こそが国家法たる裁判規範に対する基礎的法形態であると主張した。この第一次的規範たる「生ける法」は、その効力を国家による強制に裏付けされる必要のない規範である。「生ける法」の実効性は、社会的諸団体の集団感情、規範逸脱に対する憤激感情に求められる。「生ける法」の成立基盤となる、社会生活における一定の事実状態の諸類型（慣行、占有、意思表示、支配服従関係）を彼は「法の諸事実」と呼んだ。
　エールリッヒは、社会の一般成員間での個々の争いを解決するために、裁判機関が用いる一般的規準を、「裁判規範」と呼んだ。それは、明確性、規範安定性、実効性を保障する制裁等の点で、それらを持たないかまたは持っていてもイ

ンフォーマルである「生ける法」から形式的に区別される。エールリッヒは、さらに「普遍的に妥当するものとして、制定法や法律書の中で権威的な仕方で宣明された法規」のことを「法命題」と呼んだ。これは一般的・抽象的・体系的な規定であること、個々の社会団体や具体的事実を超えて、普遍的に妥当することを主張する点で、「裁判規範」から区別される。

　エールリッヒは、法秩序を生ける法、裁判規範、法命題という三種類の規範から成るものと考え、伝統的法律学が、①法が国家に由来すること、②国家法が裁判所その他官庁の決定の基盤であること、③国家法が公機関の決定に伴う法的強制の基礎となること、に固執して来たことを批判した。

　M. ウェーバー (1864-1920) は、社会的行為が当事者達から正当な秩序であるという観念によって方向づけられ、この秩序が、秩序の遵守の強制や違反に懲罰を加えるために特に備えられた人間のスタッフの行為による心理的もしくは物理的強制のチャンスによって、秩序の実効性が外的に保証されているとき、この秩序を「法（Recht）」と呼んだ。彼の「強制」は、物理的強制のみならず心理的強制をも含むので、その「法」概念には、国家の強制装置によって保証されたものだけでなく、非国家法すなわち社会内部の諸々の団体の法も含まれることになる[11]。

　ウェーバーは、「法」が、道徳や宗教と異なり外面的な規範でありまた集団の構成員による非難によって保証される慣習とも異なり一定の法曹からなる強制装置によって保証されるチャンスを備えている場合に成立し、このような「法」が合理性を増大させ近代の「合理性支配」を生み出したとする点で、国家法中心主義的神話を法社会学の立場から批判したと言えよう。

　G. ギュルヴィッチ (1894-1965) は、実定法源の多元性を主張し、社会の中には数えきれないほど多くの法の生成の場（＝自律的法の故郷）があり、国家法もこれら「規範的事実（normative facts）」[12]のうちの一つに過ぎないことを述べた。彼は、法を、国家法、個人主義的・部分社会法、社会法（自律的な配分的正義を志向する法）の三つに分類し、「法とは、あたえられた社会的環境において、正義の理念（すなわち、ある社会構造のなかに具現する相争う精神的価値の前提的かつ本質的に可変的な調和）を権利と義務の限定的関連にもとづく多辺的な命令＝帰属的規制をつうじて実現しようとする企図をあらわすものである」と定義した[13]。

　以上のように、国家法中心主義神話に対する法学における批判は、人類学者マリノフスキーのほか、法社会学者のエールリッヒ、ウェーバー、ギュルヴィッチ

らが遂行したのであるが、彼らのほかにも、20世紀初め、インドネシアの植民地を研究していたオランダの社会科学者達（Adat Law School）は、地方の共同体と社会の公式の一般規範秩序との間に一定の相互作用があることを指摘し、それを表現するために法の「多元性」の語を用いた。しかしルーランによれば、この語の用法は、インドネシアを侵略したヨーロッパ人が創造した多人種社会の内部組織（＝混合組織）の分析（すなわち「一つの社会内部で任意に結合する下位集団は、自分達の法を創造すること」の指摘）のみに用いられており、限定された用法にすぎなかった[14]。

20世紀初頭、西欧の法学は、概念法学から自由法論へ、自由法論から法社会学へと発展した（アメリカにおいては、法学は、機械法学→社会学的法学→リアリズム法学へと発展した）。その後法の構造機能的研究が出現したが、ルーランによれば[15]、1970年代以後、それまでの法人類学的法の研究と、法社会学的法の研究は重なり合うようになり、行為規範を中心とする法の研究から、手続中心（すなわち紛争が解決され規範が形成される紛争過程）の法の研究へと重点がシフトした。

四　多元的法体制論の成立[16]

1972年、ベルギーのジリサン（John Gilissen）は論文集『多元的法体制』（La Pluralisme Juridique）を編集・公刊した。このなかでファンデルリンデン（Jacques Vanderlinden）は、成年者の婚姻と婚姻適格をもつ未成年者との婚姻、連邦法と州法、教会法と国家法等のように、「同一の状況にあてはまる異なる法機構が特定の社会の内部に存在すること」を、多元的法体制と定義した[17]。

タンザニアのチャガ族を研究したムーア（Sally F. Moore）は、1973年に、同一社会に併存する多数の規範体系の存在に注目し、「準自律的社会集団（semi-autonomous social field）」すなわち「ルールを生成しルールを強制ないしルールへの服従を勧誘する、一連の手続を備えた集団（SASF）」の重要性を明らかにした[18]。タンザニアには、国家法は存在するものの、アフリカ人はアフリカ人の慣習法に従い、ヨーロッパ人はヨーロッパからの継受法に従っているという現実がある（これは国家法秩序が安定的に維持されているなかでの、内的抵触法論である）。他方アフリカには、国家法と、この国家からの分離独立をめざす人々の規範秩序とがかろうじて併存しているという現実もある（これは国家法秩序の崩壊に通じる外的抵触法論である）[19]。このような状況下にあるアフリカの多元的法体制の現実を理解するために

は、SASF の研究は特に重要であることを、ムーアは主張した。

東南アジアの法を中心として、西欧法の移植、継受から生じる多元的法体制の研究を進めたフーカー（Hooker. M. B.）は、1975年に著書『多元的法体制』（Legal Pluralism）を発表し、「二つまたはそれ以上の法が相互作用する状況」を多元的法体制と呼んだ[20]。

グリフィス（Griffiths, J.）は、1986年に、どんな社会にも多元的法体制はみられるとし、「任意の社会集団が、二つ以上の法秩序を同時に遂行する場合に生じる事態」を「多元的法体制」と定義した[21]。彼は、それまでの多元的法体制論を、「弱い意味での多元的法体制」（すなわち根本規範の承認により、所与の法体系の枠内での規範の自律的領域を認める多元論）と「記述的意味での多元的法体制」（すなわち強い意味での多元的法体制論であって、国家法と非国家法とはそれぞれ別の正統性原理に基づいて同一社会において妥当すると考える）に区別し、ジリサーン、ファンデルリンデン、フーカーらの多元論は前者に、エールリッヒ、ムーアらの多元論は後者に含まれると述べた。

ウッドマン（Woodman, G. R.）は、1999年、法の継受は、弱い意味の多元的法体制を伴うこともあれば、強い意味の多元的法体制を伴うこともあることを述べた。イギリスの植民地であったアフリカの国々のなかには、裁判所が、継受したイギリス法（コモン・ロー）及び先住民の法と慣習の両方を適用するか、それとも先住民の慣習法を適用するか、を求められることがある。この場合、法の継受は弱い意味の多元的法体制を伴っている。他方、先住民の法と慣習の名の下に国家裁判所が適用した規範秩序（法律家の慣習法）と、法廷外で慣行として遵守され続けて来た慣習法（社会学者の慣習法）との間で、国家裁判所が適用した規範秩序を支持する人々と先住民の法を支持する人々がそれぞれ自分の慣習法の正統性を主張し合い、互いに相手の法を認めないことがある。この場合法の継受は強い意味の多元的法体制を伴っている[22]。

ウッドマンは、多元的法体制が問題になる法の場面の一つとして、宗教法をとりあげ、論じている[23]。信者の視点からすると、宗教法の権威はその宗教の神的起源に由来する。他の型の法と異なり、宗教法は、その存在を、それが観察される事実に依存しない。他方、法の社会科学の立場からすると、法は経験的に観察可能な現象であって、信仰の妥当性については関与しない。しかも社会科学は、自らの視点が他の視点に優越することを主張することはできないので、科学的視点からすると、法が存在するのは事実上法が社会的遵守を受けるときである。規

範が人々に一定の行動を行なうよう特定化するが故に、行為が遵守されるのである。宗教法は一定の仕方で行動するようにとの宗教的責務をもつと人々が確信するが故に遵守されるのに対し、慣習法が遵守されるのは多くの人々が長期にわたって規範を受け入れて来たことが理由になっている。こうして、社会のなかに宗教法と世俗法が併存する場合、多元的法体制の問題が出現することになる。

五　おわりに

　伝統的正統法学は、法を国家法と同一視し法の世界には国家法以外の法は存在せず、法体系の中央集権的階層構造の排他的妥当性を前提にした法的世界観に基づいて構築されている。しかし、法の現実は複雑である。「多元的法体制」という法の分析的道具概念は、広範で複雑・多様な法現象を、より実際に即して理解したり、一定の政策的視点から評価したりするのに役立つと思われる。

　国家制定法という標準レンズだけで複雑な法的世界を視るのではなく、それに加えて広角レンズや望遠レンズも使って法的世界を視ることを提案する多元的法体制論は、これからもその法哲学的基礎づけを始め、多角的な視点から一層の研究を必要とする法学の新しい一分野であると言えよう[24]。

1　国家法以外の法を「法」と認めるかどうかの認識問題と、国家法及び非国家法に対する服従義務の実践問題（これは政治的服従義務のない国家がありうるかどうかの認識問題も含む）とは、一応切り離して考えるべきである。なお、ケルゼン、1991年の530-563頁参照のこと。
2　Rouland, 1994, pp.44-6
3　「法律および慣習によって支配されるすべての国民は、一部はその特有の、一部は全人類に共通の法を用いる。なぜなら、或る国民自身が自分のために法として制定したものは、その国民に特有のもので、都市に特有の法として市民法と呼ばれ、これに反して自然の理が全人類の間に制定したものは、すべての国民にひとしく守られ、すべての民族の用いる法として万民法と呼ばれるからである。したがって、ローマ国民は、一部はその特有の、一部は全人類に共通の法を用いる。」（ガイウス『法学提要』船田享二訳、有斐閣、1967年、77頁）。
4　Sir. H. メイン（1822-88）は、『古代法』（1861年）において、未開社会から、最も進んだヴィクトリア朝イギリスに至るまで、法は、社会的身分に基づいた権利と責任の社会（家族）から、個人間の合意に基づいた契約社会へと、すなわち「身分から契約へ」と進化すると、進化論的法人類学を主張した。彼によれば、初め法は神がこの世

の支配者を通して人々に与え賜うたもの（例えば、モーセと十戒）と考えられたが、次に法は慣習と同一視され、最後に法は社会・国家契約を通して人工的に作られた独立した存在となった。彼は人類社会を矛盾なき統一体と考え、どの社会においても「身分から契約へ」進化する法の法則は妥当すると考えた。彼のこの法思想は、19世紀後半の法学に大きな影響を及ぼした。

5　封主の封臣に対する司法権（jurisdiction）は、領主が土地に対してもつ私権と考えられていた。

6　何が属人法であるかについては、人の身分、能力をその人の国籍によって決定する国籍主義（or 本国法主義）と、人の身分、能力をその人の住所によって決定する住所主義（or 住所地法主義）がある。前者の国籍主義においては、今日の国際私法においてもなお出生による国籍の取得につき、生地主義と血統主義の対立が残存している。

7　近代法の神話的性格については、Fitzpatrick, P., The Mythology of Modern Law, Routledge, 1992が詳しい。

8　青山道夫訳『未開社会における犯罪と慣習』新泉者、1967年

9　民事法規範は「一団の拘束的義務から成立するものであり、しかして、それは一方からは権利とみなされ、他方からは義務と認められ、しかもまた、かれらの社会構造に固有な相互主義〔reciprocity〕と公共性〔publicity〕の特殊の機構によって実施されている」（マリノフスキー前掲訳書56頁、但し〔　〕は筆者の挿入したもの）のに対し、刑事法規範は、外婚制違反、殺人、窃盗、姦通、首長への侮辱等の犯罪を犯した犯人につきつけられた恥辱・嘲笑、同害報復（talion）、殺人賠償金（lula）、血讐等の刑罰から成る（同書、100～102頁）。

10　『法社会学の基礎理論』、川上倫逸、フーブリヒト共訳、みすず書房、1984年、105-7頁、161頁、380頁。

11　『法社会学』、世良晃志郎訳、創文社、6頁、21頁。

12　「規範的事実」においては、法の発生と法による構成とが一致するのであり、ここでは社会集団、例えば法曹集団は、同一の行為において法を生む一方、他方では最初はそれ自身の法的規制によって統制されている。（G. ギュルヴィッチ『法社会学』、潮見俊隆、寿里茂訳、日本評論社、216-217頁）。

13　ギュルヴィッチ、前掲訳書、61-2頁、213-227頁。

14　Rouland, 1994, p.47

15　Ibid., pp.49-50

16　本章は Woodman, 1999に多くを負っている。

17　Vanderlinden, J., 1972, p.19

18　Moore, 1973, p.720

19　「内的抵触法（the law of "internal conflict of laws"）」の語は Woodman, 1999, 9頁からの孫引き（彼はこの言葉を Antony Allott から借用している）であるが、「外的抵触法（the law of "external conflict of laws"）」の語は徳永の造語である。

20　Hooker, M. B., 1975, p.6

21 Griffiths, J., "What is Legal Pluralism？" in JLPUL, No.24, 1986, pp. 1 -55、特に p. 2
22 Woodman, 1999, p.19
23 Ibid., pp.15- 6
24 矢崎光圀氏は、約300頁近い近著（矢崎200年）の第 8 章の終わりのところ（283- 8 頁）で、M. マコーミック、W. エワルド、千葉正士らの多元的法体制について触れ、「…多元的法体制が脚光を浴びマークされておかしくはない。中身があるのだから」（288頁）と述べておられる。なお関心のある方は、拙稿「転換期の国家法一元論」（沖縄国際大学公開講座委員会編、発行、『転換期の法と政治』、2000年、所収）を参照されたい。

参考文献

ケルゼン・ハンス（尾吹善人訳）『法と国家の一般理論』木鐸社、1991年
千葉正士「多元的法体制」社会科学ジャーナル第43号25-34頁所収、1999年
德永賢治「現代法哲学における legal pluralism の意義」沖縄法学第24号 1 -32頁、1995年
矢崎光圀『法哲学』青林書院、2000年
Allott A. N. and Woodman G. R. eds., 1986. People's Law and State Law: The Bellario Papers, Foris
Brian, Z. T., 1993, "The Folly of the 'Social Scientific' Concept of Legal Pluralism" in JLS, Vol.20. No.2, pp.192-236
Dupret, B., Berger, M, and Laila al-Zwaini eds, 1999. Legal Pluralism in the Arab World, Kluwer Law International（本文では、Dupret et al. eds., 1999として引用した。）
Gillissen, J., ed., 1972. Le Pluralisme juridique, Universite Libre de Bruxelles
Hooker, M, B., 1975. Legal Pluralism: An Introduction to Colonial and Neo-Colonial Laws, Clarendon Press
Moore S., F., 1973. "Law and Social Change: The Semi-Autonomous Social Field As an Appropriate Subject of Study" in LSR, No.7, pp.719-746
Rouland, N., 1994. Legal Anthropology, trans by Planel P. n, Stanford Univ. Pr. orig. Anthropologie juridique, P. U. F. 1988（本文では、英訳本から引用した）. 1994.
Vanderlinden J., 1972. "Le pluralisme juridique: Essai de synthese" in Gilissen, J, 1972
Woodman, G., R, 1999. "The Idea of Legal Pluralism" in Dupret et al eds., 1999, pp.3-20

第三章　多元的法体制再考

一　はじめに

　わが国における伝統的法哲学は、江戸時代約130年間の鎖国、明治期以降における上からの急速な近代化による国家（＝単一民族国家）法制度論の影響もあって、これまで法解釈学者が意識的にまた無意識的に前提していた国家法一元論（法＝国家法）の思考枠の内部で研究が進められることがほとんどであった。明治時代に継受した大陸法の影響もあり、法学教育の中心は、所謂六法の解釈論に今なお置かれている。最近の幾つかの大学における法科大学院（ロー・スクール）の設立構想とそこにおけるカリキュラムをみても、法学教育に占める基礎法学、特に法哲学の評価は低く、周辺的な位置づけしか認められていない。

　筆者は、3年前、本紀要に「多元的法体制考」と題する研究を発表した（徳永、2000a）。その研究は、これまでの法哲学は、余りにも国家法中心主義的法概念に捉われていたのではないかという視点から、多元的法体制論の歩みの一端を記述するものであった。紛争解決のための独立した客観的手段の必要があることから、これまでは、「法とは、違反者に対する国家の制裁を背景にした強制規範である」ことが当然視され過ぎて、国家法一元論の成立前提すなわち国家が立法・司法の権限を独占する正当根拠については、充分な議論が行われて来たとは必ずしも言えない、という側面を指摘するものであった。

　国家が立法し有効と認める法以外は法でないとすれば、法は国家法の外には存在しないことになる。法がピラミッド状国家構造に由来する、一元的に統合されたルール体系であり、しかもこの国家法思想が普遍的に適用可能であるとの前提に立てば、法律（Law in the Books）は、法（Law）または法秩序（Law in Action）と同一視されてしまう。これを肯定する一部の法実証主義者は、自然法や伝統的慣行を、法の独立した基礎とは認めない。独立変数としての国家法のみが法であるなら、一般国際慣習法や宗教法（例えば、キリスト教の教会法、イスラム法、ユダヤ法、ヒンドゥ法など）は、国家が認める範囲でしか妥当しない法ということになる。

　しかし、現代は、国家法よりも、EUのような超国家的地域法、各種国際機関

のルール等の非国家法が重要性を増しつつある時代である[1]。例えば、国際人権規約、WTO、世界銀行、IMF を規制する規則や、グローバルに活動する多国籍企業や NGO などのルールは、国際社会のみならず一国内の社会・経済に多くのインパクトを与えつつある。他方、国際麻薬ネットワーク、国際的犯罪組織、国際テロリズム等も、国際社会のみならず一国内の社会・経済にマイナスのインパクトを与えつつある。グローバル化の進展に伴い、国家法は、その地位を復権・強化しようとする動きが一部にあるものの、その地位は相対的に低下し、その再編がせまられている。

二 ハートの法＝ルール体系説

20世紀後半のイギリスの法哲学界の代表者の一人である H. L. A. ハート（1907～1992）は、ある社会に法体系が存在すると言えるためには、①市民による一般的服従と、②公機関が公式の行動基準として内的視点から第二次的ルールを受容していること、の二つが必要条件であると主張した（ハート、1976、113頁）。

ハートは、近代国内法体系をモデルにして、法の世界を解明する。それが、法実証主義者ハートの特色でもある[2]。ハートは、前法的世界である原初的社会は、構成員に責務を課す第一次的ルールのみから成る社会であると述べる[3]。

恒常的な独立の立法機関、裁判所、行政機構が存在しない原初社会においても、それが社会である以上、社会存立のための三条件、すなわち①窃盗、傷害、殺人、詐欺などの行動を何らかの形で制限する第一次的ルールの必要、②ルールを拒否する少数者がいたとしても、多数の人々はルールを容認していること、③社会を崩壊に導かない血縁、信仰等を通しての強固な安定的結合に支持される必要、の各条件が満足されなければならない。

原初社会は、しかしながら、ルールが体系化されておらず、あるルールを法として認めるか否かを判定する基準がない（第一次的ルールは不確実である）。また原初社会は小規模な安定的社会であるため、ルールの意図的改革の必要性にせまられることが少なく、自然にルールが変化するのを待つ以外に方法がない（第一次的ルールは静態的である）。さらに原初社会においては、ルール違反者に対するルール違反の事実と、違反に対する制裁を最終的に確定する権威ある機関がない（第一次的ルールは非効率的である）。

原初社会におけるこれら三つの欠点を補うものとして、ハートは、特定の人や

機関に対して、私的または公的な機能を付与する第二次的ルールの導入が不可欠であると主張する[4]。

まず、原初社会の不確実性を補うものとして、あるルールが法として認められる諸基準（例えば制定法、判決、慣習等）及びこれら基準間に生じるかもしれない衝突に対して優先順位を決める規則が必要である（承認のルールが必要である）。次に原初社会の静態的性質を補うものとして、集団かまたはその内部の一定の人々が状況に応じて柔軟に行動できるように、新しいルールを導入し、古いルールを排除する権能を集団あるいは一定の人々に付与するルールが必要である（変更のルールが必要である）。さらに、原初社会の紛争解決における非効率性を補うものとして、私人によるリンチや暴力による自力救済を禁じ、ルール違反の事実を確認し、それに対する制裁を最終的・排他的に確定する者は誰であるのか、また彼の従うべき手続を定めるルールが必要である（裁判のルールが必要である）。

ハートは、このように前法的世界から法的世界への移行を通して成立した近代〔西欧〕国内法体系を解明する鍵は、第一次的ルールと第二次的ルールの結合にあると述べる。この結合は法体系の核心部であり、責務、権利、法源、立法、裁判管轄権、国家、公機関等の法的概念は、この結合からうまく解明されると、彼は言う[5]。

ハートが主張するように、近代国内法体系を理解する鍵は、第一次的ルールと第二次的ルールの結合にあるのかもしれない。しかし、この既製の鍵は、今日のグローバル化した複雑な法的世界の解明のための入口の扉を開けるのに充分な鍵と言えるだろうか。

ハートが『法の概念』を発表した1961年当時のイギリスは、まだECに参加していなかった。そのため、彼が自国の近代法体系を中心にした法概念を用いて、法哲学（分析法理学）を構築したのは止むを得ないことであったとも言えよう。しかし、今やイギリスはEUに加盟しているのである。EUすなわちヨーロッパ連合は、単一国家ではない。国家主義のみが法を法たらしめるとすれば、国家の枠を超えたEU法は、単一の主権をもつEU国家が出現しない限り、法ではありえないことになる。ハートは、EU法は法でないと認めるのだろうか。

確かに、ハートが言うように、西欧近代法、特に近代国内法概念の核心部分には、第一次的ルールと第二次的ルールの結合があったかもしれない。しかし、国内法ではない国際法も法である。ハート自身、国際法は、国内法と、形式上ではなく内容上類似しており、国際法ほど国内法に近い社会的ルールは他にないこと

を認めている[6]。

　法は、国家法でなければ法でないのではない。国際司法裁判所の裁判の準則を定めた同規程の第38条第1項の「C.文明国が認めた法の一般原則」は、たとえ非文明国間の紛争であっても、当事国が当該紛争の法的解決を求めて国際司法裁判所に訴訟を提起する限り、裁判の一基準として既に法として存在すると言わざるを得ない。このことは、国家法のみが法であるという国家法一元論者の主張の成立が困難であることを示す一例である。

　もっともハートは、第一次的ルールと第二次的ルールの結合は近代国内法体系の中心にあるが、それだけですべての法的問題を解明できるわけではないことを認めている[7]。彼は、ルールを表わす法言語が核と周縁をもつことを指摘する[8]ばかりか、間接的な形でではあるが、ルール概念自体にも核心部分と周縁部分があること[9]を認めている。

　公園入口に「公園内車輛立ち入り禁止」の立札があるとする。この「車輛」に、バス、トラック、乗用車、オートバイが含まれることに疑いはない。それは、「車輛」の意味の核心部分であるからである。では、幼児の三輪車、子供の自転車についてはどうだろうか。乳児用の乳母車、おもちゃの車、一輪車についてはどうだろうか。さらに戦争記念の台座上のジープは、「立ち入り」に該当するのだろうか。法的言語の解釈には、ハートの言うように、確かに、その意味が誰にとっても明白な核心部（core of certainty）と、その意味が疑わしい陰影部（penumbra of doubt）が存在する[10]。

　他方、文言自体は明確なのだが、それが表わすルールの適用可能性が明確でないことがある（defeasible rule）。公園内で急病人が出たり、殺人や傷害事件が生じた場合、救急車やパトカーは公園内に立ち入りを禁止されているのだろうか。例えば、「但し、公共の安全維持のため緊急止むを得ない事由あるときは、この限りでない」との文言が立札に記載されていないからという理由で、緊急車輛の公園内立ち入りを禁止すべきだろうか。このような場合、人命尊重の点で、公園内への車輛の立ち入りは、形式上立札の文言に反するものの、認められてもよい場合があろう。公園内の治安と静穏の確保と維持という立法目的からすると、文理解釈より、実質的違法性（可罰的違法性）が考慮されるべきである。

　「公園内車輛立ち入り禁止」のルールをルールたらしめ、このルールを基礎づける力は、この「ルール外に存在するルール」である。このルール外のルールを法的ルールにするのは、主権をもつ国家だけなのだろうか。ハートは、公機関の

行動に合法性（legality）の根拠を求め、法はルール体系であると考えているので、国家法はルール外の法原則がもつ社会・文化的側面を、法に無関係なものとして法学の領域から追放してしまう。

　ハートは、自分の法哲学（分析法理学）は、記述社会学の試みでもあると述べる[11]。社会学がどうして同時に法哲学になるのかについて、彼は、法言語の基準的用法またその表現がどのように社会的文脈に依存しているのかを吟味することによって、社会的状況、社会的諸関係が明らかにされるからだ、と言う[12]。ならば、どうして彼は、法をルール体系に閉じ込める法理論（a legal theory）を、社会の法理論（a theory of law in society）へと展開しなかったのだろうか。言葉とルールだけでなく、法自体が開かれた構造（open texture）をもっているのではないか。

　法典に表現された国家法体系を幾ら読んでも、法典には法を法として作成した立法者自身は対象化されていない。ちょうど写真を幾ら見ても、そこにはその写真を撮影した写真家自身は、たとえ頭のなかで想定されたとしても、写っていないのと同じである。法を法たらしめているのは、法がルール体系であるからだけではない。法は社会・文化の一産物でもあるからである。法の社会・文化的背景は、第一次的ルールと第二次的ルールの結合としての法体系と同様、いやそれ以上に、法を解明する上で大切である。法的コミュニケーションが成立すること自体、法体系を超えた権力、文化の問題でもある。

三　多元的法体制の諸事実

1　超国家的地域組織としてのEC

　ヨーロッパ共同体（EC: European Community）は、1993年に欧州単一市場を誕生させた（但し、2009年11月以降は、EU: European Union）。統一通貨ユーロの登場により、共同市場の統合はますます強化され、統合のスピードは加速している。これに伴い、加盟各国の伝統的主権は次第に弱体化する一方、所謂共同体主権が姿を表わそうとする傾向が見られる。「欧州共同体の構造、権限、活動を制御するルールの総体」であるヨーロッパ共同体法（EC法）は、どのような仕組をもつ法であるのだろうか。

　EC法は、ECという組織自体を創設するための法規範すなわち加盟国が制定する基本条約（パリ条約とローマ条約）である「第一次的共同体法」と、この設立条約に従ってECの機関（閣僚理事会を中心とする機関）が制定する「第二次的共同

体法」とから成り立っている[13]。

例えば、EC機関の一つである欧州経済共同体においては、理事会と委員会は、規則、指令、決定、勧告、意見の五つの第二次的法を制定することができる。このうち「規則」は一般的、全体的拘束力をもつが、「指令」は構成国の国内法に置き換えられて初めて一般的効力をもつ。そこで、EC機関が指令を採択したあと、各加盟国は指定期限までに国内法化しなければならないにも拘わらず、それが不完全にしか履行されなかった場合、各加盟国の個人は、この指令を採用し国内裁判所において自国政府を相手として権利主張することが認められるのである[14]。

EC法のレベルではEC司法裁判所は合憲性の最終判定者である一方、国家法のレベルでは加盟国の憲法裁判所は合憲性の最終判定者である。もし両裁判所の判定が抵触したとすれば、加盟国の最高裁判所は、指令(第二次的EC法)の憲法適合性を審査するための司法審査権を有すると言えるだろうか[15]。

憲法は単一の主権をもつ国家に一つしか存在せず、単一国家の法しか法と認めない国家法一元論の立場からすると、ECだけでなく、アメリカのような連邦国家の法、イギリスやアメリカとのコモンウェルスにある国の法[16]は、法ではなく、憲法も一つしかないはずである。しかし、国家にも種々の形態があり、国家法自体、さまざまである。一国家内にも異なる法が同時に存立していることは否定できない事実である。

2 慣習法と先住民の固有法

国家法一元論においても、国家法の中に慣習法の効力を認める場合がある。例えば日本の法例第二条は、公序良俗に反しない「慣習ハ法令ノ規定ニ依リテ認メタルモノ及ヒ法令ニ規定ナキ事項ニ関スルモノニ限リ法律ト同一ノ効力ヲ有ス」ることを認めている。

民法第92条は、同一の効力からさらに進んで、「法令中ノ公ノ秩序ニ関セサル規定ニ異ナリタル慣習アル場合ニ於テ法律行為ノ当事者カ之ニ依ル意思ヲ有セルモノト認ムヘキトキハ其慣習ニ従フ」ことを認め、慣習法の効力が任意法の効力に優越しうることを明示している。

パラオ共和国憲法第2条は、国の最高法規である憲法に抵触するいかなる法律、政府の制定法、またはパラオ政府が当事者である協定も、無効である旨を規定している。他方、同第5条第2節は、憲法もその一つである制定法は、慣習法

の基礎をなす原理に抵触しない範囲でのみ優越し、制定法と慣習法は対等な機能を有する旨を規定する[17]。パラオには、日本国憲法第41条のような、議会が唯一最高の立法機関である旨を定める規定はない。よって、日本や近代西洋の刑法と異なり、パラオでは罪刑法定主義、法の適正手続の法思想はそのままでは通用しないことがある。

またパラオにおける州の憲法は、英語とパラオ語の両語で表現されているため、紛争が生じたとき、どちらの言語で表現された憲法が憲法として優先するのかについては、州によって異なる規定をしている[18]。

フィリピンの先住民権法（Indigenous Peoples Rights Act, 29 October. 1997）[19]は、第15条で、司法体系、紛争解決制度と平和構築手続を規定している。それによれば、先住民及びその文化共同体は、彼ら固有の一般に受け入れられた司法体系、紛争解決制度、平和構築手続若しくは機構を、並びに国家法体系及び国際的に承認された人権に適合可能なものとしての、彼らの各共同体内部の他の慣習法と慣行を、利用する権利を有する。

先住民とその文化共同体の文化的多様性の承認を規定する同法第31条に続き、同法第32条は共同体の知的権利について、次のように規定している。「先住民とその文化共同体は、彼ら固有の文化的伝統と慣習を遵守し活性化する権利を有する。国は、彼ら〔先住民とその文化共同体〕の自由且つ事前のインフォームド・コンセントなくして、または彼らの法、伝統、慣習に反して、奪われた文化的、知的、宗教的、霊的な財産の返還への権利のみならず、彼らの文化の過去、現在、将来の表現を保存し、保護し、発展させるものとする。」（但し、〔 〕内は徳永が付け加えたものである。以下同じ）。

同法第34条は、先住民の知識体系と慣行への権利及び彼ら自身の科学と技術を発展させる権利を、次のように規定する。

「先住民及びその文化共同体は、自らの文化的及び知的権利の、全面的な所有、支配、保護の承認を与えられる。彼らは、自らの科学、技術、文化的表現を支配し発展させ、保護する特別の評価権を有する。これら〔科学、技術、文化的表現〕の中には、人間その他の遺伝子資源、種子、またこれらの資源の派生物、並びに伝統的医療と健康実践、生命維持に必要な薬用植物、動物、鉱物、先住民の知識体系と慣行、動植物の特性の知識、口承の伝統、文学、意匠、視覚的及び上演的芸術を含むものとする」。

紛争の解決と解決に際して適用可能な法について、同法第62条と第63条は、次のように規定している。

「調査計画で〔境界を〕図示された先祖の土地の中に反対主張があり利害が対立する場合、先住民国家委員会〔NCIP：National Commission on Indigenous Peoples〕は、本来の当事者に対する告知の後、そのような先祖の土地の境界図から生じる論争を審理し決定する。但し、当該論争が先住民とその文化共同体のそれぞれの先祖の土地の伝統的境界に関する先住民及びその文化共同体相互間の論争であるときには、慣習的手続をとるものとする。NCIP は、その司法的機能を遂行するために必要な規約を公布する。なお、いかなる先祖の土地境界論争に係わる若しくは本法の適用、履行、実施、解釈に付随するいかなる事柄に係わる NCIP のいかなる決定、命令、裁定、判定においても、そのコピーを受け取ったあと15日以内に控訴裁判所に再審査請求できるものとする」（第62条）。

「紛争が生じる土地の先住民及びその文化共同体の慣習法、伝統、慣行は、まず係争地に係る財産権、請求権、所有権、世襲相続、継承的不動産処分につき、適用されるものとする。法の適用におけるいかなる疑義ないし曖昧さも、先住民及びその文化共同体に有利に解釈されるものとする。」（第63条）。

さらに同法第65条は、慣習法と慣行の優越性について、「論争が先住民及びその文化共同体に関わる場合、慣習法と慣行が当該論争を解釈するのに用いられるものとする」ことを規定している。同法第66条は、「NCIP は、その地方事務所を通して、先住民及びその文化共同体の権利に関わるすべての請求と論争につき司法権を有する。但し、いかなる論争も、当事者が自らの慣習法の下で認められるあらゆる救済策を尽くしたのでなければ、NCIP に持ち込まれるべきでない。このため、当該論争の解決の試みに参加した長老及び指導者会議は、証明書すなわちこの論争は〔まだ〕解決されていないという証明を発行するものとする。この場合の証明は、NCIP への申立書の提出に先立つ停止条件とする。」ことを規定している。

このように、一定の紛争については、慣習法による解決が国家制定法に先立って求められることがあるのである。法は、国家制定法の形でのみ、存在するのでない。

3　商慣習法（law merchant）

商慣習法（lex mercatoria）は、市場、特に市、定期市、港市、市場町、自治都市等で開かれる市場で、古来より発達した非国家法である。それは、刑事事件を除く、商取引から生じた紛争を当事者が納得いく形で素早く処理するための、一連の原理、規則、仲裁規約を備えていた。市場町や自治都市等は国王の特許を付与されていることが多かったので、その範囲では、商慣習法は、初めから国境を

越えた自律的法として発達した。

　国境を越えた経済活動や取引から生じる紛争は、特に国家法体系の周縁部のように国家機関（裁判所）の介在がないかまたはあってもその力が実効的でないところでは、紛争当事者が互いに了解可能な合法・非合法の区別を基礎にして、仲裁人によって解決されたのである。経済システムとの密接な結合の下に発達した商慣習法は、国家法としてまた国際法（主権国家間の条約や慣習法）として、発達したのではない。法は、いつでもどこでも常に国家法が非国家法かのいずれかでなければならない、と明確に二分されるとは限らないのである。

　商慣習法における紛争解決は、解決自体を自己目的にする一定場所に恒常的に設置された裁判所によって行われるのではない。それは一回ごとの一つの法的サービスである。それ故、規範的期待の確実性という点では、それは、一定領域の国家法体系に基づいて強制的裁判管轄権を有する常設裁判所に及ばない。

　とは言え、「相手もまた自分が期待するように行動するならば」という黄金律の条件の下に、商人が互いに他者の期待に応じて行動することによる利益（商取引費用の減少）を私的に認めあったことから発達して来たことは疑いない。商慣習法は、違反すれば国家権力による制裁が科せられるから、遵守され、発達して来たのではない。それは、自由市場において、私財獲得に熱心な商人が、暴力を避けるために標準的な仲裁手続を法的サービスとして提供したことから、私的に生み出された法である。商人は、自分がどの種類の紛争解決を望むかを選択することができたのである。その意味で、商人にとって法は多元的に存在した。

　わが国においても、複雑かつ発展的な商事生活は成文法のみでは規律し難く、絶えず流動する実生活と固定的な成文法との間隙は慣習法によって満たすほかないとされている。具体的には、商事については商慣習法が民法に優先して適用されるものとして（商法第1条）、制定法優先主義（法例第2条）の例外が認められている[20]。

4　インターネット上の知的財産権

　知的財産の重要性は、経済活動のグローバル化、ITの急速な普及等により、多国籍企業のみならず、国の通商政策の面でも認識され、20世紀末頃より日本では注目を引くようになった。またインターネット上の猥褻文書、プライバシー侵害、名誉毀損、詐欺、サイバーテロ等の規制の問題も注目されるようになった。

　インターネットは、「ネットワークのネットワーク（a network of networks）」で

ある。インターネットは、中央集権化した一元的統制をすることはできない。どんな政府、会社、非営利団体も、唯一の管理者としてオンライン空間に君臨することはできない。ＷＷＷ上でのナビゲーションは、無数に相互連結した田舎道を通って、文字、画像、音声、動画の世界を横断しながら、探検するのに似ている。

　インターネットを通しての電子取引、インターネット上の著作権や商標権の侵害等は、一国内で行なわれる場合は勿論、国境を越えて行なわれるとき、国家法一元論では諸々の困難に直面する。特定の主権国家の法律が適法に認めた権利（例えば著作権、商標権等）であっても、インターネット上でのその使用が他国の法律と衝突する可能性はある。そのとき、その権利の抵触を解決するのは、どちらかの国の裁判所なのか、またはサイバー空間独自の法なのか、それとも裁判外紛争処理に委ねるのがいいのか、そのルールは明確でない。

　これまで、各国の裁判所は、一つの法律問題に対して自国法を適用して来た。しかし、インターネット上の知的財産をめぐる法律問題（例えば、商標と商号、人名、ドメインネーム等との権利保護関係）の処理については今後、グローバルなルール作りが期待される[21]。

四　多元的法体制論

　これまで見て来たように、同じ時間、同じ地域（場所）に、複数の法秩序が共に存立（存在ではない）することがある。これは事実である。但し、複数の法体系は、明確な別々の境目をもつのでもなく、また静止しているわけでもない。それらは動いているので、それら体系間の関係は、互いに対立、競合、補充、模倣、移植等の諸関係を含む複雑な関係となっている。

　宗主国と植民地との間においても、たとえ移植法（法提供者側の法）が植民地側（法受容者側の法）の言葉に翻訳され、条文の文言自体は表見上一致していても、移植法は植民地社会のなかでは不適合を起こすことがある。それは、法の提供者にとっての法と、法の受容者にとっての法が、それぞれの社会・文化・伝統が前提する一定の法観念・法役割と相違し、摩擦や衝突を起こすことがあるからである。

　宗主国が植民地に裁判所を設置したとき、土着の法と慣習は、裁判の基準としての法源であると認めるべきか否か、認めるならばどこまで認めるべきかは、裁

判官が直面した実務上の重要問題だった[22]。植民地の統治法（colonial law）の適用を前提にして作られた植民国家は、現地の「慣習法」を「単なる慣習・慣行」から区別しなければならなかった。なぜなら、現地の慣習法の法としての効力を否定し、単なる事実上の慣行に落としめ、逆に統治法を唯一・最高の法としなければ、植民地の直轄支配は不可能だし、たとえ土着の慣習法を一定の分野で温存したとしても、究極的には統治法が現地法に優越するのでなければ植民地統治法とは言えなかったからである。

　国家法一元論者あるいは法の帝国主義者の前提する法概念（一国内における国家による暴力の合法的且つ独占的使用と、その使用を規制する一定の規範形式の承認）は、中央集権国家による「法の支配」を、核と周縁（中央と地方）、普遍と特殊、明示と黙示、形式と機能、信仰的理念と社会的現実などのような二分法思考によって、貫徹しようとするものであった。成文法として目に見える法のみを法とする一部の法実証主義者は、「見える法」は「見えない法」を背景（地）にして成立することを、故意または過失により、無視したのである。

　不文法としての見えざる慣習法の発見方法について、それも法であることを前提にして、法学者は、「法」をば、紛争事例（trouble-case）を通して、実際に行なわれた決定から抽出した社会統制のルールであると解釈した。この方法を採用して法を研究したのは、例えばアメリカのK. ルウェリンのようなリアリズム法学者であった。

　多元的法体制（legal pluralism または法的多元論）は、多元的裁判管轄権論（juridic pluralism または司法的多元論）と必ずしも同じではない。多国籍企業は、経営戦略の一つとして、相手企業による自社の買収を免れるため、自発的倒産をすることがある。（例：テキサコ対ペンゾイル事件）。また多国籍企業は、裁判に要する費用、時間、エネルギー等を考慮して、自社（アメリカなら株主）にとって都合のよい判決を下してくれそうな裁判所を選択する（forum shopping）。

　一般国民からすれば、憲法は唯一最高の法かもしれない。しかし、政治家、株式会社の経営者、会社法務部の一部の人の目には、それも商品としての憲法、商品としての民法・刑法・商法、そして法体系と映ることがあるのである。事実、法政策としてタックス・ヘイブンを採用する国（例：リヒテンシュタイン、ケイマン諸島、バハマ諸島の国々など）や、船主の経営に有利な便宜置籍を認める国（例：リベリアやパナマなど）の国家法は、グローバル市場における一種の法的商品と化している。どの国の法基準が、グローバル・スタンダードになるか、またどの国でど

のようなビジネスを展開するのが、市場規模・成長性、他社との競合を考えた上で、自社の売上・市場シェアにとって最適であるかは、企業経営や国の通商政策にとって極めて大切である。

　ファンデルリンデンは、1972年に、同一の状況にあてはまる異なる法機構が〔別々の実体として〕特定の社会の内部に存在することを、多元的法体制と呼んだ[23]。現代は、グローバル化による世界の均質化への傾向と同時に、地域の自立化による社会の多元化への傾向が進む時代である。

　国際私法は、各国の法体系が互いに衝突する場合、相手国の法を互いにどのように扱うかに関する学問である[24]。それは、相互に関係し合う一連の自律的ルール体系として、ものごとを二次元的に考察する。これに対し、多元的法体制は、別々であるが重なり合い内部連結した体系から成る流動的体系である。

　インターネットに倣い、「合法性の合法性（a legality of legalities）」をインター・リーガリティ（interlegality）と呼ぶとすれば、多元的法体制論とは、日常些事から（脱）植民地化、（ポスト）社会主義化のような社会の全面的危機・革命に至るまで、人々の心・行為のなかに、互いに浸透し、組み合わさった多くの合法性にまたがる合法的時間・空間の世界についての学問である。人々は、法体系・法秩序の多重ネットワークという穴だらけの合法性の世界に生活している。

　この合法性の世界は、H. ケルゼンのピラミッド型の規範段階構造のように、規範の妥当根拠づけ〔または適用〕関係（下から上への規範静態論）も規範の創設関係（上から下への規範動態論）も、基本的にトップ・ダウン思考（マクロからミクロへ、原則的に同一方法を用いて限りなく細分化する思考）のみによって、一元的に解明される[25]のではない。むしろ、社会や伝統のなかに存在する互酬（reciprocity）構造[26]を観察し、これら諸構造に固有な特性を解読し、その特性をモデル化して一定の新しい構造を構築しながら、異なる組織体を順番にマクロ構造へと積み上げて行くボトム・アップ手法が、多元的法体制論の研究方法の一つとして参考になる（川合、2003年、43-58頁）[27]。

五　おわりに

　ヒト、モノ、カネ、情報をめぐり、ますますグローバル化し複雑化する社会関係とその対立・紛争を、単一の頂点（中心点）をもつピラミッド型の国家法体系の法律関係の内部に閉じ込めてどこまでも処理しようとするのは無理である。国

家法一元論の前提する法律関係自体が、12～18世紀の西欧社会が析出した歴史的産物であり、自由主義・所有的個人主義という一定の文化的背景・意義をもっている。

話し言葉（口語）のすべてを一つの標準の書き言葉（文語）に置換することはとうていできることではないように、社会で作用している法のすべてを一つの国家制定法に置換することは不可能である。何人も文語の有用性・重要性を否定しない。しかし、文語は、話し方に関する常に最良の手引き書であるというわけではない。「本の中の法（Law in the Books）」は、社会の中で「作用している法（Law in Action）」とは異なるのである。

国家法一元論の基礎には、一国の最高裁判所の言葉は、下級裁判所の言葉と異なり、特権的言葉であることの自明視がある。国民主権とは言いながら、国民多数が「法であって欲しいと願う法（law as it ought to be, あるべき法）」が必ずしも「実際の法（law as it is, あるがままの法）」であったわけではない。陪審制はまだ復活せず参審制も認められず、一部特権者（最高裁判所の多数派裁判官）が法と呼ぶものが、これまで多くの場合日本では法であった。だが実際には、社会のなかに作用している法は、多元的に存立する。超国家的地域機構のルール、慣習法、宗教法などはその例である。ただ制度上、最高裁が法であると宣言する法が法である、と社会的に約束しているに過ぎない。最高裁の宣告する法が、法のすべてであるのではない。

国家法一元論者は、社会の無秩序に対する唯一のとりでが国家法であると主張し、T.ホッブスのように、もし国家法なかりせば社会・国家はたちまち混乱し「人が人に対して狼」になると警告する。一部の法実証主義者は、「国家法をとるか、それとも無秩序をとるか」の二分法思考に基づき、人々に二者択一をせまり、当初の目的である国家法（市民法）の必要性とそれへの服従を正当化する。

しかし、国家法一元論者の言う「国家」のなかにも、実際には、単一国家だけではなく、前述したように複合国家（連邦国家、連合国家）もあればまた共和制国家にも議会制、大統領制、さらには独裁制国家もあるのである。国家形態にもさまざまな形態があるほか、国家は、他国と植民地、保護、付庸、連携等のさまざまな関係をもつことがある。国家法と一口に言っても、単純ではないのが実際である。

一国内部でさえ、各地域によって、社会の、個人の、自治体の、法人等の間の紛争の原因は異なるし、処理の仕方も、もし国家裁判所の判決自体が提訴者の期

待する判決結果を長期に渡り裏切るものであったならば、却って国家司法に対する不信感を喚起しかねない。最高裁の法的解決が、同一国家内の他地域ではうまく機能したとしても、それとは別の地域でもうまく機能するとは限らない。逆にその同じ解決が、いわば副作用を招くこともありうるのである。

一国の中央機関が近代西欧法の思考枠組を国のすべての地域に形式的・無差別に適用したとしても、その地域の伝統・社会・自然・文化に対応した法的解決でなければ、各地域間の背景にある不平等な社会構造をそのまま温存させるにとどまるのではないか。法は、深海底や月の鉱物資源の開発の規制のようなグローバルなレベルでも、国際人道法や移民法や難民法のような国際法のレベルでも、EC法やアフリカ統一機構のような地域法のレベルでも、宗教法や商慣習法や多国籍企業の内規のような貫国家法のレベルでも、北アイルランドやケベックのような国家内の下位領域法のレベルでも、そしてマオリやアボリジニのような先住民族や移動をし続けるロムニのような生活法のレベルでも、様々なレベルで存在している。多元的法体制研究の目的は[28]、これらの異なるレベルで共に存立し、様々な相互作用をしている法秩序を多元的に考察することである。

1 国際法においても、条約に還元されない国際関係の規制である国際「ソフト・ロー」の重要性が注目され始めている。ソフト・ロー概念とその問題点については、村瀬信也『国際立法—国際法の法源論—』、東信堂、2002年、21-29頁がある。
2 ハートは、ある主張が法実証主義であると言えるための要件を五つあげている（ハート、1976、293頁）。但し、ハート自身は、法は自然法の最小限の内容を含まなければならないと主張しているので、彼は修正法実証主義者（modified positivist）である、と言えよう（ハート、1976、211-218頁）。
3 ハート、1976、101頁
4 ハート、1976、102-106頁
5 ハート、1976、107頁
6 ハート、1976、255頁
7 ハート、1976、108頁
8 ハート、1976、140頁
9 「法を確認するために複数の基準があって通常、成文憲法、立法府による制定法、裁判上の先例を含んでいる。たいていの場合、これらの基準に相対的な、従属あるいは優越の序列づけを与えることによって、起こりうる衝突に対するそなえがなされている。」（ハート、1976、110頁）。「…、いろいろな基準のこの階層的序列づけを伴ったそのように複雑な承認のルールの存在は、そのような基準によってルールを確認する一般的な習慣的活動のなかに明らかに見い出される。」（前掲書、110頁）。「承認のルール

は…言明されないが、その存在は裁判所やその他の機関、あるいは私人やその助言者が特定の諸ルールを確認していく仕方のなかに示されているのである。」(前掲書、111頁)。

10　ハート、1976、133頁
11　ハート、1976、序文、iii頁
12　ハート、1976、序文、iii-iv頁
13　徳永、2000b、223頁
14　徳永、2000b、224頁
15　徳永、2000b、224-225頁
16　徳永、1995b、165頁
17　徳永、1997、25頁
18　徳永、1997、26頁。州の憲法について、英語版がベラウ語版(また日本語版)に優越するかどうかは、その州の歴史、政治、社会、文化等の事情により異なる。
19　http://www.chanrobles.com/republicactno837.htm.
20　竹内昭夫・松尾浩也・塩野宏編『新法律学辞典、第三版』有斐閣、1989年、709頁。
21　サイバースペース法研究会「『サイバースペース法学』とインターネット」(『国際商事法務』第26巻第9号)、1998年
22　イギリスによるインド統治は、初め、ヒンドゥ教徒の家族法・相続法の問題はヒンドゥ裁判所で、ヒンドゥ法を適用し、ムスリムの家族法・相続法の問題はイスラム法廷でイスラム法を適用し、家族法・相続法以外の法律問題はコモンローを適用した。インドの家族法について、ヒンドゥ、ムスリム、クリスチャンの各場合を一冊にまとめて論じたものとして、G. C. V.Subba Rao, Family Law in India, 7th edition, S. Gogia & Company, 1998がある。
23　Vanderlinden T. "Le Pluralism Juridique: Essai de Synthese" in Gilissen, T, ed, Le Pluralisme Juridique, Universite Libre de Bruxelles, 1972, p.19
24　山田氏によれば「国際私法は、渉外的私法関係について内外私法の適用範囲を定め、内外私法に適用の根拠を与えるものである」と一般に解されている(山田鐐一『国際私法』筑摩書房、1982年、6頁の注3))。
25　ケルゼン、1991、213-230頁
26　Lawrence C. Becker, Reciprocity, Routledge & Kegan Paul, 1986
27　ポズナーは、法の一般理論(これは法学から導出されたものである必要はない)を用いて、この理論に合致するように判決を組立て、批判し、認容・棄却等する人をtop-downerと、逆に「明らかな意味(plain meaning)」や「類推(reasoning by analogy)」等を用いて、多くの事例や制定法の文言から出発しジグザグしながら判決に至るやり方の人をbottom-upperと呼んでいる。ポズナー自身は、前者に属し、トップダウン思考を包摂理論と言ってもいいと考えている(Posner, R. A, 1992, pp.433-435)。
28　多元的法体制は、legal pluralismの日本語訳である。直訳では「法的多元性」となる。多元的法体制は、通常、国家法中心主義(state-legal centralism)に対立し、poly-

centric law は monocentric law に対立するが、monocentric law は、国家法一元論だけでなく、共同体法一元論、市場法一元論もありうる。「何が法であるか」の解答は、誰が裁判で勝利するか、換言すれば誰が多くの優秀な法律家を動員することができ、且つ、その利用から利益を得ることができるかに関係する。そこで「法とは何か」の定義は政治論争にも通じることを主張するのはハントである。彼は、近代西欧法に内在する、主体（ヒト）、知識、戦略、権力機構が、個人主義（道徳的自律と個人責任）を前提とする自由主義法哲学に支えられていることを指摘する（Hunt, A., Explorations in Law and Society: Toward a Constitutive Theory of Law, Routledge, 1993, pp.305-319）。

参考文献
川合知二『ナノテクノロジー』PHP研究所、2003年
千葉正士『スリランカの多元的法体制』成文堂、1988年
——「多元的法体制」社会科学ジャーナル第43号25-34頁、1999年
德永賢治（1995a）「現代法哲学における legal pluralism の意義」沖縄法学第24号1-32頁、1995年
——（1995b）「ミクロネシア、CNMI の政体と憲法」産業総合研究調査報告書第3号165-182頁、1995年
——「パラオ共和国憲法の保障」産業総合研究調査報告書第5号 第Ⅰ編、島嶼研究部会、25-30頁、1997年
——（2000a）「多元的法体制考」沖縄法政研究第2号39-50頁、2000年
——（2000b）「転換期の国家法一元論」『転換期の法と政治』（沖縄国際大学公開講座第9巻）201-229頁、2000年
ハート．H. L. A.（矢崎光圀訳）『法の概念』みすず書房、1976年
ケルゼン・ハンス（尾吹善人訳）『法と国家の一般理論』木鐸社、1991年
Cotterrell, R. 1992, "Law's Community: Legal Theory and the Image of Legality", in Journal of Law and Society, vol.19, pp.405-22
Harold H. koh 1996 "Transnational Legal Process", in Nebraska Law Review, vol.75 pp.181-207
MacCormick D. N. 1993 "Beyond the Sovereign State" in Modern Law Review, pp.1-18
Posner, R. A., 1992 "Legal Reasoning From the Top Down and From the Bottom Up", in The University of Chicago Law Review, vol.59, No.1, pp.433-450
Santos, B. 1987 "Law: A Map of Misreading. Toward a Postmodern Conception of Law", in Journal of Law and Society, vol.14, pp.279-302
Weiler, J. H. H. 1991. "The Transformation of Europe" in Yale Law Journal, vol.100, pp.2403-2483

第四章　来間島における部落有地の利用と
　　　　その開発をめぐる法的紛争

　　一　はじめに

　空港でみかけた「んみゃ～ち宮古島」という立て看板をあとにして、1990年8月上旬、私はフェリー来光で来間島に渡った。シマの古老、区長や元区長から、また、シマの他の人々から、私は、いろいろなお話をお聞きすることができた。
　来間島に電話が開通したのは、1968（昭和43）年12月30日であった。翌年10月8日、電気が送電され、1972（昭和47）年には溜池が竣工した。2年後、宮古本島から海底配管を通して水が送られて来た。今から、20数年前、来間のシマのなかに、海を渡って、外部から、情報、エネルギー、飲料水が、恒常的にそれ以前と比べて大量に供給されるようになったのである。
　外部からの物資・エネルギーの流入が次第に増加し始めた1976（昭和51）年4月10日、来間小中学校では、海上輸送による完全給食が始まった。他方、この年、来間製糖工場が閉鎖された。製糖は、シマの内部でではなく、シマの外部で行われるようになったのである。
　かつて黒糖をつくる場合、シマンチュ（シマの人）は来間部落有地（入会地）に自生している大量のカヤ、アダン葉、ソテツ葉、ゲンニモウなどを、鍋の砂糖汁を焚いて煮つめるときの燃料として利用していた。またずっと昔は、枯れた長いススキを一尺周りに縛って束にして、いざりのときはこれを7・8本も用意して、松明代わりに燃やしたこともあった。
　シマンチュは、部落有地（ススキ山）に自生しているカヤを利用して、コビを作ることもあった。コビは、日除け、目隠しのために家の主に南面に用いられるいわば「よしず」である。これを作るには、部落有地のカヤを刈り取り、1週間程度乾燥し、葉のない乾いたカヤの茎だけを3本ずつまとめて、交互に上下になるようにクロスさせて、編まなくてはならない。1間分の1つのコビを作るのに、最低3名の手がかかり、10坪の家だとカヤは400束必要であった。コビを作るシマの名人は、ごちそうやお酒はもらったものの、コビ自体の制作費はとらず

無料でシマの人達にあげていたそうである。

　現在、部落有地の利用については、部落総会の席上、シマの人々が、耕地にするか、原野のまま放牧地にするか、山林にするか、協議して決めている。部落有地をきび畑やタバコ畑等の耕作地として利用する場合、耕作者は、年間、1反当たり2万円を小作料として部落に払わなければならない。

　部落有地を放牧地として利用する場合、或る人によれば、無料であったらしい。別の人によれば、自分の牛、馬、ヤギを飼うときは、部落有地に放し飼いにすることはできなかったらしい。別の或る人によれば、牛やヤギのエサ程度なら、部落有地に自生する草を採ってもいいとのことである。さらに別の人によれば、牛に縄をつけておけば、部落有地内に牛をつないでいても昔はよかったとのことである。たまたま縄がはずれたり切れたりして、牛が自由に散歩していても、牛の方は、自分の飼い主が誰であるかちゃんと分かっていたらしい。飼い主が、お昼どき、溜池の水を飲ませるために牛を連れに行くと、このような牛は、自分の方から進んで飼い主の方へ歩いて来たとのことであった。

　サシバ（肉食のタカ）の捕獲が法律で禁止された現在ではもはや実物を島内で見ることはできないが、興味深い部落有地の山林の利用としては、ツギャ（ツゲまたはスゲと呼ぶ人もいる）があった。これは、サシバ（来間島へは毎年10月上旬飛来し、ヒヨドリの声を長くしたような鳴き声の渡り鳥）がたくさんとまりそうな木（木麻黄の木が多い）を入札制によって、一世帯につき一つに限り落札させ、その木の枝の上に、ソテツの葉で周囲を偽装したヤーガマ（山小屋）と呼ばれる小さな捕獲小屋を建てるというものである。落札時、部落に支払うお金を山賃（ヤマチン）といい、それは大体1～5ドル前後であった。

　ツギャの中には人が隠れており、彼は、オトリの鳥（赤い目をした身体の小さい、羽の少し赤みがかったメスのサシバ）に誘導されたサシバを、先端が丸くなった竹を使って、挟み込んで捕獲した[1]。たくさん獲る人は、1日で100～200羽あるいはそれ以上も獲った人がいたらしい。獲ったサシバは、タライにのせて、宮古平良市の南市場に持参し、1羽当たり25～50セントで売却した。シマの農家にとっては、秋の渡り鳥サシバは、1日働いて1ドルになるかならないかのサトウキビ刈り労働より、ずっと多くの現金収入をもたらしてくれる天からの贈り物であった。

　与那覇前浜港と来間港との間にフェリーが就航したのは、1978（昭和53）年1月である。この約19tの小型フェリー来光に乗り、私は、来間のシマをめざして、「太陽の砂」のある前浜を後にした。平均水深3～5mしかない透明なエメ

ラルド・グリーンの海を、船は、白波をたてて進んだ。波は静かであった。15分もしないうちに、船は来間港についた。

ぬけるような青い空だった。まばゆいばかりの白い砂浜が、熱を発しながら、広がっていた。シマへの道は、風の吹く断崖のあいだを登る急な坂であった。身を包むやかましいほどのセミの鳴き声を背にして、緑の木々の間をぬけると、そこはもうシマのはずれであった。

畑に沿って延びるデイゴ並木の道を曲がりながら歩いていくと、シマの家々の様子が現れた。地面は乾ききっていた。とにかく暑かった。大気も光もゆらいでいた。しかし、シマは、深海の底のように、どこか静かだった。宮古本島から来間のシマに来る間に、光と空気はどのように変わったのであろうか。

本稿は、部落有地の利用とその開発をめぐる法的紛争の一端を述べ、この紛争とその処理過程がシマにとってどのような法文化的意義を持つのかを論じること[2]を目的としている。

二　下地町・来間の概況

1　下地町の概況

　宮古島は、琉球弧のほぼ中間に位置し、沖縄本島からは南西の方角に約303km、石垣島からは東北東の方角に約133kmの距離にある。宮古島は、その全体が琉球石灰岩に覆われ、平均標高60mの平坦な島である。

　宮古島の気候は、四季の変化に乏しい亜熱帯の海洋性気候である。1985（昭和60）年の年間の、降雨量は2934mm、降雨日数は133日、日照時間は2094時間、年平均気温は23.2℃（最高極値32.7℃、最低極値11.7℃）、年平均湿度80％である。年間降雨量の約40％は地下水となり、海へ流出し、地表流出は約10％である。残りは蒸発している。

　下地町は、南西約6.2km、南北約6kmにわたって広がり、総面積23.21km^{2}である。これは、宮古群島の総面積227.23km^{2}の約10分の1にあたる。町の地勢は、北東側が高く、南西に向かってゆるやかに傾斜している。中央に宮星丘があり、この麓を水源とする崎田川は、トウスケの平原を潤している。

　現在の下地町は、1949（昭和24）年1月1日、宮古民政府長官ゲスリング大佐、宮古知事具志堅宗精の認可により、当時の下地村が下地町になったものである[3]。

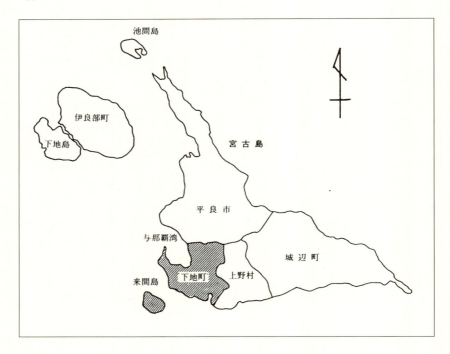

　下地町の土地構成は、表Ⅰの通りである。町の総面積のうち、農用地の占める割合は約68%であり、森林は14%にすぎない。この数字は、下地町が農業を主体にした農村地域であることを示している。

　農業が盛んであることは、表Ⅱの下地町における産業別就業者数の推移をみても実証される。

　表Ⅲが示すように、町の人口は、ここ30年間で、1960（昭和35）年当時の約46%が、減少している。若者は町から減っており、逆に、総人口に対して占める高齢者の割合についてみると、1990（平成2）年は、1960年当時のそれの約3.5倍に増加している。

　下地町に高齢者が増加していることは、表Ⅳにあげた世代別人口構成をみても明らかである。特に、女子の60代人口は、245人であり、男子30代の267人に次いで、目立っている。65歳以上の男女別人数は、男261人、女420人となっている。表Ⅳ中、30代の男子は267人もいるのに、40代の男子は131人しかいないのは、この世代が島外へ出稼ぎに行っているためであろうか。団塊の世代のなかに、下地町を離れ、島外に居住する者が多いことを示しているのかもしれない。

表Ⅰ　下地町の土地構成

利用区分 \ 年度	昭和60（1985）年	平成2（1990）年
農用地	1553ha　66.9%	1575ha　67.8%
田	—	—
畑	1479ha　（95%）	1501ha　（95.3%）
採草放牧地	74ha　（5%）	74ha　（4.7%）
森林	339ha　14.6%	327ha　14.1%
人工林	66ha　（20）	66　（20.2）
天然林	168ha　（49）	168　（51.4）
その他	105ha　（31）	93　（28.4）
原野	32ha　1.4%	32ha　1.4%
水面・河川・水路	6ha　0.3%	12ha　0.5%
水面	4ha　（66.7）	4　（33.3）
河川	—	—
水路	2ha　（33.3）	8　（66.7）
道路	89ha　3.8%	96ha　4.1%
一般道路	62　（69.7）	64　（66.7）
農道	27　（30.3）	32　（33.3）
林道		
宅地	61ha　2.6%	61ha　2.6%
住宅地	43　（71）	43　（70.5）
工場用地	5　（8）	5　（8.2）
その他の宅地	13　（21）	13　（21.3）
その他	241ha　10.4%	220ha　9.5%
合計	2321ha　100.0%	2323ha　100.0%

（町役場総務課資料による）

2　来間の概況

　来間島は、下地町の与那覇前浜の向い側、約1.6kmの海を隔てたところに位置する。島の面積は、3km^{2}に満たない。島は、宮古本島に対面する北東側が約40mの断崖絶壁と高くなっており、南側に行くにしたがって傾斜し、耕地や放

表Ⅱ　下地町における産業別就業者数の推移

業種別		昭和35年		昭和40年		昭和45年		昭和50年		昭和55年		昭和60年	
		就業者数	構成比%	就業者数	構成比%	就業者数	構成比%	就業者数	構成比%	就業者数	構成比%	就業者数	構成比%
第一次産業	農業			1,851	81.6	1,429	76.4	934	63.8	943	63.6	966	62.4
	林業・狩猟業			—		—		—		—		—	
	水産業			3		2		1		3		8	0.5
	小計	2,284	82.5	1,854	81.8	1,431	76.5	935	63.8	947	63.8	974	62.9
第二次産業	鉱業			—		—		—		—		—	
	建設業			75	3.3	57	3.0	127	8.7	149	10.0	88	5.7
	製造業			81	3.6	82	4.4	63	4.3	49	3.3	48	3.1
	小計	241	8.7	156	6.9	139	7.4	190	13.0	198	13.4	136	8.8
第三次産業	卸売業・小売業			73	3.2	77	4.1	97	6.6	88	5.9	122	7.9
	金融・保険業			6	0.4	4	0.2	6	0.4	9	0.6	5	0.3
	不動産業							1		2		—	
	運輸・通信業			22	1.0	23	1.2	19	1.3	19	1.3	31	2.0
	電気・ガス・水道業			5	0.2	2		1		4		1	
	サービス業			84	3.7	118	6.3	104	7.1	136	9.2	185	11.9
	公務			67	3.0	77	4.1	94	6.4	84	5.4	94	6.1
	小計	243	8.8	257	11.3	301	16.1	322	22.0	338	22.8	438	28.3
分類不能の産業								17	1.2	1		1	
計		2,768	100.0	2,267	100.0	1,871	100.0	1,464	100.0	1,483	100.0	1,549	100.0

資料：国勢調査

表Ⅲ　下地町における人口の推移

項目＼年別	1960年	1965年	1970年	1975年	1980年	1985年	1990年
総数（a）	5,703人	5,206	4,022	3,116	3,017	2,921	3,073
0～14歳	2,542	2,247	1,515	839	617	609	668
15～64歳	2,797	2,615	2,142	1,853	1,870	1,714	1,725
うち15～29歳（b）	1,038	870	598	571	673	505	431
65歳以上（c）	364	344	365	423	530	598	681
若年者率 $\left(\frac{(b)}{(a)}\right)$	18.2%	16.7	14.9	18.3	22.3	17.3	14.0
高齢者率 $\left(\frac{(c)}{(a)}\right)$	6.4	6.6	9.1	13.6	17.6	20.5	22.2

（1990年のみ8月11日現在の数字、残りはすべて国勢調査による）

第四章　来間島における部落有地の利用とその開発をめぐる法的紛争　　53

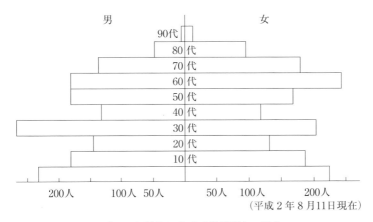

(平成2年8月11日現在)

表Ⅳ　下地町における世代別人口構成

牧地が開けている。周囲約8kmの海岸線は、ほとんど保安林（潮害防備保安林）となっている。

　来間島の土地構成は、表Ⅴの通りである。このうち、個人有地は78％を占め、残り22％の592,609m²が部落有地（字有地）となっている。

　来間島は、島全体が琉球石灰岩で覆われた平坦な段丘の地形をし、島周辺には裾礁が発達している。

　1983（昭和58）年から1987（昭和62）年までの過去5年間における来間部落の戸数と人口の推移は、表Ⅵの通りである。戸数はほとんど変化していないものの、人口総数が減少傾向にあり、シマの過疎化が確実に進んでいることがわかる。

　シマは、1組から4組に分かれており、各組の戸数は1組23戸、2組15戸、3組15戸、4組23戸となっている。

　1990（平成2）年8月11日現在における来間の人口は、総人口182人、うち男92人、女90人である。同日の、男の平均年齢は46.5歳、女のそれは57.1歳、総平均年齢は51.7歳であるが、これは同日の下地町全体の、男の平均年齢38.7歳、女の平均年齢40.8歳、総平均年齢40.8歳と比較すると、いずれの場合も、人口の高齢化が目立っている。

　来間における高齢者の増加状況は、表Ⅶをみても明らかである。65歳以上の女子は、女子全体の約46％を占めている。20代の女子は3人しかおらず、20代の男子14人、30代の男子6人と比べた場合、これらの数字の対応は、島内でのシマの

表V　来間島の土地構成

保　安　林	260,066.00m²	9.60%
原　　　野	805,142.00	29.73
畑	1,533,647.66	56.63
宅　　　地	55,684.34	2.06
道　　　路	28,196.06	1.04
拝　　　所	3,089.00	0.11
墓　　　地	9,140.00	0.34
雑　種　地 （ため池含む）	13,311.59	0.49
計	2,708,277.21m²	100.00%

（平成2年1月1日現在）

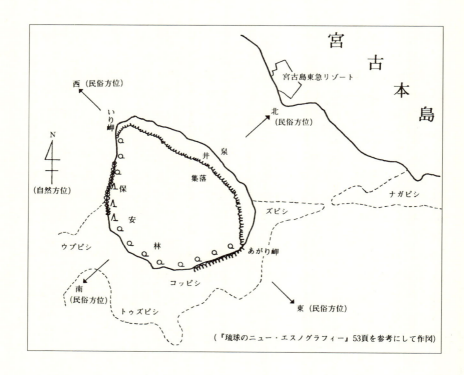

（『琉球のニュー・エスノグラフィー』53頁を参考にして作図）

青年男女間での婚姻が困難である状況を示している。

ところで、シマの人々は、過疎化と高齢化の波に包まれているばかりではない。表Ⅷが示すように、下地町の他の集落と比較すると、来間は、単身（ひとり暮らし）老人世帯の割合が少し多いようである。一般世帯の一世帯当たり人員構成率は、2.4人であり、これは下地町内では一番低い数字である。被保護世帯の一世帯当たり人員構成率についてみると、来間（1.4）は、高千穂（1.0）や洲鎌（1.1）に次いで、低くなっている。

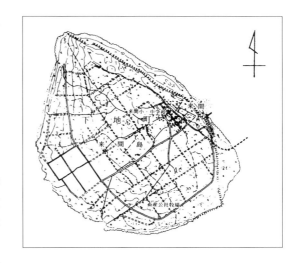

表Ⅸが示すように、下地町内における生活保護率の割合を集落別にみると、来間（92.3‰）は、嘉手苅（112.0‰）に次いで、高くなっている。これらの数字からみる限りでは、来間の人々の経済生活（所得）は、決して余裕ありとはいえないようである。

1990（平成2）年3月末における来間島の扶助別世帯人員をみると、生活保護については9世帯13人が、住宅扶助については1世帯1人が、教育扶助については1世帯4人が、それぞれ保護を受けている。9世帯のうち6世帯は、70歳以上の単身の老人世帯である。来間では、この年、医療扶助、出産、生業、葬祭についての扶助はみられない。

表Ⅵ　来間における戸数と人口の推移

	昭和58年	昭和59年	昭和60年	昭和61年	昭和62年
戸数	76戸	76	75	76	76
総人口	205人	194	187	183	190
男	97人	94	95	89	92
女	108人	100	92	94	98

（下地町役場総務課資料による）

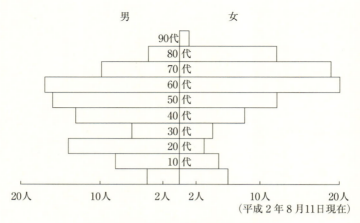

（平成2年8月11日現在）

表Ⅶ　来間における世代別人口構成

表Ⅷ　下地町における部落別世帯・人員およびひとり暮らし老人、ねたきり老人の状況

項目別	部落別		来間	与那覇	上地	洲鎌	入江	嘉手苅	高千穂	川満	合計
一般世帯 a	世帯数		76	202	221	132	65	36	59	173	964
	人員		184	584	807	418	216	125	149	581	3,064
	一世帯当り人員構成率		2.4	2.9	3.7	3.2	3.3	3.5	2.5	3.4	3.2
被保護世帯 b	世帯数		12	7	6	7	1	2	1	6	42
	人員		17	17	14	8	3	14	1	9	83
	一世帯当り人員構成率		1.4	2.4	2.3	1.1	3.0	7.0	1.0	1.5	2.0
65才以上の老齢人口	男	63	19	198	88	119	50	88	29	41	19	37	16	44	16	78	29	668	266
	女		44		110		69		59		22		21		28		49		402
ひとり暮し老人	男	16	3	21	5	15	2	17	0	5	1	2	0	9	2	14	1	99	14
	女		13		16		13		17		4		2		7		13		85
ねたきり老人	男	1	1	7	2	1	0	3	1	2	1	2	2	2	1	4	3	21	11
	女		0		5		1		2		0		0		1		1		10
ホームヘルパー派遣世帯	男	0	0	5	1	3	0	3	1	1	0	0	0	3	0	2	1	17	3
	女		0		4		3		2		1		1		3		1		14

（a、bについては昭和62年3月末現在、その他については昭和63年7月末現在）

第四章　来間島における部落有地の利用とその開発をめぐる法的紛争　　57

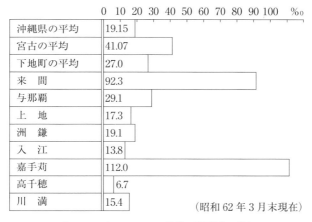

表Ⅸ　下地町における集落別保護率の状況

　シマの過疎化、シマンチュの高齢化、単身老人世帯化は、シマの重要産業である農業にどのような影響を与えているのであろうか。表Ⅹによれば、来間においては、65歳以上の世帯主がいる農家は、全農家戸数（49戸）のうちの33％（16戸）を占めている。また、女子が世帯主となっている農家（9戸）のうち、78％（7戸）は65歳以上の女子が世帯主となっている。このことは、女子が世帯主となっている農家の耕地が、世帯主の年齢が高くなる（75歳以上）につれて、後継者のいない場合、耕作放棄化したり貸付耕地化しやすいことと、何らかの関係があるものと考えられる。

　高齢の世帯主のいる農家であっても、農業後継者がいれば、将来への展望をもちうる。1989（平成元）年の来間の農家の後継予定者数は、表ⅩⅠの通りである。シマを出て行った農家の後継ぎ予定者数は、シマに残っている後継予定者の実に6倍もいる。シマに残って将来も農業を続けて行こうという人は、数少ないのである。

　来間の農家総数49戸のうち、専業農家は71％の35戸、兼業農家は29％の14戸（このうち、第一種兼業農家は12戸、第二種兼業農家は2戸）であるが、上のような後継者の現状をみると、シマの農家の将来は、決して明るいものとはいえないであろう。第一種兼業農家12戸のうち、出稼ぎは4戸、日雇い・臨時雇いは8戸である。

表X 下地町・来間における世帯主の年齢別農家戸数および年齢別農家世帯員数

地域別 年齢別	下地町			来間			下地町			来間		
0～14歳	5戸	男	5戸	0			285人	男	142人	5	男	3
		女	0戸					女	143人		女	2
15歳							23	男	14	0	男	0
								女	9		女	0
16～19歳							73	男	41	2	男	1
								女	32		女	1
20～24歳							52	男	25	1	男	1
								女	27		女	0
25～29歳							78	男	45	5	男	4
								女	33		女	1
30～34歳	24	男	24	0			109	男	62	4	男	3
		女	0					女	47		女	1
35～39歳	41	男	41	1	男	1	115	男	65	3	男	3
		女	0		女	0		女	50		女	0
40～44歳	38	男	38	1	男	1	86	男	50	3	男	3
		女	0		女	0		女	36		女	0
45～49歳	52	男	51	4	男	4	116	男	56	12	男	5
		女	1		女	0		女	60		女	7
50～54歳	71	男	66	10	男	9	142	男	67	15	男	9
		女	5		女	1		女	75		女	6
55～59歳	103	男	97	6	男	6	188	男	99	14	男	7
		女	6		女	0		女	89		女	7
60～64歳	104	男	92	11	男	10	192	男	94	18	男	10
		女	12		女	1		女	98		女	8
65～69歳	73	男	60	6	男	3	164	男	62	11	男	3
		女	13		女	3		女	102		女	8
70～74歳	67	男	55	5	男	3	135	男	66	8	男	3
		女	12		女	2		女	69		女	5
75歳以上	57	男	46	5	男	3	208	男	83	17	男	5
		女	11		女	2		女	125		女	12
合　計	635	男	575	49	男	40	1,966	男	971	118	男	60
		女	60		女	9		女	995		女	58

(1989年12月1日現在)

表XI　来間における農家のあとつぎ予定者数

年齢別	同居あとつぎ予定者数			他出あとつぎ予定者数		
	男	女	計	男	女	計
16〜19歳	0	0	0	0	0	0
20〜24歳	1	0	1	2	0	2
25〜29歳	2	0	2	6	0	6
30〜34歳	2	0	2	7	0	7
35〜39歳	0	0	0	4	1	5
40〜44歳	0	0	0	8	0	8
45〜49歳	0	0	0	2	0	2
50歳以上	0	0	0	3	0	3
計	5	0	5	32	1	33

（平成元年12月1日現在）

　農産物販売金額規模別農家数を1989（平成元）年12月1日現在でみると、総数49戸のうち、15〜50万円が1戸、50〜100万円が18戸、100〜150万円が17戸、150〜200万円が3戸、200〜300万円が4戸、300〜500万円が5戸、500〜1,500万円はなく、1,500〜2,000万円が1戸、2,000万円以上はなし、となっている。農家総数49戸のうち12％（6戸）のみが、年間300万円以上の農産物販売をしているのである。

　自分の所有地を耕作するだけでは足りず、他から耕地を借り入れている農家（15戸）のうち、経営耕地に占める借入耕地（このなかには、他の個人有地の場合の他、一部の部落有地も含まれる）の割合が、10％未満の農家は2戸、10〜20％は2戸、20〜30％は3戸、30〜50％は3戸、50〜80％は4戸、80％以上は1戸、となっている。

　上のように各種の数字をみて来ると、農産物販売金額が1,500〜2,000万円ある専業農家1戸のみを例外として、他のほとんどの農家は、シマの農業に豊かな将来を夢見ることが難しい状況にあることがわかる。では、農業を中心とするシマ興し（つまり地域振興）は、どのように計画・実施すればいいのであろうか。

三　来間の振興・開発

1　部落有地開発の経過
（1）行政側の考え方
　国や沖縄県、下地町などの行政側は、来間の農業中心のシマ興しについて、次のように考えている。
　シマ興しには、住民の意欲が不可欠である。住民の意欲をかき立てるためには、既存の一次産業を見直して、住民がこれまで以上の収入を得られるようにしなくてはならない。そのためには、農業経営の高度化が必要である。場合によっては、農業のみならず、一次産業の活性化を誘導する方向で観光の振興を推進・発展させ、1.5次産業としての農家の創出を目指さなくてはならない。
　農業にとって生産基盤であるほ場（農用地・畑）の整備は、生産力向上のために不可欠である。ほ場がある規模にまで整理・統合されると、作物の選択を始めとして作業効率や生産効率の向上がはかられ、いわゆる相乗効果によって、これまで以上の単収の増加が期待される。
　これまで来間島は、農産物の集出荷施設、肉用牛のセリ市場、製糖工場等のすべてを宮古本島に依存して来た。そのため、冬場の季節風、夏場の台風時期は農産物の集出荷が極めて困難となり、さとうきび、野菜等の鮮度が落ちるなど農産物の安定した流通・生産に障害が生じ、生活物資も割高な運搬費となっていた。
　もし宮古島と来間島間に橋があれば、離島のもつ時間的・経済的な現在のロスが改善されるであろう。橋を通して、シマの道が宮古島側の国道と連結すれば、シマから宮古への農産物が出荷されるだけではない。宮古側から、橋の導水管を通して、農業用水が大量に送水されてくる。そうなれば、来間の農業を中心とする産業の振興とシマンチュの定住基盤の整備をはかることができるようになる。
　こうして、来間地区一般農道整備事業が計画されたのである[4]。来間大橋は、来間海峡にかかる延長1,674mの海上橋である。総事業費は約62億3,600万円（うち、国が80％を、県が20％を負担し、地元負担はない）であり、工期は1986（昭和61）年度から1994（平成6）年度の予定である。
　国や県は、（大橋の導水管を通して）宮古から送水される農業用水[5]を使った畑地灌漑の導入によって、さとうきび一辺倒の農業から、野菜、飼料作物、熱帯果樹、花卉等を取り入れた農業経営の近代化と安定をはかることができるとしている。

国や県は、単収の増収率を、さとうきび、かんしょ、大根については30％、葉たばこ、かぼちゃ、キュウリについては25％、にんにく、熱帯果樹については20％、飼料作物については13％、桑については5％、と見込んでいる。

沖縄総合事務局や宮古農林土木事務所を窓口とする道（国道390号線や県道191号線）が、町道（来間線）や県営の一般農道（来間大橋）を経て、来間のシマの道と通じるときにのみ、シマの振興・開発が成功する条件が整備される、と行政の側は考えたのである。

(2) シマンチュ側の考え方

これに対し、シマの人々は、総論（計画）としては行政側のこのような考えに賛成している。来間地区農道整備事業建設促進期成会が国や県に大橋架橋を要請・陳情したのは、地元の人々が、行政側の来間の振興・開発計画に賛成しているからであった。しかし、この計画の具体的な各論（実施）段階になると、地元の人々は、計画に全面的に賛成ではないし、なかには疑問を感じる人もいたようである。

というのは、土地改良事業は、すべての農地を一斉に白紙にして、豆腐を切るように土地整理しなくてはいけないのに、島の土地は現実には土地改良予定地区内であってもシマ内部の個人名義にしたまま一部虫くい状態で本土企業に買われており、効率的な事業の遂行が妨げられかねなかったからである[6]。

また、土地改良を実施する段階では、道路を作らないといけないが、この道路には排水路を設置しなければならず、このとき1反（300坪）当たり1～2坪の減歩率があり、農家としては、農地を少しでも失いたくないということから、土地改良事業には積極的になれない一部の農家があるからである。

さらに、土地改良事業自体に関してではないものの、行政担当者やシマ内の他のシマンチュに対する次のような不信感が、一部のシマンチュにあったからである。来間島の一周道路（西山線）の建設については、町長も町議会に提案し、2千万円の測量予算もつき、測量も終了し、道路建設の業者入札段階までに進んでいた。ところが、島の北西部分の部落有地が島外の会社の手に渡り、一周道路の建設が不可能になりかねないのに、それを阻止できない一部の行政担当者や他のシマンチュに対して疑問を感じ、これを問題にする人が一部にいたからである。

国（県・町）も来間のシマンチュも、農業を中心とする第1.5次産業によって来間の振興・開発を願っている点については同じである。しかし、それを具体的に実施する段階になると、両者の間で、その方法、順序、参加の有無・範囲等につ

いて、立場や意見の微妙な相違が出てくるようである。まして、そこに島外の第三者（企業）が介在してくるとすれば、長年シマのなかで生活してきたシマンチュの、国や企業に対する態度はかなり複雑にならざるをえないことが容易に推測されよう。なぜなら、この企業は、シマの土地を農用地として利用し、農作物を換金することによって生計を立てていたシマンチュの定住生活を保障することを、第一目的とするわけではないからである。

　シマを照らす太陽の光やシマの空気に、どこか陰影のゆらぎが感じられたのは、実は理由があったのである。

2　紛争の発端

　来間島には、上の地図のように、来間里（地番1〜99）、多利阿間原（地番100〜106）、東原（地番107〜130）、宮古田原（地番131〜186）、赤宇原（地番187〜228）、入間原（地番229〜297）、青原（地番298〜318）、長間原（地番319〜402）、来阿間原（地番403〜433）、仲手原（地番433-1〜473）、西原（地番474〜505）の、11の小字がある。

　1976（昭和51）年5月15日、来間部落総会が開かれ、一部の字有地（部落有地、東と西の下山一円）を貸付けて、そこから得られる賃貸料（年間25万円）をもって、部落会の費用にあてることが決議された。現金収入が少なく、過疎化、高齢化しつつある、しかも若い農業後継者確保の見込みの少ない当時のシマの状況を考えれば、定期的に確実な現金収入の得られるこのような部落有地の賃貸借による債権的利用は、シマンチュの生活上の一つの知恵であったといえよう。シマの祖先が残してくれた部落有地は、賃貸料という金の卵を生むトリに変身したのである。

　契約書は、次の通りであった。

第四章　来間島における部落有地の利用とその開発をめぐる法的紛争　　63

部落有地貸付け契約書

　　　　　　　　　　　　甲　土地所有権者　来間部落会
　　　　　　　　　　　　　　　　　　　　　　　会長　O. T.
　　　　　　　　　　　　乙　土地借受人　下地町字来間○○番地
　　　　　　　　　　　　　　　　　　　　　　　　　K. G.

　右の通り部落会の有地を貸借するに当り、土地所有権者来間部落会会長 O. T. を甲とし、土地借受人 K. G. を乙とし、左記に依り契約を締結する。

記

一、貸付け期間　　五ヵ年とする。　自　五十一年六月一日
　　　　　　　　　　　　　　　　　至　五十六年六月三十日
一、借り受契約金　年間弐拾五万円とする。
一、部落有地借受区間
　井戸の西側（ツフサガー穴）と、K. S. 氏所有の境界線を起点として、現在の道路南側絶壁の下づたい、パチヤの道路を除き、東下山フタヘ岸（南）南側絶壁下づたい、イムガマ迄の海岸の間を区間とする。
　一、此の区間の貸借は、昭和五十一年五月十五日の部落総会の承認により、決議する。
　一、乙は、甲の許可なく勝手に借受け部落有地を売却、又は、他人に伝借(ママ)することはできない。
　一、契約金の納入月日　五十一年六月三十日以内とし、次年度からは六月一日とする。
　右の通り今後の為に契約書弐通を作成し、甲、乙、各々壱通を所持する。
　此の契約書は、昭和五十一年六月一日より有効として五ヵ年ごと、更新する。
　　　　　　　　　　　　　　　　　　　　　　　昭和五十一年五月十五日

　この契約書をみる限り、甲と乙との間には「乙は、甲の許可なく勝手に借受け部落有地を売却、又は、他人に伝借(ママ)することはできない」との約束があったはずである。しかし、実際にこの土地を借りたのは、乙ではなく、来間部落外のK産業の経営者であるK・S氏であった。なぜそうだったのかの理由は、契約書だけからでは分からない。推測すれば、「甲の許可」すなわち部落会長（O・T氏）

の許可があったのかもしれない。
　この契約の貸付期間が満了に近づいた1981（昭和56）年5月12日、来間部落会は、借主（K・S氏）との間で新たな「来間部落有地賃貸借契約書」を作成し、一部の部落有地（約25町歩）を年間105万円でK・S氏に貸し付けた。この契約の更新期間は、5ケ年であり、契約の内容は次の通りであった。

来間部落共有地賃貸借契約書

　　　　　　　　　　　　　　　　　　　　　貸主　甲部落会長　K・G
　　　　　　　　　　　　　　　　　　　　　借主　乙　　　　　K・S

来間部落有地貸借契約書

　今般、部落有地を貸借するに当り貸主（部落会）を甲とし、借主（K・S）を乙として、次の通りの条項に依り双方立合ひの上、貸借契約を締結する。
一、東と西の下山一円（全体）を契約の地域と決め、その地料を一年間で一、金八拾五万円也と部落総会で決議して次の項目の明細によるものとする。但し、次の（イ）項は自動的に右の条内に一括される。
　（イ）東山は乙が従来迄の契約期間内（更新期日昭和56年6月30日）でもあり、更新の時でも一、金弐拾五万円の地料で良いとの証証を受けた。
　（ロ）下西山一帯は、年間六拾万円也と地料を決める。
　（ハ）乙は甲に対して開発に先立ち事業内容を知らすこと（報告）
　（ニ）開発に際し、法的又は文化財保護地域に対しては、町長又は国と県の許可を必要とすること。
一、甲は乙に対して右契約書の更新期間を5年と決める。
一、甲は乙に対して今後の事業計画の具体的な説明を要望した。
一、乙は甲に対して充分なる説明を部落総会の場で説明をした上で左記の通り事業内容を示した。
　（イ）現在の新築された待合所西隣りの古い共同便所の周辺にレストランと売店を建築する。
　（ロ）旧日本軍の山砲の陣地跡を整備して観光名所とする。
　（ハ）ツフサガー穴（銅堀）の整備をして観光客の目玉とする。
　（ニ）元K・Kの小作地跡に果樹園を計画している。
　（ホ）東山一帯も将来果樹園とつり堀りを計画している。但し、別紙念書の通りとする。

第四章　来間島における部落有地の利用とその開発をめぐる法的紛争

一、道路については町当局と話し合って将来の一周道路の計画を妨害しないよう西海岸の果て迄の道路を計画している。
一、元K・K小作地北海岸で将来つくり浜とつり堀りも計画している。
一、乙は其の他西山のクバの在植する地域道路より北側一帯と隣地のK・S所有地周辺の部落有地を含めて、その地料を年間一金拾万円也と決める。
一、乙は其の他カイダンの（S・G所有地）東隣りの部落有地（オーバリ浜への下り道）周辺の約4反7畝と、その場所の東（F・T畑東）旧地主Y・S現在K・S所有周辺の部落有地約3反歩、又旧B・H所有現在K・S所有の西隣り約1反歩余りも含めまして一金拾万円也と決める。
一、乙は壱ケ年間の賃貸料合計壱百五万円也を本日甲に支払った。
一、賃貸料は毎年4月30日迄に乙は甲に支払うものとする。
一、甲と乙は賃貸物件の境界を明確にする為、両者立ち合いの上、境界クイを打つものとする。但し、その費用は乙の負担とする。

　　　　　　　　賃貸借物件目録
地　番　　沖縄県宮古郡下地町字来間106番地の1
地　積　　原野6町4反7畝17歩　58,281m²
所有者　　伊良波金白外67名、来間島村の共有地
　　　　　同所　　　　　　　98番地の1
　　　　　原野1町2反5畝7歩　11,271m²
　　　　　　　　　　　　来間島村の共有地
　　　　　同所　　　　　　　71番地の1
　　　　　原野1町9畝7歩　9,831m²
　　　　　　　　　　　　来間島村の共有地
　　　　　同所　　　　　　　484番地の1
　　　　　原野13町3反9畝29歩　132,886m²
　　　　　伊良波金白外68名　来間島村の共有地
　　　　　同所　　　　　　　505番地の1
　　　　　原野3反と別の1反
　　　　　　　　　　　　来間島村の共有地
　　　　　同所　　　　　　　298番地の1
　　　　　原野4反7畝　　4,347m²
　　　　　　　　　　　　来間島村の共有地
　　　　　同所　　　　　　　229の1
　　　　　原野9町1反5畝11歩　90,778m²
　　　　　洲鎌忠吉外85名
　　　　　同所　　　　　　　229の1の隣接地地番不明

昭和56年5月12日

> 貸主　下地町字来間　部落会
> 　　　　会長　K・G
> 借主　三重県阿山郡伊賀町大字西之沢
> 　　　　　　　K・S

　ところがこの契約が締結された2年後の1983（昭和58）年頃より、10年来の悲願だった来間大橋の架橋計画が具体的に活発に議論され始め、来間地区農道整備事業（海中道路）建設促進期成会が設立されるなど、島の内外は架橋計画の波に洗われだしたのである。この年4月19日、来間島の対岸にある前浜で、沖縄県副知事ほか関係者多数が出席して、宮古島東急リゾートの起工式が行われた。翌年4月24日には、東急リゾートの開所式が行われた。大橋が完成すれば、観光資源としての来間島の経済価値が上昇することは、誰の目にも明らかであった。

　こうした状況のなかで、部落会が2年前にK・S氏に貸した部落有地（東山の多利阿間原）の一部が、来間大橋の取り付け部分や陸上道路部分に引っ掛かることになったのである。1986（昭和61）年、来間大橋の建設が決まったのをうけて、部落会長はK・S氏に貸してある部落有地の返還を相談した。

　K・S氏は、1976（昭和51）年から5年間、また、1981（昭和56）年からも5年間、借りる予定の部落有地の賃借料を支払っていた。しかし、来間部落内の一部反対派のために、実際には借りた部落有地を観光地、果樹園、つり堀りとして思うように利用できたわけではなかった。そのため賃借料は、法務局に供託した年度もあったほどである。それが今度は、部落会から、K・S氏に対して契約期間の満了前に、中途での解約を申し込まれたのである。K・S氏は、来間部落会を相手に、逆に、約3,600万円[7]（それまでに支払った約600万円の賃借料プラス損害賠償3,000万円）を支払えとの請求を行った。

　1986（昭和61）年12月4日、K・S氏は、宅地建物調停申立書を、平良簡易裁判所に提出した。部落の役員は、1987（昭和62）年4月20日（第一回目）と同年10月30日（第二回目）の2回にわたって、また、その後数回にわたって、K・S氏と話し合いをしたが、解決には至らなかった。1988（昭和63）年3月10日、K・S氏は、弁護士Y・Hを訴訟代理人として、平良簡易裁判所に訴状を提出した。これが、K・S氏を原告とし、来間部落会を被告とする、賃貸借権確認請求事件である。

　大橋架橋を契機とするシマの外側からの法的紛争という大波が、海岸の波止場

第四章　来間島における部落有地の利用とその開発をめぐる法的紛争　　67

を越えて、ついにシマに押し寄せてきたのである。シマンチュにとってこの事件は、明和の大津波ならぬ「昭和末の大津波」であった。

四　部落有地西原505番地の1

1　賃貸借権確認請求事件

　1988（昭和63）年、原告K・S氏との部落有地の賃貸借問題を整理・解決することを条件に被告部落会の部落会長に就任したB・I氏は、この問題解決のために全力を投入した。

　同年5月2日、B・I氏は、部落総会において、西山地区に関して2,300万円、東山地区をK・S氏に架橋終了後賃貸借することで話し合ったが、進展はなかった。同年7月4日、解決案を見出すため、B・I氏はK・S氏と役員会[8]で話し合ったが、依然として、解決までには至らなかった。

　その後も、B・I氏は数回那覇まで出向いて原告との話し合いを続け、問題解決のための努力を継続した。その結果、1988（昭和63）年9月19日、原告のK・S氏より、夜間、金銭解決について電話があった。

　同年9月20日、B・I氏は、再び電話で昨夜のことを原告に確認して、午前9時頃より、来間部落公民館において、臨時部落総会を開いた。この総会は、次の二つの事項を決定した。

　第1は、「部落有地の賃貸借契約をめぐるK・S氏との紛争の解決策について」である。これ以上紛争が長引くと、架橋建設、農業・観光振興等の事業遂行にかなりの支障が出る恐れがある。そこで、金銭で片がつくなら金銭の支払いによって紛争を解決し、物件の明け渡しをはかる方が良いのではないか。支払金額については、部落会役員がK・S氏と交渉し、決定することにする[9]。

　第2は、「部落有地西原505-1（102,798m^2）の処分について」である。部落会は、金銭による解決に同意した。しかし、3,600万円といえば大金である。それを即座に支払える財政的余裕が部落会にはない。逆に、部落会は、離島総合センターの建設負担金、架橋祝賀会のほか数多くの部落の祭事やK・S氏との裁判費用等について、財政支出が必要である。それをまかなうには部落有地の売却しかない。売却するにしても、どの部落有地を、誰に売却するかが問題である。いろんな案[10]が出されたが、結局、西原505-1の部落有地を、T社に、3億5千万円で売却することを決定した。

1988（昭和63）年9月21日、22日の両日、B・I氏は、原告の訴訟代理人であるY・H氏の事務所で最後の話し合いをした。B・I氏は、和解書の覚書を作成し、この問題についての解決・終了に向けて努力した。

同年9月25日、先の臨時部落総会で売却を決議した西原505-1の部落有地（3億5千万円）の契約手付金として、B・I氏はT社より5千万円を受領し、この金の一部分を原告K・S氏への支払いにあて、原告による訴状取り下げをはかるべく尽力した。同日、原告は平良簡易裁判所で、訴えを取り下げ、本件訴訟は解決をみた。

B・I氏とK・S氏との間の訴え取り下げに関する訟廷外での和解の内容、並びに、B・I氏とT社との間の部落有地（西原505-1）をめぐる売買契約書は、次の通りである。

和解契約書

K・Sを甲とし、来間部落会（会長B・I）を乙とし、右当事者間において、別紙物件目録記載の土地の賃借権の存在をめぐる紛争を解決するため、次のとおり和解契約を締結する。

第1条　乙は甲に対し、乙所有の別紙物件目録記載の土地（以下「本件土地」という。）について、甲が別紙賃借権の内容記載のとおりの賃借権を有することを認める。

第2条　甲、乙は、乙が宮古本島と来間島間の架橋建設と一体をなす農業及び観光振興のための諸整備事業を実施するために、本件土地の返還を受ける必要があるとの理由により、甲、乙間における本件土地についての賃貸借契約を本日合意解除する。

第3条　乙は甲に対し、合意解除にともなう和解金として金4,000万円を次の方法で支払うことを約した。

　1．先ず金4,000万円から左記の金額の合計金234万1,650円を差し引く。

記

① 甲が乙に対して、昭和61年7月1日から昭和63年6月30日までの賃料として那覇地方法務局平良支局昭和61年度金第34号および同支局昭和62年度金第23号をもって各供託した各金105万円、合計金210万円。（なお、この金員については、甲が、後記第5条記載の方法でこれらの各供託金を取り戻すことをもって、乙がこの金額についての支払いをしたものとする。）

② 昭和63年7月1日から本日までの84日間分の賃料金24万1,650円。

2．金4,000万円から右1．記載の金234万1,650円を差し引いた残りの金3,765万8,350円は本契約成立と同時。

第4条　甲は乙に対し、本件土地を前条2．記載の和解金残金の支払いを受けるのと引き換えに引き渡す。

第5条　乙は甲に対し、前記第3条第1項①記載の理由により、当然に甲が前記の各供託金を取り戻すことになるので、右各供託金につき、「供託不受諾」を理由として、取り戻すことにつき同意する。

第6条　甲は乙に対し、本契約が成立した場合は、目下、平良簡易裁判所において係属中の甲乙間の同庁昭和63年（ハ）第3号賃借権確認請求事件を本日取り下げることとし、乙は、これに同意する。

第7条　甲乙間においては、本契約に定めるもの以外に他に何らの債権債務がないことを相互に確認する。

　右、合意の成立を証するため、本契約書2通を作成し、甲、乙各自署名捺印のうえ、各自1通宛を保持するものとする。

昭和63年9月25日
（住民登録上の住所）
大阪市平野区背戸口○丁目○番○号
（現住所）
沖縄県浦添市港川○丁目○番○号
　　甲　　　　　　　　K・S
沖縄県宮古郡下地町字来間○○番地
　　乙　　来間部落会　会長　B・I

土地売買契約書

　売主来間部落会代表B・Iを甲とし買主T株式会社を乙として、甲乙両当事者は次の通り土地売買契約を締結する。

第1条　甲は伊良波金白外67名所有（但し公簿上）に係る末尾記載の土地（以下本件土地という）を乙に売り渡すことを約し、乙はこれを買い受けた。

第2条　売買代金は金3億5千万円と定める。

第3条　乙はこの契約の手付金として昭和63年9月22日金5千万円を売主に支払い甲はこれを受領した。(2)手付金に利息はつけない。(3)乙は手付金を売買代金の一部に充当する。

第4条　乙は本契約締結と同時に残金を甲に支払い、甲は乙に対し土地を引き渡す。

第5条　甲は本件土地の共有者全員から本件土地の共有持分全部の譲渡を受けた上で、乙に対し所有権移転登記に必要な書類を交付する。

第6条　本件土地の共有者持分全部の譲渡を受けるまでの経費は全て甲の負担とする。それ以降の所有権移転登記に必要な経費公租公課は全て乙の負担とする。

第7条　甲は乙に対し本件土地について抵当権債償権先取特権、貸借権、地上権、地役権、入会権等乙の完全な所有権の行使を妨げる権利の負担を消滅せしめ完全な所有権を移転しなければならない。

第8条　甲又は乙が本契約に違反したときはその相手方は催告することなく本契約を解除することができる。

第9条　乙が本契約を履行しないため甲が前条によりこれを解除した場合には甲は第3条の手付金の全部を違約金及び損害金として収得し返還の義務はない。

(2)　甲が本契約を履行しないため乙が前条によりこれを解除した場合には甲は連帯して乙に対し手付金を返還すると同時に別に手付金と同額を違約金として支払う。

不動産の表示
　　　所在　　宮古郡下地町字来間西原
　　　地番　　505番壱
　　　地目　　原野
　　　地積　　102.798m^2

第10条　特約事項

　　　　昭和63年11月25日
　　　　　　売主（甲）住所　沖縄県宮古郡下地町字来間○○番地
　　　　　　　　　　　氏名　来間部落会
　　　　　　　　　　　　　　代表会長　　B・I
　　　　　　買主（乙）住所　愛知県知多郡阿久比町大字植大字中郷○○番地
　　　　　　　　　　　氏名　T株式会社
　　　　　　　　　　　　　　代表取締役社長　　Y・Y

　思えば、9月20日の臨時部落総会でのシマンチュの決定は、次の二つのことの故に重要な決定であった。一つは、これを契機として、本事件は急速に解決への道を歩んだことである。事件は結局、裁判所の有権的な法解釈によってではなく、B・I氏[11]を始めとする部落役員の3年間にわたる根回しを基盤とした当事者の話し合いによって、自主的に解決したのである。訴えの取り下げは、国家の法や正義の介入しないところで、シマの伝統的慣習秩序が貫徹することによって、実現したのである。

二つは、シマンチュが、市場経済へのルビコン川を渡ったことである。一部の部落有地の島外の第三者（企業）への売却は、高齢農家の多い過疎のシマが、悩んだ末に選択した苦肉の策であった。しかし、祖先伝来の土地を営利社団法人たる会社の手に委ねたことは、その限りで、シマが、外部から襲ってきた市場経済の波に、揺さぶられたことを意味する。

K・S氏が3,600万円で来間部落会との賃借契約の解除に同意したのは、賃貸借の法的権利を市場の効率的経済原理に即して企業経営の戦略的武器として利用しようとするK産業の要求に、シマの部落会が応じたからである。その結果、部落会は、この3,600万円を調達するために、別の部落有地をT社に3億5千万円で売却せざるを得なくなったのである。ここに至り、それまでの賃貸料という金(キン)の卵を生んでくれていたトリ（部落有地）は、パンドラの箱から飛び出して金が金を食べて大きくなる金(カネ)のトリに姿を変えたのである。しかも、シマにおけるリゾート開発に伴うこの市場原理の拡大・浸透は、縮小・後退しトリになるどころか、やっかいなことに、大橋架橋を契機として、逆にますます拡大・前進する傾向にあるのである。

かつてシマンチュは、みんなに総有的に部落有地を利用していた。その一部分が売買によってT社の所有物になったということは、所有権の排他性は当然この土地にも及ぶ以上、その限りで、シマンチュは、シマのなかに位置する土地でありながら、T社の土地に対して、T社の同意がなければ、使用・収益することができなくなることを意味する。こうして、シマの慣習的秩序に基づく土地利用は徐々にその影がうすくなり、今、それに代わって市場原理に基づく大規模な私有地利用の新形態が出現し、新しい（都市型の）市場法秩序がシマのなかに生成しつつあるのである。とはいえ、この新しい秩序の生成・定着は、一朝一夕に完成するわけではなかった。

2　和解無効確認請求事件

1989（平成元）年12月22日、来間に住むK・G氏とS・T氏の二人は、シマのB・M氏外5名を相手に、平良簡易裁判所に和解無効確認の訴えを提起した。請求の趣旨は、故部落会会長B・I氏と相手方K・T氏ら68名の間の那覇簡易裁判所昭和63年（イ）第44号土地所有権確認等請求事件についての昭和63年11月28日付けの和解（即決和解）は、無効であることを確認する、というものであった。

この即決和解の内容は、①西原505-1の土地は、和解申立人B・I氏の所有で

あることを確認する、②相手方K・T氏ら68名は、この土地につき、申立人に対し、1963（昭和38）年8月31日売買を原因とする所有権移転登記手続をする、③登記手続費用は申立人の負担とする、④和解費用は各自弁とする、というものであった。

本訴訟は、和解無効確認請求事件と名付けられているものの、実際上は、部落有地西原505-1の売却に伴う土地所有権移転登記の手続に疑義を感じたK・G氏ら原告が[12]、裁判所の判断を求めたことから生じたものである。というのは、この部落有地は、伊良波金白外67名の共有名義で、1935（昭和10）年7月26日に所有権登記したままで放置されていたからである。そのため、共有者として登記されている68名のうち、圧倒的多数は現在死亡しており、通常の方法[13]では、直接T社への所有権移転登記をすることが難しかったのである。

1988（昭和63）年9月22日に5千万円を受領していた来間部落会は、同年11月25日までにT社よりの残りの3億円の支払いを受けていた[14]。もしここで所有権の移転登記が不可能となれば、「土地売買契約書」の第9条2項により、部落会は、T社に対し、手付金5千万円を返還すると同時に、別にこれと同額の5千万円を違約金として支払わなければならないことになっていた。部落会会長のB・I氏は、どうしてもT社への所有権移転登記を実現しなければならなかったのである。

B・I氏は、弁護士などと相談の上、本件土地（西原505-1）につき、次のような各段階の方法を用いて移転登記を実現することにした。まず、①即決和解によって沖縄の本土復帰以前の1963（昭和38）年8月31日に本件土地の共有者からB・I氏が本件土地を買い受けていたとして、B・I氏に所有権移転登記をする、その後、②B・I氏からT社に売買されたという形をとって、③T社への所有権移転登記手続をすること、としたのである。

1988（昭和63）年11月17日、B・I氏は、上の第一段階の①を実現するため、那覇簡易裁判所に即決和解の申し出をした。その結果、同年11月28日、即決和解が成立した。第二段階の②は、同年11月25日に実現していたので、あとは残りの第三段階③の完成を待つばかりであった。

これに対し、原告らは、那覇簡裁での昭和63年11月28日付の即決和解は、和解の相手方たる68名のうち数名の生存者を除き大多数が和解成立前に死亡しているから、死亡者を当事者として和解がなされたことになり、この和解の効力は無効であると主張した。

第四章　来間島における部落有地の利用とその開発をめぐる法的紛争　　73

　原告らによれば、この即決和解は、(a) B・I氏が、ほしいままに、本件土地の共有名義人計68名の作成名義の訴訟委任状を作出したこと、(b) 裁判管轄についても地元の平良簡易裁判所を避け、事情を知る由のない那覇簡易裁判所をして即決和解調書を作成させるに及んだこと、の点で納得しがたいものであった。

　他方、被告らは、原告らの (a)、(b) の主張につき、(k) 即決和解に関する裁判の管轄は、この即決和解をした裁判所の専属管轄と解すべきであるから、本事件の審理を那覇簡易裁判所に移送すべきこと、(l) 1988（昭和63）年9月20日に開かれた来間部落臨時総会には原告らも出席し、部落会会長B・I氏が登記移転について来間部落から一任されたことを知っていたはずであるから、今になってそれに異議を唱えるのは、信義則に反し、権利の濫用というべきであること、を主張した。

　さらに、被告らは、(m) 部落有地西原505-1の所有権登記を誰の名義にするかということは、共有物の「管理ニ関スル事項」（民法第252条本文）であるから、部落構成員である原告らが単独で他の部落構成員を被告として訴えた本件訴えは、当事者適格を欠く不適法な訴えとして却下されるべきである、と主張した。これについて、原告らは、(c) 部落有地の所有権登記は、共有物の「保存行為」（民法第252条但書）に該当するから、原告らは当事者適格を有すると主張した。この点に関する両者の相違は、本件土地の登記名義が68人の共有名義からB・Iの単独名義になったことを、法的にどう構成するか、に帰着する。

　原告は、それを、B・I氏が本件土地をいわば不法占拠しており、原告らの部落共有財産保存行為を妨害している状況ととらえたのである。他方、被告らは、それを、本件土地の所有権をT社へ移転登記するためのあくまで便法にすぎないものととらえたのである。被告は、本件土地が、即決和解の前後を通じて、T社に所有権が移転登記されるまでの間は、ずっと来間部落有地であることを認めている。B・I氏は、来間部落会の総意によってT社への所有権移転登記の手続をすることについて委任されていた以上、本件土地を自己名義に登記すること、またそのために即決和解という便法をとることも、来間部落会の意思に基づいて行われた本件土地に関する「管理行為」ということができる、と被告は主張した。

　本裁判は、1989（平成元）年12月22日に訴状が提出されたあと、1990（平成2）年は7回、1991（平成3）年は1回、の計8回の口頭弁論期日[15]がもたれた。

　裁判が進行中の、1990（平成2）年2月6日、T社への所有権移転登記手続は

完了した。結局、西原505-1の土地は、①1934（昭和9）年5月17日、宮古郡下地村字来間のため所有権が登記され、②1935（昭和10）年7月26日、売買（昭和9年5月20日）を原因として、宮古郡下地村字来間53番地の1、伊良波金白外67名の共有者のため所有権が移転され、③1990（平成2）年2月6日、売買（昭和38年8月31日）を原因として、宮古郡下地町字来間〇〇番地、B・I氏のため、共有者全員持分全部移転が行われ、④1990（平成2）年2月6日、売買（昭和63年11月25日）を原因として、愛知県知多郡阿久比町大字植大字中郷〇〇番地、T社のため、所有権移転が、行われたことになる。

1990（平成2）年4月14日、部落会会長のB・S氏は、部落総会で上記登記手続き終了の旨を、登記簿謄本を添えて報告した。

1991（平成3）年3月6日、原告K・G氏らは、本件訴えの取下書を平良簡易裁判所に提出し、同年3月8日、被告B・M氏らも、これに同意した。

今回の(2)和解無効確認請求事件もまた、先の(1)賃借権確認請求事件と同じく、訴えの取下げによって、事件は終了した。なぜ、来間のシマの法的紛争（部落有地に対する支配の法的構成をめぐる確認訴訟）は、判決という裁判所の既判力ある判断によってではなく、2回とも、取下げによって解決したのであろうか。特に、(2)の事件において、原告らは、当初、西原505-1の所有権登記は共有物の保存行為に該当するから、原告らには当事者適格があり、本件のような場合にそれが否定されるとすれば、これは憲法上人権として手続を保障された国民の「裁判を受ける権利」（憲法第32条と第82条）を否定するものであると、強く主張していたのである。

訴えを取り下げたことにより、実際には、原告は、その権利を最後まで行使することをしなかった。このことは、原告の権利の行使・不行使を最終的に規定した規範は、シマンチュにとって異質のヤマト国家法たる日本国憲法や民法などの公式法ではなく、非公式法であるシマの伝統的慣習秩序であったことを意味するのではなかろうか。権利の行使、義務の負担を決める規範が法であるとすれば、シマの慣習秩序は、訴えの取下げという効果を生み出した限りで、原告・被告双方にとって拘束力ある法として機能したといえよう。特に、和解無効確認請求事件において、当事者は、シマの紛争は、シマンチュの総意によって解決をはかるという点で、異論はなかった。シマンチュの行動を規制するこのようなシマの伝統的慣習秩序（共同体法）は、どういう意義をもつ法なのであろうか。

五　訴え取下げの法文化的意義

　K産業（K・S氏の経営する会社）との法的紛争を金銭によって解決するために部落有地をT社に売却せざるを得なかった来間のシマは、市場原理にいわば食べられようとしたといえる（賃貸借権確認請求事件）。他方、T社へのその売却に歯止めをかけようとの一部の動きもシマにあった（和解無効確認請求事件）。二つの事件は、来間のシマに市場法理の波が押し寄せたところ、シマの回りを取り巻く自然の消波帯であるリーフによって、その波が表見的に消えたことを示している。シマ社会は、外部からの異質な法原理（例えば、統制法理、市場法理）の波の攻撃から自分を守る免疫機能を自然に備えているのである。

　シマの法理（共同体法理）と会社・企業の法理（市場法理）と国・県・町の法理（統制法理）の三つの関係は、次頁の図の通りである。①はシマが統制法化すること、②は会社がシマ法化すること、③は国家が市場法化すること、④は国家がシマ法化すること、⑤は会社が統制法化すること、⑥はシマが市場法化すること、をそれぞれ意味する。こうみてみると、賃貸借権確認請求事件は、シマが会社に食べられようとしたことすなわち⑥を意味し、和解無効確認請求事件は、会社がシマの法理に食べられようとしたことすなわち②を意味する。今回の二つの事件は、裁判所の判決がでないまま、訴えの取下げによって解決したので、①、③、④、⑤は直接関係しない。来間大橋架橋の後においては、シマと会社との関係[16]、また、シマと国家との関係[17]は、今以上に流動的になり、それぞれがこじれ衝突・転移したときには、国家（裁判所）が介入する可能性はゼロではない。

　来間のシマを抽象的に表現すると、上の図のようになる。シマンチュが、一番実感して信頼・理解できるのはⅠの世界である。次に、原野であっても人間の手で耕したその度合によって、自分のもの、自分達のものと信頼・理解できるのは、集落のすぐ周辺に位置するⅡの世界の農耕地である。さらに、野生的自然がそのまま残されている地帯は、島外からのシマの日常性を破壊するような災害（高波、強風）に対して、防波堤の役割を果たしている。自分の牛を放牧する（耕さなくてもいい原野である）部落有地や魚貝類を採取する場としての（耕さなくてもいい海の畑である）リーフから成るⅢの世界は、集落から離れていることによって、いわば、シマの内と外を媒介する両義的境界ゾーンである[18]。Ⅳの世界は、海の彼方の異界であって、大地と天界とが融合しているあの世の神々の世界である。そ

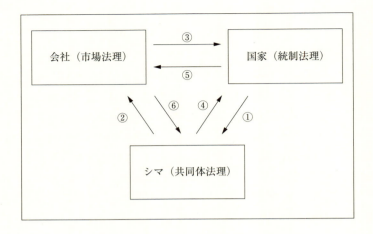

こは浄土であると同時に魔界でもある。

　来間の島空間を、共同体法理（a：シマの法）と市場法理（b：T社の法）と統制法理（c：国、県、町の法）から成る法空間として記号的に表現してみたのが左の図である。この図は、種々の法がシマのなかに混在し、互いに相入れない法理が併存していることを示している。シマは、両立しがたい法理をもその体内に取り込む、いわばブラック・ホール的空間である。

　先の二つの事件は、シマの法と会社の法との境界域（a b c̄）で生じた紛争であった。来間部落有地の、「貸付け契約書（昭和51）」と「賃貸借契約書（昭和56）」をみれば分かるように、二つの契約において、貸借権の及ぶ範囲は確定されておらず、不明確なまま、部落有地が島外の会社に貸し出されたのである。このことは、契約内容が当事者間で細部にわたって確認された上で、契約が締結されたわけではないこと（但し、昭和56年の契約は、昭和51年の契約よりも詳しいが）を示している。それを、明確な確定した権利・義務を定める契約にしよう、そして契約は締結した以上契約書通りの内容を遵守しようという会社側の態度は、シマンチュの目にとって、どのように映るであろうか。

　シマの人々は、厳格な権利・義務から成る純粋に法的な知的空間のなかで、島外のT社のように経営戦略として相手と契約しあう、という考えには、なじまないのである。部落有地の放牧的利用の形態・程度について、シマンチュどうしが必ずしも一枚岩的な理解をしていたわけではなかったように、生の具体的な人間関係を明確で確定した合理的契約の世界へ変換することは、人間関係を疎遠に

第四章　来間島における部落有地の利用とその開発をめぐる法的紛争　　77

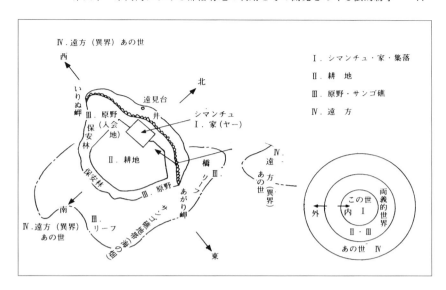

する行為と映るのである。「はじめに」で述べたように、シマにおいては、人と牛との間でさえ気持ちが通じあえる、遠慮のないくつろいだ言いたいことの言いあえる雰囲気こそが大切なのである。たとえ統制法理からみれば違法状態（例えば、無免許で自動二輪車を運転する人やナンバー・プレートのない車の通行）であったとしても、また、たとえ市場法理からみれば非効率的な状態（例えば、部落有地の利用形態）であったとしても、シマンチュどうしの人間関係を権利・義務の法律関係の網の目のなかに押し込むことは、伝統的な平和で安全なシマ秩序にとっては、わずらわしいことや有害でさえありうることなのである。こうしたシマ社会であればこそ、一時的・局所的にはシマ内部である程度の混乱はあったとしても、訴えの取下げはシマの伝統的価値・規範秩序すなわち祖霊の聖なるもの（汚染されていない心の自然）を再生し維持していくのに、必要な行為であったのである。

　1990年８月12日（日）、私は、来間島で或るシマンチュに会う予定であった。しかし、その日は、基盤整備事業で出て来た祖先の遺骨を集めて、部落の理事は全員朝から供養のための儀式に参加していて、結局、私はその人に会えなかったのである。シマンチュにとって、天皇制の残滓のある異質なヤマト統制法よりも、シマ立て神を祀る御嶽への信仰に裏付けられたシマ慣習秩序への忠誠・服従の方が、より身近で納得のできる拘束力のある規範と感じられたのではないだろ

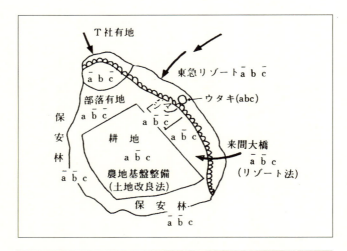

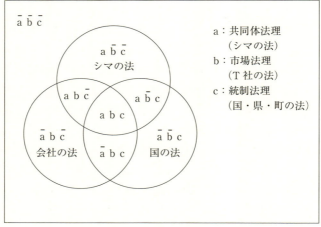

うか。シマの祖霊神を信じて生きるシマンチュの心性（集合無意識）またこれに対応するシマ社会の構造が、シマの統合とその維持を、幾つかの時代（第一ヤマト世、アメリカ世、今の第二ヤマト世）を越えて、可能にしてきたのではないだろうか。

来間のシマでは、集落の全員参加による儀礼が、旧暦8月、9月のキノエ・ウマの日とその翌日に行われる。ヤーマス・ブナカの祭りが、それである[19]。下地町指定の無形民俗文化財であるこの祭りは、島立始めの祝い、また、島育ち子孫繁栄の祭りであるが、祭り期間中は、シマの人口は2〜3倍に増加する。この祭

りにうたわれる「ニーリ（神歌）」のなかに、「ゆがかいが仲ゆば、神足らいふいさまち」（人と人とが憎み争う歪かみごとは、神様で智恵を足して、仲よくさせて下さい）という言葉がある[20]。これは、この祭りのニーリの終りに歌われる歌である。

六　おわりに

　沖縄の総合事務局を窓口とする国の財政支出によって、宮古本島から来間のシマに新しい海上道路が通じようとしている。シマに新しく開かれようとしているこの「道」は、伝統的なシマの神聖空間とシマンチュの生活リズムを、近代的な世俗空間と都市的生活リズムへと変えさせる道になるのであろうか。それとも大金を投じて作られる国や県の道（来間大橋）といえども、道を支えるその橋脚は来間の波によって洗われ次第に侵食されていくのであろうか。

　国や県が一生懸命架橋しようとしたシマへの新しい統制法理の人工道も、また、Ｔ社やＫ産業が試みたリゾート開発による新しい市場法理の道も、来間の自然やシマンチュの心性（human nature）を通過して始めて利用されるのである。下地町は、なぜ島の北側の断崖上にある「来間遠見台」[21]を文化財として史跡指定したのだろうか。その理由は、昔、この遠見台が何に使われていたか、を考えれば明らかである。約350年前に、すでに来間のシマンチュは、対岸の宮古本島から役人が「海上の道」を通ってシマに来るのをこの台に立って予め眺め、役人への対応の準備に役立てていたのである。先見の明とは、まさにこのことである。

　今は、先人のこの知恵に学び、異質な価値を内包する法理の大波が新たにシマに押し寄せて来つつあるこの間に、その波をより高次な価値の下に統合するような、平和なシマの秩序の波を、準備するときではないだろうか。元来、法の原空間とでもいうべき法的価値前提の世界には、青い透み切った人の心があるのではないだろうか。人の「情」とは、みずみずしい青いこころ、またそういうこころの青さをさすと考えられる。この青さが、島以外の企業の経済的欲望や国、県、町の政治的欲望に汚染され、シマの進むべき視界・方向がぼやけてくるとき、シマンチュは自らのアイデンティティを確認し、進むべき方向を見定め確立するために、シマの本来的自然を再生しようと、アララガマ精神を発揮するのではないのだろうか。

　今年の８月上旬、フェリー来光に乗って、対岸の前浜に向って来間のシマを後

にしたとき、偶然にも、来間島上空から宮古本島にかけて空に虹がかかっているのを見た。この東の空の虹は、太陽(テダ)の光を受けて輝いていた。宮古本島からシマに向かって延びている建設中の来間大橋の、ずっと上にある青空に白雲を背景にしてかかっていたこの虹は、一体、ニルヤ・カナヤの聖域からの光であったのだろうか。来間島の対岸にある宮古東急リゾートからあがり立つ雲は、「よがほしによくゆる（豊年を予徴する）」雲であろうか。大波の来る間に、また、その波の行き来する場所と期間において、シマンチュがシマの自立めざして外界に向ってどのような波を送り返すのか、その作業を、シマの先祖の人達は、今も、遠見台に立って見守って（ミーマンテ）いるに違いない。

1 　おとりのタカは、「ウーズ・ダカ」といわれる。
2 　今回の調査においては、南島文化研究所の仲地哲夫教授、與那覇寛主事、宮古下地町役場の方々、平良市総合博物館館長の仲宗根将二氏、前宮古農林土木事務所の祖慶良規氏、宮古支庁の方々、来間島の保良榮男氏、狩俣弦幸氏、具志堅次郎氏ほか、多くの人々や関係機関にお世話になりました。記して厚くお礼申し上げます。本稿においては、人名はなるべく実名を避け、実名の記号による略記によって表したことをおことわりしておきます。
3 　現在の下地町域は、1872（明治5）年、琉球王国が琉球藩に、1879（明治12）年琉球藩が沖縄県に変わったものの、行政事務は従前通り、三間切頭統轄の下に行われた。1896（明治29）年、勅令第13号により、宮古島は、宮古郡に所属することになった。1908（明治41）年、島嶼町村制が施行され、従来の間切は村に、村は字に改められ、下地間切の川満・上地・洲鎌・与那覇・来間・嘉手苅の6か村と砂川間切の現上野村域の3か村をもって下地村が成立した。1948（昭和23）年、下地村より野原・新里・宮国および嘉手苅の一部が上野として分村した。
4 　来間大橋起工式に至るまでの経過は次の通りであった。
　1983（昭和58）年5月7日、丹羽沖縄開発庁長官が下地町へ、沖縄総合事務局長が来間島へ、来島した。12月14日には、来間地区農道整備事業（海中道路）建設促進期成会の設立総会が開かれた。
　1984（昭和59）年2月19日、沖縄開発庁政務次官（大城真順）一行が来間架橋箇所を視察した。5月28日、下地町長、助役ほか来間部落有志25名は、来間島への海中道路建設について沖縄開発庁長官へ要請した。9月7日には、沖縄開発庁事務事官が、10月13日には、沖縄総合事務局長が、来間島を視察した。
　1985（昭和60）年2月6日と7月20日、沖縄開発庁振興局振興総務課長が来間島架橋予定地を視察した。
　1986（昭和61）年、1月22日には農林水産省の係官が、2月21日には沖縄開発庁の係官が、来間架橋予定地を視察した。4月4日、来間地区県営一般農道整備事業（事

業費36億1千万円）が採択され、6月5日には、この事業施行決定が下地町に通知された。

1987（昭和62）年、7月7日、海中道路建設促進期成会の総会が開かれた。10月8日、農林水産省構造改善局の係官が来間島を視察した。12月21日、来間離島振興総合センターの起工式が行われた。

1988（昭和63）年、8月6日、来間地区県営一般農道整備事業（来間大橋）起工式および祝賀会がもたれ、沖縄開発庁事務次官、西銘知事ら約300人が出席した。9月9日、来間島離島振興総合センター落成祝賀会が開催された。

5　来間島への農業用水の送水は次のルートをたどる。城辺町にある砂川ダムから野原岳送水路を経て、野原岳のファームポンドに集められた地下水は、1号幹線水路によって下地町内へ輸送され、さらに来間島導水管を経て、来間島ファームポンドに送られる。来間島では、このファームポンドにためられた水は、加圧機によって加圧され、スプリンクラーを通して畑に散水されることになる。

6　1988（昭和63）年12月2日、沖縄タイムス朝刊23面の記事は、「売却された部落有地　大橋の完成にらみリゾート開発狙う　本土企業が取得　町当局困惑『目的外の開発は問題』」との見出しで、このことを大きく報じている。関連の記事は、沖縄タイムスの、同年12月3日（朝刊10面）、6日（朝刊9面）にもあり、12日には「南島リポート」（朝刊17面）でも7段を使って取り上げられている。

7　部落がK.S氏に支払うことになった金額は、3,685万円であったとのことである。

8　来間部落会の組織には、意思決定機関として部落内に居住する世帯主が出席する部落総会（常会と呼ぶ人もいる）が、執行機関として月に一回開かれる役員会が、ある。役員会は、行事、予算の配分などを決定する。翌年3月の決算期には監査役が監査するが、監査役は月一回の役員会には出席しない。

9　売却に伴う登記手続の方法については、後に問題となる。

10　シマのある人に聞いた話によれば、東京のK学園の経営する○○ゼミナールも候補の一つであったようである。

11　B.I氏は本事件の解決をみたあと、1989（平成元）年9月3日、なくなられた。

12　被告側からすれば、原告の行為の目的は、来間部落とT社との売買並びに移転登記に待ったをかけることにあったといえよう。

13　死亡した60名強の相続人全員（約800人）から一人一人印鑑をもらうのは、時間と費用と労力のいる大変な仕事である。

14　シマの古老によれば、この金は琉球銀行宮古支店に入ったが、現在は郵便貯金に1.5億円、下地農業協同組合に1.5億円預金されていて、利子は部落会で運用しているとのことであった。

15　1990（平成2）年は、2月、4月、5月、6月、7月、9月、11月の7回、1991（平成3）年は、1月の1回、計8回であった。

16　シマの人の話によれば、T社は社有地をT社の考えに賛同しているシマンチュに利用させている（牛の放牧）らしい。こういう特定のシマンチュにのみ選択的にその利

害欲求を満足させるという形で、市場法理は共同体法理のなかに浸透していくのである。

17　シマにはナンバープレートのない車や、車検を受けていない車、また、ライトの壊れた夜間は走行できない車も、昼間は走っている。大橋完成後は、こういう車は次第に国家法たる道路交通法による取締りの対象になろう。

18　「耕す（cultivate）」というのが文化（culture）の原義である。人が耕さなくても、土地や海それ自体が本来的に恵みを産出してくれる場合、人はただその恵みを享受しさえすればよいかもしれない。しかし、その享受には、自から一定の秩序、いわば睦みあうシマの人々どうしが共有する他者への思いやり（チムグルサン）に基づいた自生的秩序、すなわち広義の自然法があるのであって、一人占めすることは許されない。確かに人間は自然に基づきながら、その自然を対象化し、自然を利用、収益、処分（破壊）することによって、自分達の文化を築きあげている。しかし、人間自身も自然の一部であるのだから、文化の源泉は自然にあることを忘れてはなるまい。陸の部落有地や、海の部落有地とでもいうべきリーフは、シマの野生的自然が残された部落有域である。シマンチュにとっては、この領域を生産性向上のために全面的に改良や変更を行なうことよりも、そこにおいて人と自然との調和的統一を可能にする部落の人間的な関係構造を維持すること自体が正統な文化（規範）なのである。

19　「ブナカ」とは、父系的血縁関係を重視して決められた成人男子から成る一族、特に祭祀集団のことである。シマの家はすべて、シマの３つの「本家（ムトゥヤー）」すなわち「スムリャー」と「ウプヤー」と「ヤーマスヤー」のいずれかに属する。男子と未婚の女子は父の「ブナカ」に、既婚女子は夫の「ブナカ」に入る。

　　ヤーマス御願（ウガン）の由来は、諸説あるものの、『下地町誌』の324〜5頁を基礎にすると、概略次のようである。

　　"川満の喜佐真按司に年老いてから美しい女の子が生まれた。大きくなった娘が、ある朝、城の庭に立っていると、赤い太陽が矢のような光をのばし、娘をとらえた。娘はこの日から、お腹が大きくなった。３年たって娘は三つの大きな卵を生んだ。娘は卵を枯草に埋めておいた。

　　３月になると三人の男の子が生まれたが、彼らはみんな異常なほど食欲旺盛であった。困った按司は与那覇のシル豊見親へ養子に出した。しかし、余りの大食いにあきれた豊見親は三人を来間島にやることにした。その頃、島では夜になると人が怪物にさらわれ、毎日人口が減る一方であった。恐れた島民は隠れ家を設けて一夜一夜をしのいでいた。

　　三人の兄弟は、これは大変なことだ、早く怪物の正体を発見し退治して島民を救ってやらねばならないと決心した。三人は島内を隈なく探して子の方角（北東）の小さい一軒屋に立ち寄ると93歳の老婆が泣いていた。

　　若者は「お婆さん、どうして泣いていますか。」と尋ねると、婆さんは「今さっき怪物が現われて、お前は今夜の餌食だから覚悟しておれと告げて消え去った。サテム、自分の命も今夜限りか。」と悲しんでいた。そこで兄弟は「お婆さん、心配することは

ない。我々が必ず助けてあげます。」と激励した。

　兄弟三人は、小屋の裏の方に隠れて夜の更けるのを待った。丑三つ時になると、ドシン、ドシンと、大きな赤牛のような人喰い怪物がやって来て、大きな目をキラキラ輝かし鼻息荒く小屋の中を見廻した。

　長兄の合図により、まず末弟が怪物をめがけて飛びついたが及ばない。次は次男が試みたがこれも駄目、最後に飛び出した長兄は、両手にしっかり角をとらえて左右に振り回した。三人は力を合わせて格闘し、とうとう怪物の鼻に綱を通して庭の大木にくくりつけた。これで大丈夫、朝になったら始末しようと小屋の中に入って老婆を慰めて寝ることにした。夜があけて怪物はと庭に出て見ると、大木は引き抜かれて、姿は見えない。さては逃げたか、と地面に一本筋を引いた大木の跡をたどって松林をくぐり抜け、東の海岸まで追跡すると、「ナガピシ」の海の底の御殿に通じた。

　御殿の門番に、糸を巻いている娘がいた。三人の兄弟は、「娘さん、こちらへ誰か来なかったか」と尋ねると、娘は「誰も来ません」と答えた。兄弟は「他に家族はいないか」と聞くと、娘は「父が病気で寝ております」と答えた。兄弟は「それでは、お父さんに会わせてくれ」と言うと、娘は「病気で休んでおりますからできません」と答えた。「会わせろ」、「できません」とやりとりがあったあと、これは怪しいと思った兄弟が無理に奥へはいってみると、あたりは血に染まり大男がウン、ウンうなっているではないか、これこそ昨夜の怪物にちがいないと兄弟は「おのれ畜生、来間の人を喰った鬼め」と大男の命を取った。

　兄弟は、娘に向かい、父の死が天罰であることを述べよくさとして島へ連れて帰った。死を待つ思いで幾日か避難生活をした島人は怪物退治のことを伝えきき、あちらこちらの隠れ家から帰って来た。九死に一生をえて喜びにあふれた島人は集まって兄弟三人に向かい「命の神様です。御恩は決して忘れません。子々孫々伝えて島のある限り忘れません」と、涙ながらに誓ったという。

　兄弟は娘を連れて老婆の小屋に寄ると、お婆さんは喜んで、娘を長兄の嫁にした。三人兄弟の家は「スムリヤー」と呼ばれ、長男夫婦からは男一人、女二人が生まれ、次男はこの長女を嫁にして「ウプヤー」という家を建て、三男はその二女を嫁にして「ヤーマスヤー」を建てた。その後、これらの子孫である島人はこの島栄の神を祀るお礼の祭を毎年するようになり、現在まで続いている"とのことである。

　牛の姿をした他界（あの世）からの怪物が来間の島人を困らせる。三人の兄弟はその怪物をやっつけようと追跡すると、海の下の「根一の国」にたどりつく。三人はこの海底に住む怪物を殺し娘を連れて帰ることによって、地上のこの世に復帰し、彼らの子孫であるシマンチュは繁栄することができた。この世で生きることは、あの世の死を否定することによって可能となるという論理、また、女性はあの世とこの世を通じて不変な原理であって、女性がこの世での生を救済するという論理が、この話にはあるのではなかろうか。

　なお、遠藤庄治教授によれば、「来間島に牛の姿で出現した神が、東の海に住み、豊年祭を要求する豊穣霊としての太陽であったとすれば」（遠藤庄治「琉球の宗教儀礼と

日本神話」『講座　日本の神話　10　日本神話と琉球』、有精堂、1977（昭和52）年、145頁）と仮定した上で、「来間の神である牛が出現したのは、島の東海岸からであり、その居処も東方の海中であった、沖縄の祭式や説話において東方は重要な意味をもつ方位である。」（同書、144頁）ことを指摘しておられる。

　東の金持、西の貧乏人、そして東（ミルク）の富（五穀の種）が西の貧乏人に移るという民話に反映されている来間のシマの民俗方位観を、東の方から大橋を渡って急いでリゾート開発しようとする傾向（東急リゾート）および大橋完成後、それが西の企業（T社）によるリゾート開発の方へ移動する傾向と重ね合わせると興味深い。

20　稲村賢敷『宮古島旧記並史歌集解』琉球文教図書、1962年、353頁
21　来間島遠見台は、来間の字西原485-3にある高さ47mに位置する石垣で囲まれた施設である。来間小中学校の北端の絶壁にあるこの遠見台は、1644（尚賢4）年に設置された。昔は、ここにいる見張り人が対岸与那覇の浜に待機している役人を確認すると直ちに村番所に急報し、早船を飛ばして迎えに出ることになっていたそうである。

参考文献

安田信之「アジア法の3類型」アジア経済第22巻10号、1981年
千葉正士『要説　世界の法思想』日本評論社、1986年
下地町総務課編『下地町総合計画』下地町、1987年
仲宗根将二『宮古風土記』ひるぎ社、1988年
下地町役場総務課編『下地町誌』下地町、1989年
松井　健『琉球のニュー・エスノグラフィー』人文書院、1989年
譜久村寛仁『宮古沖縄の歴史見聞録』沖縄教販、1990年

第五章　入会林野近代化法と徳之島町
手々の共有林

一　はじめに

　山林原野（入会林野）の管理と利用についての権利である入会権の問題は、民法第263条と第294条によって、規定されている。前者は、「共有ノ性質ヲ有スル入会権」を、後者は、「共有ノ性質ヲ有セサル入会権」を規定しているが、どちらの入会権も、「各地方ノ慣習ニ従フ」ことになっている。

　各地方の慣習は、歴史的社会の変化につれその内容が変化する以上、入会権の内容も変化を免れることはできない。人口の移動、土地開発などによる社会経済の変化は、山林原野に対する人々の利用・管理の程度、形態などに、変化を与えざるを得ないのである。この変化に対応し、入会林野の高度利用を図るため、過去何度か法律が公布・施行された。昭和41年にも、昭和39年の林業基本法を動機として、入会林野の権利関係の近代化をめざす法律が公布・施行された。「入会林野等に係る権利関係の近代化の助長に関する法律」（昭和41年7月9日、法律第126号、以下「入会林野近代化法」と略記する）が、それである。

　本報告は、この入会林野近代化法に基づき、徳之島において初めて入会林野整備事業が行なわれた、手々(テテ)集落の調査を、整理したものである。調査対象地として手々を選んだ理由の一つは、次の通りである。

　徳之島には、現在入会林野のある集落として、徳之島町に轟木と手々、天城町に西安木名、当部、天城、松原その他若干の集落がある。これらのうち、轟木については、すでに1957年4月山添精三[1]氏が、また轟木と松原については、1975年6月中尾英俊[2]氏が、簡単に触れておられる。だが、徳之島町手々の入会については、まだ述べられていないようである[3]。熊谷開作氏が言われるように、「北海道内・沖縄県下の入会については、いままであまり調査が行なわれていなかった。一そうの調査がのぞまれる」[4]わけである。調査対象地として手々を選んだ理由の一つは、奄美群島の徳之島も未調査地のなかの一つに数えてよいと思われるからである。

二　徳之島町・手々の概要

1　徳之島町の概況

　徳之島は、奄美群島のなかでは、大島に次ぐ大きい島である。島は、周囲約84km、面積約248km²、下の図が示すように南北に細長く、変形したじゃがいものような形をしている。山地が島の中央部を、南北に走っている。山は南へ行くほど少なくなっている。

　徳之島の気候は、亜熱帯の海洋性気候である。年間の降水量は2,017mm、降雨日数は133日、日照時間は2,304時間、年平均気温は21.3度、風速は2.1⁵である。

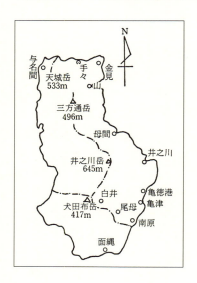

　徳之島町は、島の東半分のほとんどを占め、西は天城町と、南は伊仙町と境を接している。町の、総面積は10,071ha、世帯数は5,224、人口は15,057人を数える[6]。現在の徳之島町は、昭和33年に、当時の東天城村と亀津町が合併して生まれたものである。

　表Iが示すように、ここ30年間で、町の世帯数は昭和30年当時の約6％、町の人口は約30％の、それぞれ減少がみられる。昭和30年に一世帯平均約4.3人だったのが、昭和60年には約2.9人に減少している。ちなみに、明治43年12月末の、現在の徳之島町の行政区域に該当する地域の現住戸数は3,786、現住人口は男11,626人、女11,628人の計23,254人で

表I　徳之島町における最近の人口の推移

	昭和30年	昭和35年	昭和40年	昭和45年	昭和50年	昭和55年	昭和60年
世帯数	4,945	4,946	4,963	4,709	4,748	5,035	5,224
総人口	21,186	19,804	18,920	16,445	15,215	15,553	15,057
男	10,235	9,573	9,081	7,745	7,172	7,406	7,172
女	10,951	10,231	9,839	8,700	8,043	8,144	7,885

（昭和60年は昭和60年8月1日の推計人口である）

第五章　入会林野近代化法と徳之島町手々の共有林　87

あった[7]。

　明治43年から約75年間で、徳之島町の、総人口は約8,200人の減少を、世帯数は1,438の増加をみている。この期間一家族の平均人数は、6.14人から2.88人へと約半分になっている。このことは、この町で核家族化が進んだことをあらわしている。

　町内の集落の大部分は、海沿いに展開している。町役場所在地である亀津が、町の中心地である。町の総人口に対して占める亀津の人口（6,586人）の割合は、約44％である。町には、北端の手々、金見から南端の白井、尾母、南原まで、計26の集落がある。

　町の土地構成は、耕地が1,978ha（うち田が101ha、畑が1,877ha）、林野が5,604ha（うち国有林が1,575ha、民有林が4,029ha）、宅地が186ha、その他が2,304haとなっている。町の総面積に対する、耕地率は約20％、林野率は約56％である。民有林4,029haのうち、公有林が531ha、部落有林が921ha、個人有林その他が2,577haとなっている[8]。

　産業別就業人口は、表Ⅱの通りである。昭和35年以来ここ20年間で、全産業就業人口に対して第一次産業従事者の占める割合は、昭和35年当時の約2.7分の1

表Ⅱ　徳之島町における産業別就業人口

産業別		昭和35年			昭和45年			昭和55年		
		就業人口	割合%		就業人口	割合%		就業人口	割合%	
第一次産業	農業	6,089人	71.6	72.8	3,116人	45.1	45.8	1,730人	26.4	27.4
	林業・狩猟業	28	0.3		9	0.1		10	0.2	
	漁業・水産養殖業	75	0.9		42	0.6		53	0.8	
第二次産業	鉱業	8	0.1	6.9	13	0.2	21.7	3	0.1	28.0
	建設業	345	4.1		274	4.0		731	11.1	
	製造業	231	2.7		1,207	17.5		1,103	16.8	
第三次産業	卸・小売業	680	8.0	20.3	804	11.6	32.4	1,139	17.4	44.5
	金融保険・不動産業	23	0.3		50	0.7		81	1.2	
	運輸・通信業	246	2.9		301	4.4		309	4.7	
	電気・ガス・水道業	14	0.1		34	0.5		33	0.5	
	サービス業	580	6.8		800	11.5		1,107	16.9	
	公務	187	2.2		254	3.7		251	3.8	
分類不能の産業		3	0.0		1	0.0		5	0.1	
計		8,506人	100.0%		6,905人	100.0%		6,555人	100.0%	

（徳之島町『町勢要覧』による）

に減少し、逆に、第二次産業従事者は約4倍に、第三次産業従事者は約2倍に増加している。農業従事者の減少、逆に、建設・製造業、卸・小売業、金融・保険・不動産業、サービス業の各産業就業者数の増加が目立っている。

このことは、産業別就業者数のみならず、産業別生産額についても、一定程度あてはまる。昭和50年度から昭和55年度までの5年間で、町内純生産額の構成比は、次のように推移している。昭和50年度の町の純生産総額約102億6,983万円は5年後には約163億6,333万円へ、農業が純生産総額に対して占める割合は昭和50年度の18.7％から昭和55年度の13.2％へ、製造業のそれは17.4％から13.4％へ、建設業のそれは8.9％から16.8％へ、サービス業は24.8％から22.5％へ、卸・小売業は12.2％から10.7％へ、金融・保険・不動産業は4.1％から8.3％へ、運輸・通信業は5.7％から6.7％へ、公務は5.4％から5.8％へ、それぞれ変化している[9]。町内の経済で重要な役割を果している産業は、産業別生産額についても、建設業、金融・保険業・不動産業であり、これらの伸びが目立っている。特に、建設業の、従事者数と生産額の伸びは、昭和50年度からの5年間で、どちらも約2倍となっている。

町の農家総戸数は、昭和35年に4,730戸あり、そのうち専業農家戸数は3,205戸であった。それが昭和50年には2,709戸となり、そのうち専業農家戸数は367戸となった。昭和59年8月には、それは2,268戸となり、そのうち専業農家戸数は202戸となった。昭和35年からの約25年間で、町の農家戸数は昭和35年当時の約52％に減少した。この25年間、専業農家が農家総戸数に対して占める割合は、昭和35年の約67.8％から、昭和59年の約8.9％へと、昭和35年当時の約8分の1に減少した。

農業従事者数は、昭和35年に6,089人あり、昭和50年に2,300人、昭和60年2月には1,516人となった。昭和35年からの25年

表Ⅲ　徳之島町における経営規模別農家構成

経営耕地面積＼戸数	昭和53年	昭和55年	昭和57年
0.3ha 未満	742戸	741	798
0.3～0.5ha	452	436	465
0.5～1.0	818	649	711
1.0～1.5	273	261	273
1.5～2.0	116	130	141
2.0～2.5	53	58	62
2.5～3.0	37	41	40
3.0～5.0	41	50	54
5.0ha 以上	4	15	20
計	2,536	2,381	2,564

（各年度の『町勢要覧』による）

表IV　徳之島町における林業生産

種別＼生産額	昭和52年度	昭和54年度	昭和56年度	昭和58年度
一般用材	1,004.8万円	1,646.0	904.0	593.6
パルプ・チップ用材	4,050.0	2,494.0	6,019.0	5,773.9
木炭	—	—	59.8	44.5
薪	1,380.0	1,900.0	560.0	500.0
シャリンバイ	646.0	386.8	1,026.7	1,894.7
しいたけ	1,625.0	838.8	939.8	1,195.8
きくらげ	12.0	—	—	—
たけのこ	—	300.0	—	—
竹材	243.3	—	—	—
その他（狩猟・種苗・二次製品等）	4,389.1	5,204.9	24,219.2	21,770.6
計	13,350.2	12,770.5	33,728.5	31,773.1

（各年度の『奄美大島の概況』による）

間で、町の農業従事者数は、昭和35年当時の約4分の1に減少した。農家一戸当り平均農業就業人口は、昭和35年当時約1.29人あったのに、昭和60年には約0.67人となった。この期間、農家戸数は昭和35年当時の約2分の1に減少したのに対し、農業従事者数はさらにその半分の、約4分の1に減少した。農家戸数の減少を伴わない農業従事者数の減少は、若者の島脱出、農家の高齢化、大規模経営農家の出現（表III参照）、専業農家数の減少などの理由に基づくものと思われる。

林業については、昭和35年度の林業・狩猟業の、就業人口28人、生産総額3,582万4千円が、昭和55年度には、それぞれ10人、1億3,287万9千円となった。昭和35年からの20年間で、広義の林業に従事する人の数は、昭和35年当時の約3分の1に減少し、逆に林業生産総額は、約3.7倍になった。林業総生産額の減少を伴わない林業従事者数の減少は、林道網の整備、シャリンバイ[10]価格の高騰その他の理由に基づくものと思われる。

徳之島町における、林業生産については表IV、個人有林の経営規模別林家構成については表Vの通りである。パルプ・チップ用材とシャリンバイの着実な伸び

表V　徳之島町における経営規模別林家数

面積	戸数
1 ha 未満	160
1.0～5.0	65
5.0～10.0	3
10.0～20.0	1
20ha 以上	0
計	229

（昭和60年、町役場林務課資料による）

は、10年前の徳之島チップセンターの操業、並びに大島における韓国産紬問題の一応の決着[11]と、関係している。

2 手々の概況

手々[12]は、亀津から県道629号線を北へ約33km 走った地点に位置する戸数107戸、総人口219人（1985年8月1日現在）の集落である。海岸段丘上に拡がる、海抜約20～30m のこの集落からは、東北の海上にトンバラ岩を、南に天城岳を、見ることができる。手々の東隣りは金見部落、西隣りは与名間(ヨナマ)部落である。天城岳からは、幾つかの小さい川が北流している。主なものは、竿津川、坂元川、波泊川、滝川、山田川、小ナ発川などである。

集落は、次頁の地図にあるように、東北－南西の方向に通じる県道沿いに、長さ約800m、幅約300m に展開している[13]。交通は、8月現在、東回りのバスが一日二便、西回りのバスが一日三便、それぞれ定期運行されている。

手々における最近の人口の推移は、次頁の表VIの通りである。昭和30年から昭和60年までの約30年間に、総人口で、昭和30年当時の約70％の減少、世帯数で約38％の減少となっている。昭和30年に一世帯平均4.24人だったのが、昭和60年には約2.05人に減っている。ちなみに、明治43年末の手々の現住戸数は182、現住人口は、男587人女581人の計1,168人であった[14]。明治43年から約75年間で、手々の総人口は当時の約5分の1以下に減少している。この期間、家族平均人口も、約6.42人から約2.05人へ減少している。現在における手々の世代別人口構成は、次頁の表VIIの通りであり、人口の老齢化が目立っている。

手々の農家戸数は48戸で、うち専業農家は37戸、第一種兼業農家は5戸、第二種兼業農家は6戸となっている。農家の経営規模別構成は、表VIIIの通りである。農家一戸当り平均経営耕地面積は約106.5a であり、これは徳之島町のそれの約76.5a よりも広い[15]。

手々の地目別土地構成は、水田が約3 ha、畑が約46.7ha、山林が約157ha、宅地が約4 ha、墓地その他が約0.5ha である。林野率は約74％である。このことは、山林が本集落の生活において果す役割を推測させる一つの指標となっている。

手々における水田は、地目上約35町歩であるが、このうち約15町歩は休耕田となっている。実際に水田を耕作している農家は10戸であり、その耕作面積は15町歩足らずである。水稲栽培は、すべて自家消費のためである。稲作は二期作であ

第五章　入会林野近代化法と徳之島町手々の共有林　　91

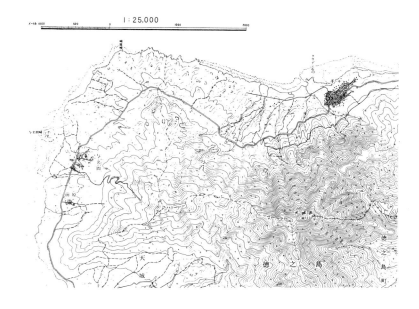

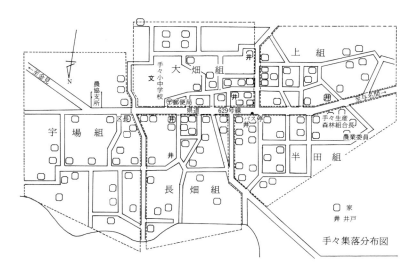

手々集落分布図

表Ⅵ　手々における最近の人口の推移

	昭和30年	昭和35年	昭和40年	昭和45年	昭和50年	昭和55年	昭和60年
世帯数	172	160	146	134	125	120	107
総人口	730人	616	495	402	321	287	219
男	339	290	235	183	155	141	102
女	391	326	260	219	166	146	117

（昭和60年は昭和60年8月1日の推計人口である）

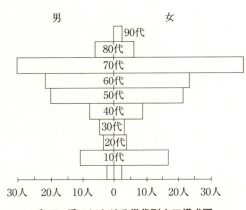

表Ⅶ　手々における世代別人口構成図

表Ⅷ　手々における経営規模別農家構成

経営耕地面積	戸数	水田農家数	畑農家数
0.3ha 未満	8戸	17戸	9戸
0.3～0.5ha	6	1戸	6
0.5～1.0	10		11
1.0～1.5	11		11
1.5～2.0	9		7
2.0～2.5	0		1
2.5～3.0	3		2
3.0～5.0	1		1
5.0ha 以上	0		0
計	48	18	48

る。一回目は、3月〜4月上旬に田植え、7月上旬に取り入れ、二回目は、7月下旬〜8月上旬に田植え、10月に取り入れを行う。地目上の水田は、実際には、畑（砂糖黍畑）として利用されていることが多いようである。

畑の大部分は、砂糖黍（以下キビと略記する）栽培に当てられている。手々のキビ専業農家数は29戸である。昭和59年度、手々におけるキビの作付面積は2,148a、収穫面積は1,938aであり、キビの生産量は1,166tであった。畑地のうち残りの部分では、ピーナッツ、カボチャ、サツマイモ、サトイモ、実エンドウ、バレイショ、インゲンなどが栽培されている。出荷用のサトイモを除くと、ほとんどの野菜は自家消費用野菜である。養蚕は、昭和30年代〜40年代初めに盛んに行なわれていたが、その後衰退した。今から8年ほど前までは、集落のなかで、養蚕が行なわれていたようである。

手々では、畑と畑の境界上に、蘇鉄の木が植えられていることが多い[16]。昔は、この蘇鉄の実の粉末から澱粉をとり、これを米や雑穀と炊き合せてお粥にして食べていたそうである。現在も蘇鉄はシマ味噌製造時の原料として、米や大豆に加えて利用されている。今は、市販の味噌を買う家庭が多い。が今なお、蘇鉄粉の入った自家製美噌[17]を作っている家は、集落全体の約一割ある。これは味噌を、砂糖、花カツオと一緒にお茶請けに使う習慣のある高齢者が多いためでもある。

畜産では、肉牛が48頭（うち一頭だけは闘牛用の牛）であり、ブタ、鶏などは自家用として飼育されている。二年前までは、部落にヤギがいた。肉牛一頭が一年間に必要とするエサの量は、約10aの土地にできる牧草、例えばイタリアングラス、ネピア、ローズグラス、とうもろこしなどである。

手々における個人有林の経営規模別林家構成は、表IXの通りである。所有規模は小さく、すべて1ha未満である。一部の個人有林で、広葉樹がチップ材として出荷されたこともある。

手々における山林157haのうち、部落共有林（キュウチ）の面積は約107haであり、このうち琉球松などの人工林は10ha、天然林は97haとなっている。共有林は、集落から西方に約1〜3km離れた場所にあ

表IX　手々における経営規模別林家数

面　積	戸　数
10a 未満	5
10〜20	0
20〜30	2
30〜40	2
40〜50	0
50〜60	2
60〜70	1
70a 以上	0
計	12

（昭和60年町役場花徳支所の資料による）

る。山には、琉球松の他、椎木、イジュ、樫木、モッコク、タブの木[18]、イスノキ、現在は少なくなったがシャリンバイなどの木がある。山の松は、営林署その他の努力により、マツクイムシの被害がほとんどない。広葉樹が多いのは、従来、雑木を薪として利用していたことにもよる。

三 徳之島町・手々をめぐる行政・林野の沿革

1 琉球・薩藩時代

　琉球時代（1263年頃〜1609年の約340年間、那覇世(ナハンユ)ともいう）の徳之島の行政は、東、西目、面縄の三間切(マギリ)（郡に該当）に分けられ、三間切の下に39村があった。島を支配していたのは、琉球から派遣された官僚貴族の「大親役(フーヤヤク)」と、祭祀を司る祝女(ノロ)であった。ノロは、稲作行事を管轄し、租税（稲）の割り当て徴収（収穫の10分の1を租税とした）を行なっていた[19]。この時代、「山野は自由に採薪、木材の採取や草刈に利用されていたよう」[20]である。那覇世においては、手々村[21]も与名間村も、同じ西目間切に属していた。

　薩藩時代（1609〜1875年の約266年間、大和世(ヤマトユー)ともいう）、徳之島の行政は、末期に例外はあるものの、東、西目、面南和（縄）の三間切に分けられた。各間切は二つの曖（アッカイ）に分けられ、計六曖の下に、44〜48村[22]があった。薩藩時代の徳之島の行政機構の類型は、年代により若干の変化があるものの、長澤和俊、前田長英両氏の研究によれば、次頁の通り[23]である。

　薩藩時代の土地所有は、公有地（藩有）、私有地（個人持）、共有地（村持）の三種に区分される[24]。公有地は、未墾の山林原野と藩有林である。農民は、未墾の山野（共同受益林地）へ自由に出入りして、燃料

（小林正秀『犬田布騒動』徳州新聞社、1968年より引用）

（薪炭）・カヤブキ・肥料・飼料用の雑木やカヤシバ草等の採取をした。家普請用の木材もここから採取することがあった。昔は、部落内で小規模な製糖をしていたので、キビ汁を煮詰る際の薪または砂糖樽用の木竹を、公有地から採取してい

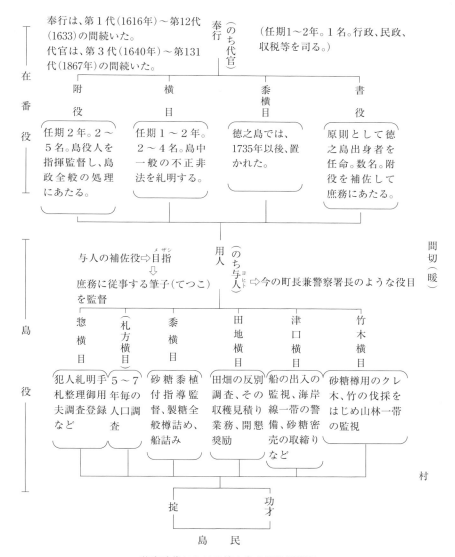

薩摩時代における徳之島の行政機構図

た。但し、公有地のなかには「スィンジキ」[24]という場所があり、ここにはイジュや楠の大木が生い茂っているが、それらの木を建築用や薪炭用に伐採してはならないとされていた。中野英良氏によれば、藩有林は、竹木横目や竹木見廻りによって監視されており、農民の自由な採取は許されなかった[26]。

私有地は、主として畑地であり、宅地も含まれた。開墾地（仕明地）の多くは私有地となった。大山野、古荒地などを新しく開墾した土地は、開いた年より3年間は作主が作り取りし、3年目に竿入れして、4年目から定式の納税となった[27]。

共有地は、主として田地であり、村人が共同で新開した一部の田地も含まれた。共有地は、間切内の村人の共有であった。農民は、割り当てられた共有地を耕作した。薩藩時代、徳之島の農民は、御用夫の登録を受け、強制労働に従事させられていた[28]。村人は、男子が15歳以上女子は13歳以上になると御用夫と呼ばれ、各々耕地を割り当て、その分担を定められていた。水田であっても、水を干して畑とすべきところはすべて干田として、農民に稲を栽培させず、役人は農民に督促してキビを作らせた。御用夫に割り当てられたキビ耕作反別は、地域により多少異なる[29]が、徳之島亀津では、男3反、女2反であった[30]。御用夫が身体虚弱の場合、割り当て反別は幾分か減じられた。男が60歳、女が50歳になったとき、御用夫が免じられ、同時に与えられた田地は返上（「ウヤーゲ〔老いあげ〕」）することになっていた。割り当て地という意味の配田（フェーダまたはハイダ）は、農民一代限り私的利用・管理に委ねられるのであって、農民は、一定の年齢に達すれば、割り当て地を返さざるを得なかった。

手々の集落の西方、県道をはさんで南の山寄り、北の海寄りに、配田という地名をもつ土地がある。配田（フェーダ）、阿田配田（アッタハイダ）、大配田（フーフェダ）、盛揚配田（モリアゲハイダ）などがそうである。これらの土地は、薩藩時代、手々の村人に割り当てられたキビ耕作地（畑）の名残りであろうか。

2　部落有林野統一まで

明治2年[31]、薩摩藩は、長州、土佐、肥前の各藩と共に、版籍奉還を上奏した。武士による土地と人民に対する支配は、官による支配へと変った。本土において、これを法律上確定するのが、明治4年の戸籍法であり、明治6年の地租改正条例に基づく地租改正事業であった[32]。土地制度と租税制度の改革をめざすこの事業は、田畑、宅地、山林原野の順序で実施された。武士の土地領有権は否定

第五章　入会林野近代化法と徳之島町手々の共有林　　97

され、地主の土地所有権が認められた[33]。

　明治新政府は、明治3年、開墾規則を作った。これは、一つには林野払下げによる税収入源として、耕地払下げ代金を確保するためであった。本土では、明治4年に田畑勝手作りが許可され、翌年には田畑永代売買の禁が解かれた。明治7

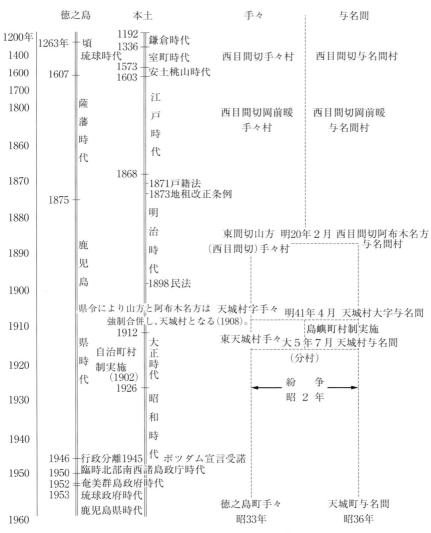

手々・与名間をめぐる行政の沿革

年地所名称区別改正により、明治政府は、封建時代の土地所有の三区分を、強引に、官有と民有の二つに分けた。これにより、村民の入会林野（共同受益林地は、明治6年の地租改正により公有地と規定されていた）は、官有地に繰り入れられるか、個人名義となり、村民の共有林野に対する共同利用・管理は法律上困難になってしまった。

徳之島では、本土における明治4年の廃藩置県にも拘らず、依然藩政が続いていた[34]。藩政が解かれたのは、明治8年3月であった。この年、戸籍原簿の整備が軌道にのり、平民は苗字の使用が許された。この明治8年、在番所が廃止され、徳之島支庁が亀津に設けられた。これにより、1616年から134代続いた奉行、代官、在番は、支庁長に変ることになった[35]。

明治9年、徳之島支庁に裁判所と称する一課が設置された。明治10年9月、裁判所は支庁から独立し、名称が鹿児島裁判所出張所となった。明治11年、出張所は廃止され、奄美諸島一帯を管轄する大島区裁判所が設置された[36]。

明治12年、郡制区画が定められ、徳之島支庁は大島郡役所の徳之島出張所に改められた。この年より、徳之島では、地租改正作業が始められ、明治14年には、耕地、宅地の改租が終了した[37]。政府は地券証を発行して、土地所有者を確認し、地券台帳に所有者名、地目、反別、地価、税額を記載し、台帳を保存した。

明治20年2月以降、徳之島の六曖は、亀津、山、阿布木名、面縄の四方に、村は四十二村にそれぞれ編成し直された。明治23年、鹿児島地方裁判所大島支部が設置された。明治31年民法が施行された。明治37～38年の日露戦争による木材の高騰に刺激され、明治39年、亀津で杉、檜の造林が行なわれた。

3　手々共有林の成立

明治41年4月、島嶼町村制が実施され、徳之島の行政は、亀津村、天城村、島尻村の三村と四十二の字に分けられた。従来の山方と阿布木名方は、県令第30号により、強制合併し、天城村となった。天城村の役場は、阿布木名に設置された。

島嶼町村制の実施により、新しく村に統一された旧村持の村有林は、明治41年10月、当時の手々部落代表者数名に部落民薪炭利用林として払い下げられた。以後、部落代表者が所有権移転を行ない、部落共有林となった。部落民は、共有林のカヤ、シバ、薪炭材等を団体的に共同利用することになった。用材や一部薪炭材は、公売入札または指名入札を通じ売却された。その代金は、部落の運営経費

として基本金積立てに当てられた。入会林野近代化整備事業に役立てるため、当時からの入会慣行を整理・成文化した手々部落有林管理規定があるので、次に掲げておく。

手々部落有林管理規定

（目的）
第1条　この規定は部落有林の経営管理を合理的に推進することにより　林野の生産性をたかめ　部落民の経済向上の増進に資することを　目的とする。
（対象）
第2条　この規定による部落有林野（以下「林野」と言う）とは　末尾に記載した林野を言う。
（権利者）
第3条　林野に対して権限を有する者（以下「甲」と言う）とは　この規定施行前から部落に居住して林野に関する一切の義務を果している世帯主で　別紙名簿に記載した者を言う。但し　甲が死亡したときは同居の配偶者、直系卑属、直系尊属の順位でまた養子縁組の場合は養子が林野に関する権利を継承する。
第4条　次に掲げる事項に該当する者は　総会の承認を得て林野についての権利を取得することができる。
　　(1) 部落出身者でこの規定施行後部落帰住した場合は　世帯主又は配偶者が既住において甲であった者は居住の日から　その直系卑属の男子（未成年者を除く）および部落外出身者の世帯主で3ヶ年間林野に関する義務を果たしたとき。
　　(2) 甲の権利を相続する者以外の男子が　分家により新たに一家を構成し独立の生計を営み　その世帯主の申し出があったとき。
（権利喪失）
第5条　次に掲げる事項で林野に経営に関する一切の義務を果たし得ることができなくなった者は　林野に関する一切の権利を喪失したものと見做す。
　　(1) 世帯主以下家族全部が永住の目的を以って部落外に転居した場合。但し　臨時的出稼者　又は農林業以外の職業で部落外に家族と共に居住しその職を退職と同時に部落に帰住することがあらかじめ明らかで　その間総会に於いて決められた賦課金を支払い　義務を果たしている者を除く。
（総会）
第6条　総会は　林野の経営管理上必要と認めたとき　随時開催する。総会は　甲

が3分の2以上出席することにより成立する。総会の決議は　出席者の過半数の同意を得なければならない。但し　林野を売却するときは　甲全員の同意を得なければならない。総会には甲の家族（未成年者を除く）以外の代理人および委任は認めない。総会はその都度出席者のなかから座長を選出し議事の運営を図るようにする。

第7条　林野の経営管理に関する一切の事項は　総会の決議を得なければならない。但し　軽易な事項で緊急を要するときは、区長並びに委員の協議により処置し　後日総会に報告しなければならない。

（委員）

第8条　林野の運営を合理的に推進するため　委員若干名を置くことができる。委員は　区長の職にある者の外　甲のなかから選出する。

第9条　委員の任期は2年とする。但し　再任を妨げない。委員は任期中総会の承認を得なければ　辞任することができない。但し　委員の死亡又はその他の事由で欠員を生じた場合は、その都度遅滞なく補充者を選出する。
　　　　補充員の任期は前任者の残任期間とする。

（委員の任期）

第10条　委員は次に掲げる事項に注意して異状を認めた場合　適切な措置を講ずるとともに総会に報告しなければならない。
　　　（1）　林野の境界線の保全状況
　　　（2）　自然災害　人為的災害の被害状況
　　　（3）　売却林野の伐採搬出状況
　　　（4）　その他林野の経営管理上　必要と認めた事項

（委員の報酬）

第11条　委員の報酬は無報酬とする。但し　第10条の用務のため出役した場合は日当を支給することができる。

（労務）

第12条　林野の経営管理上必要なときは　甲は労務に出役しなければならない。
　　　　労務を義務制と任意制に区分して　義務制の場合は甲全員の出役を原則とし無報酬とする。但し　やむを得ない事由で甲本人が出役できない場合はあらかじめ区長に申し出て代理人出役か日当相当額を拠出するかの諒解を得るものとする。任意制による出役の場合は日当を支給する。
　　　　なお次に掲げる事項に該当するものは労務を免除することができる。
　　　（1）　生活保護世帯で労働能力の無い場合
　　　（2）　世帯主並びに配偶者が老令（70才以上）で労働能力がなく且つ一親等内に扶養義務者がいない者
　　　（3）　その他前二項と同程度の事情にあり　特に総会の承認を得た場合

（事故補償）

第13条　林野の各作業に出役中　故意でない事故で死亡又は傷害を受けた場合は、

第五章　入会林野近代化法と徳之島町手々の共有林　　101

　　　　死亡者に弔慰金を　傷害者に治療費の全額又は一部を部落から補償すること
　　　　ができる。
　（林野の売却）
　第14条　立木の処分は　公売入札又は指名入札を原則とするが　軽易な場合には随
　　　　意契約をすることができる。
　第15条　立木その生産物を売却するときは　価格　種類　数量　売払いの方法等必
　　　　要な事項について　総会承認を得なければならない。
　（収益金の経理）
　第16条　林野から生じた収益金ならびにその他収入の使途は　総会の決議を得なけ
　　　　ればならない。これを変更するときも同様とする。
　第17条　収益金の内から　部落運営費として　基本金を積立てることができる。
　（会計ならびに記録の整理）
　第18条　会計年度は4月1日から翌年の3月31日までとする。会計事務は　出納簿
　　　　を備え明確に記帳しておかねばならない。
　第19条　毎年度の決算は　監事の監査を得て　次期総会の承認を得なければならな
　　　　い。
　第20条　総会の決議事項ならびに林野の経営管理に関する一切の事項は　記録簿を
　　　　備え明確にしておくものとする。
　　　　　　　　　　　　　　附　　　則　（略）

　本規定は、第9条（委員）と第10条（委員の任期）の位置につき、疑問が感じられないわけではない。が、これには、手々村民による共有林の利用・管理における必要事項、例えば入会権の取得（3条・4条）、権利の喪失（5条）、権利者の義務（12条）、収益の使途（17条）などが定められており、手々部落有林の管理・利用の形態を知りたい者にとって、これは便利なものになっている。10条1項(1)号にある「林野の境界線の保全状況」の見廻りのことは、方言で「ウシアタイ（牛当）」と呼ばれている。
　共有林の利用について、古老は次のように語ってくれた。昔は、部落に風呂を備えている家は少なく、共有林から採取した薪や蘇鉄の枯葉を抱えて、風呂をもらいに行く場合もあった。この他、共有林の雑木は、塩炊き（徳之島に塩の専売法が施行されたのは昭和29年であった）用[38]、製糖用、料理用の各燃料として、近年プロパンガスが普及する前は、村民の生活に重要な意義をもっていた。薪は、塩と交換することもできたそうである。

4 共有林成立以後

　大正4年頃、徳之島ではシャリンバイの植栽が盛んに行なわれた[39]。大正5年、天城村から東天城村が分離独立し、手々は東天城村に、与名間は天城村に属することになった。大正7〜9年頃、大島紬業は全盛を迎えた。大正9年より、島嶼町村制が廃止され、本土のような自治町村制が実施された。これにより、村長、助役、収入役が置かれた。大正12年度より、公有林野整理事業が始まった。

　中島楽によれば、この公有林野整理事業は、「従来ノ入会共同使用ノ慣行ヲ解消シ、土地利用ヲ原則トシテ森林トシテ管理スル地ト然ラザル土地ニ区分シ、前者ニ対シテハ将来ノ施業計画案ヲ編成シ施業ノ的確ヲ期シ林野条例ヲ制定シ林野ノ管理ト相俟テ公有林野ノ施業ヲ合理的ナラシメムトス」る[40]ところにあった。

　当時の森林所有別一町歩材積をみると、私有林が70石、公有林が150石、国有林が130石であった[41]。材積の一番多い公有林の整理から始めたのは、森林経営の合理化の実を早くあげようとの意図によるものと思われる。当時、入会整理面積は、整理済面積（実測）3,368町歩、整理中面積2,300町歩、整理未済面積15,504町歩であった。施業計画案によれば、大島郡公有林野推定総面積30,246町歩のうち、整理済面積は4,676町歩、整理中面積2,500町歩、整理未済面積23,070町歩であったから、公有林野整理は、全公有林のうち、既に約11％の面積が整理済であり、この部分の計画達成率は72％であったことになる。

　大正13年花徳でタブ皮の生産が、大正14年轟木で椎茸栽培が始まり、この時期、山林原野の経済的利用が一層進展した。

　昭和2年[42]1月、手々と与名間の間で、共有林の雑木の伐採を契機に、境界紛争が発生した。翌年2月、大島区裁判所で判決が言い渡された。昭和5年鹿児島地方裁判所で、第二審の判決言い渡しがあり、同年9月10日判決は確定した。昭和6年9月、満洲事変が勃発し、その後昭和18〜19年頃、満洲、朝鮮向けに枕木が移出された。

　昭和20年8月、日本ポツダム宣言受諾。昭和21年2月、徳之島は、日本本土より行政分離され、米軍支配下に置かれた。同年3月、北部南西諸島米国海軍々政本部（United States Navy Government of the Northern Ryukyu Islands）が名瀬に開庁された。同年5月、軍政府は、旧日本国有林を大島支庁有林にする命令を公布した[43]。大島支庁有林の木材生産は、支庁直営で行なわれた。貧困者には戦災復興用資材として木材を無償で、富者には高価で、交付しても差支えないことになった。

昭和21年10月、大島支庁は、臨時北部南西諸島政庁（Provisional Government Northern Ryukyu）となった。昭和25年11月、奄美群島政府（Amami Gunto Government）が発足した。この年、徳之島営林署が設置された。昭和27年4月、群島政府は解消し、琉球政府（Government of the Ryukyu Islands）が発足した。徳之島営林署は、琉球林野局の管轄下に置かれた。

昭和28年12月、徳之島は、日本行政下に復帰し、鹿児島県に編入された。大島支庁が復活し、大島支庁農林課に林務係が設置された。この年、農地法が適用された。昭和29年7月、林務課が新設された。奄美群島復興特別措置法に基づき、昭和29年12月、民有林の復興事業が行なわれた。元井政太郎氏によれば「日本復帰に伴い、……、従来のりゃく奪林業から育成林業えと移行」[44]した。

古老の話によれば、本土復帰前まで、手々におけるほとんどの家はカヤブキ屋根であった。カヤブキ屋根は、30年に一度の場合もあるが、多くの場合約10年に一度ふきかえた。ふきかえに用いるカヤは共有地内に生立するカヤであり、これを住民が共同して採取（ユイワク）した。乾燥したカヤであっても、カヤ屋根の厚さは約1mにも達するので、ふきかえ作業は、家の大きさにもよるが、部落の男子（約14～21名）の分業で行なわれた。その後、カヤブキ屋根は、次第にトタン屋根、瓦屋根、コンクリートなどに移行した。昭和40年代末までは、手々に10軒ぐらいのカヤブキ屋根があった。現在、手々集落内でカヤブキの家屋は、一軒のみである。共有林は、屋根のみでなく、家の新築用柱その他にも利用されたそうである。

四　手々共有林

1　手々ー与名間紛争

昭和2年1月、手々と与名間の間で、共有林の境界についての争いが生じた。前述の手々・徳之島をめぐる行政沿革をみれば、この紛争発生の原因が、この年の一部住民による盗伐だけにあるのではないことは理解しやすい。

紛争が生じる約40年前、徳之島北端に位置する二つの集落は、時代の行政、政治等の激しい変動の渦に巻き込まれていた。手々と与名間は、明治20年に行政による分離を、明治41年に県令による強制的統一を、大正5年に再び分村を、経験していたのである。短期間におけるこのようなめまぐるしい町村の分合改廃が、住民の生活にとってプラスであるはずがない。境界紛争が生じたのは、いわば歴

史的、社会的必然の一産物であったといえる。

第一審裁判の概要は次の通りである。
東天城村手々に居住する原告堀田富徳氏外6名等（以下「原告等」と略記する）は、次のように主張した。

> (1) 大島郡東天城村手々字名発524番原野9町歩は原告等の所有地である。この原野は、この南方国有林第423号の境界標より北方にあるビヤ畑尾筋を一直線にホマ石に至る境界線の東北に位置する。
> (2) 被告別府直円氏外9名等（以下「被告等」と略記する）は、昭和2年1月4日、この原野のなか約2町歩に生えている雑木6尺〆150棚価格にして450円のものを無断伐採し、原告等に損害を与えた。
> (3) 原告等は、この事実の立証のため、裁判所に対し、検証を申請し、甲第一号証より第六号証ノ三までの書証を提出し、証人として西村勝沢他3名を、損害金の鑑定人として都米満を、それぞれ訊問することを求める。
> (4) 原告及び原告代理人は、裁判所に対し、「被告等ハ連帯シテ原告ニ対シ金四百五十円ニ本件訴状送達ノ翌日ヨリ弁済ニ至ルマテ年五分ノ利息ヲ附シテ支払フヘシ　訴訟費用ハ被告等ノ連帯負担トス」との判決を求める。

これに対する、天城村与名間に居住する被告等の抗弁は、次のようなものであった。

> (1) 被告等は、原告等が所有する原野の立木を伐採したことはない。
> (2) 被告等は、昭和2年1月4日頃、大島郡天城村与名間字ハゲタケ1060番の山林3町2反歩のなかの立木価格4・50円のものを伐採したことは認める。しかし、これは被告等の所有地であって、原告等の所有地ではない。
> (3) 被告等は、この事実の立証のため、裁判所に対し、乙第一号証より第十二号証までの書証を提出し、証人として梅榮実他3名の訊問を求める。
> (4) 被告及び被告代理人は、裁判所に対し、「原告等ノ請求ヲ棄却ス　訴訟費用ハ原告等ノ負担トス」との判決を求める。
> 本訴につき、大島区裁判所は、昭和3年2月28日、次の通り判決を言い渡した。
> (1) 東天城村手々字名発524番原野9町歩が原告等の所有地であることにつき、原告・被告の双方に争いはない。
> (2) 争点は、①被告等が原告等の所有する原野の立木を伐採したかどうか、②原告等が主張する損害賠償の請求額が適切であるかどうか、の二点にある。
> (3) まず①につき、検証調書の検証結果によれば、被告等が立木を伐採した場所

第五章　入会林野近代化法と徳之島町手々の共有林　105

は、原告等の所有地とは認められない。なぜなら、原告等は国有林423号境界標の東北下方に原告等の所有地があると主張するが、それは手々字崎原の原野であって、この崎原の原野は原告等の所有権登記がなされておらず、訴外堀田富宝の所有権登記がなされているものであるからである。

　(4)　原告等が手々字崎原480番原野一町歩を所有しており、この所有地内の立木を被告等によって伐採された事実を立証して、損害賠償請求を行なうならともかく、原告等は、この崎原480番ではなく、手々字名発の原野の立木伐採を原因として損害賠償請求を求めている。これは失当である。

　(5)　原告等の本訴請求は排斥せざるを得ず、争点②については説明を省略する。よって裁判所は、次のように判決する。「原告等ノ請求ハ之ヲ棄却ス　訴訟費用ハ原告等ノ負担トス」。

　原告側にしてみれば、第一審裁判においては実体審理がなされなかったも同然である。訴訟法上の理由で敗訴した原告が控訴したのは、当然であろう。
　第二審裁判の概要は次の通りである。

　　控訴代理人は、次のように主張した。
　(1)　大島郡東天城村手々字名発524番原野9町歩及び同所字崎原480番原野一町歩は、どちらも控訴人等の共有地である。
　(2)　昭和2年1月4日、被控訴人等は、共同してこの名発524番原野9町歩のなかの約2町歩に生立する控訴人等の共有する雑木6尺〆150棚価格450円相当のものを不法に伐採搬出して、滅失させ、控訴人等に損害を与えた。
　(3)　被控訴人等が伐採した雑木の生立地が仮に字名発の土地に属さないとしても、この生立地は、控訴人所有の字崎原480番原野一町歩の一部に属するものである。
　(4)　この事実の立証のため、控訴人等は、甲第一、二、四、五号証及び同第六号証の一、二、三までの書証を提出し、証人として西村勝澤他9人を、原審鑑定人都米満の鑑定結果を、それぞれ採用する。
　(5)　控訴人は、大島郡天城村字与名間字ハゲタケ1069番山林四町歩が被控訴人の共有林であること、乙第一、二、三、五号証の成立、を認める。
　(6)　控訴代理人は、裁判所に対し、「原判決ヲ取消ス　被控訴人等ハ控訴人等ニ対シ連帯シテ金四百五十円及之ニ対スル昭和二年五月十四日以降完済迄年五分ノ割合ニ依ル金員ヲ支払フヘシ　訴訟費用ハ第一、二審共被控訴人等ノ負担トス」との判決を求める。

　これに対する、被控訴代理人の主張は、次のようなものであった。

(1)　東天城村手々字名発524番原野9町歩及び同字崎原480番原野一町歩の土地が、控訴人等の共有に属することは認める。
　(2)　しかし、被控訴人等は、上の土地に生立する雑木を伐採したことはない。
　(3)　被控訴人等は、共同して、昭和2年1月中に、控訴人が主張する雑木（但し、その生立地の地番並びに価格については除く）を伐採搬出し、それを滅失させたことは認める。
　(4)　被控訴人等が伐採した雑木が生立する土地は、大島郡天城村与名間字ハゲタケ1069番山林4町歩のなかにある。この土地は、同所同字1060番山林3町2反歩と共に、被控訴人等の共有地に属する。例の雑木は、被控訴人等の共有に属するものである。
　(5)　被控訴人等は控訴人等の所有権を侵害したことはなく、控訴人等の本訴請求は失当である。また伐採雑木の価格4～50円のものであるから、控訴人等の主張する損害額は不当である。
　(6)　この事実の立証のため、被控訴人等は、乙第一、二、三号証、同第五ないし第十一号証を提出し、原審証人梅榮実他3人と当審証人有川隆義の各証言及び原審鑑定人都米満の鑑定結果をそれぞれ援用し、甲号各証の成立を認める。但し、これを認めるのは、上の乙号各証の成立を立証するためである。
　(7)　被控訴代理人は、裁判所に対し、「本件控訴ハ之ヲ棄却ス　控訴費用ハ控訴人等ノ負担トス」との判決を求める。

　本訴につき、鹿児島地方裁判所は、昭和5年8月18日、次の通り判決を言い渡した。

　(1)　大島郡東天城村手々字名発524番原野9町歩及び同所字崎原480番原野一町歩がどちらも控訴人等の共有地であること、また、同郡天城村与名間字ハゲタケ1069番山林4町歩が被控訴人等の共有地であること、さらに被控訴人等が昭和2年1月中に共同して控訴人主張の雑木（但し、その生立地の地番並びに価格については除く）を伐採搬出して滅失させたことにつき、当事者間に、争いはない。
　(2)　当審検証調書の記載を総合すれば、被控訴人等が滅失した雑木生立地は、控訴人等の共有する名発524番の土地の一部である。
　(3)　被控訴人等は、故意または過失によって、控訴人等の共有地に生立する雑木を滅失させ、共同不法行為をなし、控訴人等の所有権を侵害した。
　(4)　雑木価格は、鑑定によれば、135円5銭である。
　(5)　よって、裁判所は次のように判決する。「原判決ヲ取消ス　被控訴人等ハ連帯シテ控訴人等ニ対シ金百三十五円五銭及之ニ対スル昭和二年五月十四日以降完済ニ至ル迄年五分ノ割合ニ依ル金員ヲ支払フヘシ　控訴人等爾余ノ請求ハ之ヲ棄却ス

> 訴訟費用ハ第一、二審共之ヲ三分シ其ノ一ヲ被控訴人等残余ノ部分ヲ控訴人等ノ各連帯負担トス」。

　第二審においては、与名間の被控訴人の伐採行為は盗伐であったことが認定され、手々の控訴人の主張が認められ、与名間の被控訴人は敗訴した形になっている。判決をみると、手々の控訴人の損害賠償請求は、金額の点では請求額の約30％が、訴訟費用の点では3分の1が、認められている。

　この裁判は、前述したように、昭和5年に決着がついている。が、裁判においては、盗伐せざるを得なかった与名間の一部住民の行為の背後にある問題が、根本的に解決されたわけではない。現に、手々－与名間間で、数年前にも盗伐事件が発生しているのである。事件発生の原因は、いろいろ考えられる。そのうち確実な一つの原因は、用材、薪材等を大量に安く手近なところで入手したいという需要が続き、しかもこの需要の充足を制限する法関係（所有関係）が続く限り、林野の所有関係と利用関係との対立・ズレはなくならないということである。

　過去において、山林原野の高度利用・合理的利用を図るため、時代に応じて何回か、整理事業や整備事業が行なわれてきた。手々における入会林野整備事業は、具体的にどのように進められたのであろうか。

2　入会林野近代化整備事業
（1）山林原野の経済的生産力

　山林原野の高度利用化・合理的利用化が林野の経済的生産力の増大と同じことだと仮定すれば[45]、林野利用の増進を図るためには、単位面積当りの収穫の増大または単位労働力当りの労働生産性の向上が不可欠ということになる。両者は必ずしも対応しないものの、以下では単位面積当りの山林原野の経済的（土地）生産力を、各種の場合に区分して、試算してみよう。

　まず山林に生えている広葉樹（雑木）をチップにした場合の1a当りの生産額を試算してみる。

　今、100aの山林に6000本の広葉樹（雑木林）を植樹したとする。台風、害虫、火事、山崩れ等の災害・被害を無視し、30年後の生存率を80％と仮定すると、生き残った広葉樹4800本の蓄積は110m^3となる。現在チップ原材として工場が買い取るときの広葉樹の価格は、徳之島で1m^3当り9,500円である。広葉樹の現在の価格が30年後も同じだとすると、広葉樹林は、30年後に伐採した場合、1a当り

1万4,500円の収入を生む。伐採費や山の管理費を一切度外視すれば、広葉樹林は、一年間で、1a当り約350円の収入をもたらしてくれる。

　同じ条件で、松などの針葉樹を試算してみる。松だと100a当り165m^3の蓄積があり、チップ1m^3の工場買取り価格は、徳之島で9,000円である。広葉樹の場合と同じ計算をすると、針葉樹は、一年間で、1a当り約520円の収入をもたらしてくれる。

　シャリンバイだと、100a当り約55m^3とれる。現在の工場渡し価格は、1kgが25円である。現価格が30年後も同じだとすると、シャリンバイは、30年後に伐採した場合、比重を1と考えると、一年間で、1a当り約4,600円の収入をもたらしてくれる。

　次に、果樹園となった原野にタンカンを植えた場合を考えてみる。苗木代、肥料代、消毒代、管理費等を無視して計算する。タンカンが、平均して10a当り300kgの収量があり、1kg当り約300円で売れたとすると、タンカンは、一年間で、1a当り9千円の収入を生むことになる。

　畑地となった原野にキビを植えた場合を考えてみよう。年度によって豊作・不作があったり、肥えた畑であるか否かによっても異なるので、一概には言えないものの、手々の畑で現在平均して1a当り540〜620kgのキビが穫れたとする。キビは、今（1985年8月）、トン当り2万1,470円で取り引きされているから、1a当り540〜620kgのキビは、一年間で、12,150〜13,950円の収入を生むことになる。

　水稲の場合を考えてみる。台風、干害、害虫等の災害を無視し、一期作が10a当り290〜330kgとれ、二期作が10a当り150〜200kgとれたとする。年間440〜530kgの収穫があることを、数字の上で、仮に年平均10a当り485kgの米が採れたことにする。現在米の等級がすべてA（本土の1等米の95%価格）とすると、生産者米価は1トン当り22万3,199円だから、485kgでは約10万8,252円となる。水稲は、一年間で、1a当り約1万800円の収入を生むことになる。

　こう計算してみると、農・林産物を生産・収穫するのに要する労働の質と量、苗の値段、肥料、農薬、機械代金等の諸条件をすべて無視した場合、1a当りの生産効率が一番良いのは、今のところキビだということになる。キビは、1a当り年間約1万2,450円の収入を農家にもたらしてくれる。短絡した考えをすれば、手々の入会林野は経済効率上すべてキビ畑に転用すればよい、ということになりそうである。果してそうであろうか。

　砂糖キビは商品作物であり、これを毎日食べるわけにはいかない。主食は米で

ある[46]。等級によって異なるものの、現在、標準的な米の消費者米価は10kg3,700円である。日本人一人が1年間に消費する米の量が平均約75kgであるとすると、年間の米代は一人当り約2万8千円必要であることになる。この米代を、キビ売却代金で賄うことができるだろうか。

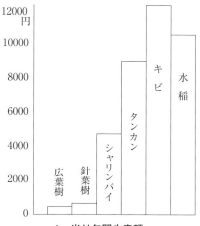

1 a 当り年間生産額

昨年度、手々におけるキビの収穫総トン数は1,166tであった。手々の農家48戸が一律にキビを生産したとすると、一戸当り約24tのキビ生産があったことになる。キビはトン当り21,470円であるから、農家一戸当り年約52万円のキビ生産額があることになる。手々における一世帯平均人数は約2人であるから、一世帯年間約5万7千円の米代金は、キビ代の約11％で賄うことができる計算になる。だが、経済的余裕があるとはいえない。

農家が製糖工場から農協を通して受取るキビ代金は、諸費用（苗代、肥料代、農機具代その他）を天引きされている。一人当り砂糖消費量の伸び悩み、国民の間の甘味離れ現象、代替化学甘味料の進出、国際貿易摩擦等、砂糖価格の将来は決して明るい点ばかりではない。農家一戸当り平均約52万円のキビ収入は、生活保護基準に照らしても、余裕ありとは必ずしもいえない。年齢、級地、家族構成員数等によって基準は異なるものの、現在、60代二人家族の一世帯の、最低限度の生活保護基準は、一人当り、月額約3.7万円であり、一年では44.4万円となる。一世帯だと年間約89万円である。この額をみても、キビ耕作面積の拡大、単位面積当りの生産量の増大、キビ価格の上昇等がない限り、キビ作だけでは、生活に余裕は生じにくいといえよう。

（2）入会地盤所有権者の明確化

入会林野近代化法は、その第1条で、「この法律は、入会林野又は旧慣使用林野である土地の農林業上の利用を増進するため、これらの土地に係る権利関係の近代化を助長するための措置を定め、もって農林業経営の健全な発展に資するこ

とを目的とする」と規定している。この法律の目的とする入会林野の権利関係の近代化とは、従来の入会林野を入会林野でなくし、入会権〔総有（入会的共有）〕を解体・変質し、合有（組合的共有）や個人的共有（民法上の共有）その他の権利に置き換えることである。

　この置き換えは、本来、入会林野の農林業上の利用を増進するために行なわれる。土地の農林業上の利用を増進するために、その手段として、部落共有林に対する伝統的な入会利用の内容・方法を改善し、入会集団がその構成員に対して及ぼしている強い慣行的規制力を緩和し、共有林を構成員のもっと自由な利用に委ねることを目ざすのである。

　手々における入会権は、「共有ノ性質ヲ有スル」共有入会権である。入会権は権利である以上、それに対応する義務を履行しない者に対して、権利を認めることはできない。手々の場合、その義務とは、手々部落有林管理規定第5条にある「林野経営に関する一切の義務」である。具体的には、共有林の火災、盗伐、害虫発生等人為的・自然的災害の予防や防止、林野の境界線の見廻り、集落を流れる河川の維持・管理作業などへのユイワクに参加することである。

　ところが、手々における人口の高齢化、過疎化は著しい。特に、15～49歳までのいわゆる働き盛りの労働者の島外流出が著しい。手々の年齢別人口構成を見ると、50代以上の人々が、この集落の全人口に対して占める割合は、約72％である。共有林は、集落から離れた場所にある。傾斜地が多く、ユイワクを果そうにも年齢・体力等のため、実際には昔のように参加することはできない、という現象が生じている。部落からの転出者は入会林野に対する権利を失うので、人口移動が激しいことは、入会林野に対する労働意欲を減じる一つの要因にもなっている。その上ユイワクは無償である。ユイワクの収益は部落の共益費にあてられ、直接個々人の収入にならないことから、共有林に対する造林等の意欲が減衰し易い。

　この悪循環を断とうと、農林業経営の拡大、効率化を図ろうにも、個人有林地の購入となると資金に問題がある。共有入会地を担保に金融機関からお金を借りようとしても、共有入会権者と登記簿上の所有権者とが一致しない入会地の場合、金融機関は抵当権を設定し登記することは困難である。抵当なしで資金を融資してくれるならともかく、金融機関が融資の回収を確実にするため、資金融資と引替に土地を担保として、それに抵当権を設定するのは当然である。

　手々共有林に対する土地利用の一層の高度化にとって、明治41年当時の部落代

表者や昭和初期の所有権者の名義のままになっている登記簿上の古い所有関係は、障害になりかねない。共有林の農林業上の利用を増進するために、旧来の入会的共有（総有）を総合的共有（合有）に変えることが、手々の入会集団のなかで決議されたのである。それは、1971年（昭和46年）11月15日のことであった。

3　手々生産森林組合の設立

　昭和46年11月15日、手々公民館において、徳之島町役場の係員、大島支所徳之島林務駐在事務所の協力を得て、入会林野整備事業の説明が行なわれた。出席者106名の入会権者総会（入会権者総数110人）において、区長より整備事業実施についての発議がなされ、全員の賛成を得て実施が決議された。この総会において、事業準備委員・委員長の選挙が行なわれた。

　昭和47年1月10日、入会権者110人の出席の下、手々入会林野整備組合設立総会が開かれた。昭和53年3月5日、組合員110人の出席の下、手々入会林野整備組合総会が開かれた。昭和55年3月1日、手々生産森林組合の法人設立登記が行なわれた。出資一口の金額は1,000円であり、出資の組口数4070口、払い込んだ出資の総額は407万円であった。

　110名のかつての入会権者は、一定の事業を営むために、共有林と共有林についての権利を組合に現物出資した。出資した財産は、手々生産森林組合という団体の管理する財産であるとともに、組合員110名の共有財産となった。かつての共有林は、組合的共有関係に変質したので、各組合員には出資額に応じた持分があり、組合員は、組合から脱退する場合、その持分に応じた払い戻しを受けられるようになった。

　手々生産森林組合の定款は、次の通りである。組合的共有の特徴をよく示している部分の条文を抜き出し掲げることにする。

生産森林組合定款（抄）

（目的及び事業）
第1条　この組合は、組合員の共同により森林の経営等及びこれらに附帯する事業を行うことによって組合員の経済的社会的地位の向上を図ることを目的とする。

（事業）
第2条　この組合は、次に掲げる事業を行う。
　　　(1)　森林の経営（委託又は信託を受けて行うものを除く。）
　　　(2)　環境緑化木（林産物以外の木竹及びその種苗で、環境の整備の用に供されるものをいう。）の生産
　　　(3)　食用きのこの生産
　　　(4)　森林を利用して行う農業
　　　(5)　前各号の事業に附帯する事業
（名称）
第3条　この組合は、手々生産森林組合という。
（地区）
第4条　この組合の地区は、手々の区域とする。
（事務所の所在地）
第5条　この組合の主たる事務所は、鹿児島県大島郡徳之島町手々に置く。
（公告の方法）
第6条　この組合の公告は、この組合の掲示場に掲示する。
（組合員たる資格）
第7条　この組合の組合員たる資格を有する者は、次に掲げる者とする。
　　　(1)　組合の地区内にある森林又はその森林についての権利を　組合に現物出資する個人
　　　(2)　組合の地区内に住所を有する個人で　林業を行うもの又はこれに従事するもの
（加入）
第8条　組合になろうとする者は、氏名、住所、引き受けようとする出資口数又は、現物出資をしようとする森林若しくはその森林についての権利及び組合の営む事業に従事するかどうかを記載した加入申込書を組合に提出しなければならない。
　　2　組合は、前項の加入申込書の提出があったときは、理事会の決議によって、その加入の諾否を決し、その旨を申込者に通知する。
　　3　組合は、前項の規定により加入を承諾する旨の通知を受けた申込者に出資の払い込み又は、現物出資及び加入金支払いをさせるとともに、遅滞なく組合員名簿に記載する。
　　4　申込者は、前項の規定による出資の払込み又は現物出資をすることによって組合員となる。
（持分の譲渡制限）
第9条　組合員は、この組合の承認を得なければ、その持分を譲り渡すことができない。
　　2　組合員でないものが持分を譲り受けようとするときは、前条の規定の例による。ただし　同条第3項の出資の払込みをさせない。

（　　略　　）
（出資義務及び出資の最高限度）
第15条　組合員は、出資１口以上を持たなければならない。ただし、100口を超えることができない。
　　２　この組合に現物出資をする組合員の氏名、出資の目的たる財産及びその価額並びにこれに対して与える出資口数は、別表の通りとする。
（出資１口の金額及び払込みの方法）
第16条　出資１口の金額は、金壱千円とし、全額一時払込みとする。
（出資口数の増加）
第17条　出資口数を増加しようとする組合員については、第８条第１項から第３項までの規定を準用する。
（出資口数の減少）
第18条　組合員は、やむを得ない理由があるときは、あらかじめ書面により組合に通知し、理事会の議決を経て、事業年度末においてその出資口数を減少することができる。
第19条　この組合は、組合に加入する者（持分の譲受け（第10条の規定による持分の承継を含む。）によって加入した者を除く。）から加入金を徴収する。
　　２　前項の加入金に関する事項は、規約で定める。
（過怠金）
第20条　組合員が出資の払込みを怠ったときは、組合は、払込予定金額に対し払込期限の翌日から払込完了の日まで年14.6パーセントの割合で組合員から過怠金を徴収する。
（　　略　　）
（持分）
第25条　この組合の財産について組合員の持分は、事業年度末において、次の標準により定める。
　　　(1)　払込済出資金の総額に相当する財産については、各組合員の払込済出資額に応じて算定する。ただし　その財産が払込済出資金の総額より減少したときは、各組合員の出資額に応じて減額して算定する。
　　　(2)　その他の財産については、その組合の解散の場合に限り算定するものとし、その算定の方法は、総会で定める。
　　２　持分を算定するに当たり、計算の基礎となる金額で１円未満のものは切り捨てる。
（持分の払戻し）
第26条　組合員が脱退した場合には、前条第１項第１号の規定により算定した持分の払戻しをする。ただし、除名により脱退した場合には、同号の規定により算定した持分額の２分の１とする。
　　２　組合員が出資口数を減少した場合には、前条第１項第１号の規定により算

> 定した持分額のうち減少した出資口数に応ずる持分額の払戻しをする。
> （以　下　略）

　明治41年以来77年間続いて来た手々の共有林は、以上のような経過を経て、生産森林組合という法人の管理する財産兼組合員の共有財産となった。これと時を同じくして、かつての共有林の一部分は畑地に転換され、現在5人から成る協業体がこれを耕作している。

五　おわりに

　入会林野近代化法に基づいた、手々における生産森林組合の創立、協業体の活動は、手々の活性化（シマ興し）をどの程度促すだろうか。この法律は、若者のUターンを促すだろうか。この法律は、Uターン青年のシマでの定住とそこでの豊かな経済生活を保証する一つの必要条件として、機能しているだろうか。

　確かに手々には若干のUターン青年がいる。彼らのうち、協業体に参加しキビ耕作に従事している青年もいる。だが、耕作する畑地の配分や協業体の性格をめぐって、協業体内部の人々また手々の残りの人々の間で、多様な意見があるようである。石の多いやせた畑地が割り当てられたのではないか、協業体の人々は勝手にやっているのではないか、共有林の利用・管理等について私は何も知らないとか、手々以外の地域でもみられる、世代間、職業間、個人間の意見の相違がないわけではない。

　8月中旬手々で行なった意識調査の結果は、手々の人々の山林原野についての考えが、必ずしも一枚岩でないことを示している。「入会林野の土地所有権者を明確にすることは、入会林野の効率的な利用に直接関係すると思いますか」という問いに対し、約52％の人は「はい」と回答し、約15％の人は「直接関係しない」と答えている。手々生産森林組合設立後、組合員は、「森林経営等及びこれらに附帯する事業を行うことによって組合員の経済的社会的地位の向上を図ること」（「生産森林組合定款」、第1条）を、疑問視するようになったのだろうか。

　「土地は人間の生活にとって不可欠な公共財産であって、土地を商品として投機の対象とすることはよくないことだと思いますか」という問いに対し、約58％の人が「よくないと思う」と回答し、約27％の人が「そうは思わない」と答えている。土地の商品化現象に対しては、過半数の人々が否定的に考えている。

他方、公共団体が土地を開発することにより、隣接私有地の値上りが生じた場合、この値上り分はすべて隣接私有権者のものであると考える人は、約58％いる。値上り利益の一部分を公共団体が吸収すべきであると考える人は、約18％しかいない。このことは、値上り利益の配分は土地所有関係によって決められる、と考えている人が過半数いることを示している。

この結果からみる限り、手々の住民のうち約60％の人は、土地の商品化に反対しながらも、商品化の結果生じる利益の配分については、土地所有権者が収益権をもつと考えていることになる。手々の約60％の人々は、土地の公共性を重視しながら、他方で土地の個人的利用・管理に賛成している。このことは、手々の人々が、共有林の利用・管理に対する従来の入会的共有関係のもつ団体性を肯定しながら、他方で土地の組合的共有関係が生む経済的利点も肯定していることと関係があるのではなかろうか。

手々住民の多くが共有林に対して抱いていたこのような両義的意識に加えて、直接的には手々における人口の減少・高齢化、一部若者のＵターンが、間接的には土建王国といわれる奄美の政治・経済的事情等が契機となって、生産森林組合が設立されたと推測される。また組合設立には、これら以外の契機として、入会林野近代化法に基づく不動産登記や税金面での優遇措置があったことも事実であろう。

手々における生産森林組合の設立は、手々の共有林をめぐる集落の従来の社会規範（入会慣行）が、入会林野近代化法という国家法規範によって変質させられたことを意味している。と同時に、これは、この変質が、集落内部においてシマ興しに懸命に取り組んでいる役員や人々の側からの働きかけの結果であることも意味している。手々における入会林野近代化整備事業は、国家法規範と集落内の従来の社会規範（入会慣行）との間で、能動的また受動的に行なわれる交流が、これらの両規範の保証しようとする諸利益の一致（共鳴）点において、相互補強関係に立つことを示しているのではなかろうか。

入会林野の「近代化」は、「林野の生産性の向上」（「手々部落有林管理規定」）、「農林業経営の健全な発展」（「入会林野近代化法」）、また「組合員の経済的社会的地位の向上」（手々「生産森林組合定款」）をめざす前提としての「土地に係る権利関係の近代化」を専ら意味している。この近代化を推進する手々集落内外の価値前提が、手々のシマ興しに今後どの程度どのように役立つのか否か。その価値前提は、相対的に自律した林野生態系の秩序とそこでの人々の生活関係を、どのよう

に変化させるのか。その生活の変化の仕方は、他の地域の人々の入会権に関する生活関係の変化と、どのように異なるのか。今回の調査を通して、私は、及川伸氏のいわれる入会権の各国ごとの比較のみならず、国内に限定してみても、「入会権の比較法社会学的研究」[47]の必要を感じさせられたのである。

1 山添精三「奄美群島における林野制度の研究(1)――徳之島における部落共有林について――」、南方産業科学研究所編『鹿児島大学 南方産業科学研究所報告』第二巻第一号（奄美大島調査報告）、1957年、5〜7頁。
2 黒木三郎、熊谷開作、中尾英俊編『昭和49年全国山林原野入会慣行調査』青甲社、1975年、108〜109頁。
3 奄美大島の入会については、中尾英俊編『奄美大島における入会林野』、鹿児島県、1967年がある。
4 黒木・熊谷・中尾編、前掲書、113頁。
5 友岡藤市郎『徳之島の農業気象』、鹿児島県農業試験場徳之島糖業支場、1970年、27〜28頁。
6 世帯数、人口は、徳之島町企画課による1985年8月1日現在の推計数である。
7 『明治四十三年鹿児島県大島郡統計書』、濱田日報社、大正元年、33〜34頁による。
8 大島支庁総務課編、発行『昭和57年度奄美群島の概況』、1983年、138〜139頁による。
9 昭和54年度と昭和58年度の『町勢要覧』による。
10 シャリンバイは、大島紬の染色原料の一つである。この木に多く含まれている成分のタンニンが、田の泥中の鉄分と反応して、紬を微妙な色あいに染めあげる。シャリンバイは成育が遅く、現在でも不足気味である。
11 韓国産「大島紬」の日本進出の背後には、日本の半分以下の低賃金の他、韓国には野生のシャリンバイが多いことも一因である。茂野幽考『奄美染織史』奄美文化研究所、昭和48年、108頁による。
12 部落名の由来について、徳富重成氏は、部落が四つの岳（ティー）に囲まれていることから、ティーという音声地名が記録地名に変化したときに、音声の「ティーティ」が「手々」の二字に当てられたのではなかろうか、と推測されている。同氏「徳之島町手々の年中行事」、『南島研究』第12号、1971年、60頁。
13 昭和60年8月現在で調査した集落分布図は、昭和43年3月の国土地理院発行の地図と、若干の点で違っている。特に、郵便局の位置、集落はずれの家の消滅などの点である。
14 前掲注7の統計書34頁による。
15 農家戸数、農業人口、経営規模別農家戸数、平均耕地面積について、町役場企画課の資料（農民の申告に基づいて作製される農業センサスの数字）と、農業委員会事務局の数字、さらに町役場経済課の数字の間で、必ずしも全面的な一致があるわけではない。ここでは、手々の農業委員による1984年度の数字を基本にしながら、他の数字

第五章　入会林野近代化法と徳之島町手々の共有林　　117

　　も考慮した。すなわち、年間60日以上農作業に従事すること、10a 以上の耕地を耕作すること、さらに農協に口座をもち年間10万円以上農作物を出荷すること、これらすべての条件を満たす場合を、農家と数えた。表Ⅷ中、数字が合わない箇所があるのは、採草地や休耕田の算入方法の違いによる。

16　手々には政勝の伝説がある。この伝説は、掟大八の伝説と共に、集落を走る県道沿いの、バス停近くの掲示板に表示されている。それによれば、「400年程前に政勝という弓の名人がいた。大島諸鈍で開かれた射的大会に選ばれて出場して勝った標的は1,000M の先方の風にふかれて動いているサンキラで1回で1寸（3.3センチ）、2回で2寸、3回で3寸、4回で4寸、5回で5寸を射ってみせたので城主から賞として小銃を授けられた。政勝はこれをことわり庭にあるソテツを下さいと願った。城主は政勝の願いどおりソテツをくれたので政勝大いに喜びこれを自宅の庭さきに植えた。これが徳之島のソテツの元祖といわれている。」とのことである。

17　堀田キク氏の話によれば、製造法は次の通りである。まず蘇鉄の実を割り、水のはいった桶に実の中身だけを3～7日間ほどつけ、アク抜きする。中身を取り出し、それを1週間ほど乾燥させる。乾いた中身を製米所（昔は臼）で粉にする。玄米を蒸し、蒸された玄米と蘇鉄粉をまぜ、麹菌をいれる。蘇鉄粉を入れると、麹菌がきれいに黄色になるそうである。煮た大豆を繁殖した麹に加えたあと、適当な量の塩を加えてウスでつき、握りに丸めて甕に入れると、蘇鉄味噌の完成である。

18　この木の皮（タブ皮）は、糊を含んでおり、線香を細い線状の形にするための整形剤として使用される。

19　前田長英『黒糖悲歌の奄美』、著作社、1984年、70～71頁。

20　元井政太郎「林野の所有利用の形態や変せんと問題点について」、提元編『私たちの調査の記録――第1集――』、徳之島町長発行、1960年、206頁。

21　手々には、掟大八（オキテオオハチ）の力石が残されている。彼は、琉球王による第2回の大島征伐のとき、瀬戸内町にある諸鈍城を攻めるのに活躍したとのことである。

22　『徳之島町誌』、昭和45年、139頁、『天城町誌』、昭和53年、122頁、小林正秀『犬田布騒動』、徳州新聞社、昭和43年の地図などによる。

23　本図の作製に当り、長澤和俊「徳之島の近世」、『南日本文化』第3号、1970年、20頁と、前田長英、前掲書32～38頁を参考にした。

24　藩政時代の土地所有については、中野英良「土地所有の形態と農民層の分解」、提元編前掲書239～240頁に負うところが多い。

25　手々部落の古老によれば、「スィンジキ」は「選ん好き」だそうである。「スィンジキ」を「神宿」と解するのはこじつけになるだろうか。中野英良氏は、「シンジキ」と「ウガン山（拝む山）」とは同じだと主張される（提元編、前掲書239頁）。小川学夫氏は、山や森に神が宿るという信仰に基礎を置いた神山としての「ウガジョ山（その他グスク、トノチゴ山、タスキ山、テラ山など）」に共通して言えることは、「昔からその木を切ってはいけないと伝えられてきていることである」、と述べておられる

(『徳之島町誌』、570頁)。
26 中野英良、前掲論文、239頁。
27 『天城町誌』、487〜488頁による。
28 前掲書、581〜583頁による。
29 前田長英氏の前掲書80〜81頁によれば、割り当ては原則として5年に一回、一人当り配田面積は村々によって異なっていたそうである。
30 昇曙夢『大奄美史』原書房、1975年、318頁による。但し、坂口徳太郎編著『奄美大島史』大和学芸図書、1977年、316頁によれば、「徳之島亀津　男三畝（反？）女二畝（反？）」とある。
31 この年、徳之島の代官は在番へ、横目は検事へ、附役は筆者へと改称された。
32 地租改正の要点は、①現金で納税すること、②年間の豊凶に関係なく、全国一定の税率とすること、③税率は土地の価格（地価）の3％とすること、であった。地価の決定が、この法律の運用時のキー・ポイントであった。
33 この頃、加藤弘之は、土地制度の近代化について、次のように述べている。「本邦にても、〔西洋各国の所有の〕理にしたがって人々の私有地を認許したまい、ことに地券の制を設けて私有を保護するの道を確定したまいしは、実に良政と称すべし。…。しかるに今日にいたりても、なおいまだかってこの道理を知らずして、やはり日本国中悉皆天皇の御有なりと思う者多く、あるいは地券の制立ちしより、人々私有地の明許ありしは、すでに知るといえども、なおこれを真の私有とは思わず。実は天皇の御有のうちを分借したるもののごとく思う輩なお多し。」加藤弘之『国体新論』（植手通有編『日本の名著34、西周、加藤弘之』、中央公論社、1972年、391〜392頁）。
34 藩政下、特に1830〜1872年の徳之島は黒糖地獄であった。薩藩は、貨幣の流通を停止し、砂糖の自由売買を禁止した。薩藩は、隠し砂糖を徹底的に摘発し、抜糖者に対しては死罪をもって臨んだ。生産された砂糖はすべて藩が買入れ、米その他の日用生活品はすべて藩庁が、砂糖と交換に支給した。1830年9月の、砂糖と米との交換比率は、米一石が、大阪で79斤であるのに、徳之島の代糖では507斤であった。島民は、大阪の約6倍の値段で米を入手せざるを得なかった。その他、塩で約29倍、酒で22倍、かつお節で94倍であった。しかも農民には、キビ以外の作物の耕作は許されず、職業選択の自由はなかった。薩藩は、砂糖専売により、暴利を得たのである（前田長英、前掲書、149〜156頁による）。砂糖の自由売買が許可されたのは、明治6（1873）年3月である。
35 従来の掟は、このあと、掟名代（明8〜12年）、用掛（明13〜16年）、世話人（明16〜41年）、区長（明41〜昭18年）、部落会長（昭18〜20年）、区長（戦後）へと変化する。（『天城町誌』、678〜680頁）。
36 徳之島の司法制度の歴史については、義山哲夫「徳之島における司法制度の変遷」、『徳之島郷土研究会報』、第3号、1969年、39〜43頁参照のこと。
37 『徳之島町誌』144頁による。
38 塩炊きは正月前の冬の仕事であった。製塩法については、川野誠治「製塩につい

て」、『徳之島採集手帖』、第15号、1971年、1〜4頁参照のこと。
39　この時期植えたシャリンバイが成育する30年後の1945年は、敗戦直後の混乱期であり、木は乱伐されたようである。
40　中島楽『大島々治概要　附振興策』、大正15年、141頁。
41　前掲書、140頁。
42　当時の、手々の中等農家（宅地100坪、耕地2町5反、山林10町歩、原野1反、雑種地1反、計12町7段3畝10歩の土地所有）の生活について、『徳之島町誌』、346〜358頁参照のこと。
43　命令の全文については、村山家國『奄美復帰史』、南海日日新聞社、昭和46年、76〜77頁参照。
44　同氏、前掲論文205頁。
45　山林原野の「高度化・合理化」とはどのような意味であるのか、必ずしも明確ではない。それは、例えば、山林原野からの収穫物の価格の、他産業生産物のそれとの均衡をさすのか、山林原野での労働に従事する人の所得の、他産業のそれとの均衡をさすのか、生産するのに要した費用と収益との均衡をさすのか、いろいろ考えられる。ここでは、一応「土地の生産力」に注目した。
46　本土復帰後数年経過した昭和30年代後半〜40年代初めの奄美において、それまでの米、甘藷、キビを中心とする食料自給型農業構造がキビ作中心の農業構造へと急激に変化したことについて、松原治郎・戸谷修・蓮見音彦編『奄美農村の構造と変動』、御茶の水書房、1981年、29〜41頁特に33頁参照のこと。
47　及川伸『新訂法社会学入門』、法律文化社、1984年、152頁。

第六章　宇検村阿室における枝手久島共有地の開発と入会裁判

一　はしがき

　1986年5月6日、南海日日新聞の社説に、「村落共同体と裁判」という記事[1]が掲載された。紙面の三段を使ったこの記事は、「宇検村阿室地区住民と出身者の間で争われていた枝手久島共有地売却をめぐる控訴審で福岡高裁宮崎支部は、出身者側の『土地所有権移転登記抹消の請求』を棄却、住民側が求めた『土地売り払い金返還請求』を認め、住民側の全面勝訴となった。分かりやすく言えば、地区を出た出身者に地区共有地売却の分け前に預かる権利はありませんよということである。」という書き出しで始まっていた。

　この記事を契機として始まった今回の私の現地調査は、実質上1986年8月の6、7の両日と9月25日の計3日間に実施された。調査は、日数・調査者の能力の制約のため、紛争の実態を十分把握しているとは言えない。しかし、調査結果の報告義務のこともあり、ここにそれを整理・報告することにする。

　現地調査にあたり、宇検村企画室、建設課の方々、鹿児島地方法務局宇検出張所、阿室在住の山畑直三、福元武信その他の方々ないし関係諸機関から、さらに調査後の整理にあたり、南島研の仲地哲夫助教授から、御教示をいただいたことに対して、厚く御礼申し上げます。

　なお、純学術的研究を目的とする本報告においては、後出の裁判のなかで出てくる人名・地番数や証拠の部分は、論旨の展開上必要な場合以外は、本文中に出てくる人名への敬称と併せ、可能な限り省略させて頂いたことをお断りしておきます。

二　宇検村の概況

　宇検村は、佐渡につぐ大きい島、奄美大島にある。宇検村は、奄美大島の名瀬市から約57km離れた大島本島の南西部に位置する。村の西側のみが、東に深く

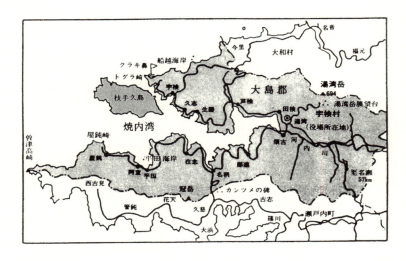

湾入した焼内湾を通して、東シナ海と接している。村の、北側は大和村と、東側は住用村と、南側は瀬戸内町と、それぞれ山岳の稜線をもって境を接している。宇検村と大和村との境にある湯湾岳 (694m) は、大島本島の最高峰である。

　宇検村は、山岳重畳のため、他村との内陸交通は、これまで不便であった。村人は、焼内湾を舟で往復するか、村内の海岸沿いの道路を川沿いに遡るしかなかった。現在では、国道79号線（名瀬-瀬戸内線）が開通しており、この道に接続する形で県道608号線（湯湾-新村線）や県道曽津高崎線があり、また半島を回る県道627号線（底崎線）もあり、これらの道は、いずれも舗装されている[2]。これらの県道に接続して、一部未舗装の村道や林道がある。県道では、便数は極めて少ないが、村内を通る定期バスが運行されている。

　宇検村の気候は、年平均気温20.5度、年間降水量2,464mmであり、年間を通じて高温多湿となっている。平地部では霜は降らないので、亜熱帯植物が良く生育する。

　宇検村は、島津藩政下の宇検方（屋喜内間切には宇検方と大和浜方があった）が、明治41年4月1日の島嶼町村制実施により西方の若干の集落（西古見、管鈍、花天、久慈、古志、篠川、阿室釜）と合併してできた焼内村を基礎とした村である。この焼内村が、その後、大正5年5月20日の前記集落の西方村[3]への分村を経て、大正6年11月1日宇検村と改称され、現在の宇検村となった[4]。

　宇検村の土地構成は、次頁の表Iが示すように、森林が約91％を占め、耕地は

第六章　宇検村阿室における枝手久島共有地の開発と入会裁判　123

１％に満たない。林野率が高いことは、この村の人々の生活における山との深い関係を推測させる一つの指標となっている。

宇検村の総面積は、10,255ha、昭和61年４月１日現在の推計によれば、総人口は、2,503人（うち男1,175人、女1,328人）、総世帯数は、1,032戸である。一世帯当り平均2.4人となっている。村内の集落は、焼内湾沿いに展開している。村役場所在地の湯湾が、村の中心地である。村の総人口に対して占める湯湾の人口と世帯数の割合は、約28％と約25％である。村内には、枝手久島に一番近い宇検から、屋鈍崎の屋鈍まで、＞型に計14の集落が点在している。

村の総人口は、表Ⅱが示すように、大正時代より現在に至るまで、減少し続けており、現在は大正９年当時の約27％しかない。明治43年12月末の、現在の宇検村にあたる地域に本籍のあるまたは現住する戸数と人口数は、本籍戸数1,302戸、本籍人口7,994人（うち男3,953人、女4,041人）であり、現住戸数は1,302戸、現住人口7,940人（うち男3,888人、女4,052人）であった[5]。現住一世帯当り平均6.1人であった。

宇検村における産業別就業者数を第１次産業従事者についてみると、表Ⅲが示すように、減少し続けている。林業従事者は、昭和45年から10年間で88人減っている。他方、村内の純生産を広い意味の林業について表Ⅳでみると、昭和56年から58年の３年間で、約1.7倍増加している。このことは、林業従事者の一人当り生産額が増えていることをあらわす。林業は、村内の成長産業の一つといえる。

宇検村内の林業生産は、表Ⅴが示すように生産額の点では、パルプ・チップが際立っている。パルプ・チップの生産は、村内二つの集落にある三工場で行なわ

表Ⅰ　宇検村の土地構成

種　　　別	面積 ha	百分比 %
農　　　地	66	0.6
田	4	
畑	62	
森　　　林	9,321	90.9
国　有　林	917	
民有林地	8,404	
河川・水路	27	0.3
河　　川	26	
水　　路	1	
道　　　路	156	1.5
一般道路	90	
農　　道	7	
林　　道	59	
宅　　　地	59	0.6
住　宅　地	57	
工場用地	2	
そ　の　他	626	6.1
計	10,255ha	100.0%

（宇検村企画室の資料による）

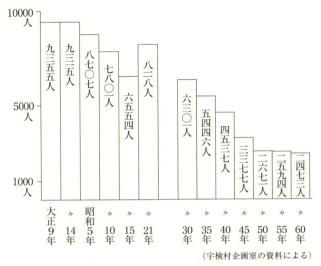

表Ⅱ　宇検村における人口の推移

（宇検村企画室の資料による）

大正9年　9355人
大正14年　9325人
昭和5年　8707人
昭和10年　7801人
昭和15年　6554人
昭和21年　8238人
昭和30年　6310人
昭和35年　5446人
昭和40年　4537人
昭和45年　3377人
昭和50年　2671人
昭和55年　2594人
昭和60年　2473人

表Ⅲ　宇検村の産業別就業者数

産業別 \ 年度別	昭和45年 人数	%	昭和50年 人数	%	昭和55年 人数	%
第1次産業	447	29.6	248	19.6	180	14.2
農業	262	17.4	103	8.1	60	4.7
林業	165	10.9	87	6.9	77	6.1
水産業	20	1.3	58	4.6	43	3.4
第2次産業	710	47.1	697	55.1	713	56.3
鉱業	0	0	0	0	0	0
建設業	180	11.9	125	9.9	173	13.7
製造業	530	35.1	572	45.2	540	42.6
第3次産業	351	23.3	320	25.3	374	29.5
卸・小売業	83	5.5	82	6.5	98	7.7
金融・保険業	5	0.3	5	0.4	7	0.6
運輸・通信業	46	3.1	45	3.6	49	3.9
電気・ガス・水道業	0	0	0	0	1	0.1
サービス業	129	8.6	113	8.9	135	10.7
公務	86	5.7	72	5.7	78	6.2
その他	2	0.1	3	0.2	6	0.5
計	1,508	100.0	1,265	100.0	1,267	100.0

（各年度の『村勢要覧』より作成）

第六章　宇検村阿室における枝手久島共有地の開発と入会裁判　125

表Ⅳ　宇検村における村内純生産の推移

産業別＼年度別	昭和56年度	昭和57年度	昭和58年度
	（千円）	（千円）	（千円）
第1次産業	268,547	275,609	319,281
農　　業	55,673	53,310	44,382
林　　業	71,004	93,414	117,944
水　産　業	141,870	128,885	156,955
第2次産業	1,445,234	1,260,267	1,382,753
鉱　　業	8,374	9,093	16,020
建　設　業	821,282	688,555	776,525
製　造　業	615,578	562,619	590,208
第3次産業	1,587,528	1,531,302	1,594,976
卸・小売業	174,192	157,831	160,099
金融・保険・不動産業	147,692	129,306	143,891
運輸・通信業	240,431	232,564	226,497
電気・ガス・水道業	1,102	4,441	6,440
サービス業	672,983	669,975	718,010
公　　務	351,128	337,185	340,039
計	3,301,309	3,067,178	3,297,010

（各年度の『村勢要覧』により作成）

表Ⅴ　宇検村における林業生産の概要

	金額（千円）	（量）	％
一般用材	2,771	163m³	0.2
パルプ・チップ用材	149,948	13,294m³	11.6
薪　材	1,200	600m³	0.1
しいたけ	4,200	3,500kg	0.3
しゃりんばい	19,320	414t	1.5
しいたけ原木	780	52m³	0.1
狩　猟	7,206	362頭	0.6
チップ	1,073,065	61,318m³	83.2
製材品	22,190	450m³	1.7
その他	8,643		0.7
計	1,289,323千円		100.0

（『昭和60年度奄美群島の概況』による）

表Ⅵ　宇検村における所有形態別山林面積

所有形態	面積 ha	％
国有林	918ha	9.9％
県有林	64	0.7
市町村有林	1,676	18.0
部落有林	4,192	45.0
会社有林	792	8.5
個人有林	1,273	13.7
その他	394	4.2
計	9,309ha	100.0％

（昭和60年度、地域森林計画書による）

表Ⅶ　宇検村における株式会社の形態をとる共同店

名称	株式	本店所在地	発行済株式総数	設立登記期日
株式会社生勝商店	1,500株	生勝181番地	950株	昭和36年8月24日
株式会社芹検商店	8,000株	芹検516番地	6,800株	昭和36年8月24日
宇検産業株式会社	1,500株	宇検544番地	800株	昭和36年8月25日
株式会社平田商店	1,500株	平田83番地	960株	昭和36年8月29日
株式会社名柄商店	1,500株	名柄1258番地	980株	昭和36年8月29日
株式会社部連商店	1,500株	部連678番地	950株	昭和36年8月30日

（1株はすべて500円である）

れている。昭和60年度におけるこれら工場のチップ生産は、田検にある鹿興林業が出荷額4億3,098万円（出荷先大分県佐伯市）、須古にある大島チップセンターが出荷額3億807万円（出荷先鹿児島県川内市）、同じく須古にある南栄木材KK大島チップ工場が出荷額3億9,816万円（出荷先熊本県八代市）となっている。

　宇検村の林野面積9,309haから国有林の面積を除いた8,391haのうち、立木地は8,028ha、竹林は9ha、無立木地は6ha、更新困難地は348haである。立木地8,028haのうち、針葉樹は2,764ha、広葉樹は5,264haである。立木地のうち、人工林は1,902ha（うち針葉樹は1,836ha、広葉樹は66ha）、天然林は6,126ha（うち針葉樹は928ha、広葉樹は5,198ha）である。総面積8,391haに対する人工林率は22.7%である。宇検村は、大島本島内では、名瀬市（27.2%）、笠利町（23.3%）に次いで、人工林率が高い。

　宇検村内には、株式会社の形態をとる共同売店が6商店ある。これら商店の設立登記の時期・発行済株式総数は、上の図Ⅶの通りである。芦検部落の株式会社芹検商店は、部落有入会林野の一部を会社所有名義にしている[6]。

三　阿室の概況

　宇検村の西のはずれに近く、平田海岸に面しているのが阿室部落である。村役場所在地の湯湾から阿室へ定期バスで日帰り往復するためには、8月現在、チャンスは一日一回しかない[7]。阿室の住民が、村役場に住民票や戸籍謄本を取りに行く場合、バスを使うと、ほとんど丸一日を費すことになる。阿室には、隣保班が7つあり、班には、班長がいる。

　昭和60年10月1日現在、阿室部落の、世帯数は45戸、人口数は106人（うち男48

人、女58人）である。一世帯当り平均2.4人となっている。部落の人口は、明治末期以来、減少し続けている。明治43年12月末の阿室部落の、本籍戸数・人口または現住戸数・人口は、本籍戸数128戸、本籍人口768人（うち男388人、女380人）、現住戸数128戸、現住人口765人（うち男383人、女382人）であった[8]。現住一世帯当り平均6.0人であった。ここ約75年間で、阿室における、現住戸数は、明治43年当時の約35％に、また現住人口は約14％に、減少したことになる。

表Ⅷ　阿室における最近の人口の推移

	昭和45年	昭和50年	昭和55年	昭和60年
世帯数	53戸	49戸	46戸	45戸
総人口	164人	124人	109人	106人
男	72人	53人	52人	48人
女	92人	71人	57人	58人

（1975年と1985年の『村勢要覧』より作成）

　阿室部落における人口は、減少しているのみではない。それは、世代別人口構成図が示すように、高齢化している。

　阿室部落の農家総戸数は、現在12戸である。そのうち、専業農家は2戸、兼業農家は、第一種兼業農家1戸、第二種兼業農家9戸の計10戸である。農家人口は38人であり、このうち50代以上の農家人口が30人（78.9％）を占めている。農家の

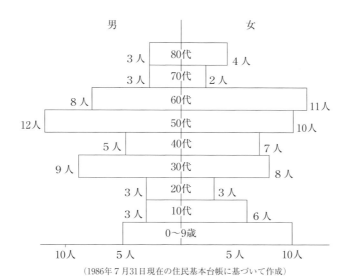

（1986年7月31日現在の住民基本台帳に基づいて作成）

表Ⅸ　阿室における世代別人口構成

表X　阿室における農産物販売金額規模別農家数

販売ナシ	3戸
10万円未満	1
10～　　50万円	8
50～　100万円	0
100～　150万円	1
150～　200万円	2
200～　300万円	0
300～　500万円	0
500～　700万円	0
700～1,000万円	0
1,000万円以上	0
計	15戸

（昭和55年度）

表XI　阿室における年齢別農家人口就業者数

年度別 / 年齢別	昭和55年		昭和60年	
	人数	％	人数	％
20歳未満	13	26.5	4	10.5
20～29歳	2	4.1	2	5.3
30～39	2	4.1	0	0.0
40～49	8	16.3	2	5.3
50～59	13	26.5	13	34.2
60～69	2	4.1	14	36.8
70歳以上	9	18.4	3	7.9
計	49人	100.0	38人	100.0

（昭和60年は、8月1日現在の人数である）

経営規模別構成は、10a未満が1戸、10～30aが10戸、3haが1戸となっており、経営規模は小さい。

阿室における農業生産物は、さとうきびの他、花卉・花木としては、菊、スタチス、ゴム、ドラセナ、ビロー、野菜としては専ら自家消費用のピーマン、キャベツ、ナス、白菜、キュウリ、大根、カボチャ、人参など、果樹としてはスモモその他である。最近の健康飲料ブームを反映して、アマチャヅルやクミスクチンの栽培も始まっている。畜産は、肉牛1頭、山羊が3頭であり、盛んとはいえない。

図Xが示すように、上の農産物を生産している農家の販売額は、決して多いとはいえない。阿室の農家が、農産物を販売して得られる現金収入だけで生活する場合、経済的余裕ありとは決していえないのである。

阿室における農業従事者は、その数が減っているばかりか、高齢化している。図XIが示すように、ここ5年間で、全農民に対して50歳以上の農民の占める割合は、49.0％から78.9％へ上昇している。他方、20歳未満の農民は半分以下に、30代のそれは0％に、40代のそれは3分の1以下に、下降または消滅している。

人口減と高齢化が進行している阿室部落において、部落内の重要な産業である農業に従事する農民（住民の36％を占める）が、農業だけでは経済的に十分な生活をし難いということになれば、従来の農業の生産・生活様式を変えることを考えるしかない。部落住民106人のなかには、阿室小中学校の児童生徒や教員、阿室郵便局の局員のみならず、病弱者・不具者も含まれている。住民のうち、実際元

気に働ける人は、半分にも満たない。この半分にも満たない人々が、部落を事実上維持しているのである。

　この人々は、消防団[9]、青壮年団活動にエネルギーをさかねばならないばかりか、8月15日夜御盆・師走二日、敬老会などの部落行事にも奉仕を強いられている。かつては一日で済んだ部落作業は、老人クラブ・学校生徒を動員しても、今では2、3日かかる。月額600円の字費、水道維持費などは、現金徴収される。区長は、月25,000円の報酬しかない。そのため、区長に当りそうなとき、人々は部落外に出稼ぎに出る。80歳以上の一人暮し老人に対して、同じ部落の住民であるからという理由で、他の部落住民と全て同じような負担をさせていいのだろうか。

　さびれ行く阿室部落を何とか復興させたいと考える人々が、思案・検討の末、取り上げたのが部落共有地のある枝手久島の開発であった。枝手久島は、宇検、久志、阿室の三部落が、各3分の1ずつ所有している島である。周囲約16kmの無人島であるこの島の西部が、阿室部落の共有地であった。宇検村・阿室における共有林野は、どのようにして形成されたのであろうか。

四　宇検村・阿室における林野の沿革[10]

　明治4年、日本本土では廃藩置県が行なわれたものの、奄美大島では、鹿児島藩の藩政時代の統治機構が、そのまま残された。藩政時代、阿室部落は、屋喜内間切宇検方阿室村と呼ばれていた。

　明治7年、大島は鹿児島県に編入された。この結果、阿室部落は、鹿児島県大島郡宇検方阿室村となった。

　明治11年～明治13年[11]、大島で地租改正事業が始まった。

　明治22年、本土では「市制」「町村制」が施行された。奄美群島には「町村制」は施行されなかった（明治22年勅令第一号、同年1月16日公布）。

　明治31年、民法施行。明治32年、不動産登記法が施行された。

　宇検方と西方の一部の集落における山林の名義には、①湯湾村外12ケ村有林（一筆）〔台帳面積43町2反、実測面積約2千町歩〕と、②各村有林と、③各村住民共有林〔台帳上は、数人共有と代表者名義あり〕の、三つがあった。

　明治40年3月16日、勅令第四六号に基づき、「沖縄県及島嶼町村制」が施行された[12]。

明治41年4月1日、焼内村が誕生した。これにより、阿室部落は、鹿児島県大島郡焼内村大字阿室となった。同日、鹿児島県令第30号（「沖縄県及島嶼町村制施行ニ付旧町村有ノ所有財産ハ総テ新町村ノ基本財産ト為ス可シ」[13]）が施行され、旧村持（部落有）林野については、新町村の成立と同時に、新町村財産に移転することになった。この結果、上述の①と②は、すべて焼内湾内村有とされた。③は、そのまま部落有林野として存続した。

　明治43年、政府は、法律の根拠なく、部落有林野統一政策を指示し、旧部落の財産を市町村財産に統一移転する政策を進めた。

　大正4年、焼内村は、村有林の整理区分を行ない、村有林を直轄林と部落貸付林とに区分した。村は、直轄林に①を、部落貸付林に②をあてた。村は、①に対し大正9年までに10町歩の植栽造林を行なった。

　大正6年4月、宇検村が誕生した。これにより、阿室部落は、鹿児島県大島郡宇検村大字阿室となった。

　大正11年、宇検村は、①のうち、約670町歩に官行造林契約を締結した。

　大正12年、大島で公有林野整理が始まった。中島楽[14]によれば、この整理事業の必要性は次の点にあった。「村有林野ノ大部分ハ明治四十一年島嶼町村制実施ノ際舊町村ニ属スルモノヲ縣令ニ依リ町村ニ統一サレタルモノナリト雖這ハ單ニ形式ニ過ギスシテ因襲ノ久シキ使用収益関係ハ依然トシテ従来ト異ナル所ナク慣行部落ノ放漫ナル取扱ニ委セラレ返ッテ保護取締ニ難澁ヲ來タシ荒廢ヲ一層促進セシメラレタルノ感ナキニアラズ、茲ニ於テ整理ノ必要ヲ認メ」たのである。

　昭和7年、宇検村は、①のうち、約257町歩に、県行造林（大島郡災害救済防備林）契約を締結した。

　昭和30年6月、宇検村議会は、部落に貸付した村有貸付林（②）を、各部落へ有償で売却することを決議した。売払いは行なわれたものの、登記簿上所有名義人は宇検村となっていて、移転登記は実施されなかった。

　昭和32年、宇検村の村有林の境界査定が終了した。これ以後、村の直営造林が始められた。

　昭和36年、宇検村は、村直営林中、199町歩につき、岩崎産業と分収造林契約を締結した。国有林のうち、不要存置林約700町歩が、この年と翌年の二年にわたって、地元部落に売払われた。売払は行なわれたものの、移転登記はほとんど実施されなかった。本来の部落有林（③）のうち、数人共有名義は村内で名柄、宇検の二部落だけであり、他の部落は代表者名義であった。阿室部落も、部落共

有の林野は、定元佐登、碇佐和晨、田畑森勝、米森友、新岩太郎、田畑崎良、下村忠義、宝村義利等の、代表者による、当時の有志の個人名義で登記されていた。

昭和37年、宇検村は、大正11年に実施された官行造林のうち、105町歩の伐跡地を解約した。その後、村は、伐跡地の一部分を、果樹園として個人に貸付けたほかは、すべて村直営林に編入した。

五　枝手久島共有地の開発

1　開発の決定と方法

昭和47年10月頃、部落の振興を願っていた阿室部落に対し、城山観光株式会社[15]代表取締役保直次から、観光開発のため枝手久島にある部落共有地を買い受けたい旨の申出があった。阿室部落は、同月28日の夜間常会と同年11月3日の臨時常会で、枝手久島の観光開発について協議した。

枝手久島を開発するにしても、その開発には種々の形態がありうる。工業開発とするか、農林業開発とするか、観光開発とするか、種々の議論が行なわれた。その結果、工業開発は事故・公害の心配があり、林業は資源が少なく立木売却に過ぎず和牛などの家畜放牧は島故の管理に難点があるということで、観光開発はどうだろうか、ということになった。昭和47年11月3日、部落常会でこれを諮ったところ、開発賛成31票、自然保護8票の票決を得た。

観光開発をするにしても、その開発主体をどうすべきか。国、県や町村、業者、部落のいずれが主体となるべきか、様々の検討が行なわれた。国による観光開発、例えば国民休暇村、青少年センター、林間学校、老人ホーム等の施設にあっては、土地は無償提供に等しく、「利用者は喜ぶが地元民は恩恵が少ない」[16]。県や町村による公営企業、宿泊研修施設等は、経営が困難である。業者との合同開発は、利益配当がでるまでは土地は無償提供になり、地上権等の問題に困難がある。部落共有地を業者に売却するのは、どうだろうか。

だが売却には、にわかに賛成できない面がある。将来のことを正確に予測できる人は一人もいない。何十年か後に、阿室の人々が枝手久島に糧を求める苦難の時が到来しないとは限らない。土地価格は上る一方である。今日の一億円は、明日十億円になるかもしれない。土地を売り急ぐ必要がどこにあろうか。反面、将来土地政策の変更や税制改革のため、売りたいのに売れなかったり、多額の所得

税を取られて売却代金の手取りは半分ということも、皆無とは断言できない。

　阿室部落は、昭和47年11月から翌年5月にかけ、部落振興のための部落共有地売却による観光開発について、郷土意識の強い部落出身者の意向を尋ね、その意向を部落在住者の態度決定の参考にしようとした。昭和47年12月23日、阿室部落は、夜間常会において、「部落の振興発展を図ることを目的とし、観光開発のため本件各土地を売却するか否かを検討し、かつ、対外的に折衝する機関として」[17]、枝手久島開発委員会を設けることにした。常会では、10名の枝手久島開発委員が選出され、山畑直三が委員長に選出された。委員には、村会議員、農業委員、区長、消防団長が含まれていた。部落は、枝手久島開発委員会に部落入会地の売却及び売却代金の保管・活用に関する一切の代理権を与える旨、部落民全員一致の決議をした。

　開発委員会は、これまでの常会での議論また部落出身者の意向を踏まえ、部落の振興発展のための枝手久島開発の必要性の有無、開発の態様、土地売却の是非、売却の相手、売却価格等の問題につき、さらに検討を加えた。その結果、開発委員会は、部落振興のため土地を売却すること、売却代金を部落の振興基金として全額据置貯金すること、預金の利息[18]を毎年の部落財政の維持費等に充てること、利息の利用法については規約を作ること、等の結論に達し、これを部落常会に諮った。

　昭和48年1月14日、阿室部落夜間常会において、枝手久島開発委員会の先の結論について賛否が問われ、賛成33票・反対7票の多数決により、枝手久島開発委員会の結論が採用された。

2　紛争の発端

　昭和48年2月2日、阿室部落は、部落常会において、枝手久島にある部落入会地、26筆約112町歩（但し、登記簿上の面積。実測上の面積は約230町歩）を、城山地建株式会社（代表取締役、保直次）[19]に、坪200円として代金1億3,800万円で売却することにした。売却した阿室部落民の入会地と、その不動産登記簿上の所有名義人には、三種類のものがあった。それらは、田畑崎良・宝村義利・下村忠義の三名の代表者名義の17筆の土地（登記簿上の、地目は原野、地積合計は932,510m²）、要清明・阿室村・宇検村の所有名義の2筆の土地（登記簿上の、地目は原野と田、地積合計は145,445m²）、定元佐登の代表者名義の7筆の土地（登記簿上の、地目は山林と原野、地積合計は40,915m²）であった。

土地の売却に際して、阿室部落は、城山地建株式会社との間で、部落が売却した土地は「他に転売しない。観光事業の目的以外には使用しない」等の条件を付し、公正証書を取り交わしていた。売却についての委任を受けていた枝手久島開発委員会は、昭和48年2月2日、阿室部落常会において、城山地建株式会社との間で、先の内容の売買契約を締結した。城山地建は、同日、代金全額を小切手で支払った。

　その後、枝手久島開発委員会は、受領した小切手を現金化し、売却代金全額を、預金に対する利子税の負担軽減を考えて、次のようにして分散預金した。売却代金1億3,800万円のうち、1億円を当時の区長濱畑末吉名義で鹿児島銀行大島支店の定期預金に、1,800万円を山畑直三名義で奄美信用組合宇検支店の普通預金に、1,000万円を枝手久島開発委員会委員10名名義で奄美信用組合宇検支店の定期預金に、1,000万円を上の委員会委員らの家族10名名義で宇検村農業協同組合の定期預金に、それぞれ分散して預金した。

　土地売却に伴う、城山地建に対する所有権移転登記は、上記の要清明・阿室村・宇検村の所有名義の2筆の土地[20]を除き、昭和48年5月16日、完了した。

　ところが、これと前後して、土地売却の事実を知った阿室部落出身者の一部（「枝手久島を守る全国連合阿室会」）は、ちょうどこの頃[21]枝手久島付近に石油備蓄基地建設のための用地買収の動きがあったこともあり、部落共有地売却に疑義・不信を感じ、この売却に反対し始めた。阿室会の反対は、次のような理由によるものであった。売却された共有地が公害企業に転売されはしないかとの危惧、城山地建は、購入した共有地と石油会社に転売しその利益を獲得しようとの目的をもっているのではないかとの懐疑、共有地の売却そのものが当初より城山地建株式会社に「たぶらかされている」[22]のではないかとの疑惑、共有地売却が部落出身者の同意なく行なわれたとの不信、共有地売却については部落出身者にも共有権者としての権利があるとの確信、等を理由とするものであった。

　郷土意識の強い部落出身者は、自分達の故郷が公害による破壊を免れるためには、公害企業進出の前提である企業建設予定地の共有地売却を撤回させることが不可欠である、と考えたのである。他方、前述したように、阿室部落在住者も、郷土の自然を破壊しかねない石油企業進出には反対であった。

　昭和48年3月25日、阿室部落民は、平田、屋鈍の各部落民とともに、阿室部落生活館に集まり、計約300名の人々による「石油企業進出反対村民会議」を結成した。翌日、阿室部落民は、バス二台、宣伝カーその他数台の車で村内をパレー

ドし、村民に反対を呼びかけ、村長にも反対の意向を伝えて企業進出の動きに抗議した。その後、この公害企業進出反対運動は、大島郡全体に広がり、4月13日、名瀬市での「公害から奄美の自然を守る郡民会議」の結成となった。

然るに、昭和48年3月25日、売却反対派の全国連合阿室会らの部落出身者約30名余りは、共有地売却処分を撤回させ、「阿室部落役員の責任を追求する」ため、鉢巻姿で阿室部落に入った[23]。彼らは、阿室部落公民館に集まった区長、開発委員らを始めとする部落在住者に対し、「出身者にも権利がある。売買契約を白紙に戻せ。」「われわれに無断で売ったのは犯罪行為だ。」「山畑直三を刺し殺してやろうか。」などと発言し、気勢をあげた。

売却反対派の上記約30名のうち強硬な三名は、これに畏怖した阿室在住者の一部の人々に対し、共有地売却について全国各地の部落出身者から賛否のアンケートをとる旨の合意をさせた。また、彼ら三名は、このアンケート結果が出るまでは土地の所有権移転登記をしないことの保証として、登記に必要な書類を奄美信用組合宇検支店に預けて、その預り証を二通発行してもらい、二通の預り証が揃ったとき始めて、同組合はこの書類を返還するとの約束を、部落在住者の一部と行なった。この預り証は、泰田武秀（神奈川県川崎市に住む阿室部落出身者）と山畑直三（阿室部落在住者）が、各一通宛所持することになった。

昭和48年4月28日、売却反対派の部落出身者約15〜20数名は、阿室部落公民館で集会中の部落在住者に対し、阿室部落出身者によるアンケート結果が売却反対248票、賛成43票であるとして、共有地売買契約の破棄を求めた。これに対し、部落在住者らは、共有地は昭和48年2月2日有効に売却済であること、部落出身者によるアンケートの方法に疑義があることから、部落常会において、売却反対派の要求を否決した。

昭和48年5月16日、城山地建からの登記手続の履行を求める強い要請があったため、山畑直三は、泰田武秀の承諾を得ないまま、奄美信用組合宇検支店から登記関係書類を預り出し、城山地建に対する所有権移転登記を実施した。

この登記の事実を知った泰田武秀の属する関東阿室会の部落出身者は、昭和48年5月20日、説得のため川崎市にある泰田宅を訪れた山畑直三に対し、長時間にわたる追及・難詰の結果、ついに山畑直三をして、その場逃れに、先の登記の抹消と売買代金の凍結を認める内容の誓約書を作成させた[24]。

昭和48年5月25日、売却地の登記手続が2筆を除き完了したことを知った部落出身者の売却反対派約20名は、当時の区長濱畑末吉をして、部落臨時常会を公民

館に招集させた。集まった約40名の部落民に対し、売却反対派の人々（宝村、遠藤ら）は、共有地「を勝手に処分し、登記をしたのはけしからん。白紙撤回しろ」、「売却代金を開発委員会の委員に保管させておいては、勝手に使用されるおそれがあるから、自分らが預かる。」旨、要求した。両名ら反対派は、もしこの要求に応じないときは、どのような事態になるかもしれない、と老人・婦人の多い在住者らをして、畏怖させた。

このため、区長の濱畑は、やむなく、両名ら反対派の要求を容れ、分散して預金してあった売買代金及びその預金による利息金全部の払戻しを受けたうえ、これを部落出身者の代表者として宝村武平、遠藤武也、部落代表者として区長濱畑末吉の三名名義で、株式会社鹿児島銀行大島支店に定期預金として預託することになった。

阿室部落は、その後数回にわたり、売却反対派代表者のところへ役員を派遣し、税金分だけでもと預金の払戻しを反対派に要求した。反対派は、頑としてこれに応じなかった。

共有地売却に反対する部落出身者達は、共有地の譲渡については、民法第251条（各共有者ハ他ノ共有者ノ同意アルニ非サレハ共有物ニ変更ヲ加フルコトヲ得ス）により共有者全員の同意が必要であるにも拘らず、部落出身者の売却同意なくして行われた本件売買契約は無効である、と主張し続けた。

昭和49年6月28日、共有地売却に反対する全国連合阿室会の人々米蔵乙市他240名余りは、売買無効を求め、鹿児島地方裁判所に、土地所有権移転登記抹消登記手続請求の訴えを、城山地建株式会社に対して、提起した。これが、第一次訴訟である。

阿室部落は、当事者間での話合いによる解決はこれ以上は不可能であると判断した。昭和49年8月19日、阿室部落は、全国連合阿室会の代表と株式会社鹿児島銀行を相手にして、預託金返還等請求の訴えを、鹿児島地方裁判所に、提起した。これが、第二次訴訟である。

各訴訟は、具体的にどのようなものであったのだろうか。

六　入会裁判

1　第一次訴訟

土地所有権移転登記抹消登記手続請求事件の第一審裁判の概要は、次の通りで

ある。

　東京都板橋区大和町に住む原告米蔵乙市ほか240名余り（以下「原告ら」と略記する）は、被告城山地建株式会社に対し、次のように主張した。
(1) 別紙物件目録（一）～（二四）の各土地（以下「本件各土地」と略記する。本報告では省略する。）は、阿室部落の在住者及び同部落出身者の共有財産である。原告らは阿室部落の在住者及びその出身者であるから、本件各土地は原告らの共有に属する。
（一）　本件各土地は、すべて明治初年以来、阿室部落民が共有地として所有し、同部落民は、同地内の樹木雑草等を自由に使用・収益して来た。そして、部落に在住しない出身者でも、その意思さえあれば、使用・収益は可能であり、阿室部落には、部落出身者も共有地に対する権利者とする慣習があった。
（二）　部落出身者の中には、一度部落外に出ても、部落内に土地や墳墓をもつ者がいる。これらの者は、老後には帰郷する意思をもっており、帰郷した際は、従来通り共有地を自由に使用・収益できる以上、共有地に対する潜在的権利をもつ。
（三）　阿室部落在住者は、本件各土地を売却するために開かれた部落常会において、部落出身者の同意を得るため、部落役員を本土各地に派遣することを決定した。この決定に基づき、役員は、昭和47年10月以降、関東、関西、鹿児島、名瀬、沖縄等に行き、その各部落出身者集団の同意を得ようとした。これだけでは結論が出なかったので、役員は、その後、部落出身者の各世帯に『枝手久島開発に関する趣意書』と葉書を送付し、本件各土地の売却についての賛否を問い、その集計結果に基づいて態度を決めようとした。
　　然るに、阿室部落在住者は、この賛否の結論を得ないうちに、昭和48年2月2日、被告城山地建株式会社にたぶらかされ、被告と本件各土地売買契約を締結した。そこで、本土在住の部落出身者は、昭和48年の、3月25日、5月24日、及び同25日に阿室部落に行き、また、先の売買契約の事後の同意を求めるべく本土各地に来た部落役員を通じて、部落在住者と再三折衝し、結局、昭和48年5月25日、両者の間で、本件各土地売買契約を白紙に戻すことを決定した。
　　売買を白紙撤回したときは、その代金を被告に返還しなければならないところから、その散逸を防止するため、この代金を、部落出身者の代表者として原告宝村武平、同遠藤武也、部落在住者の代表者として濱畑末吉の三名連記名義で、株式会社鹿児島銀行に預託することにした。
　　上のような事情は、阿室部落においては、在住者と出身者とが同じ村落共同体の成員として、本件各土地に対し同等の権利をもっていることを示

している。
(四) 阿室部落出身者は、同部落のため、次のような義務を負担している。すなわち、部落出身者には、従来、阿室部落における公民館の建設、小・中学校の体育館の建設、河川工事等の費用の負担割当があり、これが履行されている。

また、昭和48年4月9日竣工した部落の簡易水道工事代金のうち、250万円を転出者が負担しているし、同部落で毎年8月行なわれる豊年相撲大会の運営費を、寄付金の形で部落出身者が負担している。

(五) 阿室部落に隣接する宇検村平田部落では、部落出身者にも共有地に対する権利のあることを前提として、従来の慣習を成文化し、土地の売却処分のできないことを定めている。

宇検村久志部落でも、共有地そのものを処分しようとする場合、部落出身者の同意なしには処分できないものとされている[25]。

(2) 本件各土地については、阿室部落民有としての登記ができなかったため、別紙物件目録（一）～（一七）の各土地は、田畑崎良、宝村ミツ、下村トミコの各持分三分の一宛の共有名義に、同目録（一八）～（二四）の各土地は、山畑美津子名義に、それぞれ信託的に所有権移転登記がなされていた。

(3) 被告は、本件各土地を、昭和48年2月2日、阿室部落在住者から買い受け（以下「本件売買」と略記する）、別紙物件目録（一）～（一七）の各土地につき、鹿児島地方法務局宇検出張所昭和48年5月16日受付第〇〇号による前記田畑崎良ほか二名の共有者からの持分全部移転登記、同目録（一八）～（二四）の各土地につき、同出張所同日受付第××号による前記山畑美津子からの所有権移転登記（以下「本件登記」と略記する）をした。

(4) 然るに、本件各土地の譲渡については、民法第251条の規定により、共有者全員の同意を要するところ、共有者である原告らは、本件売買について同意を与えたことはないから、本件売買契約は<u>無効</u>である。

(5) よって、原告らは、裁判所に対し、「一、被告は原告らに対し、別紙物件目録（一）ないし（一七）の各土地につき、鹿児島地方法務局宇検出張所昭和48年5月16日受付第〇〇号による共有者全員持分全部移転登記、同目録（一八）ないし（二四）の各土地につき、同出張所同日受付第××号による所有権移転登記の各抹消登記手続をせよ。一、訴訟費用は被告の負担とする。」との判決を求める。

これに対し、鹿児島県鹿児島市新照院町に住所のある被告城山地建株式会社は、次のように主張した。

(1)' 被告は、原告の主張する(1)の各事実について争う。

阿室部落は、同部落に居住して世帯を構える世帯主から構成され、最高の意

思決定機関として構成員全員からなる部落常会があり、その定足数は構成員の過半数で、議決は出席者の多数決によっている。部落を代表する執行機関として区長一名、区長を補佐して業務を計画決定する機関として評議員約10名がおり、上の区長、評議員はそれぞれ部落常会で選出される。部落は、財産目録、会計簿、議事録等を備え、本件各土地及びその他の土地等の財産を所有し、構成員は、その地位にある限り、上の各土地を入会地として使用・収益する機能をもっている。

　阿室部落は、いわゆる権利能力なき社団であり、上の各土地は同部落が所有していた。同部落の構成員は、一度部落を離れると、その地位を失い、部落有地に対する使用・収益権を失うものである。

　原告の主張する(1)の（三）の事実につき、阿室部落から東京、鹿児島等の主な部落出身者集団に役員を派遣し、部落の振興、発展を期するための意見ないし協力を求めたことはあるが、本件売買に関する同意を求めたことはない。

　原告の主張する(1)の（四）の事実につき、阿室部落が、原告ら主張のような部落出身者に対する負担割当を行なったことはない。部落の簡易水道工事代金も、原告らが勝手に送金してきたもので、その後、部落出身者からの返還要求があり、返還している。また、部落行事について、出身者に案内状等を発送し、任意の寄付を受領しているが、その割当をしたことはない。

(2)' 　原告の主張する(2)の事実のうち、被告は、原告ら主張の登記がなされていたことは認めるが、その他の点は争う。

　本件各土地のうち、別紙物件目録（一）～（一七）の各土地は、もと国有地であった。昭和36年5月1日、宇検村はその払下げを受け、次いで、昭和37年1月10日、阿室部落が、部落民全員がこれに入会って使用・収益することを目的として払下げを受けた。さらに、昭和37年5月28日、同目録（一）～（一七）の各土地は、田畑崎良、宝村義利（同人死亡につき宝村ミツコ名義に相続登記）、下村忠義（同人死亡につき下村トミコ名義に相続登記）の三名の共有名義に所有権移転登記をし、以後、同部落民全員で入会地として使用・収益していた。

　同目録（一八）～（二四）の各土地は、明治初年頃から阿室部落の所有であり、同部落民全員で入会地として使用・収益していた。

(3)　原告の主張する(3)の事実につき、原告は、「被告は、本件各土地を、昭和48年2月2日、阿室部落在住者から買い受けた」と主張する。しかし、「被告は、本件各土地を、権利能力なき社団である阿室部落から買い受けたものである」。

　阿室部落は、昭和48年2月2日の部落常会において、部落民全員の同意のもとに、本件各土地を、大島郡宇検村阿室字ヨン川〇〇番原野79,338m²、同所××番田66,115m²の二筆の土地（この二筆も、明治初年頃から阿室部落有であり、部落民全員が入会地として使用・収益していたが、登記簿上の所有名義は、いずれも要清明、阿室村、宇検村の共有名義である）とともに、被告に対し売り渡した。被告は、同日代金全額を支払い、昭和48年5月16日、上記二筆の土地を除

くその他の本件各土地につき、所有権移転登記を終了した。
(4)′ 原告の主張する(4)の事実につき、被告は否認する。
(5)′ 本件各土地の売買及び所有権移転登記は、有効に成立している。よって、被告は、裁判所に対し、「一、原告らの請求を棄却する。一、訴訟費用は原告らの負担とする。」との判決を求める。

本訴につき、鹿児島地方裁判所は、昭和55年3月28日、次の通り判決を言い渡した。

(1) 原告らの主張する本件各土地の共有権の存否について判断する。
　(一)① 阿室部落の沿革及びその財産所有、管理形態について。
　　　阿室部落は、明治41年島嶼町村制が施行されるまでは、阿室村と呼ばれていた。村を代表する執行機関として、世話人または用掛があり、決議機関としては、村内の世帯主全員で構成する村寄合（ムラユレー）があり、公的には、行政機関の末端として、現在の地方自治体的機能をもっていた。また同部落は、村を単位として、生活共同体として機能し、所有林野・水利の管理、祭典、村ワク作業等において、住民の私的生活を統制していた。その後、地方自治法が施行され、宇検村大字阿室となったため、自治体的機能は失われた。だが、私的な生活協同体としての機能、慣習は、明治以降今日まで変ることなく、継承されている。
　　　阿室部落は、阿室地区内の住民のうち、一定の資格を有する者を構成員とし、同地区内に山林・原野・宅地等の財産を所有し、慣習及び部落常会の決定に基づく統制のもとに、この財産の使用・収益をなし、構成員の福祉のための事業、祭典、行事等を行なうことを目的とした団体である。
　　　阿室部落常会は、昔の村寄合に相当する意思決定機関であり、これにより、部落の維持運営、財産の管理等、部落行政の全般を審議、決定する。部落常会の定足数は構成員の過半数で、表決数は出席者の多数決によっている。部落による財産の取得及び宅地、立木等所有財産の処分についても、議決方法は同じであった。
　　　阿室部落を代表する執行機関としては、昔の世話人または用掛に代わる区長一名がいる。区長は、部落常会で選出され、部落の会計業務も担当する。区長を補佐する機関として、部落常会で選出される約10名から成る評議員会がある。
　　　阿室部落は、財産目録、会計簿及び議事録を備えている。
　　　阿室部落の構成員である住民は、部落有の林野その他の財産を自由・平等に使用・収益する権利をもつ反面、それらの維持、管理に関する一切の義務を負担している。阿室部落民は、月額600円宛の字費を負担している。
　② 本件各土地の取得及び利用の状況について。

ⓐ 別紙物件目録（一八）〜（二四）の各土地は、阿室部落が、明治初年頃、他の山林・原野等とともに、その所有権を取得し、これを維持、管理してきた。この各土地については、明治40年2月1日付で当時の部落代表者であった定元佐登名義で登記がなされ、さらに昭和48年5月16日付で相続人の山畑美津子名義に所有権移転登記がなされた。阿室部落の住民は、古くからこの各土地を、主に建築用材の採取に共同利用してきた。

ⓑ 別紙物件目録（一）〜（一七）の各土地は、もと国有地であって、昭和13年熊本営林局長から本場大島紬織物工業組合に対し、シャリンバイ植栽のため部分林設定許可がなされていた。昭和36年になり、阿室部落が国から払下げを受ける話が出た。部落は、常会で審議の結果、払下げ予定地の立木を他に売却してこの購入代金を支払い、昭和37年1月10日、その所有権を取得した。それ以後、この各土地は、他の部落所有地と同様、部落民全員により共同で使用・収益されて来た。

③ 阿室部落の構成員の地位及びその得喪について。

阿室部落において、構成員の地位をもつ者は、旧時から同部落に居住して世帯を構える世帯主、または、その子孫で同部落に居住して世帯を構える世帯主であり、これらの者が他所へ転出すれば、当然にその地位を失うと共に部落有財産に対する権利を喪失し、反面、構成員としての義務を免れる。

構成員で一度阿室部落を離れた者またはその子孫が、再び部落に復帰し居住して世帯主となったとき、その時点で部落構成員の地位を取得する。しかし、このような関係にない世帯主が同部落に居住した場合、この世帯主は、10年ないし15年間、同部落において部落民と同様の生活をし、部落常会がその地位を認めたとき、部落構成員の地位を取得する。

これらの点は、阿室部落の慣習となっていた。

㈡ 以上のことから、阿室部落の本件各土地ほかの財産に対する所有関係は「総有」にあたり、部落構成員は、同部落所有（総有）の山林・原野に対し、「共有の性質を有する入会権」をもつということができる。阿室部落の構成員は、阿室地区に居住して世帯を構える世帯主から成っており、部落有財産の管理・処分につき、転出者に構成員と同様の権利を認めることはできないというべきである。

㈢ 阿室部落出身者の、本件各土地に対する権利について。
① 慣習の存在について。

原告らは、阿室部落には、部落出身者もその所有地に対する権利者であるとする慣習があったと主張する。この主張が採用できないことは、前記認定事実から明らかである。

もっとも、原告の主張するように、かつて名瀬市で火災があった時、同市に住む阿室部落出身者が同部落有林の立木を伐り出したことのあったことが認められないわけではない。しかし、これは一時の例外的事実であることが

窺われ、これをもって、原告らの先の主張の裏づけとすることはできない。
② 部落出身者の潜在的権利について。

　原告らは、部落出身者も帰郷すれば従前同様に部落所有地に対する権利が復活する以上、部落出身者は部落所有地に対する潜在的権利をもつ、と主張する。

　しかし、一度他所に転出した者は、阿室地区に居住するに至らない限り、構成員としての地位を取得しえないことは明らかである。また、前述のように、阿室部落において、その入会地を処分する場合、部落在住者のみならず、転出者またはその子孫の意思をも考慮しなければならないという慣習の存在を発見することはできない。

　原告らの先の主張は、採用できない。
③ 部落役員の本土各地への派遣について。

　原告らは、本件各土地を売却するに際し、阿室部落が役員を本土各地へ派遣して、部落出身者の同意を得ようとしたこと、土地売却後は、部落出身者と協議して本件売買を白紙に戻す約束をし、その売買代金を部落出身者らの名義で預託するようになったこと等をもって、部落出身者が在住者と同等の権利をもつことの証拠である、と主張する。

　阿室部落出身者は郷土意識が強く、各地において阿室会と称する郷友会[26]を組織し、部落の動向についての関心も高かった。そこで阿室部落は、昭和47年11月から昭和48年5月にかけ、本件各土地売却による観光開発について部落在住者の態度決定の参考にし、また開発問題についての出身者の理解と協力を求める趣旨で、本件売買契約締結の前後を通じ、部落役員を各地に派遣して、出身者と協議を重ねた。

　部落出身者は、当初この開発に対し反対意見を出す者は少なかった。が、本件各土地売却後、出身者は、事前の協議が不十分であったとし、当時本件土地周辺で石油備蓄基地建設のための用地買収の動きもあり、出身者らはこれに本件各土地を転売されることを危惧したこともあって、売却反対の意見を出す者が増加した。

　出身者のうち、原告泰田武秀、宝村武平、遠藤武也ら約30名の者は、本件各土地売却処分を撤回させようとして、昭和48年3月25日、同4月28日、同5月25日にそれぞれ阿室部落に行き、部落在住者らに対し、本件売買契約を白紙に戻すよう強い調子で要求した。その結果、同年5月25日、部落役員をして、本件売買契約の白紙撤回を約束させると共に、売却代金及びその預金利息を凍結させることとした。そして、それを出身者代表宝村武平、遠藤武也、部落代表として当時の区長濱畑末吉の三名名義で、鹿児島銀行に預金の形で預託することになった。

　しかし、部落役員が先の約束や代金凍結の措置に応じたのは、それを強く要求する出身者らの言動に畏怖した結果、瑕疵ある意思表示をしたものであ

る。阿室部落は、その後、出身者代表宝村、遠藤の両名に対し、この金員預託の意思表示を取り消す旨の通知をしている。

　以上の認定事実によれば、阿室部落において、本件各土地売却につき、出身者に理解を求め協力を得ようとし、また出身者の強力な反対要求のため本件売買契約を白紙に戻そうとする動きのあったことが窺われるものの、部落が出身者に在住者と同様の権利があることを前提とし、または、これを容認して、先の行動に出たものと認めることはできない。

　この点に関する原告らの主張には、理由がないというべきである。

④　部落共同施設建設等への出身者による費用負担について。

　原告らは、部落出身者も阿室部落に対し、公民館、体育館の建設等の費用を負担し、権利者としての義務を果していたと主張する。

　原告泰田武秀、宝村末公各本人尋問の結果によれば、出身者が、学校用体育館の建設、毎年恒例の部落豊年祭等のため寄付をしていること、また昭和48年7月頃、部落簡易水道事業の負担金として、280万円を部落に送金したことが認められる。

　しかし、出身者の行なったこの寄付は、部落から割当の形で行なわれたものではなく、有志により任意になされたものであること、また前記簡易水道事業の負担金として送金した金員は、結局はこの目的に使われることなく、部落から出身者へ返還されていることが認められる。

　部落出身者のした各金員の支出は、いずれも義務の負担としてなされたものとは解し難い。原告らの、先の主張には、理由がない。

⑤　他部落における、部落出身者の共有地に対する権利または慣習について。

　原告らは、阿室部落に隣接する宇検村平田部落では、出身者にも共有地に対する権利があることを前提として、その売却を認めず、また同村久志部落では、共有地そのものの処分は、出身者の同意なしにはできないことになっている、と主張する。

　成立に争いのない証拠によれば、平田部落では、現在、平田部落有地を在住者の部落会と出身者の会との共有とし、共有地の売却を認めない旨の規約を制定しようとしていること、久志部落では、入会地の処分は出身者の同意がなければできないと考えている人が多いこと、が認められる。

　他方、同じ証拠によると、平田部落では、昭和36年に部落共有地の一部を他に売却したことがあったが、その際、出身者の同意を求めた形跡は窺えない。また別の証拠によると、久志部落の元役員のなかには、部落財産の管理処分は部落常会で決定しており、出身者がこれに関与することは一切なかったと述べている者があることが認められる。

　これらの点からすると、平田及び久志部落において、原告主張のような出身者の慣習ないし権利があったとは、にわかに断じ難いというべきである。さらに宇検村にある多くの部落では、各部落有財産の管理・処分は、すべて

> 在住者による部落常会において多数決で決しており、出身者の同意を徴すること等のことは無かったことが認められる。
> 　他部落の慣習や権利に関する、先の原告らの主張は、採用できない。
>
> ㈣　以上のことから、阿室部落出身者が、本件各土地に共有権をもたないことは明らかである。
> 　本件売買当時、阿室部落に居住し、その構成員であった原告田畑雅康についても、同人が本件各土地に対し入会権者としての権利をもっていたことは認められるものの、共有者としての権利をもっていたことは認めることができない。
> ⑵　以上の考察からすると、その余の請求原因事実について判断するまでもなく、原告らの請求は失当として棄却を免れない。
> 　よって、訴訟費用の負担につき民事訴訟法第89条、第93条を適用して、裁判所は次の通り判決する。「原告らの請求をいずれも棄却する。　訴訟費用は原告らの負担とする。」

　昭和55年3月28日、第一審裁判が始まってから6年後に、鹿児島地方裁判所は、上のような原告の請求棄却の判決を下した。この判決に不服のある全国連合阿室会の代表者らは、昭和55年4月9日、城山合産株式会社[27]（城山地建株式会社を吸収合併し、その権利義務を承継した法人）を相手に、土地所有権移転登記抹消請求の訴えを、福岡高等裁判所宮崎支部へ提起した。

　第二審裁判の概要は、次の通りである。

> 　米蔵乙市ほか240名の控訴人らは、被控訴人城山合産株式会社に対し、次のように主張した。
> ⑴　控訴人らは、原審において、「本件各土地は阿室部落の在住者及び同部落出身者の共有財産であり、本件各土地は阿室部落の在住者及びその出身者の共有に属する」旨、主張した。
> 　この「共有」の意味は、持分権の分割請求権をもつ本来的な共有を意味するのではなく、いわゆる総有権ないし共有の性質をもつ入会権を意味するものである。
> ⑵㈠　阿室部落（但し、居住者の集合体である集落ではなく、従来から旧慣に従って財産を所有し入会権を行使してきた入会団体たる「部落」をさす。）は、部落在住者のみならず、部落出身者もその構成員とする慣習がある。
> 　部落構成員は、本件各土地を含む部落有財産に対し、共有の性質をもつ入会権をもつ。この入会権の内容は、薪や建築材の伐り出し、土地の耕作その

他の土地利用による受益（売却も含む。）などである。出身者も、本来的に部落在住者と同一の権利をもつ。ただ出身者は、場所的に離れた所に居住しているため、薪の採取や土地の耕作などの方法による利用が事実上制限されているにすぎないのである。

(二) 阿室部落は部落在住者とその出身者で構成され、本件各土地を含む財産は構成員全員の総有に属するから、本件各土地の売却処分には出身者の同意が必要である。

然るに、本件売買契約には出身者の同意がない。本件各土地の売買契約は無効である。

(三) 仮に、部落在住者の同意のみで本件各土地を売却処分しうるとしても、これを多数決により処分できるという慣習はない。

構成員全員の総有に属する本件各土地を売却処分するためには、構成員全員の同意を要するのに、本件では構成員である田畑雅康の同意がない。

よって本件各土地の売買契約は無効である。

(四) 本件各土地の売買契約は、観光開発を目的・動機として締結されたものである。売主の部落在住者も、観光開発によって部落が繁栄することを期待して、本契約を締結したものである。

然るに、買主である城山地建株式会社の目的は、本件各土地を石油基地化する計画をもつ石油企業へ転売して利益を得ることにあった。

よって、本件各土地の売主側には重大な動機の錯誤があり、且つ、この動機は表示されていたものであるから、本件各土地の売買契約は無効である。

(3) 控訴人らは、裁判所に対し、「原判決を取消す。被控訴人は控訴人らに対し、原判決添付別紙物件目録（一）ないし（一七）記載の各土地につき鹿児島地方法務局宇検出張所昭和48年5月16日受付第〇〇号による共有者持分全部移転登記の、同物件目録（一八）ないし（二四）記載の各土地につき同法務局同出張所同日受付第××号による所有権移転登記の各抹消登記手続をせよ。訴訟費用は第一、二審とも被控訴人の負担とする。」との判決を求める。

これに対し、鹿児島県鹿児島市新照院町に住所のある被控訴人城山合産株式会社は、次のように主張した。

(1)′ 控訴人らの前記主張は、いずれも争う。
(2)′ 被控訴人は、裁判所に対し、「本件控訴を棄却する。控訴費用は控訴人らの負担とする。」との判決を求める。

本訴につき、福岡高等裁判所宮崎支部は、昭和61年4月30日、本件控訴が提起されてから約6年後に、次の通り判決を言い渡した。

(1) 当裁判所は、当審における新たな証拠調の結果を参酌してもなお、控訴人らの本訴請求は失当として棄却を免れないものと判断する。その理由は、次に一部分訂正、付加、削除するほか、原判決理由説示のとおりである。
　㈠　原判決理由中、「(1)㈠③」の「…地位を取得する。」の次に、次の部分を付加する。
　　「ただし、阿室部落は、阿室地区に居住して世帯を構える世帯主から字費を徴しており、これを集落全体の管理費に当てており、いわゆる転勤者と呼ばれる教員ないし警察官吏等の一時居住者も字費を負担するが、右一時居住者には部落有財産に対する使用、収益権が認められていない。」
　㈡　原判決理由中、「(1)㈣」の「…認めることができない。」の次に、次の部分を付加する。
　　「更に、控訴人らは、控訴人らが本件各土地に対して有する権利は共有におけるような持分権の分割請求権を有する権利ではなく、いわゆる総有権ないし共有の性質を有する入会権であるとも主張する。しかしながら、本件登記の抹消登記手続請求が〔本〕権利の行使としてなされているとしても、前記説示のとおり控訴人田畑雅康を除くその余の控訴人らは阿室部落の構成員たる資格を有するものと認められないから、本件各土地の共同所有すなわち総有関係の主体とはなり得ず、また、〔本〕構成員の一人であると認められる控訴人田畑雅康が求める本件登記の抹消登記手続請求については、共同所有すなわち総有関係にある入会地の管理処分権は部落の構成員たる住民全員によって行使されるべきものであるところ、〔本〕請求が入会権者と主張されている阿室部落全員によって提起されたものではなく、そのうちの一人によって提起されているものであることは弁論の全趣旨によって明らかであるから、〔本〕請求は当事者適格を欠く不適法なものであり（略）、これを容認できる筋合にはないものというべきである。
　　また、本件登記の抹消登記手続請求が控訴人田畑雅康の本件各土地に対する使用収益権限に基づく保存行為として本件登記の抹消請求をするものであるとしても、〔本〕権限の行使自体は、特段の事情のない限り、単に本件各土地につき本件登記が存することのみによっては格別の妨害を受けることはないと解されるから、〔本〕抹消登記手続を請求することはできないものと解するのが相当である。もっとも、本件登記の存在は、入会権自体に対しては侵害的性質を持つといえるから、入会権自体に基づいて〔本〕登記の抹消請求をすることは可能であるが、このような妨害排除請求権の訴訟上の主張、行使は、入会権そのものの管理処分に関する事項であって、入会部落の個々の構成員は、〔本〕管理処分については入会部落の一因として参与し得る資格を有するだけで、共有におけるような持分権またはこれに類する権限を有するものではないから、構成員各自においてかかる入会権自体に対する妨害排除としての抹消登記を請求す

ることはできないものというべきである[28]（略）。」

(2) 以上の考察からすると、原判決は相当であって、本件控訴は理由がない。

よって、控訴費用の負担につき民事控訴法第95条、第89条、第93条を適用して、裁判所は次の通り判決する。「本件控訴を棄却する。控訴費用は控訴人らの負担とする。」

2 第二次訴訟

預託金返還等請求事件の第一審裁判の概要は、次の通りである。

鹿児島県大島郡宇検村阿室の阿室部落（代表者区長　福元忠英）は、被告宝村武平、同遠藤武也、同濱畑末吉、同株式会社鹿児島銀行に対し、次のように主張した。

(1) 原告阿室部落は、意思決定機関として部落常会をもっている。これは昔の村寄合に相当するもので、地区内に居住する全世帯の世帯主で構成されており、部落の維持運営、治安、財産管理、祭典行事等、部落行政の全般を審議、決定するものである。部落常会の定足数は世帯主の過半数であり、議決は出席者の多数決によっている。

部落は、部落を代表する執行機関として、区長一名を定めている。これは、昔の世話人または用掛に代わるものである。区長は部落常会で選出される。区長を補佐し、業務の計画、審議及び会計監査等をする評議員会（役員会または幹部会ともいう。）があり、部落常会で選出される約10名の評議員により構成されている。阿室部落は、財産目録、会計簿及び議事録等を備えている。

原告部落の住民は、部落常会の決定に基づく区長の統制に従い、部落有の山林・原野その他の財産を自由平等に利用・収益する権利をもち、その反面、それらの維持・管理に関する一切の義務を負うものである。

このように、原告部落は、団体としての組織を備え、そこに多数決の原理が行なわれ、構成員の変更にも拘らず団体そのものが存続し、その組織によって、代表の方法、総会の運営、財産の管理その他団体としての主要な点が確定しているものである。原告部落は、民事訴訟法第46条（法人ニ非サル社団又ハ財団ニシテ代表者又ハ管理人ノ定アルモノハ其ノ名ニ於テ訴ヘ又ハ訴ヘラルルコトヲ得）にいう「法人に非ざる社団にして、代表者の定めあるもの」、に該当するというべきである。

(2) 別紙物件目録1～11並びに14～19の各土地〔本報告では省略する。〕は、もと国有地であった。昭和36年5月1日宇検村がこの払下げを受け、これを、昭和37年

1月10日、原告が阿室部落民の所有、使用、収益を目的として、同村より払下げを受け、同年9月28日、田畑崎良、宝村義利、下村忠義の三名の共有名義に所有権移転登記をし、以後、同部落民全員で入会地として使用、収益していた。

同目録12、13、20〜26の各土地〔本報告では省略する。〕は、明治33年1月27日頃、原告が所有権を取得し、要清明、宇検村、阿室村、定元佐登の名義で所有権取得登記がなされ、以来、阿室部落民の入会地として、使用・収益していたものである。

(3) 昭和47年12月19日、原告は、別紙物件目録1〜26の各土地（以下「本件各土地」と略記する。）を観光会社に売却し、観光事業の開発と部落財政を立て直す意図のもとに、枝手久島開発委員会（以下「開発委員会」と略記する。）を設け、同委員会に、本件各土地の売却及び売却代金の保管、活用に関する一切の代理権を与える旨、部落民全員一致の決議をした。

(4) 昭和48年2月2日、原告部落民全員の同意のもとに、開発委員会と城山地建株式会社（以下「城山地建」と略記する。）との間で、本件各土地を同会社に代金1億3,800万円で売り渡す契約を締結した。

同年同日、開発委員会は、この代金全額を受領し、本金員を、同委員会委員長山畑直三、被告濱畑末吉、以下同委員会の委員ら10名、同委員の妻ら10名の各名義で、銀行、農業協同組合、信用組合に分散して預金した。

同年5月16日、別紙物件目録12、13の各土地を除き、本件各土地の城山地建に対する所有権移転登記を完了した。

(5) 阿室部落出身者であるものの、同部落に住所がなく、同所で生計を立てていないため、原告部落の構成員でない被告らは、阿室部落外の同部落出身者や縁故者らに虚偽の流言や文書を配布する等して画策し、本件各土地の売却に反対する者を集めた。

昭和48年3月25日、阿室部落において、約35名の反対派と称する者が、「阿室部落役員の責任を追求する。」、「売買契約は撤回せよ。」等と主張し、鉢巻姿で気勢をあげた。

同年4月27日、被告宝村、同遠藤、泰田武秀ほか15名の者は、「阿室部落出身者で、売買契約に反対する者が多数いるのだから、皆が納得するまで登記をするな。登記したら承知しない。」と原告部落民に申し述べ、同部落公民館で集会中の部落民を強迫した。

また、前記登記手続が完了したことを知るや、同年5月25日、被告宝村、同遠藤、泰田武秀を首謀者とする反対派約15〜20名の者は、再度阿室部落に押しかけ、当時の区長に、部落集会を同公民館に招集させた。反対派の者は、部落民に対し、「本件各土地の売却代金を開発委員会の委員に保管させておいては、勝手に使用されるおそれがあるから、自分らが預かる。」旨申し向け、集会中の部落民がこれを拒否したことに激昂し、「首謀者の山畑直三を先に刺し殺すか。」等の暴言を吐いたうえ、机や床を激しく打ち鳴らして、今にも部落民に危害を加えるかも

しれない気勢を示して強迫した。

　　被告濱畑は、当時阿室区長をしており、やむなく上記宝村ら三名の申し出を容れ、宝村、遠藤のほか自分も加えて（濱畑は、部落住民のために、無理に懇願して加えてもらったものである）、宝村・遠藤・泰田武秀らに対し、本件各土地の売却代金及びそれまでの預金による利息金を、宝村・遠藤・濱畑の三名連記名義で、鹿児島銀行に自動継続（元加式）一年満期定期預金として寄託する旨の意思表示をした。

(6)　昭和48年5月26日、被告宝村、遠藤、濱畑の三人は、本件各土地の売却代金1億3,800万円及び同日までの預金による利息金74万734円を、開発委員から取戻したうえ、上記被告ら三名連記名義で、鹿児島銀行大島支店に、自動継続（元加式）一年満期定期預金として預託した。

　　この定期預金証書は、被告宝村、同遠藤が所持している。

(7)(一)　開発委員会の委員らは、阿室部落の代理人として、連名で、被告宝村、同遠藤に対し、昭和49年8月14日付内容証明郵便により、昭和48年5月25日原告の行なった、本件各土地の売却代金を、鹿児島銀行に被告宝村ら三名連記名義で寄託する旨の意思表示を、強迫に基づくものであることを理由に取消す旨の意思表示、並びに、銀行に預託する形で寄託した金員及び預金に基づく利息金の返還を求める意思表示を行なった。

　　この意思表示は、昭和49年8月17日、被告宝村、同遠藤に到達した。この頃、開発委員会の委員らは、被告濱畑に対し、口頭で上記と同一趣旨の意思表示をしたところ、同被告は阿室部落に対し、上記金員を任意に返還する旨の意思を表明した。

　(二)　仮に上の(一)の主張が認められないとしても、原告は、本件訴状をもって、被告宝村、同遠藤、同濱畑に対し、原告が被告らに三名連記名義で鹿児島銀行に預託する形で寄託した金員、並びに、本預金に基づく利息金の返還を求める旨の意思表示をなしており、この意思表示は、昭和54年10月3日被告宝村、同遠藤に、同月6日被告濱畑に、各到達したといえる。

(8)(一)　被告宝村ら三名は、原告の返還請求に応じて前記金員を支払うべきである。前記金員は、被告ら三名が鹿児島銀行に預託する形で寄託したものである。

　　被告らは、原告のために、鹿児島銀行に対し、本件預金契約の解約及びその払戻請求の意思表示をなすべき義務がある。

　(二)　原告は被告宝村ら三名に対し、上述の(7)の(一)または(二)記載の債権をもっている。然るに被告宝村ら三名は、いずれも、この債権を弁済するに足りる資力をもっていないことは明らかである。

　　原告は、被告鹿児島銀行に対し、上記宝村ら被告三名に代位して、上記預金の払戻し請求をなすものである。

　(三)　被告宝村ら三名が、原告との前記寄託契約に基づき、昭和48年5月26日被告鹿児島銀行に預託した自動継続（元加式）一年満期定期預金は、1億3,800

第六章　宇検村阿室における枝手久島共有地の開発と入会裁判　149

万円と74万734円の二口である。
　　上記1億3,800万円口のうち1,428万5,400円については、原告は、昭和49年8月23日仮処分命令により払戻しを受けた。然るに、この払戻しを受けた金員に対する、昭和49年5月26日から同年8月23日まで89日間の年三分の割合による利息金10万4,498円から、利子税1万5,674円を控除した8万8,824円の利息については、被告は原告に支払っていない。
　　前記二口の自動継続（元加式）一年満期定期預金は、預金開始後今日までに預金利率の変動があった。これにより、その間の一年毎の利息及びこれに対する税額、元本組入れ額（差引支払利息）等を計算すると、昭和54年5月26日現在の本預金の元金（利息の元本組入れによるもの）合計は、1億7,015万7,767円となる。
(9)　以上のことから、原告は、被告宝村、同遠藤、同濱畑に対して、「被告ら三人は、原告のために、被告鹿児島銀行に対し、定期預金契約の解約及びその払戻し請求の意思表示をなすこと」を求める。
　　原告は、被告銀行に対し、昭和54年5月26日現在の本預金の元金及び未払利息の合計1億7,024万6,591円を、並びに、うち上記元金1億7,015万7,767円に対する同日以降解約日の前日まで解約日における被告銀行所定の解約利率により計算した利息金から、総合課税により定められた割合による利子税を控除した金員を、支払うことを求める。
(10)　よって、原告は、裁判所に対し、「一、被告宝村武平、同遠藤武也及び同濱畑末吉は、原告のために、被告株式会社鹿児島銀行に対し、別紙預金債権目録記載の定期預金契約の解約及びその払戻し請求の意思表示をせよ。　二、被告株式会社鹿児島銀行は、原告に対し、金1億7,024万6,591円、並びに、うち金1億7,015万7,767円に対する昭和54年5月26日から第一項の解約日の前日まで解約日における同被告銀行所定の解約利率により計算した金員から総合課税により定められた割合による利子税を控除した金員を支払え。　三、訴訟費用は被告らの負担とする。」との判決を求める。

　これに対し、鹿児島県名瀬市金久町に住所のある宝村武平、同県鹿児島市真砂町に住所のある遠藤武也、同県大島郡宇検村阿室に住所のある濱畑末吉の被告三人、並びに同県鹿児島市金生町に住所のある被告株式会社鹿児島銀行（代表取締役、鷹野孝徳）は、次のように主張した。

〔被告宝村、同遠藤の主張〕
(1)　原告の主張する(1)の事実のうち、阿室部落常会の定足数及びその議決方法については、被告は知らない。被告は、その他の事実については、それを認める。
　　阿室部落が「法人に非ざる社団」に該当するとの原告の主張について、被告は

争う。
(2)' 原告の主張する事実(2)のうち、被告は、本件各土地につき原告主張のような登記が行なわれていることを認める。被告は、その他の事実については、それを認めない。

本件各土地は、いずれも明治初年から、阿室部落民が入会地として所有し、同部落民が自由に使用・収益してきたものである。
(3)' 原告の主張する(3)の事実については、被告はこれを知らない。
(4)' 原告の主張する事実(4)のうち、原告主張の売買契約が阿室部落民全員の同意のもとに行なわれたとの点について、被告はこれを否認する。被告は、その他の事実については、それを認める。

売買契約当時、阿室部落在住の世帯主である田畑雅康は、この売買契約に同意しなかった。
(5)' ㈠ 原告の主張する事実(5)のうち、次の点は認める。

被告宝村、同遠藤、泰田武秀らは阿室部落出身であるが、同部落に住所がなく、同所で生計を立てていないこと、彼ら被告を含む同部落出身者が原告主張の日に阿室部落に行ったこと、本件各土地売却代金を、宝村、遠藤、濱畑の被告三人の名義で被告銀行に預託することにしたことを、被告は認める。

被告は、その他の事実については、それを否認する。
㈡ 被告宝村、同遠藤らは、いずれも本件各土地に対する共有者としての権利をもつものである。
① 本件各土地は、すべて明治初年以来、阿室部落民が入会地として所有し、自由に使用、収益してきたものである。部落に在住しない出身者であっても、その意思さえあれば、使用、収益は可能であり、阿室部落には、転出者も入会地に対する権利者とする慣習があった。
② 一旦阿室部落外に出た者でも、部落内に土地や墳墓を有している者がいる。彼らは老後には帰郷する意思をもっており、帰郷した際は、従前と同様に入会地を自由に使用、収益できるのであるから、入会地に対する潜在的権利をもつものである。従って、現に在住する少数の部落民の意思によって入会地を地盤ごと売却処分することは、許されない。
③ 阿室部落の在住者は、本件各土地を売却するために開催された部落常会において、部落出身者の同意を得るため、部落役員を本土各地に派遣することを決定した。部落役員は、昭和47年10月以降、関東、関西、鹿児島、名瀬、沖縄等の各地に赴き、その各部落出身者集団の同意を得ようとした。しかし、これによる結論が出なかったので、その後、部落役員は、転出者の各世帯に、『枝手久島開発に関する趣意書』と葉書を送付し、本件各土地の売却についての賛否を問い、その集計結果に基づいて態度を決めようとした。

上のような部落在住者の行動は、阿室部落においては、在住者と出身者とが、同じ村落共同体の成員として本件各土地に対し同等の権利をもっている

第六章　宇検村阿室における枝手久島共有地の開発と入会裁判　151

ことを如実に示している。
④　部落出身者には権利がある反面、義務の負担がある。

転出者には、従来、阿室部落における公民館の建設、小・中学校の体育館の建設、河川工事等の費用の一部の負担割合があり、これらが履行されている。

昭和48年4月9日落成の部落簡易水道工事の阿室部落負担金250万円は、全額を転出者が支出した（もっとも、この250万円は、本件係争のため、部落出身者の許へ送り返されている）。また、同部落で毎年行なわれる豊年相撲大会などの経費のために、阿室部落は転出者からの寄付を仰いでいる。

⑤　阿室部落に隣接する大島郡宇検村平田部落では、部落転出者にも入会地に対する権利のあることを当然の前提として、従来からの慣習を成文化し、その地盤の売却処分はできないことを定めている。

同村久志部落でも、入会地そのものを処分しようとする場合は、部落出身者の同意なしにはできないものとされている。

(三)　阿室部落民に対する原告主張のような強迫の事実はない。

被告宝村、同遠藤らが、被告濱畑とともに、本件各土地売却代金の預託を受けるまでの事情は、次の通りである。

①　阿室部落の在住者は、前記の通り、その役員を本土各地に派遣するなどして、部落出身者の同意を得ようとしたが、その結論が出ないうちに、昭和48年2月2日、城山地建株式会社にたぶらかされ、同会社と本件各土地の売買契約を締結した。

②　この売買契約締結の報に驚いた本土在住の部落出身者は、同年3月25日阿室部落に赴き、在住者と協議の末、この売買契約を白紙に戻すこと、従って、本件各土地の所有権移転登記は行なわないこととし、そのための保証として、この登記に必要な書類を奄美信用組合宇検支店に預けて、その預り証を二通発行してもらい、二通の預り証が揃ったときに、同組合は始めてこの書類を返還するとの約束ができた。この預り証は、泰田武秀と開発委員会委員長山畑直三とが、各一通宛所持することになった。

③　然るに、阿室部落役員は、同年5月16日、城山地建からの登記手続を求める矢のような催促により、前記約束に反し、本件各土地の所有権移転登記手続を行なった。そのために、この登記完了後、この売買契約及び登記等について承諾を得るべく上京した山畑直三は、関東阿室会の会員の追及にあい、本件各土地売買契約を白紙に戻す旨の誓約書を書かざるを得なかった。

④　上のような背景のもとに、同年5月24日及び25日、阿室部落在住者の部落出身者とが協議し、本件売買契約を白紙に戻すことを決め、その場合売買代金全額を城山地建に返さなければならないことから、その散逸を防止するため、この代金を被告宝村、同遠藤、同濱畑の三名連記名義で被告銀行に預託することとしたものである。

この間、両者の間での協議は平穏に行なわれており、原告主張のような強迫にわたる事実は全くなかった。
(6) 原告の主張する事実(6)について、被告はこれを認める。
(7) 原告の主張する事実(7)のうち、原告主張の日に、その主張の意思表示が、被告宝村、同遠藤に対して行なわれ、同被告らに到達したことは認める。被告は、その他の事実については、これを知らない。
(8) 原告の主張する事実(8)のうち、㈠、㈡については、被告はこれを争う。被告は、同㈢の事実はこれを認める。
(9) よって、被告は、裁判所に対し、「1．原告の被告らに対する請求をいずれも棄却する。2．訴訟費用は原告の負担とする。」との判決を求める。

〔被告濱畑の主張〕
(1) 原告の主張する請求原因事実については、被告はこれを全部認める。
(2) 被告は、裁判所に対し、「1．原告の被告に対する請求をいずれも棄却する。2．訴訟費用は原告の負担とする。」との判決を求める。

〔被告銀行の主張〕
(1) 原告の主張する(1)〜(5)の各事実については、被告銀行はいずれも知らない。
(2) 原告の主張する事実(6)のうち、宝村、遠藤、濱畑の被告三人が原告主張の日にその主張の通りの定期預金をしたことについては、被告銀行はこれを認める。
被告銀行は、その他の事実については、これを知らない。
(3) 原告の主張する事実(7)については、被告銀行はこれを知らない。
(4) 原告の主張する事実(8)の㈠、㈡については、争う。
同㈢の事実については、被告銀行はこれを認める。但し、昭和49年8月23日仮処分命令により1,428万5,400円の支払いを受けたのは、原告の阿室部落ではなく、被告濱畑である。
(5) 被告は、裁判所に対し、「1．原告の被告銀行に対する請求を棄却する。2．訴訟費用は原告の負担とする。」との判決を求める。

本訴につき、鹿児島地方裁判所は、昭和55年3月28日、次の通り判決を言い渡した。

(1) 原告の当事者能力及び原告適格について。
㈠ 原告は、鹿児島県大島郡宇検村大字阿室地区の住民のうち一定の資格を有する者を構成員とし、同地区内に山林・原野約500町歩（本件各土地を除く）及び宅地約1反歩（以上いずれも実面積）を所有するほか、株券、預貯金等の財産を所有し、慣習及び部落常会の決定に基づく統制のもとに、構成員全員による本財産に対する共同の使用収益、並びに、簡易水道工事、自家発電、河川の補修等、地方自治体の関与しない構成員の福祉のための事業、祭典行事等を行なうことを目的とした団体である。

原告の最高の意思決定機関として部落常会があり、その定足数は構成員の過半数、議決は出席者の多数決によっており、これにより、部落の維持運営、財産管理等部落行政の重要事項を審議、決定する。原告を代表する執行機関として区長一名がある。区長は、部落常会で選出され、部落常会の決定を執行するほか、会計を含む日常の業務を行なう。部落常会で選出される約10名からなる評議員会（役員会または幹部会ともいう）があり、区長の業務執行を補佐している。原告は、財産目録、会計簿及び議事録を備えている。

(二) 上記認定事実によれば、原告は、一定の目的のために団体としての組織を備え、その代表者をもち、総会の運営、代表の方法、財産の管理その他社団としての主要な点が確定しているものと認められる。原告は、民事訴訟法第46条にいう「法人に非ざる社団にして代表者の定めあるもの」に該当するということができる。

原告は、本件訴提起につき、当事者能力及び原告適格を有するものというべきである。

(2) 原告と、被告濱畑を除くその他の被告らとの間における、請求原因事実の存否について判断する。

(3) 本件各土地の所有、利用形態等について。

(一) 原告部落の沿革及び社団としての性質について。

――省略――

(二) 本件各土地の取得及び利用状況について。

① 別紙物件目録1～11、16～19の各土地は、もと国有地であって、昭和13年、熊本営林局長から本場大島紬絹織物工業組合（後の本場奄美大島紬協同組合）に対し、紬の染料採取用材であるシャリンバイ植栽を目的とする部分林設定許可がなされていた。昭和36年に至り、原告が国からこの各土地の払下げを受ける話が生じた。

原告は、同年6月以降、部落常会において、本払下げを受けること及びその資金調達について議決した。その結果、原告は、払下げ予定地内の立木を中越パルプに87万円で売却することとし、うち75万円を購入代金として支払い、昭和37年1月10日上記各土地の所有権を取得した。

もっとも、登記上は、昭和37年9月27日付で宇検村が上の各土地の所有権を取得し、同月28日付で、同年1月10日売買を原因とし、同村より原告を代表して田畑崎良、宝村義利、下村忠義の三名の共有名義に所有権移転登記がなされた。

以後、上の各土地は、他の原告所有地と同様に、部落民全員により共同で使用収益されてきた。

② 別紙物件目録12、13、20～26の各土地は、原告が、明治初年頃、他の山林、原野等とともにその所有権を取得し、これを維持、管理してきた。但し、同目録12、13の各土地は宇検村宇検部落との共有である。

12、13の各土地については、要清明、阿室村、宇検村の名義で、20～26の各土地については、原告部落所有名義の登記の方法がなかったことから、明治40年2月1日付で当時の部落代表者であった定元佐登名義で各所有権取得登記がなされた。

定元佐登名義の各土地は、昭和48年5月26日付でさらに相続人の山畑美津子名義に所有権移転登記がなされている。

原告部落の住民は、古くから、12、13の各土地は主に薪採取のため、20～26の各土地は主に建築用材の採取のために、これに立ち入って共同で利用収益してきた。

(三) 原告の構成員の地位及びその得喪について。

原告部落において、構成員の地位をもつのは、旧時から阿室地区に居住して世帯を構える世帯主、または、その子孫で同地区に居住して世帯を構える世帯主であり、これらの者が他所に転出すれば、当然にその地位を失うとともに、部落有財産に対する権利を喪失し、反面、構成員としての義務を免れる。

構成員で一旦他に転出した者またはその子孫が、再び阿室地区に復帰し居住して世帯主となったときは、その時点で構成員の地位を取得する。が、このような関係にない世帯主が同地区に居住した場合は、10年～15年間、同地区において構成員同様の生活をし、原告がその地位を認めたときに、この世帯主は構成員の地位を取得するものとされている。

これらの点は、原告部落の慣習となっている。

なお、従来、原告による財産の取得や宅地、立木等の部落有財産の処分については、すべて構成員の過半数が出席した部落常会で多数決によってこれを決定しており、もと構成員であって他所に転出した者またはその子孫の同意を要件としたり、その意見をきいたうえでこれを決したことは全くなかった。

(四) 部落出身者にも権利がある旨の被告宝村、同遠藤の主張について。

① 被告宝村、同遠藤は、阿室部落には、部落出身者もその所有地に対する権利者であるとする慣習があったと主張する。

この主張が採用できないことは、前記認定事実から明らかである。

もっとも、かって名瀬市に火災があった際、同市に住む部落出身者が原告所有林の立木を伐り出したことのあったことが認められる。しかし、これは一時の例外的事案であることが窺われ、これをもって、被告らの主張の裏づけとすることはできない。

② 被告宝村、同遠藤は、部落出身者も、帰郷すれば従前同様に部落所有地に対する権利が復活し、潜在的権利をもつから、これを無視して、部落在住者の意思だけで部落所有地を地盤ごと処分することはできない旨主張する。

被告らのこの主張は採用できない。なぜなら、一旦他所に転出した者は、同地区に居住しなければ、構成員としての地位を取得できないことは明らかであるからだし、且つ、原告部落において、その所有地（入会地）を処分す

る場合に、部落在住者のみならず、転出者またはその子孫の意思をも考慮しなければならないという慣習の存在も見出すことができないからである。
③ 被告宝村、同遠藤は、原告が本件各土地を売却するに際し、部落役員を本土各地に派遣し、部落出身者の同意を得ようとしたことをもって、部落出身者が在住者と同等の権利をもつことの証左であると主張する。

被告らのこの主張は理由がない。なぜなら、原告が上の行為に出たのは、従来、阿室地区の出身者は郷土意識が強く、出身者の部落の動向に対する関心も高いところから、本件各土地の売却について部落出身者に理解を求め、その協力を得ようとしたことによるものであるからである。

原告は、部落出身者に在住者と同等の権利があることを前提とし、あるいはこれを容認していたわけではない。
④ 被告宝村、同遠藤は、部落出身者も原告に対し、公民館、体育館の建設等の費用を負担し、権利者としての義務を果していた旨主張する。

部落出身者が学校用体育館の建設、原告の企画した老人会旅行、毎年恒例の豊年祭等のため寄付をしていること、昭和48年7月頃、部落出身者から、阿室地区簡易水道事業の原告負担金として、280万円を原告に送金したこと、が若干の証拠・証言・尋問結果から認められる。

しかし、別の証拠・証言・尋問結果によると、部落出身者のした前記寄付は、原告から割当の形式で行なわれたものではなく、有志により任意になされたものであり、前記簡易水道事業の負担金として送金した金員は、結局は先の目的のため使用されることなく、原告から部落出身者らに返還されていることが認められる。

部落出身者のした上の各金員の支出は、いずれもその義務の負担としてなされたものとは解し難い故、この点に関する被告らの主張には理由がない。
⑤ 被告宝村、同遠藤は、原告部落に隣接する宇検村平田部落では、部落出身者にも入会地に対する権利のあることを当然の前提として、入会地の売却処分を認めず、同村久志部落では、入会地そのものの処分は部落出身者の同意なしにはできないことになっている旨主張する。

成立に争いのない証拠・証言によれば、平田部落においては、現在、部落有地を在住者の部落会と出身者の会との共有とし、共有地の売却を認めない旨の規約を制定しようとしていること、久志部落においては、入会地の処分は部落出身者の同意がなければできないと考えている者が多いことが認められる。

他方、同じ証拠によると、平田部落においては、昭和36年に部落有地の一部を他に売却処分したことがあったが、その際、部落出身者の同意を求めた形跡は窺われないこと、久志部落のもと役員の中には、部落有財産の管理処分について、従来転出者がこれに関与したことは一切なかった旨述べている者があることが認められる。

これらの点からすれば、平田及び久志部落において、被告ら主張のような部落出身者の権利ないし慣習があったとはにわかに断じ難い。
　　原告部落と同じく宇検村内にある他の多くの部落やこれに隣接する大島郡瀬戸内町及び大和村所在の数箇所の部落では、各部落有財産の管理、処分は、すべて在住者による部落常会において多数決で決しており、転出者の同意を徴する等のことはなかった。
　　それ故、被告らの主張は採用できない。
　(五) 以上の検討結果に照らして考えると、次のように言える。
　　原告の本件各土地ほかの財産に対する所有関係は「総有」に当り、構成員は、原告所有（総有）の山林、原野に対し、共有の性質を有する入会権をもつ。
　　原告の構成員は、阿室地区に居住する、一時居住者を除く世帯主から構成されており、部落有財産の管理、処分に関し、転出者に構成員と同様の権利を認めることはできない。
(4) 本件各土地の売却処分について。
　(一) 本件各土地のうち、別紙物件目録12、13、20～26の各土地は、今次大戦前から昭和30年代にかけて、原告部落民により入会地として利用されていたが、原告が昭和37年1月10日に取得した同目録1～11及び14～19の各土地とともに、昭和40年頃には殆ど利用されなくなった。
　　阿室地区では、近時、過疎化が進行し、働き盛りの青壮年が減少したため、原告の部落財政その他の維持運営に様々な支障を生ずるようになっていた。
　　昭和47年10月頃、原告部落に対し、城山観光株式会社代表取締役保直次から、観光開発のため枝手久島の原告所有地を買い受けたい旨の申出があった。原告は、同年10月から12月にかけての部落常会において、枝手久島の観光開発について協議を重ねた。
　　昭和48年1月14日の夜間常会において、原告は、観光開発のため本件各土地を売却処分する方針を決定し、売却代金を預金して、その利息をもって毎年の部落財政を賄う計画をたてた。
　(二) 昭和48年2月2日、原告の夜間常会において、本件各土地を、原告から城山観光株式会社の子会社である城山地建（同会社は昭和49年10月に城山合産株式会社に合併された。）に売り渡すこととなった。その際、本件各土地は観光開発の目的のみに使用し、他に転売しない等の付帯条件が付されていた。
　　同常会に出席していた原告構成員44名（但し、当日欠席していた一部の者を含む）全員同意のもとに、売却についての委任を受けた開発委員会は、原告を代理して城山地建との間に、前記内容の売買契約を締結した。開発委員会は、同日、売買代金全額を小切手で受領した。
　　12、13の各土地を除く本件各土地につき、昭和48年5月16日、城山地建に対する所有権移転登記がなされた。原告は、売買代金を預金として保管することにしていたので、前記小切手を現金化したうえ、当時の区長、開発委員会の委

第六章　宇検村阿室における枝手久島共有地の開発と入会裁判　　157

員や委員の家族の名義で、各分散して預金した。
(5) 本件各土地売却をめぐる原告と部落出身者との紛争について。
　　当時の原告区長である被告濱畑は、本件売買代金の預託を求める被告宝村、同遠藤らが部落出身者の言動に畏怖した結果、被告両名のほか被告濱畑をも加えて、被告らに対し、本件売買代金及びそれまでの預金による利息金を、上の被告三名名義で被告銀行に定期預金として預託する形で寄託する旨の、瑕疵ある意思表示をしたものと認められる。
(6) 被告銀行に対する預金について。
　　被告宝村、同遠藤は、被告濱畑とともに、前記意思表示に基づき、前記分散預金してあった本件売買代金１億3,800万円及びこの預金による利息金74万734円を各預金名義人から取り戻したうえ、被告銀行大島支店に被告三名連記名義で、自動継続（元加式）一年満期定期預金として預託し、その預金通帳は被告宝村、同遠藤が所持していることが認められる。これを左右すべき証拠はない。
(7) 原告の取消の意思表示について。
　㈠ 開発委員会の委員らは、原告代理人として、連名で被告宝村、同遠藤に対し、昭和49年8月14日付内容証明郵便により、昭和48年5月25日原告がした、本件売買代金等を被告銀行に先の被告両名及び被告濱畑の三名連記名義で定期預金として預託する形で寄託する旨の意思表示を、強迫に基づくものであることを理由に取り消す旨の意思表示をした。
　　開発委員会の委員らは、原告代理人として、連名で被告宝村、同遠藤に対し、昭和49年8月14日付内容証明郵便により、原告が前記被告らに定期預金として預託する形で寄託した金員及びこれに対するこの預金に基づく利息金の返還を求める意思表示をした。
　　上記、二つの意思表示は、昭和49年8月17日、被告宝村、同遠藤に到達した。
　㈡ 原告がした前記強迫に基づく金員寄託の意思表示は、有効に取り消されたということができる。
　　被告宝村、同遠藤、同濱畑は、原告に対し、それぞれ先の寄託に係る金員を返還すべきである。
　　然るにこの寄託契約は、前記被告らにおいて、被告銀行に定期預金として預託する形でなされたものであるので、被告らは、原告に対し、それぞれ、前記被告銀行に対し自動継続（元加式）一年満期定期預金として預託した金員及びこの預金契約に基づく解約時までの利息金相当額を支払うべき義務がある。
(8)㈠ 被告宝村、同遠藤、同濱畑は、原告のために、被告銀行に対し、定期預金契約の解約及びその払戻し請求の意思表示をなすべき義務がある。
　㈡ 被告宝村、同遠藤、同濱畑は、いずれも前記債権を弁済する資力をもたないことは弁論の全趣旨により明らかである。
　　原告は、上記被告らに対する前記債権を保全するため、被告らに帰属する自動継続（元加式）一年満期定期預金債権の権利行使をなしうるから、被告らに

代位して、被告銀行に対し上記預金の払戻し請求をなしうるというべきである。
　㈢　原告の主張した⑻の㈢の事実については、当事者間に争いはない。
⑼　以上の考察からすると、被告宝村、同遠藤、同濱畑は、原告のために、被告銀行に対し、前記預金契約の解約及びその払戻し請求の意思表示をなすべき義務がある。

　被告銀行は、原告に対し、昭和54年5月26日現在の前記預金の元金及び未払利息の合計1億7,024万6,591円、並びに、うちこの元金1億7,015万7,767円に対する同日以降解約日の前日まで解約日における被告銀行所定の解約利率により計算した利息から総合課税により定められた割合による利子税を控除した金員を支払うべき義務がある。

　よって、原告の請求をすべて認容し、訴訟費用の負担につき民事訴訟法第89条、第93条を適用して、裁判所は、次の通り判決する。「一、被告宝村武平、同遠藤武也及び同濱畑末吉は、原告のために、被告株式会社鹿児島銀行に対し、別紙預金債権目録記載の定期預金契約の解約及びその払戻し請求の意思表示をせよ。二、被告株式会社鹿児島銀行は、原告に対し、金1億7,024万6,591円、並びに、うち金1億7,015万7,767円に対する昭和54年5月26日から第一項の解約日の前日まで解約日における同被告銀行所定の解約利率により計算した金員から総合課税により定められた割合による利子税を控除した金員を支払え。三、控訴費用は被告らの負担とする。」。

　昭和55年3月28日、鹿児島地方裁判所は、上のような原告の請求認容の判決を下した。この判決に不服のある宝村武平と遠藤武也の両名は、昭和55年4月9日、阿室部落（部落代表者区長、福元武信）を相手に、預託金返還等請求の棄却を求める訴えを、福岡高等裁判所宮崎支部へ提起した。

　第二審裁判の概要は、次の通りである。

　宝村武平と遠藤武也の両控訴人は、被控訴人阿室部落に対し、次のように主張した。
⑴　被控訴人は、阿室部落と称する「権利能力なき社団」である、と主張している。が、被控訴人は、単なる居住者の集合体である集落であり、従来から旧慣に従って財産を所有し入会権を行使してきた入会団体たる「部落」とはその実態を異にするものである。

　入会団体たる「部落」は、明治期以来、阿室部落民として入会権を行使してきた者によって構成され、「部落」には部落出身者も入会地に対する権利者とする慣習があった。部落出身者は、部落在住者と同一の権利をもち、部落に在住しない出身者でも、その意思さえあれば、部落有財産を使用、収益することが可能である。ただ出身者は場所的に離れた所に居住しているため、薪の採取や土地の耕作

第六章　宇検村阿室における枝手久島共有地の開発と入会裁判　159

　　　などの方法による利用が事実上制約されているにすぎないのである。
(2)㈠　入会団体たる「部落」は部落在住者と部落出身者によって構成されているから、本件各土地の売却処分には出身者の同意が必要である。
　　　然るに、出身者の同意がない本件各土地の売買契約は無効である。
　㈡　仮に、出身者の同意を必要とせず、部落在住者の同意のみで本件各土地を売却処分しうるとしても、これを多数決で処分できるという慣習はない。
　　　構成員全員の総有に属する本件各土地を売却処分するには、構成員全員の同意を要するところ、本件では構成員である田畑雅康の同意がないので、本件各土地の売買契約は無効である。
　㈢　本件各土地の売買契約は、観光開発することを目的・動機として締結され、売主の部落在住者も観光開発によって部落が繁栄することを期待して本契約を締結したものである。
　　　然るに、買主である城山地建株式会社の取得目的は、本件各土地を石油基地化する計画をもった石油企業へ転売して利益を獲得することにあったものである。
　　　よって、本件各土地の売主側には重大な動機の錯誤があり、かつ、この動機は表示されていたものであるから、本件各土地の売買契約は無効なものである。
(3)　本件各土地は部落構成員全員（仮に部落在住者のみを構成員と限定してもその全員）の総有に属するところ、その売買代金が預金として変形した本件預金債権も構成員全員に総有的に帰属するものである。
　　本件訴訟は、本件各土地の売却代金の保管者である控訴人らを相手方として、鹿児島銀行に対する預金契約の解約及びその払戻請求の意思表示を求めるもので、一見、財産保全行為であるかのような様相を呈している。
　　然るに、この請求の前提としては部落構成員全員の総有に属する本件各土地を構成員の一部の反対を押し切って部落総会の決議で売却した行為が有効か否かが争われてきたのであって、被控訴人の鹿児島銀行に対する預金返還請求権が肯定されるためには、売却行為が有効なことが必要である。
　　とすれば、被控訴人の控訴人に対する請求権が認められるためには、本件各土地についての構成員の総有権そのものを失わせてしまうような処分行為が前提とされていることを意味する。
　　構成員の総有権そのものを失わせてしまうような処分行為を争う訴訟には、構成員全員の特別の合意がなければならないのに、本件はこの合意を得たうえで遂行されているものではないから、被控訴人には当事者能力がないものというべきである。
(4)　よって、控訴人らは、裁判所に対し、「原判決中控訴人ら敗訴の部分を取消す。被控訴人の請求を棄却する。訴訟費用は第一、二審とも被控訴人の負担とする。」との判決を求める。

これに対し、被控訴人阿室部落（代表者区長、福元武信）は、次のように主張した。

(1) 控訴人らの前記主張は、いずれも争う。
　　本件訴訟は、鹿児島銀行に対する預金契約の解約及びその払戻請求の意思表示を求めるものであり、これに対して、控訴人らが預託金に権利をもつとして争っているにすぎないものである。
　　本件各土地の売買契約の有効、無効は、本件訴訟に関係のないものである。
(2) (一) 本件各土地の売却代金は、阿室部落の財産として被控訴人の構成員全員の総有に属するものである。
　　被控訴人部落の財産は、部落常会の議を経て、部落代表者である区長が部落名で執行して、その管理及び処分に当っているものである。
(二) 上記売却代金は、控訴人らを含むグループの強迫によって、控訴人両名及び濱畑末吉の三名連記で鹿児島銀行に定期預金として預託する形で寄託されて、権利の行使が妨げられているものである。
(三) 本件訴訟は、阿室部落名で、上記妨害、排除を求めるものであるから、総有財産保存管理行為として当然許されるものである。
(3) よって、被控訴人は、裁判所に対し、「本件控訴を棄却する。控訴費用は控訴人らの負担とする。」との判決を求める。

本訴につき、福岡高等裁判所宮崎支部は、昭和61年4月30日、次の通り判決を言い渡した。

(1) 当裁判所は、当審における新たな証拠調の結果を参酌してもなお、被控訴人の控訴人両名に対する本訴請求は正当としてこれを認容すべきであると判断する。その理由は、次に一部分付加、訂正、削除するほか、原判決理由中の（被）控訴人に関する部分の説示と同一である。
(一) 原判決理由中、「(4)(二)」の「同常会に…」から「……同意のもとに、」までの部分を、次のように改める。
　「当時音被控訴人の構成員44名の同意のもとに（但し、この夜間常会には構成員のうち一部の者が欠席していたが、この欠席者を除く同常会に出席していた構成員は甲第〇〇号証の二、第××号証の同意書に指印を押して本件各土地を売却することについての同意を表明し、また、上記欠席者については、当時の区長であった濱畑末吉が昭和48年2月3日以降欠席者のもとを訪れ、先の同意を取付けたうえ、この同意書に指印及び印章の押捺を受けた。更に、濱畑区長は、欠席者の同意を取付けるのと平行して、常会出席者からも先の同意書に対する印章の押捺を徴したところ、田畑雅康を除くその余の常会出席者はこれに応じて同意書に印章を押捺した

が、田畑雅康はこれを拒否したので、先の同意書の同人の欄は指印のままにされた。)、」

(二) 原判決理由中、「(4)(二)」の次に次の部分を加入する。

「なお、原審及び当審証人田畑雅康は、被控訴人の構成員の一人として、昭和48年2月2日の夜間常会に出席した。同証人は、本件各土地を城山地建に売却することには反対で、甲第○×号証の二、第××号証の同意書にも指印を押すことなく帰宅してしまった旨、また、同年2月3日区長の来訪を受けて、上の同意書に印章の押捺を要請されたこともない旨供述する。しかし同証人の供述によっても、同証人が前記常会の席上で本件各土地の売却処分につき反対の意思表明を明確にしたものとは窺われない。また同証人が前記同意書への指印の押捺を否定し、区長からの印章押捺の要請もなかったと供述する点は、書証、証言、本人尋問の結果に照らし容易く信用することができず、かえって、これら各証拠によれば、被控訴人の当時の区長であった濱畑末吉が、他の構成員と同様、常会に出席していた田畑雅康に対しても、前記同意書へ印章の押捺を求めたところ、同人はその時点でこの同意書への押印を否定したものであることが認められる。この事実と前記夜間常会に関する認定事実を併せ考えると、田畑雅康は昭和48年2月2日の常会において本件各土地の売却処分につき同意を表明しながら、同年2月3日以降これを翻すに至ったものと認められる。本件全証拠によっても、この同意が錯誤等これを無効ならしめる事情のもとに行なわれたと認められないので、上記同意の撤回には法律上の効力がないものというべきである。

総有関係にある財産の処分については原則として民法263条、251条により権利者全員の同意を要するとしても、前記認定のとおり本件各土地の売却処分には被控訴人の構成員全員の同意があったものであるから、この売買行為は有効と認められる。なお、本件各土地の売却処分を議決した昭和48年2月2日の部落常会には被控訴人の構成員全員が出席していなかったことは前記認定のとおりであり、この欠席者については区長が事後に同意する形式でその意思決定を得ている。この事後における権利者の同意は、民法第113条一項の無権代理行為の追認の法理の準用ないし類推適用により有効なものであるというべきである。

控訴人らは、被控訴人と城山地建との間における本件各土地の売買契約には売主側である被控訴人の構成員において動機の錯誤があって無効である旨主張する。しかし本件全証拠によっても、本件各土地の売却処分を同意した被控訴人の構成員ないし契約を締結した被控訴人の開発委員会の委員に、控訴人ら主張のような動機の錯誤があり、これに基づいて上記同意を表明したり、あるいは上記契約を締結したとは認められない。よって、控訴人らの先の主張は採用できない。」

(三) 原判決理由中、「(8)(三)」の後と「(9)」の前との間に、次の部分を加入する。

「(四) 控訴人らは、被控訴人はその構成員全員の特別の合意がない限り、控訴

人らに対する本訴請求を提起することができない旨主張する。しかしながら、本件は、前記認定のとおり被控訴人の構成員全員の総有に属する本件各土地の売却代金が被控訴人代表者の瑕疵ある意思表示に基づき控訴人らに預託されたが、この意思表示が有効に取消されたにも拘らず、引続き控訴人らがこの取消の効果を争って、その預託に基づく預金契約の解約及び払戻しをせずして、被控訴人の権利行使を妨害していることに対し、被控訴人の代表者が構成員から信託的に委ねられている財産管理機能の行使として預金契約の解約及び払戻請求の意思表示を求めるものであり、構成員全員の合意に基づかなければならない処分行為とは本来的に異なるものである。本訴請求訴訟は、構成員全員の特別授権がなくても、被控訴人代表者において提起することができるものと解するのが相当である。よって、控訴人らの上記主張は採用できない。」

(2) 以上の考察からすると、原判決は相当であって、本件控訴は理由がない。
よって、控訴費用の負担につき民事訴訟法第95条、89条、93条を適用して、裁判所は次の通り判決する。「本件控訴を棄却する。 控訴費用は控訴人らの負担とする。」

七　阿室振興組合の設立

　本入会裁判は、1986年8月現在、最高裁判所へ上告中である[29]。やがて、裁判は結審し、最終的判決が下されることになろう。確定判決の出ていない現段階で、本件の法的評価を下すことは避けておきたい。ただ、阿室部落住民が、部落の振興・発展のため、部落総有財産を売却することによって、枝手久島の開発を行なうことを決議したことが、その後判決を除きこの部落にどのような変化を生じさせたのか、を考えてみることにする。

　宇検村阿室部落においては、国道に接続する県道、村道の近年の舗装化、林道の開設が象徴するように、国道すなわち「国家の道」を通して、外界の荒波が部落の内部に押し寄せてきた。この波は、部落住民の生活意識や様式を、次第に侵蝕し始めた。これまで相対的に他の部落から隔離し小宇宙を成していた部落共同体が、外界（国家・市場）[30]との間で、地理的・経済的・精神的通路を開き始めたのである。この通路の開通の結果、部落内には、人口総数の減少と人口の高齢化、生活文化の都市化（電気器具、インスタント、レトルト食品の増加等）の現象が生じた。

　若者の都市への進出に伴う部落総人口の減少と高齢者人口の相対的増加は、農

業人口についても例外ではなかった。部落構成員の専業農家、兼業農家、脱農家への分化が、部落内で一層進展した。この分化を促す同じ動きが、従来の農業を基礎としていた部落集団の統合力の弛緩を招き、部落の一(心同)体的性格を解体し始めた[31]。

　従来、阿室部落内の社会的行為（祭祀、芸能、共同労働等）を統制して来た法理は、そこで生まれ育ち現に生活しているという身分（親子、血縁）に共有されていた。この統制法理は、それを支える生活場所での部落民の伝統的生産様式、すなわち部落共有地（総有財産）の入会的利用関係によって、直接・間接に基礎づけられていた。部落内の、祭りや政り事、伝統的行事、河川の維持管理、農作業等は、原則として、入会集団員の、成員による、成員のための村ワクによって運営・維持されていた。部落の秩序は統制がとれており、部落内の在住者と部落出身者（郷友会）との間でも、故郷の自然に関して明確な利害の相剋はなかったのである。

　ところが、阿室部落の内部に、幾つかの通路を経て、外部の市場経済、国家政策（奄美振興特別措置法）の大波が押し寄せてきた。故郷の自然は、開発用の資源へと転化し始めたのである。これと時を同じくして、部落在住者と部落出身者との間に徐々に浸透していた意識ないし行動の潜在的なズレが、次第に大きくなっていった。このズレは、部落有財産（枝手久島共有地）の売却代金の利益配分について極大化し、ついにその裂け目から火を噴き始めたのである。

　阿室部落は、この噴火を鎮火し、部落在住者の決議に反対する一部出身者に対抗するために部落構成員の部落への共属感を一層確固たるものに再編成しようとした。昭和49年10月、部落は、農事組合法人阿室振興組合を設立したのである。この組合の設立時期が、第一審裁判中であったことは興味深い。なぜなら、この法人設立は、伝統的に部落共有地に入り会い生活してきた人々が、それまでの部落慣行の衣を脱ぎ、新しい国家制定法（農協法第72条の3以下）の衣を自覚的に身に着け始めたことを意味するからである。これまでの「権利能力なき社団」は、明確な目的意識をもった組合員相互の契約から成る農業生産の協業組織へと脱皮したのである。その限りで、部落総有財産の売却処分を契機とした部落における「身分（阿室部落民であるという地位）から契約へ」の漸次的移行は、阿室部落の内部に、西欧近代からの「法の道（legal road）」が、大和国家法体系の道を経由して、通じ始めたことを意味するといえよう。

　阿室振興組合は、どのような内容の団体であるのか、それを組合の定款を通じ

見てみよう。

定　　款（抄）

第1章　総　則

第1条　この組合は、組合員の協同により農業の経営を行ない、組合員の経済的地位の向上を図ると共に、地域社会の振興発展に貢献することを目的とする。

第2条　前条の目的を達する為、次の事業を行なう。

一、組合員の農業に係る共同利用施設の設置及び農作業の共同化に関する事業。

二、農業の経営及びこれとあわせ行なう林業の経営。

三、前二号の事業に附帯する事業。

第3条　この組合は、農事組合法人阿室振興組合と云う。

第4条　（省略）

第5条　（省略）

第6条　この組合は、宇検村農業協同組合に加入するものとする。

第7条　（省略）

第2章　組　合　員

第8条　この組合の組合員たる資格を有する者は、この組合の地区内に住所を有する農民とする。

第9条　この組合の組合員になろうとする者は、引受けようとする出資の口数及びこの組合の事業に従事するかどうかを記載した加入申込書を、この組合に提出しなければならない。

2．この組合は、前項の加入申込書の提出があったときは、総会で加入の諾否を決する。

3．この組合は、加入を承諾したときは、出資の払込みをさせると共に、組合員名簿に記載するものとする。

4．加入申込者は、出資の払込みを了した時に、組合員となる。

第10条　組合員は、出資1口以上を持たなければならない。

但し、出資総口数の100分の50以上をこえる事は出来ない。

第11条　出資1口の金額は、金1,000円とし、全額一時払込みとする。

第12条　組合員の死亡により其の相続人より加入申込みある場合は、その持分を取得したものとみなす。

第13条　組合員は、この組合の承諾を得なければ、その持分を譲渡する事は出来ない。

2．組合員でない者が、組合員の持分を譲り受けようとするときは、第9条の規定に従う。但し、第3項の出資払込みはさせない。

第14条　組合員は、60日前迄にその旨、書面を以って組合に予告し当該事業年度末に脱退することが出来る。
　２．組合員は、次の事由によって脱退する。
　　イ、組合員たる資格の喪失
　　ロ、死　亡
　　ハ、除　名
　　ニ、持分全部の譲渡
第15条　組合員が、次の各号の一に該当するとき、総会の決議を経て之を除名することが出来る。
　　　この場合には、その組合員に対し、総会の会日の10日前までにその旨を通知し、かつ総会において弁明する機会を与えなければならない。
　　イ、正当な理由なくして１年以上この組合の事業に従事せず、かつ組合の施設を全く利用しないとき。
　　ロ、組合に対する義務の履行を怠ったとき。
　　ハ、組合の事業を妨げる行為をしたとき。
　　ニ、法令に基づいてする行政庁の処分または組合の定款規約に違反し、その他故意または重大な過失により組合の信用を失わせるような行為をしたとき。
　２．除名を決議したときは、その理由を明らかにした書面をもって、その旨をその組合員に通知するものとする。
第16条　組合員が脱退した場合には、第38条の規定に準じ、事業年度末におけるこの組合の財産の状況により、払込済出資金を払戻すものとする。
　２．脱退した組合員が組合に対して払うべき債務を有する場合は、払い戻し金額と相殺するものとする。
第17条　組合員は、組合の承諾を得て、その出資口数を減少することができる。
　２．組合員が出資口数を減少した場合、前条の規定に準じ出資金の払い戻しをなすものとする。

　第3章　役　員
第18条　この組合に役員として理事５名監事２名を置く。
第19条　役員は総会において選任する。
　２．前項の規定による選任は、総組合員の過半数による決議を必要とする。
　３．理事は組合員でなければならない。
第20条　理事は代表理事一人を互選するものとする。
第21条　代表理事は組合を代表しその業務を掌理する。
　２．理事は、あらかじめ理事の過半数で定めた順位に従い、代表理事に事故あるときはその職務を代行し、代表理事が欠員のときは、その職務を行なう。
第22条
　～　　（省略）

第26条

第4章 総会

第27条　理事は毎事業年度一回1月に通常総会を招集する。

2．理事は次の場合臨時総会を招集する。

イ、理事が必要と認めたとき。

ロ、総組合員の5分の1以上が必要と認めるとき。

第28条　（省略）

第29条　総会は、組合員の過半数が出席し、議決権の過半数で決する。

第30条　次の事項は、総組合員の3分の2以上の多数による議決を必要とする。

イ、定款の変更

ロ、解散及び合併

ハ、組合への加入

ニ、組合員の除名

ホ、役員の解任

ヘ、固定資産の取得及び処分に関する事項

第31条　総会の議事については、議事録を作製し、議長及び出席理事が署名捺印するものとする。

第5章 業務の執行及び財務

第32条　この組合の事業年度は毎年1月1日より12月31日までとする。

第33条　この組合の財産についての組合員の持分は、各組合員の出資口数に応じて算定する。

第34条　この組合は、出資総額と同額に達するまで、毎事業年度の剰余金の10分の1以上の金額を準備金として積立てするものとする。

2．前項の準備金は、欠損補填に充てる場合の他は、取り崩してはならない。

第35条

〜　（省略）

第37条

第38条　この組合が解散した場合においては、各組合員の持分は出資金を払い戻し、残余は阿室部落へ寄附するものとする。

第39条　この定款に定めるもののほか業務の執行、会計その他に関し必要な事項は総会において決定する。

農事組合法人　阿室振興組合業務規約

第1章 総則

第六章　宇検村阿室における枝手久島共有地の開発と入会裁判

> 第1条　この組合の運営は、法令に基づく行政庁の処分、定款、その他別段の定めあるものの他、この規約による。
> 第2条　この規約の改廃は、総会の決議を経て行なう。
> 第3条　この規約の内容について疑義を生じたときは、総会の決するところによる。但し、緊急の場合は役員会において決定し、次の総会において承認を得るものとする。
>
> 　第2章　組合員
> 第4条　この組合の組合員は、阿室地区内に在住する農民にして、次の各号に該当するものとする。
> 　一、現在阿室部落に本籍を有し部落に在住する者。
> 　二、かつて阿室部落に本籍を有したる者の子孫にして現在部落に在住する者。
> 　三、長年部落に在住し部落民としての責務を果し、総会において組合員としての資格を認められた者。
> 　第3章　会　議
> 　第4章　業務の執行　　（省略）
> 　　　　附　　則

　阿室部落は、このような内容をもつ阿室振興組合を設立した。「部落法人組合設立趣意書」によれば、設立の動機は、部落共有地と個人の私有地との判別を行ない、将来生じるかもしれない紛争を未然に防ぐことにあった。組合設立発起人の考えの要点は、「部落財産総てを法人名義に登記して、共有財産の恒久的保全管理を期すると共に、之を有効適切に運用して部落創生の原点を望みながら、〔お互いが〕共存共栄を計」る点にあった。

　この定款には、疑問（一例、第30条1項のホ、「役員の解任」は「役員の選任」のことか）がないわけではない。しかし、全体として、この定款には、農協法第72条の11以下に則り作成された規定として、また部落財産の明示的な法的管理を可能にしようとする規定として、必要な事柄が記載されている。阿室部落の農家は、少なくとも規定の上では、共有地上で自給自足的な農業を営む自然人であることをやめ、協業経営を行なう簡易法人としての阿室振興組合の組合員へと転身したことになる。

　阿室振興組合の設立以後、阿室部落には、次のような出来事があった。
　昭和59年10月、東亜燃料株式会社は、枝手久島進出を断念し、紛争の収拾金と

して、宇検村に3億円を寄附した。宇検村は、これを育英財団の基金として利用することを決定した。

昭和60年6月2日、石油企業進出反対村民会議が、平田公民館で解散を宣言した。

八　おわりに

「おわりに」、宇検村阿室における枝手久島共有地の開発と入会裁判について、その法哲学的意義を考えてみたい。総有とは、元来、商品交換関係における物と者の関係と違い、そこに有る所の物が、現に在る総ての者（入会集団）によって、単一的・多数的にいわば実在する有機体として法的に関係づけられ、使用・収益されることを意味していた。他方、開発もまた、開発される物や者が、開発する者によって、自らその物や者の本来備わる良さを開き、発すことを意味していた。とすれば、枝手久島について、その開発か自然保護かという二者択一ではなく、開発することが同時に本来の自然の保護（または自然との共生）でもあるような正しい基準としての法（のり）の創造、すなわちそのような人々の権利の創造が、今、切実に求められていることになる。

所有とは、自然が人間によって人工的秩序のなかに取り入れられることである。人間の側から言えば、所有とは、人間による自然の商品化（資源化）でもある。林野所有とは、山林原野（また「野の原」にある野生的自然）が国家の、すなわち「官」の人工的法体系に関連させて秩序づけられること（「国有林は国の私業の対象であり、公・私有林は国の公業の対象である」）でもある。資本としての土地所有は、本来人と親和していた自然（シマまたはマキョに生きて来た神々しいアニミズム的自然）を、荒ぶる自然へと変化させることを意味することもある。

過去（明治6年頃）の枝手久島には、今日のような形での人間と自然との対立はなかった。「宇検方宇検村の西十八九町に枝手久島なるものあり。一名伊里離といふ。周回三里ばかりにして又人家なし。この地元来田畑ありて、享保年間検地の際五十九石四斗、反別三反一畝二十九歩を受け、稲及び黍唐芋作あり。毎年の出産糖大抵六万斤余、その他漁猟をなし又、貝・海苔を採り得といふ。山岳あり、又草木に乏しからず[32]。」

然るに阿室部落（各種のユイワクにみられる相互扶助の共同体法理が支配する社会）の居住者は、枝手久島の総有地上で営んで来た従来の生産関係（農林業）を、土地

の売却処分により自己否定し、市場原理に基づく観光産業へと変質させようとした。部落居住者と転出者とは、この部落総有地売却の法的正当性を、入会裁判で争った。今後、部落居住「者」は、いかにして、その成果を自分達のモノにしていくのだろうか。

部落内居住者と転出者との間で生じた人心の分裂は、両者の間での情念の対立にのみ基づくものではなかった。それは、実は、部落における民法第263条（近代市民法）を部落共同体の再結合の強化に役立てようとする力と、都市における民法を都市のなかの部落（郷友会）の再結合に役立てようとする力との対立に基づいていた。この入会裁判は、観光開発の前提としての部落総有地売却の法的正当性を、西欧近代市民法を継受したヤマト国家法体系（民法第263条）に認知させようとする阿室における法解釈と、観光開発に反対し部落総有地保存の法的正当性を、ヤマト国家法体系に認知させようとする関東の都市における法解釈との、衝突でもあった。この衝突は、法解釈の価値前提から見れば、西欧近代市民法の前提する市場法理に、統制法たるヤマト国家法理と、共同体法理が、どのように対処するのか、という争いにも関わっていた。

元来、部落居住者と転出者とは、共同体内部の伝統的な固有の慣行（共同体法理）に共に従っている限り、両者間に対立などなかった。それが、企業に対する部落総有地売却に伴う市場交換法理の部落共同体への浸透を契機に、共同体法理（相互了解に基づく自然発生的慣行）の通用範囲が狭せられ、もはや共同体の構成員相互の話し合いによる自立的解決がそれ以上できなくなった。このとき、部落共同体は、裁判所という第三者機関による法の有権解釈を選択的に要請したのである。この間の事情を、南海日々新聞の社説は、次のように述べている。

「過疎に悩むシマジマは多い。もはや村落としての機能を維持できなくなった地区も少なくない。昔は村落内は親戚（せき）同然であり、すべてを協力、共同でやるしか〔村落を〕機能させ、守る手だてがなかった。いま裁判で決着をつける。世の中も変わったものだ、とつくづく思う。[33]」。

今回の調査を通じて、私は、阿室部落への（またはからの）道[34]すがら、阿室部落の人々の共有する自然と心とが、今後、阿室へ往き来する人々と、創造的に通じあう新しい道は、どこに、どのように建設されるべきなのかを、考えさせられた。私は、阿室の自然が、シーレーンを通り、「オイル・ロード」からの汚染を受けた裏寂（裏錆？）た自然となるのではなく、また阿室における自然の物が「物の怪」（祭られるべき邪霊）と化すのでもなく、自然の開発が同時に人間の開発

（友愛に基づく人格的結合）であるような「親和的（神話的？）自然」の法理の道のなかに、シマの神（枝手久島にある、烏帽子岳山頂の月宮殿に祀られた神）が生きているような気がした。シマの人々が、シマの自然のなかで（または から）生誕し、シマの自然のなかで生活し、やがて土となって自然のなかに還っていった自分達の祖霊をシマの自然そのものと合体しているものと見做し、身心をあげて、今も「とうとがなし」として信仰していることを思うとき、私は、この道の存在を一層強く感じたのである（奄美南部の集落では、今なお部落共同墓地は珍しくない）。

宇検村阿室における枝手久島共有地をめぐる入会裁判がたとえ阿室部落勝訴に終ったとしても、それは一つの終りであるに過ぎない。部落住民には、それと同時に別のもっと困難な道がこれから始まるであろう。なぜなら、判決の確定は、入会裁判が国家法のレベルで有権的に解決したというにすぎないからである。判決の確定は、それ自体、部落の振興・経済発展を100％保証する手形ではない。判決確定後始まるであろう枝手久島の開発において、阿室部落住民のかつての決議の真価が試されることになる。この開発は、枝手久島を始めとするシマの自然の生成・発展・滅亡する動力学的過程に則りながら、あるべき人間的「自然」とあるべき自然的「人間」を利善美聖という価値を実現するものとして行なわれなければならない。自然開発は、自然のなかから、ある限りのあらゆる自然を資源（財）として広範に我が物に所有し尽くし、経済的効率のみを追求することであってはならない。開発のなかには、自然のあるがままを有るがままにその質的深さにおいて所有することを法的権利として国家が制度的に保障する道も、ありうるのではないか。このような開発の道を、法的権利としてシマの内外の人々に認知させていく新しい「シマの道」を、今まさに大島と「道の島々」の人々は、模索し建設しようとしているのではなかろうか。古代ギリシャ以来、哲学は自然哲学から始まった。人々の根源的自然への回帰こそ、また、人々のそこへ往きそこから来る道の創造こそ、法哲学の一つの端緒であるように、私は考えた。

1　この記事また後出の新元博文氏の記事を私に紹介して下さったのは、南島文化研究所の仲地哲夫助教授である。
2　道路事情がよくなった結果、名瀬市や瀬戸内町の村外の小売業者が、スピーカー付の移動販売車を使って、村内に生鮮食糧品を中心とする日用品をほとんど毎日売りにくるようになった。このことから、村民の村内商店（雑貨屋）での中元・歳暮用品の、これまでの購入行動に変化が生じ始めた。村民は、商品の購入に当り、利用可能な商品を使い分ける、新たな秩序を生活のなかに定着させ始めたのである。また道路

第六章　宇検村阿室における枝手久島共有地の開発と入会裁判　　171

の開通後、シマでの自宅出産はほとんどなくなり、村外での公・私立病院での出産が普通になった。シマでの生命誕生にシマの家族以外の第三者が関与する割合が高くなったのである。

3　西方村は、この後、昭和31年9月1日、古仁屋町、実久村、鎮西村と合併して、瀬戸内町となる。明治時代前後における奄美大島の行政区域の変遷を知るには、『名瀬市誌』中巻、昭和46年、40〜41頁の地図が便利である。
4　奄美における地方自治制の歴史について、吉田慶喜「奄美における明治地方自治制の成立過程」(『奄美郷土研究会報』、第23号、昭和58年、58〜78頁)が詳しい。
5　『明治四十三年鹿児島縣大島郡統計書』、大正元年、濱田日報社、26〜27頁より計算。
6　この株式会社有の入会林野について、株式会社の企業的合理性と入会林野のもつ共同体的規制との衝突から生じる法的問題(入会権者と株主との人的一致・不一致に由来する、会社有林からの収益の帰属如何、会社有林の地盤所有権自体の法的性質如何)を、中尾英俊氏は指摘しておられる。同氏『奄美大島における入会林野Ⅱ』、鹿児島県、1967年、138〜147頁。
7　湯湾発屋鈍行きの午前11時のバスに乗ると、湯湾から40分程で阿室に着く。帰りは、午後1時5分の、湯湾行きのバスに乗り遅れると、翌日まで、湯湾行きのバスはない。
8　前掲『明治四十三年鹿児島県大島郡統計書』、26頁。
9　阿室部落において、消防団活動が熱心な理由は、次の出来事に基づいている。「大正4年旧12月2日午前10時頃一少年の火遊びが原因で海岸付近から出火、折からの季節風に煽られて火は八方に飛び、家屋が密集しているうえに茅葺き屋根がほとんどであったため、わずか1時間で集落は全焼した。700余人の住民は生命だけを残して家屋と家財道具を焼失、これを大正の大火といい、時代的な背景もあって、その後当地住民には長い苦闘の年月が続いた。以来住民に火災予防が徹底し、火伏せの神を御神体とする秋葉神社を建立、神社の下方に『火番小屋』を設置し、全戸順番で火の用心を毎日継続している。」。『角川日本地名大辞典、46鹿児島県』、角川書店、昭和58年、75頁。
10　本章の林野の沿革については、中尾前掲書、119〜122頁に負うところが多い。
11　大島における地租改正実施時期については、中尾英俊氏は明治11年着手説(『奄美大島における入会林野、Ⅰ』、鹿児島県、1967年、9頁)を、与那国暹氏は「地租改正の実状については資料が少なく詳細は不明であるが」と留保付きではあるものの、明治12年説(九学会連合奄美調査委員会編『奄美──自然・文化・社会──』、弘文堂、昭和57年、198頁)を、俣野芳朗氏は明治13年説(前掲『名瀬市誌』、中巻、昭和46年、33〜35頁)を、それぞれ採っておられる。

　なお、地租改正と同時に実施された官民有区分のさい、宇検村民は、地租の負担を恐れて部落に近い林野を手放したといわれている。その結果、山添氏によれば、「〔宇検〕村の官行造林地、県行造林地、村有〔直営〕林〔は〕奥地にあって、国有林〔は〕里山地帯に〔位置するという〕奇妙な形になっ」(〔　〕内は、徳永による挿入)たと

のことである。山添精三「奄美群島における林野制度の研究(2)——大島本島の林野制度について——」、南方産業科学研究所編、『南方産業科学研究所報告』、第二巻第2号、1960年、16、19頁。

12 　中尾英俊氏は、大島では本土と違い民法施行後に勅令により島嶼町村制が施行されたのだから、旧慣使用権に関する町村制の規定第55条は、入会権公権論を主張する論者にとって有利な論拠にはならないのではなかろうか、と述べておられる。中尾英俊『奄美大島における入会林野 Ⅰ』鹿児島県、1967年、15〜16頁。

13 　「……ス可シ」につき、前出の中尾氏は、その意味は、旧村持林野を、㋐新町村有に一方的に編入移転「ス可シ」ということなのか、㋑新町村有と看做「ス可シ」ということなのか、と問い、旧憲法下においても、㋐は違法の疑いがあると述べておられる。前掲書、14〜15頁。

14 　中島楽『大島々治概要』、大正15年、141頁。

15 　ホテル、レジャー産業を目的とし、昭和36年3月に設立された従業員700名の会社である。城山観光株式会社の、資本金は2億7,200万円、株主は保直次ほか4名、系列会社は城山合産、城山実業、西日本レジャーである。昭和59年3月の決算では、収入は約200億円、利益は約6億円となっている。

16 　『枝手久島開発に関する趣意書』、枝手久島開発委員会発行、昭和48年1月、3頁。

17 　後出の預託金返還等請求事件に対する鹿児島地裁判決書の、理由中より引用。

18 　前掲『趣意書』の7頁によると、利息は次のような費用にあてられる。1．部落維持費。これには、字費の無料化、部落行事費への支出、部落作業の有償化、消防団・青壮年婦人団等の活動への謝礼、区長報酬の増額、その他の予備費が含まれている。
　2．紬工場建設費。製品売上げ代から、原料代、係員の諸経費を差引いた残額を織賃として織工に還元。3．奨学金制度の設置による人材育成。4．各地区の阿室字人会の行事への補助。

19 　前掲『趣意書』の6頁によると、「社長の保直次氏は徳之島出身であり、島の人情も、島の事情も、良く理解して居られるし、島を振興させて内地並の生活をさせると共に日本に残された最後の自然を奄美群島に残すのが念願であると申して居られますし、誠実な人柄が感じられます。城山のホテルをはじめ福岡にも大きなホテルがあり、九州全域に種々の事業を経営し年間八〇億に近い売り上げをして居る大事業家です。数回に亘り面談しました印象から、決して人を欺く人間では無いと信じます。」とある。

20 　阿室部落が宇検部落と共有するこれら2筆の土地については、鹿児島地裁の認定した事実によれば、阿室部落において後日宇検部落から共有部分を取得するとの約束があった。

21 　昭和48年2月、東亜燃料株式会社は、枝手久島を切り崩し、本島間の浅瀬を埋め、約120万坪の土地を造成し、日産50万バーレルの石油コンビナートを建設する計画を立て、宇検村当局と議会にこの計画への協力を要請していた。「東燃の計画をひっさげてやってきたのは、宇検村芹検部落出身の松井繁で、彼は元参議院議員・故迫水久常

第六章　宇検村阿室における枝手久島共有地の開発と入会裁判　　173

（鹿児島出身）の秘書であった。ちょうど国土総買占めが騒がれていた頃で枝手久島の三分の一は既に阿室部落が、その共有地を城山観光に売却することを決定していた。その前年の秋には、中央生態系研究所が実験用猿飼育所に、久志部落や宇検部落の共有地を借りうけたいといってきてもめていた。村内で枝手久開発が問題化されていた時機に東燃はやってきた。宇検村議会の議長は藤野幸正で芹検の人であった。彼は猿山よりも城山の観光開発よりも石油がいいといって、73年の年明け早々から動きはじめた。」。新元博文「奄美・枝手久・反公害闘争の記録」、『新沖縄文学』、第41号、1979年、161～162頁。

　なお東亜燃料株式会社は、「石油類並びに石油化学製品の製造、貯蔵、売買及び輸送」（但し、昭和57年3月以降は、「石油類、その他の鉱物資源、石油代替エネルギー及び石油化学製品の開発、製造、加工、貯蔵、売買及び輸送」となった）を目的とし、昭和14年8月12日に設立された従業員2,500名の会社である。昭和59年3月の決算では、資本金約245億円、売上高1,086,191百万円、税引利益412億7千9百万円、大株主はエッソ・イースタン（1億2,245万2千株）、モービル・ペトロリアム（1億2,245万2千株）である。系列会社には、東燃石油化学（資本金45億円、全額東燃出資）、東燃タンカー（資本金10億円、全額東燃出資）、日網石油精製（資本金10億円、東燃出資比率70％）、東燃テクノロジーKK（資本金5千万円、全額東燃出資）、キグナス石油（資本金10億円、東燃50％出資）、東日本石油開発KK（資本金15億円、東燃出資比率3分の2）、トーネン・エナジー・インターナショナル・コープ（資本金50万US＄、全額東燃出資）がある。

22　枝手久島開発委員会『枝手久紛争の中間報告』、昭和60年6月10日、3頁。
　なお、昭和48年（1973年）10月3日（水）の朝日新聞（東京版）夕刊の3版10面に、「枝手久島を守る関東阿室会」（米崎常益会長、会員70世帯）の記事が、「ふる里の自然を守れ」の見出しの下、阿室会会員の話とともに、掲載されている。

23　以下の記述は、預託金返還等請求事件において、鹿児島地方裁判所が認定した事実に基づいている。

24　昭和48年（1973年）5月21日（月）の朝日新聞（東京版）朝刊の13版22面には、「島を売るのはやめた」、「つめよる保護派に開発派屈す」、「奄美の無人島　コンビナート騒動」の見出しで、このときの記事が、掲載されている。

25　久志部落の人々が石油企業にであれ観光企業にであれ先祖伝来の土地を手放すことに一切反対し、約100筆近い個人所有地を石油企業進出反対村民会議代表三名の名義で仮登記したこと、またこの仮登記には名瀬在住久志会、関西久志会、ブラジル在住久志会の支援があったこと、等の事情については、新元博文、前掲「奄美・枝手久・反公害闘争の記録」、164～165頁参照のこと。

26　南西諸島、特に沖縄における郷友会の社会・経済・政治・文化的機能の研究については、石原昌家『郷友会社会──都市のなかのムラ──』、ひるぎ社、1986年参照のこと。

27　海面養殖を目的として、昭和43年4月に設立された従業員55名の会社である。城山

合産株式会社の、資本金は1億3,200万円、全株式は城山観光株式会社がもっており、系列会社は城山観光であり、事業場は鹿児島県の姶良郡、大島郡、薩摩郡である。昭和60年3月の決算では、売上高19億1千万円、利益2,596万円となっている。

28 同趣旨判決、最高裁昭和57年7月1日判決（民集36巻6号891頁以下、特に894頁）参照。

29 福岡高等裁判所が、最高裁判所へ事件を送付したのは、1986年8月21日である。

30 東亜燃料株式会社が、昭和48年当時奄美進出を企図した理由には、次のものが考えられる。OPEC、米国のエネルギー政策等当時急速に転換しつつあった国際石油事情（昭和48年10月第四次中東戦争の勃発）、日本の国家エネルギー政策としての石油備蓄とその強化の動き（昭和50年12月石油備蓄法公布）、増大する石油需要、特に、四大公害訴訟の終結に伴う公害防止・環境保全のための低硫黄燃料（Ｃ重油から灯油、軽油、Ａ重油へ）の需要に対処するための石油精製能力の拡充、鉄道のない、また水力発電所のほとんどない沖縄の本土復帰（昭和47年5月15日）に伴う南西諸島における石油需要（これには、同社が初の国産化に成功したジェット・エンジン用合成潤滑油《SDF Synthetic Turbine Engine Oil》も含まれよう）の増大、沖縄と本土を含む極東アジアを市場圏に包括しうる奄美の地理的位置、これらに対応するための同社のかねてからの懸案であった清水、和歌山、川崎の各工場に次ぐ第四製油所建設の必要性、等の理由である。

昭和59年末における東燃の、船腹量は12隻207万1,000重量トン、原油処理能力は、全国に対して約8％の割合を占めていた。このような会社が、総工費約1,500億円をかけ、日産原油処理能力50万バーレルの世界最大級の工場を昭和55年度までに枝手久島とその周辺に完成しようという以上、この計画をめぐって、他の石油会社との、また、地元のみならず他の地域の人々との様々な思惑が交錯したであろうことは推測できよう。通産省が、米国石油資本の沖縄進出認可方針を決定したのが、昭和46年1月であり、エッソ沖縄製油所（8万バーレル／日）竣工が昭和47年1月、沖縄石油精製平安座島製油所（10万バーレル／日）竣工が昭和47年4月、南西石油㈱設立が同年5月10日、三菱石油と丸善石油が沖縄石油基地㈱を設立したのが昭和48年4月26日、沖縄県が沖縄石油基地㈱に対し金武湾CTS建設計画を認可したのが昭和51年6月22日、出光興産㈱が沖縄石油精製㈱のガルフ社（45％）と三菱化成（10％）の株式を譲り受け、全株式を所有することを決定したのが昭和55年6月16日である（『東燃のあゆみ（昭和44年～昭和49年）』、東亜燃料株式会社発行、昭和49年、101頁、『東燃のあゆみ（自昭和49年　至昭和54年）』、同社発行、昭和54年、106頁、『東燃のあゆみ（自昭和54年　至昭和59年）』、同社発行、昭和59年、等を参考にした）。

31 一部の若者の宇検村内での活動が、どの程度、この解体傾向に対する歯止めになっているかについては、浦島悦子『奄美だより』現代書館、1984年、30～34頁、89～90頁、144～149頁参照のこと。

32 久野謙次郎『南島誌・各島村法』、奄美社、昭和29年、14頁。大島の村法については、同書155～167頁参照のこと。

33 『南海日々新聞』、1986年5月6日、社説。但し〔 〕内は、徳永による付加である。
34 奄美における集落のなかには、集落内への悪霊の侵入を防ぐため、集落が外界と通じる道の境において、かつて柴祀りが行なわれていたところもある。

第七章　深山をめぐる瀬戸内町・篠川・阿室釜の入会紛争

一　はじめに

　瀬戸内町（行政担当者）、篠川部落、阿室釜部落またそこに居住して来た人々（入会集団）にとって、「入会権とは何であったのか」、「入会権とは何であるのか」、「入会権はどうあるべきなのか」が、今問われている。本報告の目的は、できるだけ地域の人々の生活とその山に関わる環境に注目しながら、深山の213番地と214番地の山林をめぐる、瀬戸内町、篠川部落、阿室釜部落のあいだの入会紛争をとりあげ、この入会紛争が、①どのような歴史的経過のなかから生じて来た紛争であるのかの、②どのような法律的諸問題を含んでいるかの、③共同体法理（シマの伝統的慣習法）統制法理（町・村役場の行政が基準としている法）と市場法理（岩崎産業株式会社、中越パルプ工業株式会社、十條製紙株式会社等が企業活動を行なう場合に基準としている法）[1]との相互相克・浸透から基本的規定を受けながら、構造的に発生した紛争であることの、解明をめざす点にある。

　南西諸島の各島における入会権の法律的諸問題については、今までに、屋久島、種子島、奄美大島、沖縄本島、石垣島、西表島等を対象として、幾つかの研究が行なわれて来た。とすれば、入会研究は、もう不要なのであろうか。そうではない。沖縄本島においてもまた本島近くの過疎化しつつある離島においても、近年入会紛争は増える傾向にある。のみならず、時代の社会・経済的変化に伴い、入会林野の使用・収益方法に変化がみられ、入会集団の変質・解体傾向が目立ち始めているのである。入会研究は、一層の調査・研究が望まれるのである。

　瀬戸内町内の入会権や入会林野の研究としては、これまでに中尾英俊氏と山添精三氏の研究[2]がある。本報告をまとめるに当り、両氏の研究、特に中尾英俊氏の研究から多くの示唆を得た。

　では、深山をめぐる、瀬戸内町、篠川部落、阿室釜部落の三者間の入会紛争とは、どのような紛争であったのだろうか。紛争の始まり、紛争当事者の主張、紛争の法的争点は、どのようなものなのであろうか。

だが、その問題に取りかかる前に、瀬戸内町、篠川部落、阿室釜部落の概況を述べることにしよう。

二　瀬戸内町の概況

　瀬戸内町は、鹿児島市内から南方に約450km離れた奄美大島南部に位置する。図Ⅰが示すように、町は、大島本島の南端部分と、加計呂麻島（約77km²）、請島（約14km²）、与路島（約10km²）等の離島部分から成っている。町の北側は宇検村と住用村に接している。町は、東西約29km、南北約28kmの広範な地域を占めており、総面積は、約239km²である。これは、徳之島全土とほぼ同じ広さである。表Ⅰの土地構成が示すように、町の総面積のうち、88％が山岳地帯で占められている。残り12％の平地に、55の集落がある。耕地面積は1.6％にすぎない。町内の最高峰は、住用村境にあるイイラ岳であり、標高502mである。

　町の人口は、表Ⅱの通りである。昭和60年10月1日現在の推計によれば、町内の一世帯当り平均人数は約2.45人となっている。町役場所在地の古仁屋が、町全体に対して占める人口と世帯数の割合は、それぞれ約53.4％と約50.1％である。町の総人口は、減少し続けており、昭和60年の人口は、大正9年当時の約46.8％しかない。

　瀬戸内町は、昭和31年9月、町村合併促進法の適用をうけ、図Ⅱが示すように、当時の西方村、古仁屋町、実久村、鎮西村の4ヵ町村が合併してできた町である[3]。奄美大島が薩摩藩の侵攻をうけたのは、慶長14（1609）年である。薩摩藩は、享保5（1720）年糖業政策を徹底させるため、区域変更を行なった。これにより、現在の瀬戸内地域は、東方（旧古仁屋地区）、渡連方（旧鎮西地区）、実久方（旧

図Ⅰ

第七章　深山をめぐる瀬戸内町・篠川・阿室釜の入会紛争　179

実久方)と西方に区分された。

　各方（ほう）の行政は、与人、間切横目、黍横目、田地横目、竹木横目、津口横目等の役人が担当した。薩摩藩は、侵攻した奄美五島と琉球において、何度か検地（竿入れ）[4]を行ない、農民の黒糖作りを押し進めた。この黒糖があったればこそ、薩摩藩は、宝暦4、5年（1754、55年）の木曽川治水工事での財政難にもかかわらず、藩としての面目を保ち、後に明治維新の原動力の一つになりえたのである。明治5年、与人は戸長、間切横目は副戸長に改められた。

表Ⅰ　瀬戸内町の土地構成

山　林	21,039 ha	88.0 %
原　野	4	0.0
田	40	0.2
畑	339	1.4
宅　他	217	0.9
その他	2,260	9.5
計	23,899 ha	100.0 %

(昭和60年3月現在)

　明治41年4月島嶼町村制が実施され、西方地区は当時の宇検方と合併し焼内村となり、古仁屋地区は西方に属していた小名瀬・阿鉄の集落を含めて東方村に、他方加計呂麻地域は渡連方と実久方を合併し鎮西村となった。大正5年5月、西方村は焼内村から分村し西方村となった。同年同月、実久村は鎮西村から分村

表Ⅱ　瀬戸内町における人口の推移

	戸　数	総人口	男	女
大正9年	5,963 戸	29,125 人	13,973 人	15,152 人
14	6,459	29,541	13,990	15,551
昭和5	6,266	28,984	13,673	15,311
10	6,203	26,995	12,648	14,347
15	5,680	23,588	11,055	12,533
25	-	29,473	13,702	15,771
30	6,455	26,371	12,468	13,903
35	6,417	23,798	11,094	12,704
40	5,837	20,336	9,205	11,131
45	5,537	17,273	7,753	9,520
50	5,274	15,290	6,887	8,403
55	5,271	14,309	6,659	7,650
60	5,569	13,633	6,453	7,180

昭和5、10、25、30、35年を除き、各年10月1日現在の戸数と人口である。
昭和30年以前の数字は、現在の瀬戸内地域に該当する各村落の合計数である。

図Ⅱ

し、瀬戸内の離島地域は、実久村と鎮西村になった。昭和11年1月、東方村は町制を施行し、古仁屋町と改称した。昭和20年から28年までの8年間、奄美諸島は、本土から行政分離したが、昭和28年12月、日本本土に復帰した[5]。昭科29年6月、奄美群島復興特別措置法が公布された[6]。この法律は、その後、昭和33年の改正、昭和39年の改正（この改正により、奄美群島振興特別措置法と名前が変わった）昭和44年の改正、昭和49年の改正（これにより、奄美群島振興開発特別措置法と名前が変わった）、昭和54、58年の改正を経て、現在に至るまで、国の援助・指導下における奄美群島振興開発の根拠法となっている。

　瀬戸内町における産業別就業者数の構成は、表Ⅲの通りである。大正9（1920）年から昭和60（1985）年の65年間で、第一次産業の就業者数は大正9年当時の約11％に減少し、逆に、第二次と第三次の産業別就業者数はそれぞれ約104％と254％に増加した。第三次産業のなかでも、金融・保険業、サービス業、公務員の数の伸びが極立っている。大正9年当時、第一次産業就業者数は、全就業者数のうちの74％を占めていた。瀬戸内地域は、農林水産業を中心とする共同体法理の支配する社会だったのである。ところがこの地域において、金融・保険業に従事する人の数が増え、資本主義的市場の浸透・拡大がなされて来たのである。他方、共同体法の支配的であった地域におけるこのような市場法理の浸透・拡大に対応するかのように、統制法理に支えられた公務員やサービス業に従事する就業者数も飛躍的（構成比では、2.4％から26.2％へと約11倍）に増加した。65年間にわたる産業別就業者数の推移のなかに、時代の経済社会からの影響を受けながら、当該

表Ⅲ　瀬戸内町における産業別就業者数の推移

産業別	年度別	大正9年 人数	%	昭和5年 人数	%	昭和25年 人数	%	昭和30年 人数	%	昭和35年 人数	%	昭和40年 人数	%	昭和45年 人数	%	昭和50年 人数	%	昭和55年 人数	%	昭和60年 人数	%
第一次産業	農業	7,994	66.5	10,597	70.0	12,129	80.8	9,047	70.1	5,652	54.6	3,005	38.8	1,768	24.7	763	11.8	534	8.6	580	9.9
	林業	939	7.8	927	6.1	72	0.5	439	3.4	321	3.1	145	1.9	42	0.6	61	1.0	51	0.8	34	0.6
	水産業					506	3.4	432	3.3	423	4.1	278	3.6	183	2.6	255	3.9	276	4.5	336	5.8
	計	8,933	74.3	11,884	78.5	12,707	84.7	9,918	76.8	6,396	61.8	3,428	44.3	1,993	27.9	1,079	16.7	861	13.9	950	16.3
第二次産業	鉱業	-	-	-	-	-	-	23	0.2	35	0.4	70	0.9	12	0.2	13	0.2	7	0.1	13	0.2
	建設業	1,973	16.4	1,741	11.5	211	1.4	247	1.9	1,150	11.1	946	12.2	581	8.1	657	10.2	938	15.0	827	14.2
	製造業					364	2.4	240	1.9	302	2.9	1,025	13.2	1,961	27.4	2,087	32.3	1,583	25.4	1,215	20.8
	計	1,973	16.4	1,741	11.5	575	3.8	510	4.0	1,487	14.4	2,041	26.3	2,554	35.7	2,757	42.7	2,528	40.5	2,055	35.2
第三次産業	卸売・小売業	391	3.3	647	4.3	624	4.2	948	7.3	1,038	10.0	766	9.9	766	10.7	796	12.3	863	13.8	841	14.4
	金融・保険業					19	0.1	32	0.3	27	0.3	38	0.5	31	0.5	38	0.6	43	0.7	55	0.9
	不動産業	-	-	-	-	-	-	-	-	-	-	-	-	-	-	-	-	1	0.0	0	0
	運輸通信業	186	1.5	311	2.1	249	1.7	444	3.4	341	3.3	316	4.1	342	4.5	337	5.2	363	5.8	371	6.4
	電気・ガス・水道業	-	-	-	-	-	-	-	-	25	0.2	22	0.2	36	0.5	37	0.6	32	0.6	31	0.5
	サービス業	286	2.4	321	2.1	332	2.2	693	5.4	718	6.9	774	10.0	867	12.1	962	14.9	1,048	7.9	1,080	18.5
	公務	248	2.1	103	0.7	502	3.3	363	2.8	323	3.1	359	4.6	582	8.1	442	6.8	494	16.8	446	7.7
	計	1,111	9.3	1,514	10.0	1,726	11.5	2,480	19.2	2,473	23.8	2,281	29.4	2,606	36.4	2,612	40.4	2,844	45.6	2,824	48.4
分類不能産業		-	-	-	-	-	-	-	-	-	-	-	-	2	0.0	17	0.2	3	0.0	0	0
合計		12,017	100.0	15,139	100.0	15,008	100.0	12,908	100.0	10,356	100.0	7,750	100.0	7,155	100.0	6,465	100.0	6,236	100.0	5,834	100.0

(建設計画基礎調査、各年度の「町勢要覧」より作製)

社会を次第に変革し、維持、発展させて来た地域の人々の様子の一端が示されている。

　第Ⅳ表は、瀬戸内町における町内純生産の産業別構成を示したものである。純生産の、第1位はサービス業が、第2位は建設業が、第3位は公務が、ついで卸売・小売業や水産業が次の順位を占めている。町内純生産のうち、全体に対して占める農業部門の占める割合が近年減少しているのは、米・甘蔗の耕作減による。果実（ポンカン、タンカン、温州ミカン、ビワ等）や畜産（豚、和牛等）は増加している。昭和59年度における町民1人当り所得は1,148,037円である。これは、大島郡郡民1人当り所得（1,400,662円）の約82％、鹿児島県県民1人当り所得（1,570,939円）の約73％、日本国国民1人当り所得（1,995,133円）の約58％に該当する。同年度における沖縄県県民1人当り所得は、1,481,432円であるから、瀬戸内町の町民1人当り所得は、沖縄県の県民1人当り所得の約78％ということになる[7]。

　瀬戸内町における農家数は、昭和60年の農業センサスによれば、農家総数956戸、うち専業農家は187戸、兼業農家は769戸である。兼業農家のうち、第一種兼

表Ⅳ　瀬戸内町における産業別町内純生産

産業別		昭和56年度		昭和57年度		昭和58年度		昭和59年度	
		金額（千円）	%	金額（千円）	%	金額（千円）	%	金額（千円）	%
第一次産業	農　　　業	367,527	2.6	284,309	2.0	306,508	2.1	296,780	2.0
	林業・狩猟業	130,051	0.9	126,922	2.0	131,222	0.9	164,927	1.1
	水　産　業	211,625	1.5	935,047	6.6	1,066,489	7.2	933,861	6.3
	計	709,203	5.1	1,346,278	9.5	1,504,219	10.2	1,395,568	9.4
第二次産業	鉱　　　業	135,657	0.9	106,699	0.8	74,652	0.5	68,174	0.5
	建　設　業	3,258,134	23.2	2,715,445	19.1	2,841,055	19.2	2,654,960	17.9
	製　造　業	267,637	1.9	338,633	2.4	613,039	4.1	619,835	4.2
	計	3,661,428	26.1	3,160,777	22.2	3,528,746	23.8	3,342,969	22.6
第三次産業	卸売・小売業	1,488,045	10.6	1,316,426	9.3	1,360,158	9.2	1,382,635	9.3
	金融・保険業　不動産	707,431	5.1	722,007	5.1	782,519	5.3	779,429	5.3
	運輸・通信業	1,208,582	8.6	1,233,747	8.7	1,384,378	9.3	1,380,707	9.3
	電気・ガス・水道業	195,806	1.4	195,486	1.4	227,660	1.5	246,399	1.7
	サービス業	4,438,586	31.7	4,187,902	29.5	3,973,725	26.8	4,158,232	28.1
	公　　　務	1,610,614	11.5	2,044,681	14.4	2,052,037	13.9	2,108,542	14.3
	計	9,864,001	63.2	9,700,249	68.3	9,780,477	66.0	10,055,944	67.9
合　　計		14,019,727千円	100.0	14,207,304	100.0	14,813,442	100.0	14,794,481	100.0

（昭和56年度は『町勢要覧』他は『昭和59年度瀬戸内町民所得推計報告書』昭和62年3月発行による）

業農家数は119戸、第二種兼業農家数は650戸である。農家全体の約68％は、第二種兼業農家である。第二種兼業農家が多いことは、町内では農業専業が成り立ちにくい状況にあることを示している。

表Ⅴは、瀬戸内町における経営規模別農家構成の推移を示したものである。0.3ha以上1.0ha未満の農家数の恒常的減少と、1.0ha以上の農家数の不変性が目立っている。このことは、町内において農業として経営が成り立つのは、経営規模が少なくとも1.0ha以上でなければならず、これ以下では農業経営が成り立ちにくいことを示している。経営規模の小さい0.3ha未満の零細農家の数は、昭和35年からのここ25年間で、昭和35年当時の約36％に減少した。零細農家が農業を経営し続けていくためには、経営規模の拡大を図らざるを得ない。全農家戸数に対して占める借入農地のある農家戸数の割合が、昭和35年当時（20.0％）に比べて、増えている（昭和60年では50.4％）のは、このためであろう。

昭和60年の農業センサスによれば、経営耕地面積が0.3ha未満の農家戸数は、町内に693戸ある。このうち、保有山林が10a以上ある農家総戸数は、293戸である。町内の農家であって、しかも10a以上の山林を保有している農家総戸数293戸のうち、実に約66％（192戸）の農家は、経営耕地面積が0.3ha未満なのである[8]。このことは、経営規模の小さい零細な農家ほど多く山林に依存していることを示すものであろう。

瀬戸内町における所有形態別山林面積は、表Ⅵの通りである。私有林は、山林の中腹以下の里山に多く、その合計面積は11,981haであり、森林総面積の約

表Ⅴ　瀬戸内町における経営規模別農家構成の推移

年度別 産業別	昭和35年		昭和40年		昭和45年		昭和50年		昭和55年		昭和60年	
	戸数	％	戸数	％	戸数	％	戸数	％	戸数	％	戸数	％
0.3ha未満	2,430戸	63.4	1,628	58.1	1,182	56.0	780	56.6	675	67.0	865	72.5
0.3～0.5ha	898	23.4	716	25.6	521	24.7	330	24.0	181	18.0	164	13.7
0.5～1.0ha	443	11.6	379	13.5	333	15.8	203	14.7	106	10.5	103	8.6
1.0ha以上	61	1.6	77	2.8	76	3.5	65	4.7	40	4.0	62	5.2
計	3,832	100.0	2,800	100.0	2,112	100.0	1,378	100.0	1,007	100.0	1,194	100.0
借入耕地の ない農家数	3,065	80.0	2,239	80.0	1,444	68.4	1,183	85.8	493	48.5	592	49.6
借入耕地の ある農家数	767	20.0	561	20.0	668	31.6	195	14.2	524	53.5	602	50.4

（町内各農業委員の8月1日調査に基づく企画室資料より作成）

表Ⅵ 瀬戸内町における所有形態別山林面積

所有区分	山林総面積	国有林	民有林									
			公団造林	県行造林	町有林				私有林			
					直営	町分収	一般分収	貸付	会社	部落	社寺	私有
森林面積(ha)	21,043	1,293	173	23	147.2	6	749	5,346	1,082	820	1	10,078
造林面積(ha)	3,120	412	173	23	803	6	749	0	0	74	0	880
人工林率(％)	15.0	32.0	100	100	55	100	100	0	0	9	0	0

(昭和60年『町勢要覧』による)

表Ⅶ 瀬戸内町における私有林の現況

種 別		面積 ha	材積 m³
人 工 林		805ha	91,773 m³
	針 葉 樹	797	90,282
	広 葉 樹	8	1,491
天 然 林		9,705	875,220
	針 葉 樹	1,401	215,819
	広 葉 樹	8,304	659,401
竹 林		50	-
要人工植栽地		117	-
更新困難地		1,304	-
合 計		11,981	966,993

(昭和56年度編成の『地域森林計画書』による)

57％を占めている。本表の私有林中、「私有」の部分は、個人有林9,414haと、個人有林以外の共有林664haに区分される。県行造林23haは、嘉徳の奥地にあり、松の造林がなされている。国有林は、農林水産省所官の林野（約1,156ha）、大蔵省所官の林野（瀬久井にある103ha）、運輸省所官の林野（西古見にある4.5haと蘇刈にある0.5ha）から成る。

瀬戸内町における私有林の面積と材積は、表Ⅶの通りである。町内の26部落は、部落有林を所有している。部落有林の利用管理は一定しないものの、造林、放牧、シイタケ原木に活用したり、水源林として利用保護したりしている。

ここ約20年間における瀬戸内町内の林業生産をみると、シャリンバイの着実な生産量と生産額の伸びが目立つ。シャリンバイは、昭和44年度トン当り約1万円であったが、昭和59年度にはトン当り約4万7千円している。着物は1人1反の生地があれば作れるが、この1反の布を染めるには、シャリンバイが22.5kg必要である[9]。大島紬は、大島の特産品であるから、将来もこの需要はなくならないであろう。町内山林の樹種としては、琉球松、板椎、イジュ、タブ、シャリンバイ等が多い。板椎は、乾燥したときひねりが出るので、今に建築用材としてはほとんど使われていない。しかし、板椎は、音響効果が良いので、この木片を人工的に板状に組み合わせた建築用内装材として、近年需要がある。イジュは、少

第七章　深山をめぐる瀬戸内町・篠川・阿室釜の入会紛争　185

表Ⅷ　瀬戸内町における林業生産の推移

年度別 林産品	昭和43年度 生産量	生産額	昭和44年度 生産量	生産額	昭和45年度 生産量	生産額	昭和46年度 生産量	生産額	昭和47年度 生産量	生産額	昭和48年度 生産量	生産額	昭和49年度 生産量	生産額	昭和50年度 生産量	生産額
一般用材	1,480 m³		760	6,536	2,050	17,630	3,000	25,500	2,700	24,300	290	3,480	590	10,620	300	4,800
パルプ用材	24,860 m³		24,284	104,905	15,091	66,430	4,500	53,650	18,800	103,400	13,180	144,980	11,290	112,900	10,080	95,760
チップ	-		-	-	424 m³	3,392	4,800	38,400	4,700	51,700	4,960	54,560	7,910	79,100		
木炭	7,510俵		8,061	4,030	4,331	3,465	2,826	2,261	3,680	3,864	2,180	3,030	1,099	2,198	2,019	4,240
薪	6,220 m³		9,984	14,976	3,960	9,900	5,000	7,500	4,800	7,440	3,900	6,240	2,700	5,670	6,100	15,250
竹材	350束		350	123	410	1,435	420	147	500	190	610	488	500	490	340	422
樹苗	527,000本		900,000	3,613	954,000	3,678	626	3,130	407	2,275	340	3,078	310	3,038	297	3,487
樹実	50 t		25	2,700	30	3,240	35	3,780	33	3,630	21	2,583	2	520	2	556
しいたけ	150 kg		1,550	4,100	1,860	4,650	3,000	7,500	2,400	6,480	2,100	6,300	2,100	4,200	3,300	5,280
きくらげ	150 kg		300	300	300	390	200	240	100	120	100	260	20	32	100	150
シャリンバイ	-		50 t	505	70	819	350	3,700	300	6,000	300	6,900	420	10,500	520	18,200
その他				20,754		34,641		30,400		16,192		19,625		57,920		43,530
合計		144,297千円		162,542		1,710,535		176,208		225,591		251,524		287,188		191,675

年度別 林産品	昭和51年度 生産量	昭和51年度 生産額	昭和52年度 生産量	昭和52年度 生産額	昭和53年度 生産量	昭和53年度 生産額	昭和54年度 生産量	昭和54年度 生産額	昭和55年度 生産量	昭和55年度 生産額	昭和56年度 生産量	昭和56年度 生産額	昭和57年度 生産量	昭和57年度 生産額	昭和58年度 生産量	昭和58年度 生産額	昭和59年度 生産量	昭和59年度 生産額	昭和60年度 生産量	昭和60年度 生産額
一 般 用 材	1,919	19,190	794	15,880	905	14,480	600	9,600	527	8,432	856	13,696	1,041	16,156	958	15,328	524	8,809	383	5,362
パルプ用材	15,144	161,440	21,154	190,386	22,742	204,678	27,450	260,775	19,990	189,905	13,232	132,320	13,312	133,120	15,469	170,148	17,931	204,334	21,843	259,388
チ ッ プ	―	―	―	―	―	―	―	―	―	―	―	―	―	―	―	―	―	―	―	―
木 炭	1,766	3,532	1,170	2,340	687	1,580	670	1,541	810	1,863	kg 14,190	2,176	kg 12,420	1,904	俵 548	1,242	4,845	904	kg 7,950	1,590
薪	6,360	7,632	束 124,000	24,800	m³ 4,000	9,200	2,900	1,671	4,100	9,430	3,700	7,400	3,300	6,600	2,050	16,400	3,300	6,600	3,300	6,600
竹 材	340	1,700	―	―	―	―	―	―	―	―	―	―	―	―	72	1,185	―	―	―	―
樹 苗	392,000	5,432	270,000	4,209	8,020	―	8,150	10,385	9,567	13,394	千本 487	10,953	475	10,679	本 338,375	9,188	千本 484	11,258	354	8,742
樹 実	10	150	―	―	―	―	―	―	―	―	―	―	―	―	5,540	1,212	―	―	―	―
し い た け	1,350	1,600	7,300	7,800	8,020	10,426	8,150	10,385	9,567	13,394	10,540	10,405	11,100	11,112	11,250	16,745	13,870	16,644	14,976	19,584
き く ら げ	102	153	50	30	―	―	―	―	―	―	―	―	―	―	―	―	―	―	―	―
シャリンバイ	650	22,100	365	12,775	1,106	42,028	1,116	42,743	1,086	41,594	1,309	61,087	1,026	47,880	450	20,250	1,098	51,240	853	39,807
そ の 他		17,450		2,400		24,473		45,580		41,541		73,753		16,521		12,794		5,587		19,615
合 計		240,379		260,620		306,865		377,294		306,159		311,790		244,472		264,492		305,376		375,737

(昭和51、52、58の各年度は、『町勢要覧』に、他の年度は『奄美群島の概況』による)

し毒性があり[10]シロアリに強いことから、建築用材に用いられる。

　瀬戸内町森林総面積のうち、約36％が町有林である。この町有林は、昭和31年の合併のとき元町村の所有財産を引き継いだり、国有財産の払下げを受けたりして、できた山林である。昭和32年12月28日、町は、「町有林野の保続培養と生産力の増進を図り、もって町民の福祉と町経済の発展に資することを目的[11]」として、瀬戸内町有林野管理条例を公布した。

　この条例によって、町有林野は、管理経営上、(1)直営林、(2)分収林、(3)経営委託林、(4)貸付林の四種類に区分されることになった。(1)直営林の経営は、町長が5年毎に編成する計画に基づき行なわれる。この経営は、未立木地、伐採跡地に対する人工造林の励行、林種転換による生産力の増強、また森林の開発利用による林産物の生産増強を、原則とする。

　(2)分収林とは、町有林野を造林希望者に貸付し造林をさせその収益を町と分収するもの、または、町が林野を借受け、これに造林を行ないその収益を土地所有者と分収するもの、である。町が分収林の設定契約をすることのできる相手方は、①部落、学校、青年団、壮年団及びその他の団体、②当該林野と密接な関係を有するもの、③その他町長が適当と認めたものである。分収林の施業と保護に要する経費は、すべて造林者の負担である。分収林の分収割合は、1町9民ないし4町6民以内で、土地の良否樹種、地利、その他を勘案して町長が定める。分収林の存続期間は、一伐期であるが、40年を越えることはできない。

　(3)経営委託林とは、町有林野を国または県に経営を委託し、その収益を町と分収するものである。経営委託林の経営については、官行造林地は公有林野等官行造林法により、公団造林は森林開発公団法と分収造林特別措置法により、県行造林地は公有林野、県行造林並びに大島郡災害救済備林造成、県条例により、経営する。経営委託林の存続期間は、一伐期であるが、40年を越えることはできない。

　(4)貸付林とは、直営林、分収林、経営委託林以外の町有林である。①公用及び公益事業のため必要があると認める場合、②地元部落民に密接な関係のある町有林野である場合、③採草（カヤ）のため必要があると認める場合、④町の公共的施策に密接な関係をもつ施設を伴う事業と町長が認める場合、町長は、これらのいずれかの一に該当するとき、議会の議決を経て、町有林野を貸付または使用させることができる。この場合の貸付料と使用料は、管理費、地況、林況、土地の便否その他を斟酌して、実測面積一反歩につき年3円以内とする。貸付林の全部

または一部の立木を売却する場合の価格の分収割合は、3町7民である。借受人は、貸付林内において、①自家用用材、薪炭材、②下草、樹実、きのこ類、③椎茸栽培の為の原木等の林産物を採取することができる。
　林業のうち、木炭・薪・その他の林産物と狩猟を除く、素材部門の、昭和59年度における瀬戸内町の生産額を示したのが、表Ⅸである。林業のうち、素材部門を除く、他の部門の昭和59年度における生産額は、木炭が90万4千円、薪が1,530万円、その他林産物（しいたけが1,759万5千円、たけのこが101万5千円、その他4,015万1千円）が7,496万5千円、狩猟業（猪を中心とする獣類が1,312万円、鳥類が1万8千円）が1,389万8千円となっている。
　林業所得額のうち、パルプ材を中心とする個人有林の所得の増加、並びに、しいたけ栽培による所得の増加が、近年の町内林業の一つの特色となっている。
　瀬戸内町内の大島海峡には、俵小島[12]がある。この島は、全島魚つき保安林の指定を受けている。山林の樹種は琉球松である。島の面積は2.62haである。島は町有地であるが、地上部分は俵部落有である。町と部落との分収割合が3対7の、分収林となっている。なお、大島海峡に面した知之浦では、昔、イルカがよく獲れたそうである。沖縄海洋博覧会会場のイルカも、ここから送られたとのこ

表Ⅸ　昭和59年度の瀬戸内町内の林業（素材）の生産額

項目		樹種	針葉樹			広葉樹			生産額計（千円）
			生産数量 m³	単価（円）	生産額（千円）	生産数量 m³	単価（円）	生産額（千円）	
個人有林		一般用材丸太	－	－	－	224	16,000	3,584	3,584
		パルプ材	1,250	11,000	13,750	11,245	11,000	123,695	137,445
		その他	－	－	－	－	－	－	－
	小　　計		1,250	－	13,750	11,469	－	127,279	141,029
払下林	国有林	一般用材丸太	－	－	－	225	16,000	3,600	3,600
		パルプ材	7	11,000	77	2,312	11,000	25,432	25,509
		その他	－	－	－	－	－	－	－
	公有林	一般用材丸太	－	－	－	75	16,000	1,200	1,200
		パルプ材	－	－	－	3,124	11,000	34,364	34,364
		その他	－	－	－	－	－	－	－
	小　　計		7	－	77	5,736	－	64,596	64,673
合　　計			1,257	－	13,827	17,205	－	191,875	205,702

（『昭和59年度 瀬戸内町民所得推計報告書』、昭和62年3月発行、12頁による）

とである。

三　篠川・阿室釜両集落の概況

　篠川は、シニョホーともいい、古仁屋の北北西約16kmに位置する。集落は、大島海峡の篠川湾に面している。篠川という地名は、部落を南流している篠川川に由来するらしい[13]。篠川は、琉球王舜天の血を引き、大島の糖業の功労者でもあった、芝好徳（1714〜1795年）の生誕地として、地元では有名な村である。昭和62年10月25日、篠川に、「開拓の父、芝好徳翁顕彰碑」[14]がたてられた。阿室釜は、アムルガマともいい、篠川の南西に隣接する集落である。阿室釜の「ガマ」は小を意味する接尾語で、釜は音を写した当て字であるらしい[15]。

　昭和61年の篠川・阿室釜両部落の戸数と人口は、表Xと表XIの通りである。篠川部落の、総戸数は83戸、総人口は213人である。一世帯当り平均2.57人となっている。明治43年12月末の篠川部落の、本籍戸数・人口または現住戸数・人口は、本籍戸数123戸、本籍人口711人（うち男356人、女355人）、現住戸数123戸、現住人口706人（うち男351人、女355人）であった[16]。大正4年9月における篠川部落の、戸数は135戸、人口は809人（うち男389人、女420人）であった[17]。

　阿室釜部落の、総戸数は36戸、総人口は62人である。一世帯当り平均1.72人となっている。明治43年12月末の阿室釜部落の、本籍戸数、人口または現住戸数・人口は、本籍戸数59戸、本籍人口372人（うち男200人、女172人）、現住戸数は59戸、現住人口は369人（うち男197人、女172人）であった[18]。大正4年9月における阿室釜部落の、戸数は73戸、人口は398人（うち男209人、女189人）であった[19]。

　明治43（1910）年以来、昭和61（1986）年迄の約75年間にわたる両部落の戸数と人口の減少割合をみると、阿室釜部落の方が、その減少が著しい。昭和61年現在の阿室釜部落には、戸数

表X　篠川部落の戸数と人口

区分組別	戸数	人口
摺勝組	26戸	57人
下里組	17	55
上里組	15	37
打赤組	25	64
計	83戸	213人

（昭和61年4月現在）

表XI　阿室釜部落の戸数と人口

区分組別	戸数	人口
下神	27戸	48人
深浦	3	3
白浜	6	11
計	36戸	62人

（昭和61年8月現在）

表XII 篠川・阿室釜における各種指標の推移

年度別区分	篠川					阿室釜				
	昭和40年	45年	50年	55年	60年	昭和40年	45年	50年	55年	60年
人口	507人	321	262	258	217	179人	123	98	67	81
戸数	143戸	110	97	94	93	52戸	43	36	34	40
農林家数	93戸	69	56	44	49	37戸	19	20	14	12
農林家人口	363人	264	164	125	124	141人	62	59	38	28
田	151 a	177	-	-	-	259 a	181	36	-	-
畑	2312 a	2283	2260	1412	1383	980 a	1026	1198	573	523
樹園地	89 a	216				56 a	26			
農地計	2552 a	2676	2260	1412	1383	1295 a	1233	1234	573	523
小学生数	76人	66	33	22	19	27人	24	11	4	5
中学生数	41人	40	23	12	8	18人	16	8	3	2

(両部落における小学生数と中学生数のうち、昭和40年と50年の数字は、昭和43年度と51年度の数字である)

表XIII 経営規模別農家数と農家林家数

地域別 耕地面積	瀬戸内町		篠川		阿室釜	
	農家数	農家林家数	農家数	農家林家数	農家数	農家林家数
0.3ha 未満	693戸	192戸	39戸	17戸	7戸	5戸
0.3〜0.5ha	130	50	14	12	2	2
0.5〜1.0	76	33	3	2	3	3
1.0〜1.5	27	10	1	0	1	1
1.5〜2.0	7	2	0	0	0	0
2.0〜2.5	7	2	0	0	0	0
2.5〜3.0	8	2	0	0	0	0
3.0〜5.0	3	2	0	0	0	0
5.0ha 以上	1	0	0	0	0	0
計	956戸	293戸	57戸	31戸	13戸	11戸

(昭和60年農業センサスによる)

は、明治43年当時の約61％、人口は当時の約17％しかない。近年における両部落の、戸数、人口、農林家数、農地面積、学校生徒数の減少割合は、表XIIの通りである。

　昭和60年の農業センサスによれば、瀬戸内町・篠川・阿室釜における経営規模別農家数と農林家数は、表XIIIの通りである。農家の一戸ないし一人当り平均耕地

第七章　深山をめぐる瀬戸内町・篠川・阿室釜の入会紛争　191

経営面積は、瀬戸内町がそれぞれ40.0aと15.4a、篠川がそれぞれ24.3aと9.8a、阿室釜がそれぞれ40.2aと18.0aである。これらの耕地を経営する農家の年齢別人口数は、表XIVの通りである。瀬戸内町、篠川、阿室釜において、65歳以上の農民がそれぞれの農家総人口に対して占める割合は、それぞれ28.4％、31.2％、44.8％である。阿室釜においては、60歳以上の農民が、農家人口の半分以上を占めており、この人達が一人平均18.0haの耕地を経営しているのである。

　昭和4年9月1日時点での、篠川と阿室釜両部落における現住戸数一戸当り田畑（畑は樹園地を含む）平均

表XIV　年齢別農家人口数

年齢別＼地域別	瀬戸内町	篠川	阿室釜
0～14歳	248人	17人	0人
15歳	39	1	2
16～19	91	4	0
20～24	57	3	0
25～29	80	7	3
30～34	84	4	0
35～39	68	6	0
40～44	64	2	0
45～49	125	6	1
50～54	235	12	5
55～59	334	18	3
60～64	351	17	2
65～69	236	9	8
70歳以上	468	35	5
計	2,480	141人	29人

（昭和60年農業センサスによる）

反別は、自作地小作地の別を問わず、篠川部落では田3畝7歩（約3.23a）、畑2反7畝27歩（約27a）、阿室釜部落では田4畝25歩（約4.83a）、畑2反3畝5歩（約23.5a）であった[20]。当時、大島本島の現住戸数一戸当り田畑平均反別は、田7畝16歩畑2反14歩であった[21]から、篠川・阿室釜の両部落は、大島の平均的部落と比較すれば、田が少ない集落であったといえる[22]。

　昭和60年の農業センサスによれば、篠川と阿室釜にはもう田はない。両部落の、樹園地を含む畑の、農家一戸当り平均経営面積は、表XIIと表XIIIによれば、篠川24.3a、阿室釜40.2aである。ここ約50年間で、農家一戸当り畑の平均耕地面積は、篠川が2.7aの減少（27a→24.3a）、阿室釜が16.7aの増加（23.5a→40.2a）となっている。阿室釜における農家一戸当り平均耕地面積の増加は、表XV中にある阿室釜の第一次産業従事者の百分率にも、関係している。篠川では、第一次産業就業者は約25％であり、第三次産業就業者は約33％であるのに対し、阿室釜では、第一次産業就業者は約37％であり、第三次産業就業者は23％である。このことは、農家一戸当り平均耕地面積の多い阿室釜の方が、篠川部落よりも、農業と関係の深い生活を営み易い条件下にあることを示している。

表XV 篠川と阿室釜における産業別就業者数

年度別		昭和55年度				昭和60年度			
	地域別	篠川		阿室釜		篠川		阿室釜	
産業別		人数	%	人数	%	人数	%	人数	%
第一次産業	農　　業	13人	12.8	6人	17.1	7人	8.8	6人	14.0
	林　　業	9	8.9	1	2.9	4	5.0	1	2.3
	水 産 業	3	3.0	4	11.4	9	11.2	9	20.9
	計	25	24.7	11	31.4	20	25.0	16	37.2
第二次産業	鉱　　業	1	1.0	0	0.0	0	0.0	0	0.0
	建 設 業	9	8.9	7	20.0	10	12.5	7	16.3
	製 造 業	21	20.8	10	28.6	24	30.0	10	23.2
	計	31	30.7	17	48.6	34	42.5	17	39.5
第三次産業	卸売・小売業	9	8.9	2	5.7	6	7.5	2	4.7
	金融・保険業	1	1.0	0	0.0	0	0.0	0	0.0
	不 動 産 業	0	0.0	0	0.0	0	0.0	0	0.0
	運輸・通信業	10	9.9	0	0.0	9	11.2	0	0.0
	電気・ガス・水道業	0	0.0	0	0.0	0	0.0	0	0.0
	サービス業	22	21.8	4	11.4	9	11.2	6	13.9
	公　　務	3	3.0	1	2.9	2	2.6	2	4.7
	計	45	44.6	7	20.0	26	32.5	10	23.3
分類不能		0	0.0	0	0.0	0	0.0	0	0.0
合　計		101	100.0	35	100.0	80	100.0	43	100.0

（昭和55年度と、昭和60年度の国勢調査による）

　篠川部落における農家数は、昭和60年の農業センサスによれば、農家総数57戸、うち専業農家は無く、全農家が兼業農家である。兼業農家のうち、第一種兼業農家は1戸、残りの56戸全てが第二種兼業農家である。阿室釜部落における農家数は、農家総数13戸、うち専業農家は3戸、兼業農家は10戸である。兼業農家10戸のうち、第一種兼業農家は2戸、第二種兼業農家は8戸である。篠川においては、農家全体の98.2％が第二種兼業農家であり、阿室釜においては、農家全体の61.5％が第二種兼業農家である。両部落におけるこのような兼業率の高さの違いは、表XIIIにおける両部落の農家の経営規模および農家全体に対して占める農家林家の割合（篠川は54.4％、阿室釜は84.6％）の高さと密接な関連をもっている。高齢者が多く、経営規模の小さい農家のなかには、生活に経済的困難を感じることのある農家がないわけではない。農業以外の分野、例えば林業（除草、除伐、枝打ち、造林等の山仕事の機会を提供する岩崎産業KK[23]）、水産業（石鯛やフグを養殖している城

山合産 KK[24])、建設業（港湾や港湾施設の建設・製造を行う山下《善》建設 KK[25]）と関係をもつ農家が、両部落にみられるのは、このためであろう。

篠川部落小字赤浜に面した山側の傾斜地には、蘇鉄で垣をめぐらせた段々畑がある。畑と畑の境界上や傾斜地に蘇鉄が植えられた理由は、①降雨時における畑の土・肥料・種苗等の流出防止、②暴風や潮風からの作物の保護、③蘇鉄葉を、生花、装飾用の他、緑肥としたり、また乾燥させて風呂の焚付として利用するため、④蘇鉄の実を味噌（ナリ味噌）作りや稀に粥用に使うため、などである。1987年3月下旬、先の段々畑に、焼けた蘇鉄垣を見ることができた[26]。畑を焼くのは、ハブ、害虫、雑草を処理したり、地力の回復を図るためである。このような焼畑慣行の淵源は、相当古い時代にまで遡ることができよう。比較的新しい焼畑慣行のなごりの一つを、藩制時代における道の島の農政に求めることができるかもしれない。

かつて、大山野[27]では、「薪炭・茭草を採取し、且つ山野作を許された。但

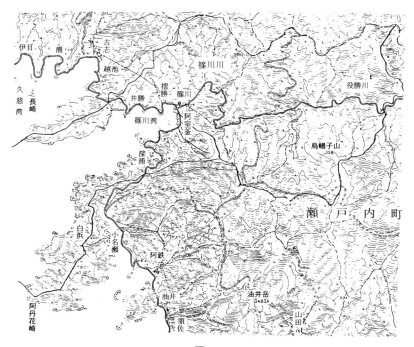

図Ⅲ

し、大山野には野呂久米の禁忌地が相當にあったといふ。高配當[28]が行はれたにも拘はらず、島役等の一部の富裕島民が廣大な作場を持ち、時に數間切に亙り諸所に作場を持つ事があった。彼等は配當高から除外される土地を開墾或は賣買等によって占有するに至ったと思はれる。此等の土地は、多く家人によって耕作されたのである。從って、農業經營の上から見ると、配當高のみによる一般百姓の經營と家人所有者の經營とが存した事が注目される。…。猶ほ、永作地・大山野等の土地種目は、諸島共同様である[29]。」

篠川や阿室釜においても、かつて、シマ共同の林野を、10数年毎に、伐採し、仕明したと考えられる。10数年毎という期間は、畑への猪の侵入を防止するシシ垣用木材が育つ期間と大体同じである[30]。くぬぎを除く広葉樹や琉球松の場合、利用伐期令は15年であり、杉、桧その他の針葉樹のそれは20年である。このことからも、10数年毎に林野を伐採し焼畑化する慣行は、自然の植物の成長リズムに合致した、合理的な農業方法であったと考えられる。藩制時代、農民は、米、甘藷以外に、麥、粟、黍、玉蜀黍、落花生、蔬菜等を栽培したが、これ以外に、蘇鉄の実や幹を原料にした食物を食することもあった。

藩制時代、大島における高配当は、田地横目の監督の下、島民の合議により自治的に行なわれた。配当は、まず村に対し人数に応じて行なわれ、次に各入等分に行なわれた。高配当のほか[31]に郷士高（郷士の私有）があり、篠川の芝実統は郷士としての私田13石4升9合を薩藩から認められていた[32]。大山野のうち、一部分は、大山野仕明地や永作地となることがあった。シマの大山野の利用の必要度について、それを不可欠とする階層と直接には不可欠としない階層に分化する兆しが、この時代にあったと考えられる。

昭和4年における篠川部落の耕地総面積38町9反1畝17歩のうち、自作地は13町2反畝18歩、小作地は25町6反3畝29歩であった[33]。耕地総面積に対して、自作地の占める割合は、34％、小作地のそれは、66％である。他方同年における阿室釜部落の耕地総面積20町6反9畝4歩のうち、自作地は11町8反7畝6歩、小作地は8町8反1畝28歩であった。耕地総面積に対して、自作地の占める割合は、57％、小作地のそれは、43％である。当時の西方村の耕地総面積220町4反2畝1歩に対して、村全体の自作地の占める割合は、53％、小作地のそれは47％である。同じ年の水田について、篠川部落、阿室釜部落、西方村全体のそれぞれの、自・小作別割合をみると、篠川部落の・自作地は37％小作地は63％、阿室釜の・自作地は69％小作地は31％、西方村の・自1乍地は55％小作地は45％であ

る。また同じ年の畑について、篠川部落、阿室釜部落、西方村全体のそれぞれの自・小作別割合をみると、篠川部落の・自作地は34％小作地は66％、阿室釜の・自作地は55％小作地は45％、西方村の・自作地は53％小作地は47％であった。

　このことは、少なくとも昭和4年9月1日時点において、田、畑、ともに篠川ではいかに小作が多かったか（約2倍弱）を、また、阿室釜ではいかに自作が多かったか（田の場合約2倍強、畑の場合約1.2倍）を示している。当時の西方村の7集落（西古見、管鈍、花天、久慈、古志、篠川、阿室釜）の耕地総面積をそれぞれみても、自作地よりも小作地の面積の方が多い集落は久慈、古志、篠川の3集落のみである。そのなかでも特に篠川は、他の2集落に比べると、小作による農業が目立って多かった（小作地面積は25町6反3畝29歩、自作地面積は13町2反7畝18歩）といえる。小作が多い結果、明治初期においても、西方篠川村は、肥壌の村であるが、貧村でもあった[34]。

四　大島、瀬戸内町、篠川・阿室釜をめぐる行政・林野の沿革

1　藩制時代

　藩政時代、現在の瀬戸内町に属する地域は、東間切（渡連方と東方）と西間切（西方と実久方）に属していた。奄美の島々は、島津による慶長14（1609）年の琉球国侵攻後、琉球（大琉球）から割譲されて、薩藩の直轄地（小琉球）となった。薩藩は、小琉球（道之島）支配のため奉行（のち代官）以下の詰役を大島ほかに常駐させた。薩藩は、初めのうち、琉球統治時代の制度を踏襲したが、島内の門閥、有力者等は、琉属以来の慣行的特権に固執し、代官政治に必ずしも服従しなかった。そのため薩藩は、これを抑えようと、寛永3・4（1626・27）年の二年間にわたり、島内諸家の系図や古記録を記録奉行所で焼却処分した[35]。薩藩は、与人以下の役人の服装や髪指しを質素倹約の名の下に、制限した。薩藩は、奉行の仕事を円滑ならしめるため、島出身者を島役としてとり立てて、彼らが農民を掌握し生産を増やし収納の確保に努める能吏になることを期待した。薩藩は、与人役、横目役に血判を押捺させ、忠勤を誓約させた。

　寛永15（1638）年、大島の農民は、米のほか、むしろ（莚）、しゅろ（棕梠は、1本につき1か月納皮1枚）、黒竹（これは、1本につき皮20匁）、はぜの実、馬尾、鶏尾、芭蕉苧等を、大島収納奉行に納めていた[36]。

　元禄11（1698）年、大島に黍横目が設けられた。享保年間、大島では、砂糖350

万斤の定式買入（第一次定式買入）が行なわれ、これは安永6（1777）年の惣買入まで続いた。享保年間、薩藩の買入に応じるため、各間切、各方、各村、各作用夫は黍耕作を割り当てられた。この頃から水田の甘蔗畑化が進んだ。

宝暦7（1757）年2月、篠川の芝好徳は、44歳で、田地方与人となった。『奄美大島史』によれば、「此年美濃尾張の諸川横溢し被害多し、藩主島津重年公将軍家の御手傳となり之を修理し給ふや、大島代官の命を承け金銭料として砂糖五千斤を献上せり。抑て此事たるや徳川家重の島津氏の勢力をそがんため、重年公に課せし木曾川改修工事を指すものにして寳暦四年の幕命による、工事完成するや、家老平田靱負以下豫算超過の責を負うて自刃す、此時死せし人々等を薩摩義士と云ひ、之を赤穂義士の擧に比し並べ稱し、今や毎年鹿城府下の諸學校にては、其命日に當り薩摩義士傳の講演をなさざるなく、岐阜縣の人々亦之を德として今に忘れず、隨つて之に關する著述多し、好德亦隱れたる木曾川工事の經濟上の功勞者なりと云ふべし、同八年戊寅十二月廿一日附の、物奉行山元藤兵衞殿の此事に關する印章芝家にあり[37]。」

嘉永3（1850）年～安政3（1856）年頃に書かれた『南島雑話』によれば、薩制時代の農民は「一二里の奥山に畠を拵へて諸作職をす。至て能く出來るなり。其畠仕明〔開墾〕の次第は、七八尺廻り迄の大木立茂りたる山を三四五町廻計も薙倒し、暫く枯し置きて夫れに火を付焼崩して、大木の本木計り残りたるを又切集て焼、來春より打返して唐芋を第一作り、粟大根蕪黍（砂糖黍にてなし）〔玉蜀黍のこと〕よき赤ごしや〔つくねいも〕里芋藍生姜ねぶか類随分よし。煙草年中あり、きつく色悪。其外野菜よし。煙草を植れば、年中葉出て枯るゝことなく、下葉より缺落して呑用とす。是を山煙草といひ、色は悪けれども、きつみありて呑めばよきものなりと。七八年にもなれば唐芋の實入悪くなる。其時は砂糖黍を植て僅成とも砂糖を取るなり。其時又右の如くして外に山畠を仕明けて、銘々其如くして山中の處々に畠数多あり。此山畠の仕明方本式にすれば、三年計前に山を薙倒し置けば、諸木の枝々は其内に薪に取り或は朽腐もありて本木ばかり残りたる時、夫を切集めて焼崩し作をすれば、猶以て能きと云。三年は只腐らす。故に木の根なく土を返すに安きなり。かく山を焼崩すこと、山多ければなり。誠に惜しき林木と覺ゆ。山は猪宍の障り嚴しければ、垣をして防ぎを餘程よくするなり。三四五町廻りの畠をすべて一二尺廻の大木を横にして長け四尺計り宛圍廻す。至手隙入るなり。かくまでしても畠廣き故に破り入て猪かかりあることなり。是も椎の實多き時は椎の實計を食ふ故猪掛りなきなり[38]。」

大島は、現在でも椎の木は多い。椎の實を昔の農民がどのように利用していたかについて、『南島雑話』は、次のように述べている。椎の實は、「蒸し或は煮て圍爐裏の上〔や〕又は〔天〕日〔で〕干かし、臼にて皮を搗碎き實を汰分けて、飯或は粥或は味噌或は燒酎或は蒸菓子にす。……。九月末方より椎の實を拾へば、多く實の生る年は翌年迄も拾ふ事なれども、九月より鹽焚をし、砂糖樽のくれ木もとり、田地も打返し、一月より砂糖を煎ずれば、島民寸暇を得ざる時にして、霜月に至れば拾ふ人なしと云へり。椎を拾ふ事至て難儀なる物なり。大島の山總て巖石の坂道〔のみ〕にて、夫を曉天卯の刻迄に壹里餘も行て、其日終日溪川を渡り絶〔壁〕を越へ椎の實ある所を〔ここかしこ〕に尋廻りて終日拾へば、上手は二斗餘も拾ふ。手籠を背負て夫に入れば、漸々重中々難儀なるものなり。又三四里も奧山の椎を拾ふには、前日より參りて其夜山に泊り翌日終日拾ふて歸る。島民是を天賜の穀物なりと、苦勞しても拾ふなり[39]。」

　藩制時代、間切内農民は、共有の田畑を高配當していた[40]。この高配當について、昇曙夢は、「琉球の割地制度とも似ているが、その形態實質において薩藩特有の門割制度をそのまま實施したものであることは疑いを容れない。薩藩においては慶長の頃から門割と稱する特異の農民制度を設けて藩内の郷村を固め、一村を數多の門に割り付け、そして門内の農民をして所定年限の間耕作をなさしめ、年限が滿ちたらその土地を藩に收取して、更にこれを他の農民に配給耕作せしめていたのである。……。薩藩…は…この強制耕作制度を…以て、大島における甘蔗栽培・糖業政策に適用したのである[41]。」と述べている。

　藩制時代、島民のなかで貢租（租米や租糖）の上納ができない者、期限内に負債を返却できずわが身を賣ろうとする者は、五人組と村吏に情實を告げ、在番所の許可を得て、十ヶ年を期限に身賣りをした。これが、家人（やんちゅ）である。家人の値段は本人の行狀と強弱によって差があったが、大體男女共砂糖1500斤（代米7石5斗）から2000斤（代米10石）が普通であった。嘉永6（1853）年の藩令により、たとえ年限内であっても身代糖を償還すれば自由の身となることができた。とはいえ、家人の勞働は借用糖の利子（身代糖1500斤の1年間の利子は450斤、年3割の利子）にあてられたので、10年の満期内に元本を償還することは困難であった。しかも身賣人の食費や衣服費は、それから差引かれたので、一度び身賣りして家人となれば、自由の身になれることはほとんどなかった。維新前後の大島の総人口のうち、2～3割[42]は家人であった[43]。

2 明治時代

　明治4（1871）年7月14日、廃藩置県により、全国は3府302県に分かれた。その後[44]の統廃合が進み、同年11月20日、全国は3府72県となった。しかし、道之島は、依然として鹿児島藩の直轄領のままで、在番所が置かれていた。明治5年9月14日、鹿児島県所管の琉球国は琉球藩とされ、琉球王尚泰は琉球藩王に封じられた。この後、琉球藩は、鹿児島の手を離れ、外務省、内務省へと所管が移った。明治6年、与人が戸長に、間切横目は副戸長になった。

　明治8年3月、鹿児島県は、在番所を廃止し、大島の名瀬に支庁を設置した。大島は、鹿児島のなかで、第90大区となり、この大区のなかに、第1小区から第13小区をもつことになった。明治11年7月、明治政府は、三新法（郡区町村編成法、府県会規則、地方税規則）を制定し、地方自治制度の法制化を行なった。鹿児島県の行政系統は、県庁（県令）―支庁―区長―戸長となった。区長[45]は、地券取調を兼任した[46]。

　明治12年4月4日、琉球藩が廃止され、沖縄県が置かれた。本土と違い、琉球においては、「版籍奉還」がないまま「廃藩置県」が強行された[47]。同年、7月1日、大支庁が廃止され、奄美諸島は大島郡となり、大島郡の郡役所が名瀬方金久村に置かれた。

　明治13年5月17日、赤堀廉蔵が、奄美大島の地租改正事務担当の掛員として任命された[48]。大島郡では、社寺境内外の区別は、明治8年乙第四号達に照らし取調べ、同14年1月15日上申し、同15年1月13日認可された。大島郡の耕宅地改租は、明治14年4月25日上申し、同14年6月20日、明治12年より新税施行のことが認可された。山林・原野・雑地の地租改正は、作業がなかなか進まなかった。明治15年、一応官林調査事業が完了し、官民有の区別がはっきりした。官民有地区別処分は、明治8年1月地租改正局乙第三号、同9年1月同局第十一号山林原野等官民所有区別処分派出官員心得書第1条によって取扱われた。このとき、大字の共有林（地）であって明確な証拠のない山林（地）は官有林（地）に編入されることがあった。

　山林原野の地租改正（以下、改租と略記する）がなかなか進まなかった原因には、次の事情がある[49]。①多くの大山野は、個々の農民の所有ではなく、シマの支配（村持）下にあるか、領主（または藩主、県、政府）に属するか、または無主物として扱われるか、であったこと。②改租以前、林野の地盤と毛上との関係が不明確であったこと。山林所有権というとき、それは地盤か、立木か、その両者

か、いずれのことを言うのか、判然としていなかったこと。改租は、地盤と立木とを峻別し、立木に対してではなく[50]、地盤についてのみ、地券を発行し、課税の対象としたこと。また、立木のある林地（これには、天然林もあれば人工林もあるし、薪炭林のような雑木林もあれば用材林もあった）の価格をどのようにして決めるかが問題であったこと[51]。③山林の利用・権利関係は、多種多様であって、地方によって異なるのみか、一つの地方においても各種の性格をもつ山林が混在していたこと。これらの事情が、土地所有者に対し、土地価格に応じた一定割合の額の貨幣による租税を負担させようという改租の原則自体の実現を、困難にさせたと考えられる。

明治18年10月、大島郡役所が廃止された。代って、大島金久支庁が設置された。明治19年、古仁屋村（ほか12ヵ村）、久慈村（ほか8ヵ村）、押角村（ほか13ヵ村）、瀬武村（ほか12ヵ村）に、それぞれ連合戸長役場が置かれた。

明治19年8月、登記法の公布により、土地だけでなく、建物、船舶を含めて登記事務は、これまでの内務省所管の戸長役場から、司法省（治安裁判所）所管の登記所へ移った[52]。

明治22年4月1日、本土では、市制、町村制が施行された[53]。これにより、明治21年末に全国で71,314あった町村が、新制度施行後の明治22年12月末には15,820と約5分の1に減少した。他方、全国に39の市（大体人口2万5千人以上の人口のある市街地）が誕生した。

明治23年11月29日、明治憲法が施行された。帝国議会開設。明治24年、この年から6年間、宇検方湯湾村の山林深山のなかの一反歩において、大葉藍が試験的に植えられた[54]。明治25年5月、大島郡と川辺郡の内十島を管轄する大島島庁が名瀬方に設置された。

明治31年1月、本土では森林法（法律第46号）が施行された。森林法第57条により、大島においては、「保安林ニ関スル規定ニ限リ」森林法が適用された。そのため、大島では、森林法に基づく施業案編成の義務がなく、また、森林法による林業組合も設立されなかった。

明治32年2月、現行不動産登記法の施行により、不動産の登記事務は裁判所の管轄下に置かれた。

明治33年9月12日、篠川村と阿室釜村は、次の盟約証を締結した。

明治三十三年九月拾二日

盟 約 証

篠川村
阿室釜村

第一条　篠川村字深山弐百弐拾三番山林反別三拾弐町弐拾歩、字同弐百拾四番山林反別三拾弐町歩（以上弐筆ハ誤テ亡昇清応ノ名義アリ）字同三百九番口號畑反別六畝拾歩字同弐百九番ハ號畑反別壱反八畝参歩字同二百九番ニ號畑反別三畝弐拾五歩字同二百九番ホ号畑反別壱反四畝壱歩字同弐百九番ヘ號畑反別五畝拾弐歩字弐百九番ト號畑反別弐反弐拾六歩字同弐百九番チ號畑反別壱反弐畝拾四歩字同弐百拾壱番ヌ號畑反別四反八畝拾九歩字同弐百拾壱番ル号畑反別参畝拾弐歩字同弐百九番イ号原野反別九反八畝八歩字同弐百拾一番イ号山林反別三拾町壱反四畝拾壱歩字同弐百拾弐番山林反別弐拾壱丁六反歩ノ拾四筆ハ古来篠川阿室釜両村共有地ナルヲ以テ相共ニ維持スベキモノトス

第二条　篠川阿室釜両村人民ハ前条共有地ニ対スル租税其他一切ノ費用ヲ負担スル義務アルモノトス

第三条　両村人民ハ共有地ヨリ生ズル収獲物及ヒ他村ヨリ収入スル伐採料ハ両村共有地租税負担戸数ニ割当配付スルモノトス

第四条　爾後共有地ヲ開墾シ共同ヲ以テ殖産ヲ興シ又ハ個人殖産ノ許否ハ両村人民協議ヲナシ一同合議ノ上処置スルモノトス

第五条　従来両村人民共有地ノ内ニ植付ケアル竹芭蕉用材木柑橘類ハ毛上ノ外ハ開墾人ノ所有タルヲ許サズ　但シ本条ノ毛上売買譲受譲渡シ等ノ┐アルトキハ両村ノ承諾ヲ得ルモノトス　開墾主ヨリ村中ヘノ地料等ハ是ニ定ムル処ノ規約ニ依ル

第六条　両村人民ハ山林盗伐等ノ取締ノ為メ若干名ノ見締人ヲ両村ヨリ撰定シ置クモノトス

第七条　両村人民ハ親睦ヲ主トシ時々集会ヲナシ共有地ニ対スル取締ハ勿論収入金品ノ配付殖林ノ方法等ヲ協議スルモノトス

右条々永代確守スル為メ盟約証一札如件　但シ本盟約証ハ両村各一札宛ヲ蔵メ置クモノトス

大島郡篠川村人民惣代　鎮　為　整
　計　佐　正
　芝　実　円
　叶　佐喜貞
　盛　直喜與

同郡阿室釜村人民惣代	山田　佐寺益 芝田　實英志 勝　　実昌善 元　　佐栄冨 處　　対　明 勝　　虎　市 永　　福太郎

　明治35年6月、大島営林署が設置された。
　明治41年3月28日、篠川村議員5名と、阿室釜村議員5名は、次のような引受証を昇清信との間で交わした。この引受証には、次のような委任状が綴られている。

　　　　　　　　　引　受　證

大島税務署土地臺帳ニ昇清應
名儀ニテ記載セラレ居ル大島郡篠川村
字深山山林ノ内二一三番山林反別三拾弐町歩、二一四番山林反別三拾弐町歩ハ、事
際二於テ篠川阿室釜両村共有山ナルヲ以テ、昇清應相続人昇英吉實兄昇清信ガ其事
實ノ通リ篠川阿室釜両村ニ書キ換ヘタルニ付キテハ
責任ヲ以テ其事實ノ通リ證明スル□相違無之候也
後日異議ナキ為メ一札如件
明治四十一年三月廿八日
　　　　　　　　　　　　　　　　篠川村議員
　　　　　　　　　　　　　　　　　鎮　　為　整
　　　　　　　　　　　　　　　　　積　　里　庸
　　　　　　　　　　　　　　　　　勇　　直　信
　　　　　　　　　　　　　　　　　盛　　直喜與
　　　　　　　　　　　　　　　　　泰江　嘉太郎
　　　　　　　　　　　　　　　　阿室釜村議員
　　　　　　　　　　　　　　　　　芝田　實英志
　　　　　　　　　　　　　　　　　元　　佐榮冨
　　　　　　　　　　　　　　　　　勝　　實昌気
　　　　　　　　　　　　　　　　　武田　信　冨
　　　　　　　　　　　　　　　　　福　　尚　志

```
昇清信殿

                委 任 状

  拙者儀事故有之大島郡
  ヲ以テ代理人トシ左ノ行為ヲ代理セシム
  一 大島郡　　　　西為徳外百参名ヘ賣渡シタル
      同　郡　　　　字深山弐百拾参番山林参拾弐
  町歩外壱筆ニ付賣買登記申請一切ノ件
      右代理委任状如件
            大島郡
                                昇　清　信
  明治四拾壱年
```

　明治41年4月1日、「沖縄懸及島嶼町村制」（明治40年勅令第46号）が施行された。これにより、大島の各村に村長、収入役がおかれた。県令30号により、宇深山213番、214番の山林は屋喜内村に属することになった（？）。島嶼町村制と県令30号により、旧篠川村と旧阿室釜村の村有財産は新しい屋喜内村の成立と同時に屋喜内村に移転した（？）。

```
  鹿児島県令第30号　　　　　　　　　　　　　　　明治41年4月1日
  沖縄県及島嶼町村制施行二付、旧町村有ノ所有財産ハ総テ新町村ノ其本財産ト為ス
  可シ　此ノ場合二於テ財産ノ額著シク差異アルトキハ其ノ均衡ヲ得セシムル為相当
  ノ方法ヲ設ケテ補充ヲ為スコトヲ得
  旧町村ニ於テ起シタル負債ノ義ハ新町村ノ負担ニ帰スヘシ
        附　則
  本令ハ発布ノ日ヨリ施行ス
```

　この年、現在の瀬戸内町の範囲には、東方村（役場は古仁屋にあった）、鎮西村（同、於斉）、屋喜内村（同、名柄）の三村があった。島嶼町村制の施行により、旧村は大字となった。旧篠川村と旧阿室釜村は、屋喜内村の大字篠川と大字阿室釜となった。

　明治43年、本土では、部落有林野の統一・整理事業が始まった[55]。この事業

は、昭和14年迄続いた。明治43年10月13日、「公有林野ノ整理開発ニ関スル件」。明治44年２月、大島郡殖林奨励規則（４月より実施）、翌年４月大島郡村林業技手給補助規程が定められた。

3　大正〜戦前

大正元年10月、深山の213番地、214番地の山林について、篠川部落の盛直喜与外108名は、阿室釜部落の池田兵熊外14名と、次のような契約を締結したことを、阿室釜の池田兵熊外55名に対して明らかにした。

大正元年十月

　　　　　　　　證　　　　　　　　　　　　　　　　　阿室釜

大島郡焼内村大字篠川字深山弐百拾参山林参拾弐町歩同郡同村大字同字弐百拾四番山林参拾弐町歩ノ弐筆ハ同郡同村大字篠川弐拾壱番戸昇清信ヨリ同郡同村大字同四拾番戸盛直喜与外百八名ヘ所有権売買移転シタル右弐筆ニ対シ阿室釜池田兵熊外拾四名ト契約スルコト左ノ如シ

第壱条　昇清信ヨリ篠川盛直喜与外百八名ヘ売買移転シタル弐筆ハ阿室釜字池田兵熊外五拾四名ヨリ相談ニ依リ伐採ノ権限ヲ附与スルコトヲ承諾シタルヲ以テ該地ニ対スル租税其他一切ノ費用ハ同一ニ負担スルモノトス　但シ伐採料トシテ阿室釜字人民ヨリ別ニ取ル□ヲ得ズ

第弐条　篠川阿室釜両字人民ハ前記弐筆ノ山林ヨリ生ズル収入物ハ該地租税及ビ費用負担戸数ニ割当配布スルモノトス

第参条　篠川阿室釜両字人民ハ将来右弐筆の地内ヲ開墾シ共同ヲ以テ殖産ヲ興シ又ハ個人殖産ノ許否ハ両字人民一同合議ノ上処置スルモノトス

第四条　両字人民ハ山林盗伐等ノ取締ノ為メ若干名ノ見締人ヲ両字ヨリ撰定シ置クモノトス

第五条　両字人民ハ親睦ヲ主トシ時々集会ヲナシ該地ニ対スル取締ハ勿論収入金品ノ配付殖林ノ方法等ヲ議スルモノトス

　右条々ハ永年確守スル為メ契約証一札如件

　　　　　　　　　　　　　　　　　　　大島郡焼内村大字篠川　盛　直喜與
　　　　　　　　　　　　　　　　　　　　　　　　　　　　　　外百八名

大島郡焼内村大字阿室釜
　池田兵熊　外五五名　殿

　　　　　　　　　領　取　証

一金弐拾七円五拾銭

> 　　　是レハ昇清信ヨリ深山林弐百十三番同弐百拾四番ノ弐筆篠川民　　名買受タル其
> 登記費金トシ右正ニ領収書也
> 　　　　大正元年拾弐月拾九日　　　　　　　大字篠川人民惣代
> 　　　　　　　　　　　　　　　　　　　　　　　　　　　盛　直喜與
> 　大字阿室釜
> 　　池田兵熊　殿

　大正元年12月19日、篠川部落の人民惣代として盛直喜與は、阿室釜の池田兵熊に対して、上のような領収証を発行した。

　大正5年5月20日、鎮西村より、実久村（役場、瀬武）が分村した。鎮西村の役場は、押角になった。焼内村より、西方村（役場、久慈）が分村した（焼内村は、大正6年11月1日、宇検村と改称）。

　大正9年4月1日、勅令第45号による町村制が施行された。これにより、各村に村長、助役、収入役がおかれた。大島において森林法の全面的適用が始まった[56]。

　大正14年、この頃、深山（現在の篠川小中学校の学林地付近）[57]にあった民家（明治時代には30戸位あった）がなくなった。現在の瀬戸内町に属する地域で、公有林野整備事業が始まった。

> 　（実久村では、大正14年2月から昭和2年までの村有林施業要領が策定された。西方村では、大正15年2月10日から、昭和3年12月20日までの調査期間で、昭和4年から同13年度まで16年間の、村有林野施業要領が策定された。）

　昭和4年、鹿児島県は、西方村村有林の直営地に対し、「大島郡災害救済備林造成条例」に基づき、県行造林を行なった。造林の分収率は、5県5民であった。同年2月22日、西方村村会は議案第12号により、深山213番地と214番地の山林につき、次のような議決を行なった。

> 　　　　　　　　　　　　　議案第拾二号
>
> 一、大字篠川有字深山二一三番地山林台帳面積参拾弐町歩同字二一四番地山林台帳面積参拾弐町歩（大字篠川盛直喜与外百拾名名義）ヲ左記条件ヲ以テ西方村ニ贈与セムトス

　　　　　　　　　　　　記
一、統一林野ハ爾後二十箇年間大字篠川ニ貸付スルモノトス
一、統一条件ニ依ル林野ノ使用収益ニ関シテハ期間満了
　後ト雖モ大字篠川部落民ノ同意ヲ要スルモノトス
　　右提出ス
　　　昭和四年二月二十日提出
　　　　　　　　　　　　　西方村大字篠川部落有財産管理者
　　　　　　　　　　　　　西方村長職務管掌鹿児島県属谷村秀綱
昭和四年二月二十二日原案可決

　同年2月23日、西方村は、昭和13年度までの10ヶ年間計画で、「大島郡西方村有林施業要領」を作成した。

　昭和6年3月5日、西方村長代理助役神田義雄は、公有林野官行造林契約に関して、大島営林署長と次のような文書を交わした。

昭和六年三月五日
　　　　　　　　　　　　　　西方村長代理助役　神　田　義　雄
大島営林署長　殿
　公有林野官行造林契約ニ関スル件
二月九日付大第二一九号ヲ以テ御照会相成候標記ノ件別紙ノ通リ篠川部落民ノ承諾書徴送候条昭和六年度早々施業相也候様御取計相成度此段及御依頼候也
　　　　　　　　　　　記
一、字深山二一一ノイ及二一二ノ両地筆ハ旧篠川村ノ所有ナリシガ明治四一年四月一日県令第三十号二依リ西方村奉本財産トナリタル土地ニ付本元ノ焼内村ト村合併分離セシ際ノ財産整理条件等無之候
二、字深山二一三及二一四ノ二筆ハ本村公有林野処分ニ際シ昭和四年二月二十二日盛直喜与外百拾名ヨリ西方村ニ贈与ノ申出アリタルヲ以テ別紙写ノ通リ村会ノ議決ヲ経原案可決西方村基本財産トナリタルモノナリ
三、各地番ニ対スル所有権移転登記ノ手続ハ未済ニ有之候ニ付キ直ニ西方村ニ変更ノ手続ヲ可致条御承知相成度

　昭和11年4月、東方村は古仁屋町になった。

4　戦　後

　昭和21年2月2日、大島郡は、日本本土から行政権を分離され、アメリカ軍政下に置かれた[58]。昭和25年11月、奄美群島政府が設立された。昭和27年1月、奄

表XVI 瀬戸内町町有林及び部落有林面積（単位 ha）

地区別 (旧町村別)	町有林				部落有林
	直営林	部分林	貸付林	計	
古仁屋	324.65	37.74	2,124.10	2,486.49	396.31
西　方	630.60	56.05	1,303.53	1,990.18	-
鎮　西	152.84	18.23	1,020.73	1,191.80	40.31
実　久	254.50	61.14	942.62	1,258.26	-
計	1,362.59	173.16	5,390.98	6,926.73	436.62

（南方産業科学研究所報告」第三巻第一号、昭和37年、65頁より引用）

美巡回裁判所は名瀬巡回裁判所と改称され、登記事務等は法務局の管轄となった。同年4月、奄美群島政府が廃止され、新たに琉球政府法務局民事課の所管の下に名瀬登記所が、戸籍供託・人権擁護・公証を、その後7月より土地台帳・家屋台帳事務を、取り扱うことになった。

　昭和28年12月25日、大島郡は、本土に復帰し、鹿児島県に編入された。それまでの名瀬登記所・琉球政府法務局奄美支局は廃止され、鹿児島地方法務局名瀬支局が設置された。

　古仁屋町は、元部落有林から成る町有林を、道営林と部落貸付林という形で管理した。直営林には、杉、松が造林された。貸付林の貸付料は、部落が負担し、町へ納入した。部落民がパルプ用材、建築用材、製炭木等を採った場合、その料金を部落に納入した。パルプ用材として部落有林の立木を伐採するときは、部落総出で行なったようである。部落民は、自家用薪材を貸付林から採取していた。

　西方村には、各部落に村有林があって、それは貸付林の形をとっていた。西方村は、昭和29年4月、「村有土地貸渡規定」を定めた。

　昭和29年6月21日、奄美群島復興特別措置法（法律第189号）が制定され、大島で、林道の整備と、公有林野の整備事業[59]が始まった。この整備事業推進のさいの困難の一つは、形式上町村有林であるが、土地台帳上は、部落共有、記名共有の山林が少なくなかったことである。

　昭和30年7月21日、西方村は、部分林条例を定め、村有林野に部分林を設定し、しだいに貸付林を部分林に切替えようとした。

　昭和31年9月1日、町村合併促進法により、西方村、実久村、鎮西村、古仁屋町が合併し、瀬戸内町が誕生した。誕生した瀬戸内町の町有林と部落有林の面積は、次の表の通りであった。

昭和32年12月28日、瀬戸内町は、瀬戸内町有林野管理条例（条例第53号）を公布した。

　昭和33年12月27日、古仁屋の市街地は大火に包まれ、旧土地台帳を除く林野関係の記録も、ほとんどが焼失した。

　昭和34年、篠川部落住民は、パルプ・ブームのなかで、深山213、214番地の山林約121町歩（通称・カシキマタ）の立木（40～50年生の成木）を、260万円で中越パルプ工業株式会社[60]に売却した。移出先は、鹿児島県川内市宮内町にある同社の川内工場であった。

　瀬戸内町は、本件土地は町有林であるから、瀬戸内町有林野管理条例[61]に基づき、260万円の3割に当たる78万円を町に納めるよう、篠川部落に請求した。これに対し、篠川部落側は、本件土地は町有地でないとし、支払いを拒否した。部落側は、本件土地は、本来、篠川部落の111名の共有地であると主張し、町（町有財産調査委員会）に対しその確認を求めた。

　昭和35年1月1日、篠川部落の111名は、本件土地が111名の共有地であることの説明書を提出したが、町有財産調査委員会は結論を出さなかった。そのため、町は、立木売買に支障をきたさないよう、同年10月6日に深山214番地の、36年1月31日に深山213番地の山林につき、瀬戸内町名義で所有権保存登記を行なった。この登記に当たっては、瀬戸内町長と篠川部落の111名の共有者との間で、次のような覚書が交わされた。

覚　書

　篠川字深山二一四番山林三二町歩（公簿面積）の所有権問題については、町と篠川側の意見が一致しない中に篠川側が立木売買契約を中越パルプ株式会社と締結してあったので町は穏当な処置を希念し昭和三五年十月三日不動産登記法第一一〇条に基づき所有権保存登記を瀬戸内町名義と為したのであるが、これは決して町が一方的処置を意図しているのではない、従って後日篠川盛直喜与外百十名の所有権が判明した場合は何時でも所有権移転に応ずる考えである。依って後日紛争を避ける為議会の意見を附した覚書一札を関係者各一通宛保管するものとする。

昭和三六年二月一四日

　　　　　　　　　　　　　　　　瀬戸内町長　川　井　順　英

盛直喜与外百十名

代表者 古 見 芳 夫 殿

　昭和38年1月21日、篠川部落の111名は、町有財産調査委員会が結論を出さなかったため、町議会に対し、本件土地返還の請願書を提出した。
　昭和39年4月、奄美郡島振興特別措置法が公布された。
　昭和40年5月、阿室釜部落の住民は、本件土地は、篠川・阿室釜両部落の共有入会地であって、篠川部落の111名のみの共有地であるのではない、と主張し、篠川部落の111名に対してその確認を求めた。
　昭和47年6月29日、瀬戸内町議会は、本件土地の所有権帰属につき町有財産調査委員会に意見を聞き、審議したが、結論が出ず、継続審議となった。
　昭和58年5月10日、篠川部落は、深山の本件土地の山林の立木を町から払下げ処分することを決定し、次のような文書を町長に提出した。

議　決　書

　篠川部落は昭和五十八年五月十日の部落総会に於て次ぎの事業をするに当り深山二一三及び二一四の山林立木を町より払下げ処分し資金の調達することを協議す。
記
一、土地改良総合整備事業の分担金
二、共同墓地の作設及び公園造成事業資金
三、老木の伐採開発と伐採後の造林事業

　　　右の通り決議した。
　　　　　　　　　　　　　　　　　　篠川部落区長　井　上　貞　伍
瀬戸内町長　殿

　昭和59年2月10日、篠川・阿室釜両部落は、深山の本件土地の山林の立木を町から払下げてもらうに当たり、町に対し、異議申立てをしないことを、次のように確認した。

確　認　証

　私　儀
　阿室釜部落代表阿室釜区長慶忠蔵は篠川部落代表篠川区長井上貞伍が篠川字深山213及び214の山林の立木を瀬戸内町より払下げに当って阿室釜部落篠川部落は瀬戸内町への異議の申立等しないものとし其の責めは両部落で協議解決する。

　昭和59年2月10日

　　　　　　　　　　　　　阿室釜部落代表　阿室釜区長　　慶　忠　蔵
　　　　　　　　　　　　　篠川部落代表　　篠川区長　　　井上貞伍

瀬戸内町長　里　肇　殿

　昭和59年3月31日、十篠川製紙株式会社より、深山の本件土地の立木を売ってもらいたいとの、立木購入申講があった。同年6月、篠川部落で、次のような決定が行なわれた。

議　決　書

　篠川部落では部落総会又は部落委員会等で決議致しました事等に対しては篠川部落からの個人的な申出は絶対に是れを認めないことを議決致します。

　昭和59年6月12日
　　　　　　　　　　篠川部落代表

　　　　　　　　　　　　　篠川区長　　井　上　貞　伍
　　　　　　　　　　　　　民生委員　　吉　見　芳　夫
　　　　　　　　　　　　　部落委員　　泉　　　　幸
　　　　　　　　　　　　　　〃　　　　昇　　匡　楢
　　　　　　　　　　　　　　〃　　　　計　　省　三
　　　　　　　　　　　　　　〃　　　　勝　　久　輝
　　　　　　　　　　　　　　〃　　　　幸　　哲　夫
　　　　　　　　　　　　　　〃　　　　勇　　忠　昭
　　　　　　　　　　　　　　〃　　　　川　　義　徳
　　　　　　　　　　　　　　〃　　　　加　藤　親　俊

| | 〃 | 昇　清　隆 |

　昭和61年5月、11月、深山の本件土地の天然雑木を、パルプ原料として、十篠製紙株式会社[62]に売却した。立木の評価額は、5月と11月の2回分で、1千万円であった。伐採は、昭和64年までの予定。移出先は、熊本県八代市十条町にある同社の八代工場である。

五　入会紛争

1　入会紛争の始まりと経過

　篠川川の上流に向って県道を東に行くと、道は山に入りやがて役勝川支流に出る。住用に通ずるこの道の北側に、字深山の山林が広がっている[63]。この山林中、深山の213番地と214番地（松と広葉樹の天然混交林のほか樹種としては杉、桧、一部真竹等がある）が、紛争の対象となっている山林（係争地、総面積は441.51町歩、実測面積は約427ha）である。西方村時代、係争地の山林は、198.77町歩が村の直営林、199.43町歩が貸付林、42.73町歩が薪炭林、残り0.58町歩が学林であった。学林を除く、直営林、貸付林、薪炭林は、篠川・阿室釜両部落民の入会林野であった。

　昭和34年、篠川部落民は、係争地の貸付林中、約121町歩の立木を、中越パイプ株式会社に、260万円で売却した。篠川部落の入会権者は、係争地の山林は町有林ではなく、元来篠川部落の111名の共有林であるから、立木売却代金の30％を町に納入する必要がないと主張し、町に対して係争地が111名の共有地であることの確認を求めた。これに対し、合併により旧西方村の山林を一般基本財産として引継いだとする瀬戸内町は、町有林野管理条例の第36条の2項に基づいて、代金の30％を町に納入せよと、篠川部落の入会権者に対して主張した。これが、入会紛争の表面化を促した出来事である。

　係争地の山林については、明治41年4月1日の島嶼町村制と県令30号の実施により、旧西方村有に編入されたものと考えられていた。それは、土地台帳上、惣代昇清応[64]名義で記載されており、明治41年4月清応の相続人昇清信名義に更正され、さらに大正元年10月盛直喜与外110名に売買（27円50銭）移転され、大島郡焼内村大字篠川盛直喜与外108名所有と記載されていた。

　昭和4年、西方村と篠川、阿室釜住民との間で、係争地の地盤所有権の帰属をめぐって、紛争が生じた。この紛争は解決されなかったが、住民の入会利用に支

障なかったため、そのまま終戦まで問題にされなかった。昭和29年、公有林野整備事業を実施するに当り、町有林の境界確定を行なう必要が生じたが、その確定は、町有財産調査委員会にまかされた。

昭和35年1月1日に係争地が篠川部落111名の共有地であるかどうかの確認を求められた町有財産調査委員会は、審議すれども、結論を出すことができなかった。町は、立木売買に支障のないようにするため、昭和35年10月6日に深山214番地の、昭和36年1月31日に213番地の、山林を、当時の不動産登記法第110条に基づいて、瀬戸内町名義で所有権の保存登記をした。この登記に当り、当時の町長川井順英と篠川部落の代表者吉見芳夫との間で、前述33頁の覚書が交わされた。この覚書は、町名義の保存登記があくまでも便宜上の登記（タテマエ）にすぎないこと、実際（ホンネ）は篠川部落111名の共有地かもしれないことを、両者の間で確認しておくという意味をもっていた。

財産調査委員会は依然として結論を出せなかったので、昭和38年1月21日、篠川部落の111名は、町議会に対して、係争地を返還して欲しい旨の請願書を提出した。

昭和40年5月、阿室釜の住民から、係争地は、篠川部落111名のみの共有地であるのではなく、篠川・阿室釜両部落の共有入会地であるとの主張がなされ、篠川部落の111名に対してその確認を求めてきた。こうして、係争地の地盤所有権をめぐる当初の紛争は、係争地が一村持山であるか両封持山であるかという争点が紛争に新たに加わることによって瀬戸内町と篠川部落111名と阿室釜部落住民との三者のあいだの紛争へと展開していったのである。では、当事者はどのような主張を行なったのであろうか。

篠川部落の111名は、瀬戸内町に対して、次のように主張した。

a、係争地は、藩制時代篠川村持山であったが、明治10年代前半に実施された地租改正と山林の官民有区分により民有地とされ、昇清応個人名義で地券が交付され、土地台帳の名義もその旨記載されていた。係争地は、個人有地であった。

b、明治23年昇清応の死亡により、係争地はその後篠川部落の108名が共同管理することになった。係争地は、私有地であるから、明治41年の島嶼町村制の施行に伴う県令30号の適用はなく、焼内村の村有財産に編入されたはずはない。

c、明治41年4月2日、係争地は昇清信名義に更正されたが、その後、昇清応の相続人の昇英吉が係争地を他人に売却しようとする気配があった[65]。そのため、大正元年10月、篠川村の盛直喜与外108名は、係争地の所有名義を昇清信か

ら盛直喜与外108名へ、移転した。これにより係争地は、篠川村の109名の共同所有地となった。

　d、瀬戸内町は、昭和4年の西方村議会における議案第12号の可決により、係争地の所有権は当時の西方村に贈与されており、従って、係争地は、合併によりこの西方村有財産を引き継いだ瀬戸内町有財産であると、主張している。しかし、この贈与の件については、篠川部落住民は知らないことである。部落の共同所有者の意思を無視した西方村議会の当時の決議は、無効である。係争地の所有権は、西方村に移転していない。

　e、係争地に対する昭和15年度の地租附加税領収証が、保存されている。これは係争地が民有地である証拠である。

　これに対して、瀬戸内町は次のように主張した。

　a′、係争地は、藩制時代からの篠川、阿室釜両村の村持山であって、明治以降土地台帳法の施行により、両村住民を惣代するものとして、惣代昇清応名義で記載された。

　b′、明治33年9月の「盟約証」の第一条によれば、係争地は古来篠川・阿室釜両村の共有地である。旧村有財産である係争地は、島嶼町村制の施行に伴う県令30号の適用により、焼内村の村有財産に編入されたものである。

　c′、大正15年2月から昭和3年12月までの調査期間で、西方村は、係争地に対して、昭和4年から10年間の、村有林野施業要領を編成した。当時、篠川、阿室釜の住民がこれに異議をとなえなかったのは、係争地が西方村有であることを、住民が認めていたからである。

　d′、係争地が仮りに島嶼町村制施行によって焼内村有地にならなかったとしても、昭和4年2月20日、篠川部落住民から係争地を西方村に贈与する旨の願が西方村村議会に出されている。同年2月22日、村議会はこれを可決している以上、少なくともこれ以後、係争地は西方村有財産となったといえる。

　e′、篠川部落住民は、係争地が民有地であることの証拠として、係争地に対する昭和15年度の地租附加税領収証を提出している。しかし、この領収証は、係争地が民有地であることの証拠にはならない。なぜなら、係争地は村有林であるものの篠川部落の共同利用地であったため、当時の課税事務取扱者が誤って賦課したと考えられるからである。また、係争地が民有地でないことは、次の事実によっても示される。すなわち少なくとも昭和25年度以降、当時の西方村は係争地に対し、村有地貸付料を徴収しているが、篠川部落住民はこれを納入していると

いう事実である。このことは、篠川部落住民が、係争地が西方村有（現在の瀬戸内町有）であることを承認していたということを示している。

　以上のような篠川部落111名と瀬戸内町との間の紛争に加えて、昭和40年5月、阿室釜部落は、篠川部落111名に対して、次のように主張し、紛争は、二者から三者間の争いへと発展した。

　a″、係争地が篠川-阿室釜両部落住民の共有山であることは、明治33年9月12日の「盟約証」の第一条の文言、すなわち係争地は……「……古来篠川阿室釜両村共有地ナルヲ以テ相共ニ維持スベキモノトス」により、明記されている。

　b″、係争地が両部落住民の共有地であることは、大正元年10月に両部落間で契約された「證」の第壱条の文言、すなわち「該地ニ対スル租税其他一切ノ費用ハ同一ニ負担スルモノトス」により、明記されている。よって係争地は、篠川部落111名のみの共有地（一村持山）であるのではなく、両村持山である。

　この阿室釜部落の、篠川部落111名に対する主張に対して、篠川部落111名は、次のように反論した。

　a‴、明治33年9月の「盟約証」にあるように係争地が古来両村共有地であるとしても、大正元年の「證」の第壱条には、篠川の盛直喜与外108名が、阿室釜の池田兵熊外55名より相談を受け、阿室釜の56名に対し、「伐採ノ権限ヲ附与」したことが明記されている。このことは、明治33年に両村惣代の間で確認された盟約証」記載の慣習が、少なくとも大正元年にはもはや両村住民の間で守られにくくなったことを、したがって、新たに「證」を両村の間で締結しない限り、阿室釜住民が該地の山林の使用・収益権を〔篠川側から〕認められなかったことを示している。明治33年の「盟約証」は、大正元年の「證」が締結された時点で、効力を失ったと考えるべきである。

　b‴、阿室釜住民は、大正元年の「證」により新たに伐採権を認められたにもかかわらず、その後この権利を行使せず、篠川部落111名が専ら入会権を行使してきた。この状態は、昭和40年頃まで続いた。その証拠として、阿室釜住民は、昭和34年、篠川部落が係争地の立木を中越パルプ工業株式会社に売却したとき、何の異議も申し立てなかったという事実があげられる。大正元年から約半世紀間、阿室釜住民は係争地に対する伐採権（使用、収益権）を行使してこなかった以上、阿室釜住民の権利は、放棄されたか消滅したかのいずれかであると見做すべきである。

2　入会紛争の法的争点

　篠川部落111名、瀬戸内町、阿室釜部落の三者の主張を、紛争の経過に従って整理、要約すると、結局次の2点につき、当事者が争っていることになろう。すなわち、(1)係争地の地盤は、町有地であるかそれとも部落住民の共有地であるか、という点[66]、(2)係争地は、篠川部落111名のみの共有地（一村持山）であるかそれとも篠川阿室釜両部落住民の共有入会地（両村持山）であるのか、という点、である。本件入会紛争においては、この2点が究極的争点であり、当事者によるその他の主張は副次的争点であるといえる。

　まず、(1)係争地の地盤所有権をめぐる瀬戸内町と篠川部落111名との対立について考えてみよう。両者が争っているのは、次の諸点である。

①藩制時代、係争地は、篠川一村の村持山であったのか、篠川 – 阿室釜両村の村持山であったのか、という点である（a v. a´）。

②係争地は、地租改正・土地官民有区分以後[67]、明治41年の島嶼町村制と県令30号の施行される以前、民有地（個人有地）であったのか、それとも、篠川 – 阿室釜両村住民の共有入会地であったのか、という点である（a, b, v. a´, b´）。

③明治41年4月の島嶼町村制と県令30号の施行により、惣代昇清応名義になっていた係争地は、新村（燒内村）有地となったのか、ならなかったのか、という点である（b´ v. b）。

④昭和4年、篠川部落から西方村へ出された係争地の贈与願についての、西方村議会の議決は、無効か有効か、という点である（d v. d´）。

⑤昭和15年度の地租附加税の領収書は、係争地が瀬戸内町町有地であると認定する法的根拠になるのかならないのか、という点である（e´ v. e）。

　次に、(2)係争地が一村持山（村中入会地）であるのかそれとも両村持山であるのか、をめぐる篠川部落111名と阿室釜部落とのあいだの対立について考えてみよう。両者が争っているのは、次の諸点である。

①´藩制時代、係争地は、篠規部落111名が主張するように、篠川一村の村持山であったのか、それとも、阿室釜部落や瀬戸内町が主張するように、篠川 – 阿室釜両村の村持山であったのか、という点である（a v. a´´, a´）。

②´明治33年の「盟約証」は、大正元年10月の「證」によって効力を失い、この時点から、阿室釜住民は新たな伐採権を取得したといえるのかいえないのか、という点である（a´´´ v. b´´）。

六　入会紛争の法的分析

　以上の法的争点について、順次以下において法的検討を加えてみることにしよう。
　(1)①藩制時代、係争地は、篠川一村の村持山であったのか、それとも、篠川－阿室釜両村の村持山であったのか、という点について（a v. a´）。
　この点を明確に立証する若しくは反証する史料は今のところない以上、現存する既存の文書から、これを推測するしかない。土地台帳[68]における「惣代昇清応」名義の登載と、明治33年9月の「盟約証」第1条から推定すると、阿室釜住民は古くから係争地を入会利用していたと考えられる。係争地は、藩制時代から、篠川－阿室釜両村の共有入会地であった。
　(1)②係争地は、明治13年頃の地租改正・土地官民有区分から、明治41年4月の島嶼町村制と県令30号の施行直前までの間、昇清応個人の個人有地であったのか、それとも、篠川－阿室釜両村住民の共有入会地であったのか、という点について（a v. a´, b v. b´）。
　この点を考える場合、現存する三つの文書、すなわち土地台帳、盟約証、引受證の参照が不可欠になる。第1に、惣代昇清応名義で登載されている土地台帳である。この「惣代」は、篠川村だけの「惣代」[69]だったのか、それとも阿室釜村の「惣代」でもあったのか。そこに問題は残るものの、少なくとも「惣代」という記載がある以上は、係争地は、昇清応の個人有地ではなく、入会権者全員の共有入会地であったと解すべきである。
　第2に、明治33年9月、両村の人民惣代6名ずつの間で締結された「盟約証」である。この盟約証の第一条によれば、係争地が両村住民の共有入会地であったことは明らかである。第3に、明治41年3月28日、篠川村議員5名と阿室釜村議員5名が、昇清信に宛てた「引受證」である。この引受證によれば、係争地が「事際ニ於テ篠川阿室釜両村共有山」（ママ）であることは明らかである。よって、係争地は、問題の期間、篠川－阿室釜両村住民総有の私的財産（共有入会地）であった。
　(1)③土地台帳上惣代昇清応名義になっていた係争地は、明治41年4月1日の島嶼町村制と県令30号の施行により、新村（屋喜内村）の村有地となったのかそれともならなかったのか、という点について（b´ v. b）。
　係争地の法的位置づけを考える場合、明治41年4月1日の前後にみられた二つ

の事実に注目すべきである。まず、明治41年3月28日に締結された前述の引受證記載の事実である。次に、土地台帳上惣代昇清応名義で登載されていた係争地が、明治41年4月2日、昇清応名義でその所有権取得が権利登記され、同じ日のうちに、それが昇清信名義に更正されたという事実である。このことは、新しい屋喜内村の事務担当者が、係争地について個人名での登記を受理したことを意味する。ということは、新村にとって係争地は、民有地なのであって、村有地（公有財産）であるとは考えられなかったことを示している。

また、大正元年10月の「證」の前文と第1条によっても、係争地は昇清信から篠川の盛直喜与外108名へその所有権が売買移転されたことが述べられており、係争地が屋喜内村有地となった（土地台帳上村有と登載された）とは、どこにも書かれていない。

さらに、惣代名義や代表者名義で登載されている土地が、逆に、個人有地でないことを理由に、旧村の公有財産であるともいえないことは明らかである。よって、係争地は、新村（屋喜内村）の村有地とはならなかった。

(1)④昭和4年、篠川部落から西方村へ出された係争地の贈与願についての、西方村議会の議決は、無効か有効か、という点について（d v. d'）。

昭和6年3月5日、西方村は、村有林に官行造林契約を締結するに当り、係争地が盛直喜与外110名の共有名義となっていたので、それを西方村名義にするため、111名から村への所有権移転登記を行なう必要があった。同年同月同日の「公有林野官行造林契約ニ関スル件」の「記、二」によれば、係争地は、「公有林野処分ニ際シ昭和四年二月二十二日盛直喜与外百拾名ヨリ西方村中ニ贈与ノ申出」があり、「村会ノ議決ヲ経」たあと、原案通り、「西方村基本財産トナリタルモノナリ」とある。ではこの文書は、係争地の所有権移転が有効に行なわれたことを示すのだろうか。

否である。なぜなら、西方村議会に贈与採納願を出した西方村長谷村秀網には、部落住民総有の私有財産を任意に処分する権限はないからである。盛直喜与外110名から財産管理者たる村長に係争地を西方村に贈与する旨の権限委任を証明する事実があればともかく、それがない限り、村長は他人の財産を勝手に処分することはできない。係争地は共有地であり、島嶼町村制の施行後も、部落有の財産になったのではなく、部落住民総有の林野であった。よって贈与採納願は無効であり、西方村議会における昭和4年2月22日の議決は、何の効力も生じない。

(1)⑤昭和15年度の地租附卯税の領収書は、係争地が瀬戸内町町有地であると認定する法的根拠になるのかならないのか、という点について（e′ v. e）。

　瀬戸内町は、係争地について住民から貸地料を徴収し、住民がこれを支払っているという事実をもって、係争地の地盤所有権が町にあることの根拠としている。しかし、住民による貸地料の支払の事実は、係争地が町有地であることの法的根拠とはならないのである。なぜなら、住民にとっては、貸地料であれ地租附加税であれ、林野を使用できるごとこそ重要であって、自分達が支払っている金額がそのどちらであるかということを必ずしも正確にいつも区別して支払っているわけではないからである。住民が一定の金額を町に支払ったという事実は、すなわち住民が係争地を町有地であると法的にも承認したことに等しい、といえるかどうか。それは疑わしい。むしろ、昭和15年に、西方村が係争地に地租付加税を課したことは、当時の村が係争地を私有地であると認定したことを意味する、といえるのではないか。とすれば、昭和15年度の地租附加税の領収書は、係争地が瀬戸内町町有地であると認定する法的根拠にはならないといえる。

　では、次に、係争地が一村持山であるのかそれとも両村持山であるのかの問題について、法的分析を加えることにしよう。

(2)①′ 藩制時代、係争地は、篠川一村の村持山であったのか、それとも、篠川－阿室釜両村の村持山であったのか、という点について（a v. a″. a′）。

　この問題については既に(1)①において述べたように、係争地は、古来より篠川－阿室釜両村住民の村持山（共有入会地）であったと推定される。

(2)② 明治33年の「盟約証」は、大正元年10月の「證」により効力を失い、この時点から、阿室釜住民は新たな伐採権を取得したといえるのかいえないのか、という点について（a‴ v. b″）。

　明治33年の「盟約証」の第一条は、係争地が「古来篠川阿室釜両村共有地ナル」ことを、また明治41年3月28日の「引受證」は、係争地が「事際ニ於テ篠川阿室釜両村共有山ナル」ことを、述べている。他方、大正元年10月の「證」においては、係争地が両村共有地であることには触れられておらず、その第壱条において、係争地は「昇清信ヨリ篠川盛直喜与外百八名ヘ売買移転シタ」[70]こと、並びに、篠川の109名が阿室釜の55名に対し「伐採ノ権限ヲ附与スルコトヲ承諾シタ」こと、を述べている。このことは、昇清応の個人有地（入会利用地）を相続した昇清信がその土地を篠川住民に売却し、この土地を買い受けた篠川部落の109名が、この土地に阿室釜住民が伐採権を行使することを認めた、ということを意

味するのであろうか。

　そうではない。大正元年の「證」の第壱条は、「該地ニ対スル租税其他一切ノ費用ハ同一ニ負担スル」こと、並びに、「伐採料トシテ阿室釜字人民ヨリ別ニ取ル」ができないこと、を規定している。また、同第弐条は、係争地「ノ山林ヨリ生ズル収入物ハ該地租税及ビ費用負担戸数二割当配布スルモノトス」ることを規定している。これらの規定は、係争地に対する篠川・阿室釜両住民の使用・収益権に差がないことを互いに確認するという意味をもっている。

　他方、係争地の売買に当り両部落住民がその費用を負担している以上、係争地の所有名義に変更（昇清信→盛直喜与外108名）があったとしても、両部落住民は、係争地に対して共有入会権を有し、阿室釜住民は依然として係争地の所有権を保有していることに変りはない。よって、係争地が共有の性質を有する入会地であるということについては、明治33年の「盟約証」と大正元年10月の「證」とに変りはなく、また、大正元年に阿室釜住民は新たな代採権を取得したともいえないのである。

　以上の法的分析の結果として、(1)係争地の地盤は部落住民の共有地であること、(2)係争地は篠川－阿室釜部落住民の共有入会地であること、が導き出されるのではなかろうか。

　深山をめぐる瀬戸内町・篠川・阿室釜の入会紛争は、昭和34年（新しい瀬戸内町誕生後間もない時期）に、篠川部落の町に対する問題提起を契機として始まり、40年代にその頂点に達した。昭和50年代末には、三者間の紛争は一つの収束へと向いつつあるように思われる。昭和58年5月10日の「議決書」、同59年2月10日の「確認証」、同59年6月12日の「議決書」は、入会紛争がどちらかといえば町の行政主導下に収束されつつあることを示している。その収束を促した要因は何であったのか。その一つは、過疎化という問題への対応ではなかったろうか。紛争の当事者は、いずれも過疎化に対して危機感をもっていた。

　係争地の立木が十篠製紙株式会社によって1千万円という金銭に姿を変えたのも、また、町の発展を願う地方行政担当者がいわゆる奄振によって高率補助制度による地域の再編成を進めているのも、さらに篠川や阿室釜において上述の「議決書」や「確認証」が出現するのも、結局、過疎からの脱出を図るためであった。過疎化しつつある地域において、入会権は、今後どのようになるのであろうか。

七　おわりに

　瀬戸内町、篠川部落、阿室釜部落またそこに居住して来た人々（入会集団）にとって、「入会権とは、何であったのか、何であるのか、何であるべきなのか。」おわりに、これまでの議論を、別の視点から整理してみよう。

　奄美大島の各共同体（シマ）は、いままでに、琉球――薩摩――日本（ヤマト）――アメリカ――ヤマトと、数多くの出自を異にする法規範を経験して来た。異なる多くの法体制を経験して来たにも拘らず、シマは、これまで自立した共同体として大体続いて来たのである。どうしてか。それは、シマンチュ及びシマにとって、国家（日本・アメリカ）の制定法による支配は、タテマエでしかなく、それは自分及び自分達の生活のすべてを規制していたわけではなかったからである。国家の「文字として書かれた法（Law in the Book）」は、シマの人々が現実に「行動する場合の準拠法（Law in Action）」と、ズレていたのである。シマの人々が実際に守っていたのは、シマの法、すなわち慣習法としての共同体法であった。深山の共有入会地に対する篠川－阿室釜のシマンチュの権利も、両部落の入会集団の伝統的慣行（かんこう）（シマのおきて）によって、慣習的に規制されていたのである。

　どうして、国家とシマとの間で、法について、このようなズレが「あった」のかまた「ある」のか。それは、或る場合にはシマ酒を酌み交わしながら、或る場合には黒糖やシマ味噌を口にしながら、シマ言葉でユンタクし、模合やユイを通じて、お互いがお互いに全員親類であるかのように、なれなれしく遠慮せずに、付き合って来たシマンチュにとっては、シマ以外の世界（例えば、市場法理の支配する会社、統制法理の支配する国家）は、むしろ無秩序（カオス）の支配する冷たい世界と「感じられた」または「感じられる」からである。他方、このようなシマンチュにとっては、外部世界が無分別なカオスであると見做されるのと反比例するかのように、シマの内部秩序（共同体法理のコスモス）とその再編成が必然的に生活上要請され、この暖かい内部秩序に従うことが自分及び自分達のシマ世界のアイデンティティを維持していくのに重要な意義をもつことに「なった」または「なる」からである。

　会社が、近代的な契約原理や財産法理に基づいて、シマ人やシマと法的関係（商品の等価交換を基本とする水平関係）をもつとき、シマンチュの目には、例えば、登記には公示力はあっても公信力がなく、部落共有地につき、代表者の名義で登

記された土地は、一部の企業にとっては個人共有地とみなされるかもしれないというのは、企業人が、シマンチュの思考世界とは違った異質な世界での生活者であることを示すもの、と映るだろう。また、議会が、近代的代議制度の原理に基づいて、シマ人やシマと法的関係（令令－服従という権力を基本とする垂直関係）をもつとき、シマンチュの目には、例えば、代表議員の議会での多数決による議決を経て制定されたシマの公益に関する法秩序が、シマ人全員の承認を得たものとみなされ、またこの法秩序に基づいて行政が行なわれるというのは、議員（政治家）が自分達の思考世界とは違った異質な世界での生活者であることを表わすものと、映るだろう。

　シマンチュにとって、企業人や議員の思考は、どうして異質な思考であるのか。それは、シマのことは、先祖代々そのシマに住んでいるシマンチュが一番よく知っている、とシマンチュは考えていたからである。係争地がどのような法的性格をもつ土地であったのかについて、シマンチュは、何もシマの外の第三者たる裁判所の監督する登記所で公証してもらう必要はなかったのである。入会林野を団体直轄利角して来た、シマ人たる自分達が、また、自分達のシマ自体が、何の意識的努力も必要とせず、ごく自然に、自分達の慣習的権利（入会権）を事実として公証していたのである。明治41年3月28日の、引受證の文言「……〔係争地は〕事際於テ篠川阿室釜両村共有山ナルヲ以テ昇清應相続人昇英吉實兄昇清信ガ其事實ノ通リ篠川阿室釜両村ニ書キ換ヘタ」というのは、このことを示している。だからこそ、篠川－阿室釜の人達は、明治33年9月12日「盟約証」のなかに、係争地が「誤テ[71]亡昇清応ノ名義アリ」と書いたのであろう。

　シマンチュは、自分達が長年にわたり無意識的に行なうようになった行為について、それを変質・解体させようとするシマの外部（市場法理や統制法理）からの侵入者に対しては、頑強に抵抗する。この抵抗があったればこそ、シマの慣習は維持されて来たのである。シマの慣習法（共同体法）においては、法は、法以外の何か一定の目的を実現するための道具（手段）であるのではない。シマのシキタリ（慣習法）は、シマの行事・儀礼・宗教、道徳等と不可分な形で融合しており、それらは一体となってシマのオキテを構成している。このようなシマ社会においては、法は、シマ人達がシマで生活する場合の目的であると伺時に手段でもあった。

　他方、市場法理においては、法は、利潤追求のための商品交換過程や資本の自己増殖過程を外的に保障するための道具である。統制法理においても、法は、富

の再分配を税金という形で強制的に行ないながら、国家政策の予定する目的に向けて国民を形式合理的に統制するための道具である。道具であるからこそ、市場法理や統制法理においては、法はLaw in the Bookとして、明確に規定されねばならなかったのである（罪刑法定主義、租税法律主義など）。

これに対し、シマの人々にとって、シマの法は、成文化されることは少ないものの、シマの自然、シマの人々の伝統的な自然（人性）の密接不可分なものとして、身体的に把握されていたのである。シマンチュは、この慣習法としての共同体法に準拠して伝統的に生活して来たのである。

シマと国家、シマと企業との間に、上述のようなズレがあるとき、法（律）は、それらの間にあって、どのような役割を「果たした」のか、また「果たしている」のか。換言すれば、私法上の財産に関するシマの慣習法が、国家や町の公法上の規制を受けるとき、また、企業と経済的な市場取引関係をもつとき、その慣習法は、シマンチュにとって、どのような意味を「もった」のか、また、「もっている」のであろうか。

まず、シマの慣習法と国家の統制法との関係について述べてみよう。従来、シマと国家との関係については、国家（官僚）——地域の有力者——地域共同体（シマ）という図式による説明が行なわれて来た。この説明は、次のことを含意していた。①国家法は、その内部に自己とは違う異質なシマの共同体秩序を取り込んで初めて、完成しうるということ、②このことの法学的結果として、物権法定主義を定めた強行法規である民法第175条にいう「法律」には、民法施行法第35条及び法例第2条の規定にもかかわらず、慣習法が含まれるということ、③国家は、このような慣習法の取り込みによって、入会地をめぐるシマ人の権利やシマの慣習的秩序に対して、近代市民法的な保護を加えようとしたこと、④国家の法による支配は、シマの有力者（または彼が体現している伝統的なシマのおきて）と関係をもたない限り、直接には、シマ人またはシマに及ばないこと、⑤従って、シマにはシマの共同体法理があり、国家法は、場合によって、シマの共同体法理と租税を介して対立・依存する関係に立つことがあること、である。

次に、シマの慣習法と企業の市場法との関係について述べてみよう。従来、シマと企業との関係については、（シマ共同体）——＞（商品経済の浸透と企業論理の貫徹）——＞（家族農業を中心とするシマ共同体の解体）という、また、これに対応して、生産者の欲求充足は、生活必需品（農林水産業）——＞便宜品（鑛工業・製造業）——＞奢侈品（商業・金融・保険業・サービス業）へと移行するという、図式による説明が行な

われて来た。この説明は、次のことを含意していた。①市場法は、初めのうち共同体法と融合しているが、次第にそこから分化・自立し、やがて共同体法と国家法をも自己のうちに取り込み、自律的な法システムの一部分としてそれらを再編成するに至って初めて、普遍的な法として完成するということ、②このことの法的表現として、権利－義務の網目で被覆されている市民相互の間で法的紛争が生じたとき、その紛争は、シマ毎の当事者の合意によってではなく、客観的な訴訟法のルールに則った専門の第三者的司法機関によって裁決されるタテマエ（司法権の独立）になっているということ、③市場法は、シマ人をシマ共同体から切り離すために、シマの土地すなわち共有入会地を商品化しようとして、国家法の財産法部門を巧みに利用することがあるということ、④市場法の貫徹は、シマ共同体のなかに、企業の提供・保障する利益を求めこれと取引しようというシマンチュがいない限り、直接には、シマ人またはシマに及ばないこと、⑤従って、シマにはシマの共同体法理があり、市場法は、場合によっては、シマの共同体法理と取引の不成立・成立を介して対立・依存する関係に立つことがあるということ、である。

　以上見て来たように、シマの慣習法が他の国家法・市場法と関係をもつとき、慣習法は、それらに対して両義的意味、すなわち相互相克と相互浸透という意味を、それぞれ「もっていた」し、また「もっている」ということができよう。深山の係争地をめぐる入会紛争とて、その例外ではない。深山の係争地をめぐる入会紛争は、まさに、共同体法理と統制法理と市場法理との相互相克、浸透から発生した紛争であるといえよう。本件入会紛争が、なぜ訴訟に至らないのか[72]は、もはや明らかである。具体的な法律の争訟を扱う法廷において、この事件における法の意味を、裁判所によって「これが（国家の）法である」と宣言してもらわなくても、自分達シマの法は、シマの者が一番良く知っているからである。何がシマにおける正義（権利）であるか、どうすればその正義（権利）を実現できるのか、を伝統的にシマのなかで学び伝えて来たシマンチュどおしが、どうしてシマンチュを訴える必要があろうか。シマンチュにとって、法とは、「シマの内部における人と人との直接的な一体感によって体得される、互いの合意から成る自治的規範」である。明治33年の「盟約証」の第七条にあるように、「両村人民ハ親睦ヲ主トシ……協議スルモノトス」ることを、シマどうしが約束しあっているのである。

　では、過疎化の危機に直面しているシマ人とシマにとって、「入会権とは何で

あるべきなのか」。シマの入会林野の高度利用のために、シマンチュは、国家法たる入会林野近代化法に基づいて、入会権を自己否定し、入会権を所有権その他の権利に置き換えるべきであろうか。しかし、係争地が入会林野でなくなれば、シマの財産（共益地）としての保障はもはやなくなってしまう。入会地を、個人的共有地にしたり、シマンチュ個々人に分割して個人有地にすることは、市場法理のシマへの侵入につながり、資本の荒波にシマが浸蝕される結果、シマのなかに位置しながらシマの林野はすべて外部の資力のある者の所有地となってしまう、ということになりかねない。これでは、過疎化しつつあるシマは一挙に解体への途を歩まざるをえない。

シマは、そうならないためには、これまでのシマとしてのアイデンティティを保ちつつ、新たなシマのアイデンティティを再確立しなければならない。シマ興しである。入会権の再生によるシマ興しである。入会権のもつ生態維持・環境保護機能に注目しながら、シマの経済的自立と発展をめざすシマの法理を新しく確立し直すことが大切である。それには、シマの基底にあり、歴史的にも現実的にも入会地の管理・利用を可能にして来たシマの主体的意思（シマの文化的風土）を、まず確認し育てることへのシマンチュ間の同意が何よりも不可欠である。それがなければ、シマは、外部の市場や国家の提供する法理をそのままその都度受け入れ、結局はシマが自分の個性を失い、浮き上がった存在となることになる。

奄美群島の各地に残る「阿室」の地名は、「天降り」伝説（羽衣伝説）に由来する地名であった。この伝説は、我々に次のことを語りかけているのではなかろうか。自由民権運動に天賦人権論の主張があったように、シマを興すシマ興し運動にも、天道と地道との狭間で人の道を新たに探究する「天賦理」権論による新しい入会権が主張されねばならないことを。シマの新しい入会法理は、国家や企業社会の支配権力による天下り的「天賦利」権論によってのみ確立されるのではない。それは、国家や企業と共生し対決・逃避・同化などを繰り返しながら、しかもあくまでもシマの神聖空間のなかでシマンチュ達の伝統と入り会える（親加那志の世界）自立した法理、換言すればシマンチュの主体的な意思が生きている法理に基づいた「天賦理」権論によって、確立されるべきである。

1 共同体法理、統制法理、市場法理の概略については、拙文、「南島法研究と法文化論」（『南島文化研究所所報』、第31号、沖縄国際大学南島文化研究所、1988年３月、１-２頁）参照のこと。

但し、そこでの開発法は、本稿では、統制法に変えた。本報告においては、統制法は治安法と開発法の二つを含む法を意味する。

2 　中尾英俊『奄美大島における入会林野Ⅱ』、鹿児島県、昭和42年、第8章149〜183頁。山添精三「奄美群島における林野制度の研究(4)」(『南方産業科学研究所報告』、第三巻、第1号、昭和37年)、65〜68頁。

3 　明治以来約100年間の鹿児島県下の市町村の変遷を知るには、鹿児島県総務部参事室編、『鹿児島県市町村変遷史』、鹿児島県発行、昭和42年が便利である。瀬戸内町の合併の様子については、同書370-371頁、特に587〜592頁が詳しい。

4 　小林氏によれば、部落ごとにまとめられた検地帳には、「検地した田畑について一筆ごとに地名、等級(上・中・下・下下)、その面積、石高(生産高)、作人の名前」が記入されたのである。

　「検地帳は三冊作り、一冊は藩主に見せるので御前帳といい、一冊は代官所に、一冊は各噯役場におき、与人または総横目の責任で保管する。検地帳に登録されたものを本百姓とし、年具(納税)諸役を義務づけた。検地帳によって農民相互間の土地争いはできなくなり、封建支配の基礎帳簿として検地帳が果たした役割は大きい…。」、小林正秀「藩政時代の奄美諸島の検地」(『徳之島郷土研究会報』、第7号、昭和54年2月、27頁)。

5 　復帰に伴い農地法が奄美群島にも適用されたが、農地法による農地買収面積は全農地面積の1％に過ぎなかった。それでも、加計呂麻島於斉の古老から聞いた話によれば、戦前までの太(ふとり)家、和(にぎ)家、住(すみ)家、城(きづき)家などの各大地主は、現在もはやかつてほどの勢力はないとのことであった。なお明治初期における大島の富豪、「渡連方林前福、西方梅治、龍郷方麻福栄志、渡連方西能永通、瀬名方榊実定、住用方住佐応恕」の貯蓄と歳入概略については、久野謙次郎『南島誌各島村法』、奄美社、昭和29年、42-43頁参照のこと。

6 　奄美群島にはこの措置法が施行されるため、離島振興法(昭和28年法律第72号)の適用はない。cf, 中尾英俊『奄美大島における入会林野Ⅰ』、鹿児島県、昭和41年、5頁。

7 　沖縄県企画開発部企画調整室編『昭和62年度版沖縄県経済の概況』、沖縄県発行、昭和63年3月、197頁による。但し、沖縄県企画調整室の用いた、昭和59年度における日本国民1人当り国民所得は1,998,996円であり、本文中の1,995,133円とは、3,863円の開きがある。

8 　後出の表XIIIを参照のこと。

9 　大島紬の染料をシャリンバイに一定したのは、比較的新しく、古くは山藍(琉球藍)を用いたり、これが入手困難なときには、くちなし、ひる木、つん木、櫨等各種の草木が用いられたらしい(『鹿児島縣史』、第二巻、昭和49年復刊、519頁)。

10　シマの人々のなかには、昔、この毒性を利用し、イジュの樹皮を紛末にして、河川やサンゴ礁のイノーに投げ入れ、魚貝類をとっていた人もいるようである。本土復帰後は、水産資源保護法の第6条(有毒物を使用した漁法制限)や第7条(爆発物・有

毒物により採捕した水産動植物の所持、販売の禁止）が適用され、この漁法は国家法により禁止された。
11　瀬戸内町有林野管理条例の第1条
12　明治6年、大島の各島村を巡視した大蔵省租税権中属久野謙次郎は、この島について、次のように書いている。「実久方俵村を去ること北十二三町に、俵小島なるものあり。形ほとんど真円をなし、周回三町計りにして人家なし。草木あれども、又瘠土にして耕種する能はず。」（久野謙次郎、『南島誌　各島村法』奄美社、昭和29年、13頁）。なお、この島が俵部落に所属することについて、田中徳夫氏は、「昔、俵と三浦との間に（篠川という説もある）争が生じ、解決策として、烽火を合図に両部落から板付舟を漕ぎ出し、早く着いた方のものにする。櫂は『アサグロ』木で作ったものと決めた。三浦（篠川？）側は約束通りのアサグロで作ったら、途中で折れたが、俵はムモ木の櫂をつくったので折れることがなく早く着くことができたので、俵のものとなり俵小島というようになったとのことである。」と述べておられる（田中徳夫「瀬戸内の地名」、瀬戸内郷土研究会編『やどり』、第33号、1975、12頁）。
13　『角川日本地名大辞典、46、鹿児島県』角川書店、昭和58年、331頁。
14　碑文の一部分によれば、郷士芝好徳翁は、「正徳4年（1714年）正月15日大島西間切篠川に生れた。郷士實統の父であり幼名を坊座金と云いまた實雄ともいった。琉球国王舜天王の孫義本王（1260年）の子継好が奄美大島に渡り阿麻弥大主（奄美大主）となり西間切篠川に居住し、義本王十七世の孫の大親職・朝興（芝家）五世の孫である。」とのことである。
15　阿室釜が「小さな天降り」という意味であるとの点については、上掲書75-76頁、また注12にあげた『やどり』、第33号の24頁を、それぞれ参照のこと。阿室釜の古老の話によれば、「釜」とは山に由来する地名だとのことであった。野本氏によれば、鍋・釜系統の地名は、焼畑地名のうち畑からの収穫量を表示する地名として用いられ、多収量（豊作）を表示する場合と不作を表示する場合があるらしい。とすれば、阿室「釜」という地名は、昭和4年当時、篠川部落では田畑とも自作地より小作地の方が（面積は約2倍）多かったこと、逆に阿室釜では田畑とも小作地より自作地の方が多かったことを考慮すると、不作表示地名ということになろうか（野本寛一『焼畑民俗文化論』雄山閣、昭和59年、302頁、310-311頁）。なお、阿室釜における「下神（うりがみ）」という地名（小字名）は、狩猟・採集業や焼畑農業から水田稲作農業への里下り的移行を表示するのであろうか。阿室釜の「白浜」（小字）は、明治の初め旧実久村地区から移住してできた集落であるらしい（注13の前掲書、76頁）。
16　『明治四十三年鹿児島縣大島郡統計書』、大正元年、濱田日報社、27頁。
17　『焼内村誌』、大正五年、焼内村役場発行、復刻版、ルーツ出版社、1979年、21頁。
18　注16
19　注17
20　大島郡部落別耕地利用表（昭和4年大島支庁刊）、（前掲『焼内村誌』、6-7頁）。
21　前掲書1頁。

22　水田の少なかった阿室釜の古老によれば、昭和20年代においてさえ、旧西方村の岬之目(さきのめ)で10数時間ドラム缶中の海水を塩焚きして作った塩を午前3時頃背負って山越えし、宇検村の湯湾まで4、5時間以上歩いて、米と交換していたそうである。交換比率は、塩3升と米1升、または塩1升とモミ米1升だったそうである。塩は、米だけでなく、ソーメンや茶といった食品とも交換できたそうである。

23　山での除草、枝打ち作業は、日当6,500〜7,000円、チェンソーを使う伐採作業だと日当12,000円である。ちなみに砂糖キビの刈り入れは、男子の場合、日当6,000〜7,000円、女子の場合、日当4,500〜5,000円である。岩崎産業株式会社は、石油、木材の販売を目的とし、昭和15年4月に設立された従業員330名の会社である。岩崎産業株式会社の、資本金は4億5,800万円、株主はオリンピック観光KK、指宿観光ホテル、銀二不動産KK、オリンピック製菓を含めて18名、工場は大島郡、宮崎県、函館市、鹿児島市にある。昭和61年9月の、売上高は139億2,700万円、利益は1億7,323万円となっている。

24　仕事は、養殖用の魚網を洗ったり、修理したりすることである。篠川部落の8名、阿室釜部落の9名が、昭和60年度、ここで働いている。

25　この会社は、篠川湾で、コンクリート製ケーソンを製造している。製造されたケーソンは、沖永良部、徳之島、与論の港まで運ばれ使用される。古仁屋港は「避難港」指定を受け鹿児島県の管理下にあるが、篠川港は瀬戸内町が管理している地方港湾である。篠川部落の7名が山下建設で働いている。なお、阿室釜には、城山合産KKの鹿児島から来た従業員3世帯10名が住んでいる。阿室釜の小学生は、教員の子供と、集落外から集落内に来た業者の子供から成り、シマンチュの子供はいない。

26　1987年9月上旬、国道58号線から嘉徳へ降りる途中、道路右側の崖沿いの山畑でも焼けた蘇鉄畑を見かけた。奄美大島の焼畑、特に瀬戸内町篠川の焼畑については、野本寛一、前掲書、582〜593頁、特に、584-585頁参照のこと。篠川の焼畑では、火入れ後、甘藷、粟、大根、小豆等が栽培されたようである。なお、大島の一部では、蘇鉄を成長させるために、成長にとって邪魔になる山腹の木や下草を焼くこともあるとのことである。

27　大山野とは、「原野・藪地で、或は附近の田地・用水・堤防普請用材料等を採り、或は一定の制限を附して、百姓に入會を許し、秣料又は肥料用下草を採取せしめ、更らに…、山奉行に於いて植林せしめ、郡奉行の免許を以て、大山野仕明地とする事もあった」。「大山野仕明は、…、現高を疎略にせざる様注意して、奨励する方針であったと思はれるが、仕明と植林とを交互に行ふ舊慣があり、仕明後四、五年作職し、地味衰微すれば、之を放棄して植林し、十七、八年後に伐採し、再び仕明するを有利とした。大山野仕明地四年目に手入せざる時は、之を別人に附するも差支なき規定であった。」(『鹿児島県史』、第二巻、昭和15年発行、312頁)。

28　高配当とは、特殊な土地割替法のことである。詳細については、注27の前掲書、380-381頁参照のこと。

29　前掲書、382頁。

30 野本寛一、前掲書、583頁。
31 大島では、黍地、永作地、屋敷地は、配当高から除外された。前掲『鹿児島県史』、381頁。
32 高配當之事、郷土高之事、「南島雑話二」(『日本庶民生活史料集成』、第1巻、三一書房、1968年、21頁)。
33 前掲『焼内村誌』、6頁。
34 前掲『南島誌 各島村法』28頁、43頁。なお、昭和59年6月の土地分類基本調査に基づく奄美大島南部の「土じょう図」によれば、篠川においては、篠川川流域で粗粒灰色低地土壌（GL－c…同じ土壌の住用村小湊における試掘によれば、地下52cm辺りまで、2〜5％の腐植土と20〜50％の半角礫を含む土壌であるが、それ以下の深さでは、半角礫を20〜50％含む礫層に達する）が、海岸近くで灰色低地土壌（GL…同じ土壌の加計呂麻島渡連での試掘によれば、地下60cmまでは、2〜5％の腐植土と5〜10％の半角礫を含むが、それ以下の深さでは、粘土・砂・礫の混ざった未固結堆積物層に達する）が、阿室釜においては、下神と白浜の平地部で灰色低地土壌が、海岸への山の突出部分で赤色土壌（R…同じ土壌の加計呂麻島瀬武－阿多地の中間の山中での試掘によれば、地下12cm辺りまで2〜5％の腐植土を含むが、それ以下60cmまでは5〜10％の円礫を含む層が続き、60cm以下では、基岩のチャート粘板岩層に達する）が、深浦の平地部で黄色土壌（YC…同じ土壌の大和村名音の住用村川内寄りの山地での試掘によれば、地下28cmまでは橙色の土であるが、それ以下では黄褐色の腐朽岩盤に達する）が、その他両集落の山地部分においては、黄色土壌（YD…阿鉄の北東約2kmの山中での試掘によれば、地下11cm辺りまでは2〜5％の腐植土と5〜10％の円礫を含むが、それ以下約80cmまでは5〜10％の円礫を含む明黄褐色と橙色の土層が続き、それ以下では、砂岩・粘板岩の互層に達する）と黄色土壌（YE…宇検村の河内川上流の山中での試掘によれば、地下10cmまでは5〜10％の半角礫を含む褐色の土が、そこから下37cm辺りまでは半角礫を含む明黄褐色の土が、そこから下85cm辺りまでは10〜20％の半角礫を含む明黄褐色の土が、それ以下の深さでは砂岩・粘板岩の互層に達する）が、わずかではあるがところどころの山中には、褐色森林土壌（黄褐色系）（B（Y）…同じ土壌の油井岳の北西側数百メートルの山中での試掘によれば、地下12cm辺りまでは5〜10％の腐植土と半角礫を含む層があり、その下約68cmの間は褐色の半角礫層があり、それ以下では砂岩・粘板岩の互層に達する）が、みられる（『土じょう図、奄美大島南部』昭和59年、鹿児島県発行による）。昭和57年6月の調査によれば、篠川・阿室釜地域の、平地部の土壌生産力はほとんどが黄色土壌（B）の3等級であり、林地のうち、ほとんどは褐色森林土壌（黄褐色系・林地地位等級Ⅲ）であり、残りは赤色土壌B（林地地位級Ⅲ）、黄色土壌D（林地地位級Ⅳ）、黄色土壌E（林地地位級Ⅲ）である（『土じょう生産力区分図、奄美大島南部』、昭和59年、鹿児島県発行による）。
35 昇曙夢、『大奄美史』、原書房、昭和50年、266〜275頁。薩藩は、寛永元年、ノロに対する弾圧を加えたほか、従来琉球系の家系に独占されていた用人（与人）の地位

に、純粋の大島系の家が進出できるよう島役人の制度を改革した。さらに薩藩は、寛永以降、大島島民の目を琉球から薩摩へと向けさせるため、源為朝伝説を利用した本土との新しい血縁的秩序意識への訴えを行なった。源氏の流れと称する徳川将軍家から、島津氏が寛永8年徳川の旧姓松平氏の称号を許可され、ここに大島を支配する島津と大島を支配したことのある大琉球との間に、「源家嫡流の後胤を称する島津家に対し、琉球王〔初代舜天から始まる尚王統〕が源家庶流の格付をもつ」(『名瀬市誌』、上巻、昭和58年、291頁)という関係が意図的に創り出された。為朝伝説に関連して、大島の旧家では㊀あるいは㊁の家紋を、尚王家は三つ巴の家紋を採用した。

36 『鹿児島縣史』、第二巻、384-385頁。
37 前掲『奄美大島史』、260-261頁。
38 「南島雑話一、前掲書、6頁。〔 〕内は、徳永の挿入。
39 前掲書、6-7頁。〔 〕内は、徳永の挿入。
40 間切内村民の共有地は、主に水田(後には、甘蔗耕作地)であり、男子は15歳から60歳まで、女子は13歳から50歳までの者は、夫役に従事した。
41 昇曙夢、前掲書、262頁。
42 『名瀬布誌』、中巻、昭和46年、41〜45頁。
43 前掲、『大奄美史』、353頁。家人のほか、家人夫婦または家人の女が主人の家で生んだ子供または私生児は、主人の家(膝下)で養われたという意味で、ヒザ(若しくはヒダ膝)または膝素立といわれた。主人のなかには、ヒダ娘が年頃になれば、自分の養女として一通りの嫁入り道具を整えて、嫁入させる者もいた。他方、主人のなかには、主家の娘の嫁入りに際して、4〜12人のヒダを、花嫁の持参金代わりとして、婚家先に行かせ、そのままそこで生涯使役させた者もいた。なお、ヤンチュについては、金久好『奄美大島における「家人」の研究』、名瀬市誌編纂委員会発行、昭和38年、大山麟五郎「奄美における人身売買・ヤンチュの研究」(法政大学沖縄文化研究所編、『沖縄文化研究 7』、1980年、159〜178頁)参照。
44 明治4年12月、宮古島の島民54人が、台湾の蕃人に殺され、後年(明治7年5月)の明治政府による台湾征伐の原因となる。
45 区長の職務は、「①人民撫育、②地租改正・地券取調、③地租帳簿の保管記入、④耕耘収穫・不時破損等の検査上申、⑤製茶・養蚕等の奨励、⑥学校・戸籍・租税事務の管掌、⑦山海産物の増産、⑧人民勤惰の検査、及び正副戸長黜陟について支庁に具申の事、⑨官林伐木は支庁に上申の事、⑩常平社倉商社の建設等は支庁経由、本庁の裁決を経て施行の事、⑪管内犯罪の審理上申、等である。」(『鹿児島県史』、第三巻、昭和16年、720頁)。
46 区戸長が地租改正事業のためいかに繁忙をきわめたかについて、福島正夫氏は、明治9年4月における茨城県下の某村のはやり歌(「戸長副長ハ妻コフ雉子カ、地ケン地ケント鳴テヰル」)を著書のなかで引用している。区戸長について、福島氏は、「区長は直接県官僚の指揮下にあり、官的な色彩がかなり強いが、戸長に至っては、『人民の総代』というように官側からもみられており、これは、地租改正における彼らの地位

を微妙なものとした。事実、区戸長が人民の意向を反映するばあいも、必ずしも少なくはなかった。しかし、それは改租がとくに難航したばあいであって、一般的には、彼らは権力に忠勤をはげみ、改租事業の説明者となり、改租に農民をかりたてた。区長においては、戸長を通じて提出される農民の要求をさえぎることすらあった。区長はもとより土地所有者の大の部類に属し、改租の申告にも範たることが要求された。かくて、区戸長は板ばさみになりつつ、結局県庁の手先としての役割を果したので、矛盾が激化し、ついに暴動に立ち至ったとき、彼らは弾圧官吏と共に、一揆の主要な攻撃対象となった。」（福島正夫、『地租改正の研究〔増訂版〕』、有斐閣、1970年、318-319頁）。

47　明治5年の琉球藩設置から明治13年の改約・分島問題に至る約10年間の（広義における）「琉球処分」については、数多くの文献がある。さしあたり、安良城盛昭「琉球処分論」（『新・沖縄史論』、沖縄タイムス社、1980年、174～211頁）、『那覇市史、通史篇第2巻近代史』、那覇市役所、1974年、57～113頁参照のこと。

48　前掲、『鹿児島県史』、118頁。

49　『森林所有権の法的構造――第二編地租改正と森林所有――』、昭和30年、林野庁、10-11頁。

50　立木に対する課税は、「材木の商品税」であった。耕地に対する地租改正が、村持山林に対する改租と違う一つの点は、「領主も国家も、耕地を耕す農民からその労働生産物をもって年貢、地租を搾取するのが主眼点で、耕地の交換価値に富源を見出しているわけではなかった。これに反して、山林の場合には、立木の交換価値は彼らの着目するところであった。」という点にある（注49の前掲書、66頁）。

51　耕地は毎年収益を見積ることができるのに対し、山林は早くても10数年後でないと伐採期に達しない。この間の風水害、火災、病害虫、山崩れ等による被害・災害を考えると、収益の見積り予想は、耕地以上に、不確実な部分が多い。明治8年7月8日の地租改正条例細目の「第五章地価調査ノ事」の第四篠によれば、「山林ハ現在立木ノ代價ヲ除キ其地味ニ應シ立木賣買代價ヲ生植ノ年ヨリ代採ノ年迄平均割付致シ下草松露松茸等ヲ得ル者ハ年々収益ノ有無多少ヲ酌量シ鑑定人ノ見込及ヒ從前賣買代價ヲモ參酌シ其内費用ヲ引去地價調査スヘキコト　但萱野秣場竹藪等モ本條ニ準ス」ということであった（地租改正資料刊行会編『明治初年地租改正基礎資料、上巻（改訂版）』有斐閣、1971年、560頁）。なお、明治10年代前半の大島郡における山林原野各種地一筆の最高と最低の一町当り地価は、林が5円と1円87銭、山林が5円と1円56銭、藪が6円と70銭、柴生地が3円50銭と98銭、草生地が3円50銭と1円50銭、秣場が3円50銭と1円50銭、その他原野は平均4円20銭、山は平均65銭、稲干場は5円と65銭、萱場が平均4円20銭、櫨場が平均3円であった。明治10年前後における東京府豊島郡の地価は、大島郡に比べて、林の場合8倍、藪の場合2.5倍の高い価格がついていた（大蔵省編『府県地租改正紀要（全）』、復刻版、御茶の水書房、1979年、28頁、1254-1255頁）。

52　「從前、戸長役場で公証簿に登録させていた手続は、正副二通の証書を作り、一通を

台帳、一通を公証とした。その後、公証を廃止、登記簿登録に改め、前の公証簿を旧登記簿、その後を新登記簿という。」(『名瀬市誌』、中巻、91頁)。登記法公布後は、不動産所有権やその移転の効力は、地券の受け渡しによってではなく、司法手続によって、認められることになった。シマの不動産所有権やその移転の公示は、もはやシマ毎の公証機関によってではなく、シマを超える公証機関によって、すなわち国家機関たる治安裁判所（大島の場合、明治16年以降は、鹿児島治審裁判所大島支部）の監督する登記所によって、行なわれることになったのである。なお、入会権の第三者に対する効力について、戸長の公証は不要であり、むしろ入会集団による入会林野に対する共同管理・利用・収益自体が権利の公示であることは、もちろんである。

53 本土における明治20年代の市制町村制の制定・施行と町村合併は、一方で、新市町村に自治体としての法人格を認め、条例・規則の制定権を与えるというプラスの面もあったが、他方で、このことは旧町村の独立性の弱体化、中央・地方を通しる統一的な上意下達の中央集権国家の確立、新市町村の必要経費を、国庫負担軽減のために、できるだけ自己財源（旧町村の財産の、新市町村への基本財産の組み込み）で調達させようというマイナスの面もあった。そのため、ところによっては、部落（旧町村）側からすれば、それまで総有していた入会林野は、市制町村制の施行により、地盤所有権も含めて、新市町村に取り上げられた、あるいは、地役入会権的入会林野に変化した、と考える場合もあった。旧来の村は、場合によっては、行政村としての村と生活共同体としての村とに、分化し始めたのである。

なお、この年、北海道、沖縄、一部の島嶼地域において町村制が実施されなかった理由は、これらの地域が本土と違った歴史・伝統・慣習をもっていたこと、面積・人口の大なる割には財政力が極めて弱かったこと、場合によっては、合併後、地位と職を失う恐れのある者による一部の反対があったこと、それらの地域が当時の日本にとって軍事上大切な地域であったこと、等が考えられる。

54 植えた一年目は、藍葉の一番刈り（旧六月）によって藍葉2,900斤（藍葉10斤当り6銭）を、二番刈り（旧九月）によって藍葉1,000斤（藍葉10斤当り6銭）を収穫することができた。ただし、一反歩の土地に種藍を400斤（代金は2円40銭）植えたものの、この植付のための人数30人（賃金は一人当り16銭）を、旧二月と旧四月の草取りのために延べ20人（賃金は一人当り16銭）を、藍葉を刈り取り製造場へ運搬するのに30人（賃金は一人当り16銭）を、それぞれ要したので、差引の純利益は8円20銭であった。そして、4年間の純利益合計は、51円82銭であったとのことである。（『大島郡雑記』、明治30年、丙の41〜43丁）

55 町村制施行時に統一できなかった旧村持の林野について、また幾つかの市町村にわたる入会林野について、改めてその地盤所有権の市町村有化と入会権の整理を図ろうとしたものである。

56 これにより、町村有林の施業計画作成が法的に義務づけられることになった。その作成のためにも、町村有林の境界確定作業が不可欠となった。当時は、町村有林の大部分は、住民に対する「貸付地」とされて、住民は従来通り入会利用が認められてい

た。各町村は、人工造林よりも天然更新を、また、自力造林よりも官行造林、県行造林によることが多かった。

57　学林地は杉の造林地となっている。その地番は、深山211－19、深山209－1、深山211－3である。篠川区長の話によれば、学林地の杉の立木の維持管理は、父兄の無償労働（毎年2回、10月に1回、3月に1回）によって行なわれているとのことである。

58　1950年から3ヶ年にわたって米国軍政府が行なった琉球列島の資源調査報告書によれば、奄美群島における燃料材の使用途別順位は、「1位砂糖、2位塩、3位かつお節、4位酒、5位石灰、6位かわら」と、また、同群島における木材使用途別順位は、「1位砂糖樽、2位家具、3位船材、4位下駄」となっている（琉球列島米国民政府編、亜熱帯林研究会訳『琉球列島に於ける森林の状況』、昭和57年8月、琉球林業協会発行、43-44頁）。

59　山添氏によれば、この整備事業の基本方針は、①部落有林、記名共有林を名実ともに町村有に統一すること、②町村有林について、境界査定により区域を明らかにし、管理区分を実施すること、③これにより適切な林野利用の途を確立し、経営の合理化に基づく、町村財政の増収を図ること、④地元住民の日常生活と福利に寄与すること、等にあった（山添精三「奄美群島における林野制度の研究⑷」（『南方産業科学研究所報告』第三巻第1号、昭和37年3月、67頁）。

60　クラフト紙、上質紙、高級白板紙、新聞用紙、加工用紙他の製紙業およびクラフトパルプ、機械パルプのパルプ業を目的とし、昭和22年2月に設立された従業員約1,400人余りの会社である。昭和61年12月における同社の、資本金は51億7,100万円（昭和35年4月は18億6,300万円）、大株主は王子製紙、日証金、北陸銀行、興銀、日債銀、日本紙パ商事等であり、系列会社は中越パッケージ、九州板紙、文運堂、鹿児島興産、高岡ロイヤルテニスクラブ、中越林業、中越神岡チップセンター、北陸流通などである。昭和61年12月の決算では、売上高791億500万円、税引利益は13億7,100万円となっている。

61　瀬戸内町有林野管理条例の第36条の2項は、「貸付林の全部又は一部の立木を売却した場合は、その価格を町と分収するものとする。その場合の分収歩合は3町7民とする。」ことを規定している。

62　新聞巻取紙、印刷用紙、包装用紙、薄葉紙、紙加工用紙他の製紙業、化学パルプ、機械パルプ、脱墨古紙パルプのパルプ業および山林、木材の売買、造林、製材等の諸事業を目的とし、昭和24年8月に設立された従業員約4,600人の会社である。昭和61年3月における同社の、資本金は205億6,600万円、大株主は三井生命、日本生命、興銀、三菱信託、三井信託、三井銀行、第一勧銀、従業員投資会、第一生命、東洋信託等であり、系列会社は十條板紙、十條キンバリー（全株式十條製紙保有）、日本加工製紙、四国コカ・コーラボトリング（全株式十條製紙保有）、八重山開発、十條セントラル（全株式十條製紙保有）、十條開発、十條木材（全株式十條製紙保有）などがある。昭和61年3月の決算では、売上高3,416億3,700万円、税引利益は60億200万円となっている。

63　大島において2番目に大きい川は、三束川といい、「その源は西方篠川村の深山にし

て、住用方役勝村・尾藤村を経過し、山間村宮崎浜に出づ。平常の水幅六尺、深さ一尺なり。」と久野謙次郎は述べている（久野謙次郎、前掲書、16頁）。

64 昇清応は、藩政時代、キビ横目を勤めていた。篠川部落の昇英信さんのお宅には、昇清応さんが、1866年（慶応2年）頃、芝家の一人娘ウマを嫁にもらったときの婚礼用の献立表があり、そこにはお茶・お菓子から始まる十九種類の料理名が書かれていた。

65 登記名義人の相続人とその他の部落住民との間に紛争が生じた原因は、ある会社が、昇英吉氏に登記に公信力があるかのように話をもちかけ、篠川部落外の第三者への共有入会地の売却が入会集団構成員全員の同意なくして法的に有効に行なわれうるかのように英吉氏を説得しかかったことによる。共有権者と登記名義人が一致しないことの多い共有入会地の登記名義を悪用して、会社が、英吉氏に、この係争地があたかも個人共有地であるかのように信じ込ませたものと考えられる。このことは、見方を変えれば、少なくともこの紛争が生じる前は、係争地に対する部落住民の共同体規制が弱まっていたということを示すともいえよう。

66 「村持山の所有の〔特殊な〕性格は、地租改正の官民有区分においては、これを全く私的なものとして取扱ったのに対して、地方行政においては、ふつうの私有とことなる公共有のごとく取扱おうとしたことである。官有ではないけれども、町村という公の団体の所有である。これを明瞭にするのは、〔本土においては〕明治22年施行の町村制であるが、それまでにおいても、11年の三新法制定のときに、町村は固有の財産〔村持山林原野〕を有する法人であるといわれた。したがって、民有地第一〔個人私有地〕・第二〔人民数人、一村あるいは数村所有の学校・病院・郷倉・牧場・秣場・社寺等〕種の併合は、地租改正の面からは正当であるけれども、町村行政の面からいえば理由のないことであった。明治30年の森林法は初めて明文で『公有林』とよんだのであるが、そのような意味は地方行政のうちにすでに早くもたれていたのである。」（注49の前掲書、139頁。但し、〔　〕内は、徳永による挿入である）。

67 「村持山林に関する農民の法意識は、地券発行前においては、あまり明確なものとはいえない。むろん彼らはその占有用益つまり支配については他部落と争い、流血の闘争も辞せず、権利をあくまで主張するのであった。けれども、領主に対する関係においては、無税の山の用益をその恩恵と考え、村に訴訟の裁定において喧嘩両成敗となって論山がとり上げられるような事例も少なくなかったのである。所有意識が官に対して明確にされるようになったのは地券の発行をその大きな契機とし、官民有区分がさらにこれに刺戟を加えたということは、うたがうことのできない事実である。」（前出注49の前掲書、135-136頁）。

68 明治22年3月22日に公布された土地台帳規則（勅令第39号）によって、従来の地券及び地券台帳は、地租の根本台帳としての役目を終え、その役割は土地台帳が果すことになった。

69 「惣代」は、旧来の部落（シマ）にあった寄合（議決は全員一致による）が、近代的な町村会（議決は議員の多数決による）へ再編成されるまでの過渡期の制度であり、

本土では明治21年の町村会が一応完成する頃には、その姿を消してしまった。徳田氏によれば、総代〔惣代〕職は、勝手にこれを辞めることができず、且つ無給であった（但し、旅費日当の実費は支給された）ので、その被選挙資格は、「年齢・性別・戸主・本籍は勿論、財産資格も非常な高額を条件とし、且つ一定の欠格条項をも規定するものが多かった」（徳田良治「わが国における町村会の起源」、明治史料研究連絡会編『明治権力の法的構造』、御茶の水書房、1977年、29頁）。また、同氏によれば、明治9年10月の布告130号（金穀公借共有物取扱土木起功規則）の第一条・第2条における「総代」は、①人民の「名代」であり、代理人とみなされたので、総代の議決は人民一般の承認したものであり、人民は他日これに異議を唱えることができなかった、②本務に関する議決については「別段村民一同ノ承認ヲ要スル迄モナク即時之ヲ断決スルヲ得ヘシ」と規定されていた、③常に町村一般の公利公益を論ずべきであったこと、④議決機関化するに伴い、これと対立して戸長が執行機関化し、漸次議決・執行両機関が分化する傾向にあった、などの特徴をもっていた（上掲書31～35頁）。

70　大正元年12月19日付の領収証によれば、このときの登記費用（全部か一部かは分からないが、とにかく登記費用）が27円50銭であったこと、また、阿室釜の池田兵熊がこの費用を負担したことを篠川人民惣代盛直喜与が当時認めたこと、が分かる。

71　中尾氏は、「なぜ誤ってという表現をしたのかは明らかでない」（中尾英俊『奄美大島における入会林野、Ⅱ』鹿児島県、昭和42年、167頁）と述べておられる。私は、「誤テ」という表現は、むしろ当時のシマンチュが、係争地の法的性格について抱いていた素朴な気持（または価値観）に基づく一つの表現であった、と考える。登記法は、自然人と法人にしか登記能力を認めておらず、入会集団（実在的総合人）は登記権者ではないということ、入会集団の真実の入会権利関係を公簿上記載できないこと、登記には公示力はあっても公信力はないこと、従って、公簿は真実の権利関係であるシマの慣習的秩序を正確に反映しているわけではないこと、これらのことを、当時のジマンチュは、本能的に感じていたのではなかろうか。だからこそ、シマの人々は、係争地が両村共有入会地であることを再確認しようとして、係争地が「誤テ亡昇清応ノ名義アリ」と考え、表現したのだと推測される。

72　私は1986年、冠岳を隔てて篠川とは対角線上の反対側に位置する宇検村阿室における入会裁判を調査する機会を、南島文化研究所によって与えられたことがある。阿室の入会裁判は、枝手久島共有地の売買無効及び売却され、銀行に預託された代金の帰属をめぐって、シマ人（阿室在郷者）とシマを離れたシマ出身者（出郷者）との間で争われた裁判であった。「阿室部落は、当事者間での話合いによる解決はこれ以上は不可能であると判断した。昭和49年8月19日、阿室部落は、全国連合阿室会の代表と株式会社鹿児島銀行を相手にして、預託金返還等請求の訴えを鹿児島地方裁判所に提起した。」（拙文、「宇検村阿室における枝手久島共有地の開発と入会裁判」、『鹿児島県大島郡瀬戸内町調査報告書⑴』、沖縄国際大学南島文化研究所、1987年、55頁）。

第八章　金武町金武の入会裁判と
　　　　　シマの法文化の変容

一　はじめに

　2003（平成15）年11月19日、『沖縄タイムス』の夕刊は、「軍用地料男性限定は違憲、金武・杣山訴訟女性側が全面勝訴　那覇地裁『慣習』退ける」との５段抜きの見出し記事を掲載した。それによれば、「米軍用地に接収された本島北部の共有地『杣山（そまやま）』の入会権者でつくる『金武部落民会』が、軍用地料分配の権利を持つ正会員を原則として男性子孫に限定するのは憲法の男女平等の原則に反するとして、同地域に住む女性でつくる『人権を考えるウナイの会』の二十六人が部落民会を相手に、会員であることの確認と過去十年分の補償金約八千万円の支払いを求めた訴訟の判決が十九日午後、那覇地裁であった。西井和徒裁判長は正会員を原則男性子孫に限定していることを違憲、違法とし、約七千八百万円の支払いを命じた原告全面勝訴の判決を言い渡した。」となっている。

　2004（平成16）年９月７日、『琉球新報』の夕刊は、「女性側が逆転敗訴　金武町・軍用地料分配訴訟控訴審　公序良俗に反せず　福岡高裁那覇支部　正会員地位は認定」との５段抜きの見出し記事を載せた。その記事は、「金武町部落民会の正会員資格を男性に限定し、女性に入会権補償の軍用地料を分配しないのは違憲として、金武町金武区内の女性二十六人が正会員資格と七千七百万円余の分配を求めた訴訟の控訴審判決で、福岡高裁那覇支部（窪田正彦裁判長）は七日午後、女性側の全面勝訴した一審那覇地裁判決を取り消し、女性側の請求を棄却した。」と報じている。

　原告女性側の請求が地裁と高裁で認容から棄却へ反転した今回の入会裁判について、筆者［＝徳永（以下［　］内はすべて筆者の挿入箇所であることを示す）］は、沖縄法政研究所の一所員として、もっと詳しく知る必要があると考え、2005年８月、現地調査を実施した。調査は、時間や調査者の諸能力の制約のため、紛争の実態を充分に把握しているとは言えない。が、調査には報告義務があることから、ここに暫定的に調査結果を整理し報告することにした。

報告に当たっては、国宝の公式法（民法）と金武部落民会の非公式法（慣習法）の相互作用に注目した。その際、金武というシマに生活する人（シマンチュ）の法生活の実態を理解するため、社会的・文化的産物としての法の特色の解明、換言すればシマンチュから見た国家法の文化的批判を重視した。本稿は、裁判所の判決の背後にある国家法理とシマ法理[1]との対抗・相補の諸関係の通時的ないし共時的な解明を目指した。なお、本件訴訟は、2005年11月現在、最高裁判所において係属中であり、司法府としての最終的判断はまだ下されていない。

二　金武町・金武区の概況[2]

1　金武町の概況

　金武町は、沖縄本島のほぼ中央の東海岸側に位置し、東西12.75km、南北8km、総面積37.75kmの町である。町の、北東部は宜野座村と、北西部は恩納村と、南西部は石川市と、南東部は太平洋と境を接している。金武町から那覇市へは約48km、沖縄市へは約30km、名護市へは約28kmあり、金武町は、沖縄本島北部と中南部を結ぶ東海岸の接点地となっている。但し、2005年4月1日より、地図記載中の石川市、具志川市、そして町名の記載のない勝連町、与那城町は合併して「うるま市」となっている。

　金武町の北側には、ティーチュ岳（177m）、ブートウ岳（214m）、ジャフン岳（250m）、恩納岳（363m）、屋嘉岳（202m）、石川岳（208m）等の山が東西に連なり、これらの山々から、太平洋に向かって緩やかな台地が広がり、海岸低地に続いている。またこれら北側の山々から9つの小河川（前田川、渡久比那川、美徳川、石川川、億首川、加武川、名古川、山田川、クラ川）が海岸線に向かって南北に流れている。

　町の面積の約60％は、キャンプ・ハンセン（Camp Hansen、約1530万坪）、金武ブルー・ビーチ訓練場

位置図

(Kin Blue Beach Training Area、約12.6万坪)、ギンバル訓練場(Ginbaru Training Area、約16.2万坪)、金分レッド・恩納レーダーサイト(約0.48万坪)等の基地で占められている(基地面積22.451m²)。

平成14年の、金武町の、年間平均気温は22.6度(最高気温7月8日の33.1度、最低気

金武町の土地構成

(平成14年1月1日現在)

種 別	面積 (m²)	百分比 (%)
田	696,730	約4.7
畑	3,871,683	約26.0
宅 地	1,296,718	約8.7
山 林	861,816	約5.8
原 野	661,099	約4.4
雑種地	7,519,658	約50.4
池 沼	7,714	約0.05
合 計	14,915,418	100.05

(金武町総務課資料により作成)

産業別15歳以上就業者の推移

(単位:人)

産 業	昭和40年 総数	昭和40年 内男	昭和45年 総数	昭和45年 内男	昭和50年 総数	昭和50年 内男	昭和55年 総数	昭和55年 内男	昭和60年 総数	昭和60年 内男	平成2年 総数	平成2年 内男	平成7年 総数	平成7年 内男	平成12年 総数	平成12年 男	平成12年 女
総 数	3,820	1,896	4,194	2,032	3,668	2,101	3,567	2,104	4,280	2,408	4,092	2,252	4,009	2,339	3,730	2,180	1,550
第1次産業	1,378	637	779	395	590	371	644	440	850	534	756	489	706	489	492	334	158
農業	1,350	609	739	364	549	337	597	397	795	479	714	438	651	434	443	290	153
林業	14	14	16	8	12	5	6	2	3	3	1	1			1	1	
漁業	14	14	24	23	29	29	41	41	52	52	41	41	55	55	48	43	5
第2次産業	496	445	526	460	732	648	727	646	866	755	764	631	779	651	788	650	138
鉱業	7	7	3	3	1	1	1	1	1	1	5	5	0				
建設業	427	391	401	387	580	552	591	557	684	632	608	534	646	570	670	570	100
製造業	62	47	122	70	151	95	135	88	181	122	151	92	133	81	118	80	38
第3次産業	1,946	814	2,889	1,177	2,311	1,065	2,195	1,017	2,544	1,111	2,556	1,133	2,517	1,196	2,445	1,191	1,254
電気・ガス・熱供給・水道業	53	53	58	57	48	48	45	44	52	49	39	36	37	32	34	29	5
運輸・通信業	67	52	82	76	118	109	128	113	119	105	130	114	123	112	150	129	21
卸売・小売業・飲食店	877	242	1,284	397	1,054	355	961	320	1,111	365	937	300	754	268	690	240	450
金融・保険業	34	27	42	27	26	10	29	15	30	11	28	3	22	7	29	5	24
不動産業									8	1	5	2	9	9	19	12	7
サービス業	815	364	1,312	541	903	423	841	392	1,010	450	1,191	534	1,320	625	1,307	629	678
公務	100	76	111	79	162	120	184	133	214	127	219	137	249	143	216	147	69
分類不能の産業					35	17	1	1	20	8	16	8	7	3	5	5	-

資料:国勢調査

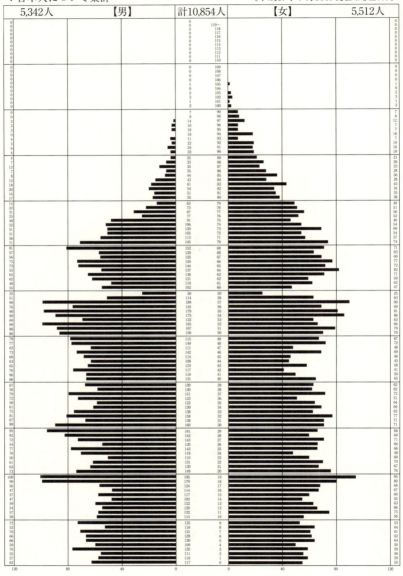

金武町人口グラフ

第八章　金武町金武の入会裁判とシマの法文化の変容　239

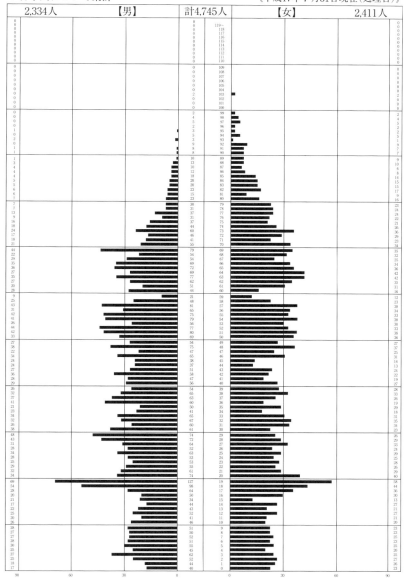

金武区人口グラフ

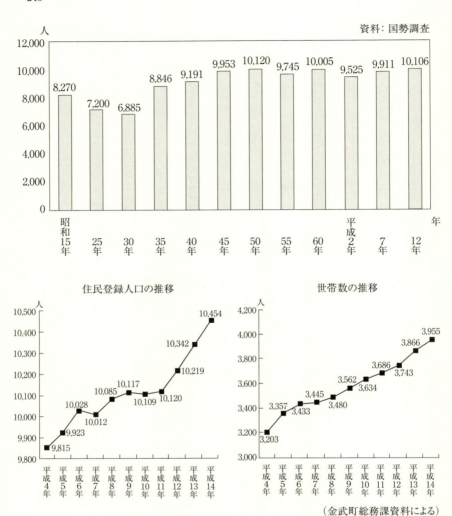

金武町の国勢調査による人口の推移

温2月13日の7.3度)、年間平均湿度75％、年間総降水量1877mm（最高9月356mm、最低11月29mm)、日照時間1757.1時間となっている。

　平成14年3月末の金武町の、人口は10454人であり、1km²当たりの人口密度は約268であり、この密度は名護市や本部町とほぼ等しい。

金武町の行政区別人口

各年3月末

行政区	区分	平成10年	平成11年	平成12年	平成13年	平成14年
総数	世帯数	3,682	3,686	3,743	3,866	3,955
	人口	10,109	10,120	10,219	10,342	10,454
	男	4,936	4,932	5,002	5,112	5,173
	女	5,173	5,188	5,217	5,230	5,281
	人口比重	100	100	100	100	100
金武	世帯数	1,752	1,771	1,797	1,862	1,882
	人口	4,525	4,535	4,584	4,634	4,643
	男	2,175	2,179	2,218	2,278	2,298
	女	2,350	2,356	2,366	2,356	2,345
	人口比重	44.8	44.8	44.9	44.8	44.4
並里	世帯数	891	891	906	915	943
	人口	2,496	2,451	2,452	2,468	2,513
	男	1,222	1,196	1,200	1,206	1,219
	女	1,274	1,255	1,252	1,262	1,294
	人口比重	24.7	24.2	24.0	23.9	24.0
屋嘉	世帯数	445	457	464	486	515
	人口	1,493	1,500	1,518	1,519	1,568
	男	754	762	770	774	800
	女	739	738	748	745	768
	人口比重	14.8	14.8	14.9	14.7	15.0
伊芸	世帯数	296	309	315	324	334
	人口	829	840	842	854	860
	男	404	403	401	417	420
	女	425	437	441	437	440
	人口比重	8.2	8.3	8.2	8.3	8.2
中川	世帯数	248	258	261	279	281
	人口	766	794	823	867	870
	男	381	392	413	437	436
	女	385	402	410	430	434
	人口比重	7.6	7.8	8.1	8.4	8.3

資料：金武町住民課資料による

2　金武区の概況

　金武町の中央部に位置する金武区は、町の主要施設（町役場、銀行、郵便局、小・中学校、診療所、図書館、農協、公会堂、公園など）がある。金武区の人口は、金武町全体の人口の約45％を占めている。金武区の西側の山手側には、米軍海兵隊施設

金武区の総人口、男女別及び世帯数
（各年3月末日現在）

	男	女	計	世帯数
S58	2,290	2,530	4,820	1,479
S63	2,230	2,523	4,753	1,553
H5	2,178	2,409	4,587	1,640
H10	2,175	2,350	4,525	1,752
H15	2,282	2,324	4,606	1,907

（金武町総務課資料による）

のあるキャンプ・ハンセンがあり、第1ゲート前には、米軍相手の商業、サービス業が展開する繁華街がある。

平成14年3月末の金武区の、世帯数は1882、人口は4643人（男子2298人、女子2345人）、金武町全人口に対して占める人口比重は44.4となっている。過去、金武区の人口が急増したのは、廃藩置県後に、喜瀬武原と伊芸原の屋取集落に入植者が来たとき、また大戦後キャンプ・ハンセン建設に伴い、ゲート前の繁華街に外部からの流入者が増えたときであった。逆に、1903（明治36）年から1941（昭和16）年までの間は、海外への出移民により、人口が減少した。

金武区民の気質の一つとして、金武魂（「不暁不屈の精神」、「固い意志力」、「進取の気性」）があると言われている。

三　金武町・金武区における行政・林野の沿革略史[3]

1　行政の沿革略史

琉球王国時代、現在の金武町は、金武間切と呼ばれていた。人々は戸数20～60戸程度の集落（シマ）を形成し、これらのシマが幾つか集まって行政の単位としての間切を構成していた。シマは、人々の生活の単位であると同時に地方行政の末端を担う単位でもあった。シマは、近世になり「村」と、明治末期以降は「字」（「部落」）と改称された。

シマには「掟（ウッチと呼ばれることもある）」という役人がおり、間切には、首里大屋子［しゅりうふやく］やシマ名を冠した金武大屋子などと呼ばれる役人がいた。シマや間切の役人（⇒オエカ人）は、在職中、特定の給地（オエカ地と呼ばれる田・畑）のほか、シマ・間切の人々を一定の範囲で使役する権限を付与されていた。

金武間切には、男性のオエカ人のほか、公的祭祀を司るノロ（女性の官人であり、ノロクモイとも呼ばれる）も複数いたと言われている[4]。ノロには、男性のオエカ人同様、その職に付帯する給地であるノロクモイ地（ノロ地）が与えられていた。

第八章　金武町金武の入会裁判とシマの法文化の変容　　243

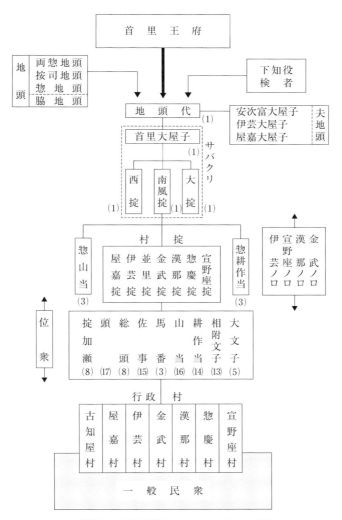

金武間切の行政機構図（カッコ内の数字は人員数）
（『宜野座村誌』第1巻、95頁による）

　間切・シマ制度の下では、男性オエカ人が行政を、女性ノロが公的祭祀を担当し、間切やシマを地元で管理していたが、この間切の上に、首里王府を頂点とする領主層（金武按司は首里に居住していた）がいた。1526年、尚真王は、諸間切の按司を首里に引き上げさせ、代わりに按司家の家老を按司掟という職名で間切を統

(『宜野座村誌』第1巻、89頁より)

(『宜野座村誌』第1巻、89頁より)

治させた。按司掟は、按司の代理兼首里王府の代官であった。

　16世紀の金武間切は、地元出身のオエカ人やノロによって管理されていただけでなく、国王を頂点とする首里王府や首里居住の領主層の命令に従っていた。金武の按司に対する租税を「カナエ」と言い、それは国王に収める租税である「ミカイ」と区別されていた。

　1611（尚寧23）年、首里王府は薩摩の指示により、按司家と間切との関係を絶つために、間切に番所という役所を置いた。それまでの按司掟は廃止され、地頭代が置かれた。

　古琉球時代（12～17世紀初頭）の金武間切の範囲には、13の村（⇒恩納村、瀬良垣村、安富祖村、中間村、屋嘉村、伊芸村、金武村、漢那村、惣慶村、宜野座村、古知屋村、久志村、辺野古村）があった。この当時、金武間切は、北は名護間切、南は読谷山間切と越来間切に接する広大な間切であった。

　近世になり、それまでの「シマ」を「村」とし、各村を集めて間切とする制度となった。1673（尚貞5）年、旧来の金武間切から、恩納、瀬良垣、安富祖、那嘉間の4村が、また旧来の読谷山間切から谷茶、富着、仲泊、山田、久良波、真栄臥塩屋、与久田の8村がそれぞれ割かれ、これらの12の分村した村々を構成単位とする「恩納間切」が新設された。

　また、同じ年、金武間切から久志村、辺野古村の2村が、名護間切から大浦、瀬嵩、汀間、安部、嘉陽、天仁屋、慶佐次、有銘、平良、川田の10村が分村し、これら12村から成る「久志間切」が新設された。

　これらの分村により、上の地図が示すように、金武間切は西海岸と北端部を失

い、その面積は以前の約3分の2になった。金武間切は屋嘉、伊芸、金武、漢那、惣慶、宜野座、古知屋（この村は、1695年、久志間切に編入されたが、1718年再び金武間切に移籍された。現在は、宜野座村の松田となっている）の7村となり、これら7村から成る金武区域が1908（明治41）年の町村制施行まで続き、後の「金武村」の原形となった。

　1872（明治5）年、琉球王国が廃止され、「琉球藩」が設置され、1879（明治12）年に琉球藩が廃止され新たに「沖縄県」が設置された（⇒いわゆる琉球処分）。同年6月25日、「諸法度之儀更ニ改正ノ布告ニ及バザル分ハ、総テ従前ノ通リ相心得申スヘク、コノ旨布達候事」との県布達が発せられ、その後しばらくの間、旧来の慣習は温存された（⇒旧慣温存期）。1891（明治24）年6月から、那覇地方裁判所と区裁判所が設置された。1896（明治29）年、沖縄県区制及郡編制の勅令が公布され、翌年、沖縄県間切島吏員規程が施行され、これ以降、旧地方制度は改められ郡制が施行された。それまでの間切・島番所は間切役場・島役場に改称され、地頭代以下のさばくりが廃止されて、各間切に間切長（1名）、収入役（1名）、書記（若干名）が置かれ、村には夫地頭・掟に代わって村頭（1名）が任命された。

　1908（明治41）年の、沖縄県及島嶼町村制の施行に伴い、間切・シマ制度が廃止され、それまでの間切・島は村となり、それまでの村は「字」と改称された。その結果、金武間切は金武村となり、県知事が町村長の任命権だけでなく、町村行政の監督権、命令権、処分権を掌握する官治色の濃い地方制度が出現した。沖縄県に他府県と同一の地方制度が施行されたのは、1920（大正9）年以降である。

　金武村の行政区域は、1945（昭和20）年まで変更がなかったものの、1946（昭和21）年4月に、漢那、惣慶、宜野座、古知屋が分村して宜野座村となり、金武村の範囲は縮小された。金武村の行政区域は、屋嘉、伊芸、金武、並里、そして戦後独立した中川の5区となった。金武村は、キャンプ・ハンセン基地建設の影響もあり、その後、人口が急増し、1980（昭和55）年、町制に移行し現在に至っている。

2　林野の沿革略史

　「金武は木の国山の国、大川そそぐ水の国、金武山原（きんせんばる）の火と土の、五行そろわぬものはない」との金武村歌の一番の歌詞にあるように、金武は古来山との関係が深い町である。

　かつて首里王府[5]は、18世紀の30年代から50年代にかけて実施した「元文検地」

を通して、田畑同様、全琉球の林野の境界測量も実施し、田畑と林野との区別、山野と杣山との区分などを行ない、杣山と山野内の地目名を明確にする林政改革を行なった。

それと同時に、古琉球以来、「間切模合山」、「村々模合山」、「模合山」などの形で、模合（共同）利用されていた林野の位置と境界も、各間切や村ごとに明確にされ、そして林野の管理利用に関する法令等が布達され、近世琉球における林野の全体的な管理システムが出来上がった。

王府は、金武間切に指定した広大な杣山を監視・点検するため、山奉行を毎年春・秋に巡回させた。そのとき、王府役人は、成育状態の悪い場所を約1.5万坪見積もり、そこに樹木や竹を植えるように指示した。間切番所は、この指示を受けて、約1.5万坪を間切内の7村に割当て、松などを植えさせた。その取締りのため、惣山当は月一回、各村の山当は月5、6回巡視し、生育の良くないところでは栽培方法を農民に指示した。

王府役人が巡見した際、生育状態の悪い点を発見すると、山当は鞭30回または30貫文の罰則、村掟は500文の罰金、惣山当は250文の罰金を科せられた。許可なく杣山の樹木を盗伐した者は、山奉行が厳しく罰したほか、間切内でもそれを防止するための内法[6]が制定されていた。

琉球王府の蔡温は、18世紀に、林政八書（⇒杣山法式帳、山奉行所規模帳、杣山法式仕次、樹木播殖方法、就杣山惣計條々、山奉行所規模仕次帳、山奉行所公事帳、御差図控）[7]を著し、明治中期まで沖縄の林政はこの八書に基づいて実施された。蔡温時代の金武間切を管轄したのは、東山奉行であり、奉行詰所は久志間切瀬嵩村にあり、山筆者は一人であった。

1872（明治5）年の「廃国置藩」[8]そして1879（明治12）年の「廃藩置県」を経て、杣山の管理は王府時代の総山奉行の役職を県知事が引き継ぎ、また、地方在勤の山奉行・在番の職務は、郡長・島司がこれを担当するようになった。他方、間切・村在任の総山当、山当、杣山筆者、船改筆者などは、廃藩置県と同時に自然消滅していった。特に廃藩置県後は、無禄士族などの農村への寄留・開墾、山林の保護・取り締りの法的弛緩などもあって、無計画な乱伐、盗伐が横行し、県内の山林は次第に荒廃していった。

このような状況を憂えた県庁は、明治17年（1884）3月、政府に「沖縄県山林保護ニ付地方費増加之義伺」を提出し、同年5月許可され、毎年山林保護費として2,500円下付されることになった。これを契機に、県庁は明治17年12月、王朝

時代の山方筆者と船改筆者を復活させたい旨の伺書を政府に出し、明治18年5月、政府の了解を得た。

　政府から派遣されて沖縄県の林野の実態を調査し、林野の官民有区分について、一定の方針を出した「一木書記官取調書」（明治27年2月）や、「沖縄県森林視察復命書」（明治37年2月）は、林野の官民有区分に当たって、できるだけ住民の入会慣行を保障するような措置をとることを進言した。

　明治17年、金武・久志等の山林行政は、山方筆者が、そしてその下に村役場のソーヤマアタイ（惣山当）が、さらにその下に区の山係であるヤマアタリ（山当）が、植林（防風林、防潮林等）、伐採、植苗時の監督、盗伐の警戒、盗伐者の処分等の仕事を担当していた。また山当は、火災を警戒することもあったようである。金武では藍染め用の泥藍を作るため、また漆喰に使うために、一部に山の中で木を焼いて生石灰を作る者がいた（沖縄にセメントが入ったのは、大正の末頃と言われている）。

　公有林、私有林、他人の原野から生木を無断で持ち去る者、区事務所からの入林許可内容に違反した者、他人の薪や材木を盗んだ者に対し、山当は取締札（山札やまふだ）を交付した。交付された者は、自分で他の犯人を捕まえるまで、山札に記載された科銭を徴収された。山当は、取締札（山札）の名義を変更する場合の裁判官の役目も兼ねていた。そのため山当は、公正な判断を要求された。

　1899（明治32）年から始まった沖縄県の土地整理事業は、1903（明治36）年に完了した。これにより、金武部落の住民が薪を採ったり茅家建築用や砂糖樽用のくれ板用材木を伐採したりなどして利用していた杣山は、暫定的に官有地とされた（杣山の官有化についての奈良原繁知事と謝花昇・当山久三らとの対立は、「官地官木」か「民地民木」かの争いであり、知事側は、官有化すれば無税となる上に、樹木の管理・保護・伐採は従来通りという「官地民木」を説いた。これに対し、謝花・当山らは、杣山への樹木の植栽・管理等はこれまで住民が自分達自身が自力で行なって来た事等を理由にして、「民地民木」論を展開した）。

　1902（明治35）年3月17日付けの『琉球新報』紙によれば、伊芸と屋嘉の村民の多くは、樵であり、林産物はほとんど酒と公租公費等に費やされ、貯蓄に回す余裕がなく、「金武より那覇に至る沿道の村落中、この二村に比すべき寒村なし」との記事がある。翌年7月25日の同紙は、7月14日に、金武間切で春季原山勝負が行なわれ、例年通り漢那、惣慶、宜野座、古知屋の4村を上方とし、金武、伊芸、屋嘉の3村を下方とし、それぞれ山林と田畑を巡視し、手入の良否を調べた

結果、原については金武が、山については古知屋が負け村となったことを報じている。

　1904（明治37）年、地割制が廃止され、土地の私有制が認められた。金武では、1899（明治32）年生まれの人が、田畑の地割の最後となり、畑80坪、田400坪のジーワキ〔地割〕を受けた。

　1906（明治39）年、政府は「沖縄県杣山特別処分規則」を公布し、当時の金武部落民らに杣山を払下げた。同年、金武間切の楠の売却代金は、4720円だった。これは、国頭間切よりは少ないものの、久志、大宜味、今帰仁、恩納、本部の各間切よりも多い額であった。

　1908（明治41）年5月中旬には、久志村と金武村が、与那原村民の薪木不買運動に反対しているとの『琉球新報』の記事がある。それによれば、旧藩時代、久志と金武の両村民は、1～2隻の共有船（山原船）を用いて、薪木を与那原に移出して生計を立てていた。廃藩置県後に、与那原民は、90隻近くの船を使い、自分達で久志村と金武村に薪木を買いに行き、そのとき、持参した日用品を売りに行った。久志村と金武村の両村民は、杣山整理の地代支払を理由に、薪木一束につき2厘の値上げ（その結果薪木一束の価格は一束2銭2厘となった）をした。与那原（特に製塩業者）では、値上げされた薪木の燃料としての需要が減り、その分を補うように石炭の需要が増え、薪木不買運動が生じたとのことである。

　民間に払下げられた杣山の代価は、15年の年賦償還が認められており、1914（大正3）年にはこの期間が倍の30年に延長された。購入代金（30ヵ年年賦合計8328円）は、村頭（区長）が、1933（昭和8）年まで各戸主から償還金を賦課徴収して支払ったが、部落民は移民や出稼ぎで得た収入を支払に充て、先祖伝来の山林を守って来た（1899（明治32）年、沖縄からハワイに初めての移民26人が出発した）。

　法人でない部落は杣山の名義人として登記できなかった。そのため村役場は、従来通り杣山の使用権及び管理権を各部落に残すとの約束を入れて、8部落の杣山を統合し、支払代金を完納した1937（昭和12）年頃、役場名義にした。

　1912（大正元）年、沖縄県公有林野造林補助規則に基づき、金武村では、国と県から309円の補助を得て、38町歩の造林を、また久志村では、780円の補助を得て約94町歩の造林を行なった。造林した樹種は、楠、相思樹、琉球松、センダン、木麻黄、アダン、杉等であった。1913（大正2）年、金武村の公有林野は4125町歩、久志村のそれは7130町歩であった。

　1907（明治40）年から1945（昭和20）年3月までに他地区から金武部落に移住し

た者（⇒寄留民）については、各戸につき、木草金（木草賃）として毎年50銭を金武区事務所に納入することにより、杣山の木草の採取が認められ、また、各戸につき20円を納付すれば金武部落民としての資格を得ることができた。

　戦前の金武村の山林には、国有林が一筆もなく、すべて村と字と個人の所有であった。これは、北部の他の町村に無い金武村の特色であった[9]。

　1945（昭和20）年4月、米軍は、北（読谷山）や中（嘉手納）の飛行場と同規模の滑走路をもつ飛行場を字金武の北側、池原一帯（現在のキャンプ・ハンセン地域）に建設した。そのため金武・並里の住民はギンバル地区（現在の中川）への移住を余儀なくされた。屋嘉と伊芸の住民は、石川地区に収容され、屋嘉には沖縄最大の捕虜収容所が置かれた。1947（昭和22）年、米軍は、金武飛行場跡地を射撃場として使用するという通知を出し、喜瀬武原の住民にも一部立ち退きを通告した。

　金武村では、薪炭用の材木を伐採するため、村有林を村民に払下げ、戦後の復興に役立てる計画を立てていた。この山林が米軍の射撃演習場になると住民の生活が困難となるため、村としては演習場設置には反対であった。初期の射撃演習では、演習の通告もなく、山仕事に入った村民は、後ろから飛んでくる小火器の弾に肝を潰すこともあったそうである。1948（昭和23）年頃以降、事前に演習通知が来るようになり、通知は役場→区長→班長→各区民へと伝達された。

　1949（昭和24）年からは、バズーカ砲、迫撃砲などの大砲の砲撃が行なわれ、金武では保護林に指定した杉などの建築用木も、砲弾により傷つけられたり焼かれたりすることがあった。

　1950（昭和25）年、朝鮮戦争勃発前後、米軍は、杣山から恩納岳・ブート岳を目標に、陸上から機関銃射撃や砲撃、海上から艦砲射撃、飛行機（F86Fジェット戦闘機）から銃撃や爆弾投下の激しい演習を実施した。

　1956（昭和31）年9月、金武部落有地の入会権者らを構成員とする団体として金武共有権者会が発足した。会の発足とともに、それまでの金武部落の規則・慣習を参照・整理した金武共有権者会会則が制定された。これ以後、金武部落有地の管理・処分等は、この会則により、「金武共有権者会」の名称で行なわれた。杣山の軍用地料は、金武共有権者会に入った。当時は旧民法が適用されており、新民法が施行されたのは1957（昭和32）年元日以降であった。

　1961（昭和36）年から1963（昭和38）年にかけ、金武部落有地の入会権者の確認等の議論が数回に渡り行なわれた結果、戦前に正規の寄留手続を経て金武行政区に世帯を構成していた者を基準とすること、村外居住者は戦前の戸主とし、村外

での分家者については帰村すれば入会権者としての地位を認めること、配分の基準は戸数制とすることなどが確認された。

1982（昭和57）年1月、金武町旧慣条例が公布され、杣山の入会権は払下げ当時の部落民から承継されたものであるとの条例の趣旨を受け、町内の各部落に、区事務所とは別に部落民会が結成された[10]。条例に基づいて、杣山の賃貸料の半分が毎年部落民に約束された。

2002（平成14）年に、町内の金武、並里、伊芸、屋嘉の4団体で部落会等協議会が結成され、市町村が合併しても、現在の入会権が将来に渡って守られるように対策を講じることが合意された。

四　入会裁判

1　那覇地方裁判所
（1）事実の概要

本件は、既述したように、杣山の入会権を有していた金武部落住民の女子孫である原告ら26人が、当該入会地を公有財産等として管理・処分等を行なう被告（金武部落民会、代表者会長N）に対し、①正会員の資格を当該部落住民の男子孫に限定する被告の会則規定は、性別のみを理由とする不合理な差別であり、憲法第14条1項［すべて国民は、法の下に平等であって、人種、信条、性別、社会的身分又は門地により、政治的、経済的又は社会的関係において、差別されない。］、民法第1条ノ二［本法ハ個人ノ尊厳ト両性ノ本質的平等ヲ旨トシテ之ヲ解釈スヘシ］に違反し、民法第90条［公ノ秩序又ハ善良ノ風俗ニ反スル事項ヲ目的トスル法律行為ハ無効トス］により無効であるから、原告らが被告の正会員たる地位を有することの確認を求めるとともに、②被告の正会員たる地位にに基づき、原告Tに対し120万円、その他の原告に対し各306万円及びこれらに対する平成14年12月12日から支払済みまで年5分の割合による遅延損害金を支払うよう命じる判決を求め、平成14年に那覇地方裁判所に訴えを提起したものである。

⑴**当事者**

原告らは、明治39年の杣山払下げ当時の金武部落住民の子孫であって、遅くとも平成4年以降現在に至るまで金武区城内に住所をもち居住している。

被告は、「旧慣による金武町公有財産の管理等に関する条例」（昭和57年1月6日制定　金武町条例第1号。以下「本件条例」という。）に基づき、同第2条に規定する部

落民及びその男子孫の世帯主又はその家の代表者で組織され、同第3条の旧慣により当該部落民に使用権が設定されている公有財産（以下「本件公有土地」という。）及び個人名義で登記されている部落有地（以下「本件部落有地」という。また、本件公有土地と併せて「本件土地」という。）の管理及び処分並びに会員相互の発展に寄与することを目的とする権利能力なき社団である。

(2)**本件土地の払下げから被告設立までの経緯等**
　㋐本件土地は、「杣山」と呼ばれる入会地である。それは、1899（明治32）年公布の沖縄県土地整理法により一旦官有地とされたあと、1906（明治39）年7月25日公布の沖縄県杣山特別処分規則により当時の金武部落に払い下げられた。

　その後、本件土地のうち本件公有土地は、1937（昭和12）年頃に金武村の公有財産に編入された。本件公有土地は、1982（昭和57）年以降、金武町の公有財産に編入されて管理・処分等が行なわれ、公有財産に編入されなかった本件部落有地は、部落代表者の個人名で登記され、管理・処分等が行なわれてきた。

　第二次大戦後、本件土地は、国が賃借した上で米軍基地として使用され、その賃料（いわゆる軍用地料）は、被告らにより収受、管理され、その一部が被告の会員に対し、毎年度補償金として支給されている。

　㋑旧「金武部落民会」
　金武部落（金武区域）では、官有財産化後の本件公有土地について、金武村との間で締結された協定ないし合意に基づき、管理・処分等が行なわれていた。本件条例の制定後は、1982（昭和57）年7月12日に被告の前身となる旧「金武部落民会」が設立され、旧「金武部落民会会則」（以下「旧部落民会会則」という。）が制定された。本件公有土地の管理・処分等は、この条例の規制下で、行なわれてきた。

　㋒「金武共有権者会」及び「金武入会権者会」
　本件部落有地については、本件公有土地が官有財産とされた後も、金武部落の従来の規則及び旧慣に基づき管理・処分等が行なわれていた。1956（昭和31）年9月16日、それまでの慣行を参照・整理した「金武共有権者会会則」（以下「共有権者会会則」という。）が制定され、本件部落有地は、同会則に基づいて、「金武共有権者会」の名称で管理・処分等が行なわれるようになった。1986（昭和61）年3月19日、「金武共有権者会」は、「金武入会権者会」に名称変更され、それに伴い会則の名称も「金武入会権者会会則」（以下「入会権者会会則」という。）に変更された。

㈢「金武部落民会」の設立

旧金武部落民会が設立された1982（昭和57）年以降、金武区域（旧金武部落）では、外見上、本件公有土地の管理・処分等を行なう同会と、本件部落有地の管理・処分等を行なう金武入会権者会の2会が併存する状況となった。

2000（平成12）年5月19日、両会の実態が同一であったことから、両会が合併して「金武部落民会」が設立され、これに伴い改正前の「金武部落民会会則」（以下「前会則」という。）が制定された。その後、2002（平成14）年5月17日に、この前会則は現行の「金武部落民会会則」（以下「現行会則」という。）に改正された（以下、1956年制定の共有権者会会則、1982年制定の旧部落民会会則、1986年制定の入会権者会会則、2000年制定の前会則、2002年制定の現行会則を「被告に関する諸会則」と総称する。）。

(3) 「被告に関する諸会則」における会員資格に関する規定 ［但し、その文言は原文のママではない］

会員資格を定めた「被告に関する諸会則」には、次の様な規定がある。

㋐1956年制定の共有権者会会則第6条

1項　この会の会員とは、金武の行政区域に住所を有し且つ会員名簿に登載されている者をもって会員とする。

2項　前項の会員の男子が相続し又はその者の男子孫が分家し且つ前項に規定する区域内に住所を有する者は、その世帯主である者の届出によって入会することができる。但し入会申込は毎年6月30日までとする。

㋑1982年制定の旧部落民会会則第5条

1項　この会の会員は、正会員及び準会員とする。

2項　この会の正会員は、条例（本件条例）第1条、第2条の規定に基づき明治39年杣山払下げ当時当該部落の住民として、杣山の使用収益権を有していた者の子孫で、現に金武区の行政区域内に居住し、且つこの会の会員名簿に登載された世帯主をもって正会員とする。

㋒1986年制定の入会権者会会則第6条

1項　この会の会員たる資格は、明治以前から金武の部落民として入会地を求めた者及びその者の男子孫。

2項　昭和20年3月1日以前から金武区民として世帯を構え、且つ毎年区の行政費として木草賃を納付していた者及びその者の男子孫。

3項　前各項に該当する会員は、金武区の行政区域に居住し、且つ、会員名簿に登載された者とする。

㋓2000年制定の前会則と2002年制定の現行会則の各第5条

1項　この会の会員は、正会員及び準会員とする。

2項　この会の正会員は、条例（本件条例）第1条及び第2条の規定に基づき明治39年杣山払下げ当時の金武部落民で杣山等の使用収益権（入会権・民263）を有していた者の男子孫で、現に金武区域内に住所を有し居住しているものとする。
3項　この会の準会員は、明治40年から昭和20年3月まで杣山等を利用していた（入会権・民法第294条）者又はその男子孫で現に金武区域内に住所を有し居住している者とする。

(4)「被告に関する諸会則」における女性の会員資格等に関する規定［但し、その文言は原文のママではない］

「被告に関する諸会則」には、女性の会員等の資格に関し、下記の㋐、㋑のような規定があり、また、女性に対する入会補償の支給に関しては、下記の㋒、㋓のような規定がある。

㋐1956年の共有権者会会則及び1986年の入会権者会会則各第9条（代行権の資格及び制限）
　この会の会員が死亡しその者に男子孫の後継者がない場合、その者と生前から同居していた女子孫がその家に引き続き残存し後継的状態にあるとき場合［とき］は、理事会の議によって会員としての代行権を附与することができる。しかし、その権利は会員であった者の死亡した日から起算し、満33年間に限る。但し、右期間内であってもそれに代わる後継男子が出てきたとき、または代行権を有する者がその家を出たとき、もしくは会員であった者の位牌が別に移動し代行権者の手を離れたときはその日をもって代行権を失うものとする。
㋑2000年の前会則
第6条（代行会員）
1項　この会の会員が死亡しその者に男子孫の後継者がない場合、その者と生前から同居していた女子孫がその家に引き続き居住し、後継的状態にある場合［とき］は、本人の申し出により役員会の議を経て会員としての代行権を附与することができる。
2項　前項の代行権の期限は、会員であった者の死亡した日から起算し33年とする。但しその期限内であっても、それに代わる後継男子ができた時［とき］又は代行権を有する者がその家を出た時［とき］、もしくは会員であった者の位牌が別に移動し代行権者の手を離れた時［とき］は、その日をもって代行権を失うものとする。
第7条（特例会員）
　第5条に規定する会員の女子孫で満50歳を超え金武区域内に世帯を構え独立生計にある者は、本人の申し出により、役員会の議を経て、その者の一代限り、特例会員として会員同等の権利を附与することができる。

> ㋒1986年の入会権者会会則第6条の2（特例）
>   第61条に規定する会員の女子孫で50才を超え金武区の行政区域内で世帯を構え独立生計にある者は、本人の申出により理事会の議を経て、その者の一代限り、特例として会員同等の入会補償金を支給することができる。
> ㋓2002年の現行会則第48条（女子世帯及び長男世帯）
>   1項　第5条に規定する会員の女子孫及び長男で満50歳を超え金武区域内で世帯を構え独立生計にある［を立てている］者は、特別の事情に鑑み特別措置として本人の申し出により、役員会の議を経て、入会補償を予算に定めるところにより支給することができる。但し女子孫についてはその者の一代限り、長男については現会員からの譲渡及び相続がなされるまでの間とする。

(5)「被告に関する諸会則」における会員への補償支払に関する規定［但し、その文言は原文のママではない］

被告に関する諸会則には、会員への補償支払に関し、次のような規定がある。

> ㋐1986年の入会権者会会則第60条（収益金の処分）
>   1項　財産収益金は、この会の運営に必要な経費を控除し、次の各号に処分することができる。
>   3号　会員への入会権補償
>   2項　前項によって処分するときは、その年度の予算に計上しなければならない。
> ㋑2000年の前会則第42条（補償金）
>   この会の会員に賃貸料の一部を予算の定めるところにより、補償金を支給することができる。
> ㋒2002年の現行会則第40条（補償金）
>   この会の会員に賃貸料の一部を予算の定めるところにより補償金を支給することができる。

（2）争点

(1)「被告に関する諸会則」のうち被告の正会員たる資格を本件土地払下げ当時の住民の男子孫に限る規定部分は、公序良俗に反し無効であるか。

＜原告らの主張＞

「被告に関する諸会則」には、被告の正会員たる資格を本件土地払下げ当時の住民の男子孫に限定する規定が存在する。当該規定部分は、専ら女性であることのみを理由として差別するものであり、そのように被告の正会員たる資格について男女間において異なる取扱いをすることには合理的理由がない。当該規定部分

は、性別のみによる不合理な差別を定めたものとして、両性の平等を規定する憲法第14条1項及び民法第1条ノ二に違反し、男女間の平等的取扱いという公序に違反するから、民法第90条により無効である。被告が被告の正会員たる資格を本件土地払下げ当時の住民の男子孫に限ることは不合理なものではないとして主張する点は、次のとおり、いずれも正会員たる資格について男女間で異なる取扱いをすることの合理的理由にはならない。

　㋐旧慣に基づくとの点について

　入会権が部落の旧慣に従って管理処分されるものであるとしても、当該旧慣が、憲法はもちろん、その趣旨を受けた公序に違反するものであれば、その旧慣もまた無効である（法例第2条）。

　被告は、旧慣では、本件入会権が部落の構成員である家の家長に帰属すると主張する。が、そもそも、入会権が部落に総有的に帰属する場合、その部落民であれば原則として誰でも入会権者として入会地を使用収益する権能を有するのであり、被告の主張するような本件入会権が家に帰属するという旧慣はない。金武部落での慣行を確認した本件条例にも、本件土地払下げ当時の住民の子孫という限定以外に特段の限定はない。

　仮に被告の主張するような旧慣が存在するとしても、そのような家制度は、男性を家の中心的存在である家長として優遇する封建的制度であり、このような家制度自体が性別による差別の禁止及び両性の平等に反し公序に違反する。なお、この点は、被告の主張するように沖縄の家制度が、旧民法と無関係の沖縄独自の家〔ヤー〕制度であったとしても同様というべきである。

　したがって、被告主張の旧慣は、公序に違反し無効である。

　㋑女性にも一定の措置を講じているとの点について

　被告は、女性に対しても、一定条件の下に会員に準ずる資格を認め、補償金を支給しており、女性であることを理由に会員資格を排除していない旨を主張する。しかし、そのような制度があるからといって、正会員たる資格を男性に限ることに合理的理由があるということにはならない。被告の諸会則においては、これまで、女性について代行会員や特別会員として会員資格が与えられていたけれども、依然として正会員の資格は与えられていなかった。また、代行会員や特例会員の制度は、男性が正会員であることを前提として正会員である男性の妻などにその男性の地位が承継される形で与えられていたのであって、女性につき合理的な理由なく差別的取扱いをしていたものである。現在、被告からその会員ま

はこれに準じて取り扱われている女性は、従前の代行会員、特例会員と全く同じ条件によってその地位を認められているのであり、結局、被告による男性と女性の差別に合理的な理由がないことに変わりはない。

㋒原告らが金武部落民以外の者と婚姻していることについて

被告は、金武部落の旧慣に基づき、入会権は家に帰属するものであるとして、金武部落民以外の者と婚姻した原告らに被告の会員たる資格はない旨を主張する。しかし、金武区域内にいる者であれば、元々本件土地払下げ当時の住民の子孫で、本件土地に入山できるようになれば直ちに本件土地を生活のために利用できる立場にいる者という意味で、被告の構成員となり得るのである。その構成員が女性であっても同様であり、他部落出身者と婚姻したからといって入会権を承継する資格を失うという慣行はない。また、金武部落民の男性が金武部落民以外の者と婚姻しても正会員としての資格を失うことはないのに対し、女性が金武部落民以外の者と婚姻したというだけで正会員としての資格を奪われることに合理的理由はない。原告らは金武部落民以外の者と婚姻したといっても、いずれも金武部落内に居住する者であり、会則上、このような者は正会員の資格を有する。

＜被告の主張＞

「被告に関する諸会則」は、次の通り、入会権に関する旧慣を基本にしながら、自主的に制定、改定されてきたものである。仮にその内容に若干不適切な点が存在するとしても、原告らが主張するように当該規定部分が無効となるほどの不合理性が存するものではない。

㋐一般に入会権は、旧慣に従い長年にわたって管理、処分されてきたものである。本件入会権についても、金武部落における旧慣に従って管理、処分されることについて合理的理由を有する。

本件入会権は、本件土地払下げの部落民で、且つ、その使用収益権を有していた者が保有していた。当時の使用収益権承継の旧慣においては、入会地使用収益権を有する者の男子孫がこれを承継していた。被告に関する諸会則においても、これに従い、正会員たる資格を男子孫に制限した。本件入会権は、金武部落に総有的に帰属すると解されるが、ここでいう金武部落とは、本件土地払下げ当時の金武部落に居住していた部落民全員を指すものではなく、当時の金武部落を構成する社会的単位となっていた家（沖縄の旧慣に従った「家［ヤー］」[11]であり、必ずしも旧民法でいう「家［イエ］」とは同一でない。）により構成される部落であった。したがって、他部落出身者は、金武部落内に居住していても入会権の帰属主体となる金武

部落の構成員とはされなかったし、金武部落民であっても他部落の男性と婚姻した女性は金武部落の構成員とはみなされなかった。部落の構成員は家が単位とされ、且つ、家の家長たる男性が構成員としての権利を有し、家の家族は金武部落が定める規則及び部落の慣行に従って使用収益権を行使するものとされ、入会権の帰属者と入会地の使用収益とは異なるものとして取り扱われてきた。

「被告に関する諸会則」は、このような本件入会権の性格、金武部落の構成、管理処分等に関する規則を受け継いで制定されたものであり、歴史的、社会的、法的にみて不合理な差別と評されるものではない。

㋑「被告に関する諸会則」には、正会員資格について基本的な変更はない。女性の代行権等については、次の①～④のような経過が見られる。①1956年の共有権者会会則及び1986年の入会権者会会則では、女子孫について、男子孫が存しない場合に限って当該家の男子孫が有すべき会員権を代行する制度（会員権代行制度）を設け、また、②1986年の入会権者会会則では、一代限りの特例として会員同等の入会補償金を支給する規定を設けるなど、会員権の代行や特例の形で入会補償金を一定の条件を具備する女子孫に支給する途を用意していた。③2000年の前会則では、女子孫について、会員権代行制度に付加する形で、特例会員制度を設け、特別会員となる途も残していた。そして、④2002年の現行会則においても、一定の要件の下に女子孫に対して入会補償金の支給を認めている。また、被告においては、正会員の資格を有した男子が死亡し、それを継承する男子孫がいない場合、または男子孫が幼少である場合には、例えば前会則ないし現行会則第1条の「その家の代表者」の解釈として、部落会の承認で正会員であった男子孫の配偶者について会員に準ずる扱いを認めてきており、決して女性であることを理由に会員資格を排除しているものではない。

㋒旧慣によれば、本件入会権は、当時の金武部落を構成する社会的単位となっていた家に帰属するものであったから、他部落出身者は、金武部落内に居住していても入会権の帰属主体となる金武部落の構成員とはみなされなかったし、金武部落民であっても他部落の男性と婚姻した女性は、金武部落の構成員とはみなされなかった。このような旧慣に従えば、原告らは、いずれも他部落出身者と婚姻した者であり、被告の正会員たる資格を有しない。

(2) 原告らは、被告の承諾を得たり、あるいは加入申込手続をしたりすることなく、被告の会員たる地位を認められるか。

＜被告の主張＞

⑦権利能力なき社団の構成員としての地位は、その社団の設立行為への参加もしくはその後の入会契約（入会希望者による入会申込と社団による承諾）により取得されるものであり、社団の設立後にその会員の地位を主張するには、入会契約が前提となる。したがって、原告らにおいて、被告が原告らを会員として承認しないことを法的に争うには、私法上の権利として、原告らが被告に対し合理的理由のない限り入会を承諾しなければならないという権利を有していることが前提となる。そのような権利がない限り、会員資格を定めた規定の合理性を争う余地はない。しかるに、被告がいかなる者に会員資格を認めるか（入会契約を締結する相手方を誰とするか）については、契約自由の原則より、被告が自由に定めることができる以上、会員たる資格を本件土地払下げ当時の住民の男子孫に限定している「被告に関する諸会則」の規定は有効であり、原告らが当該規定の合理性、無効性を争う余地はない。

　④仮に、原告らが被告の会員たる資格を有するものとしても、原告らは、本件訴えの提起前に、現行会則第7条に規定する加入申込手続を実行していないから、既に会員たる地位を取得していることを前提として、直接に、被告の会員たる地位の確認を求めたり、補償金の支払を求めたりすることはできない。

＜原告らの主張＞

　通常、社団においてその構成員たる地位を得るには、その社団の設立行為への参加もしくはその後の入会契約締結が必要であるが、私法上の団体には様々なものがあり、それぞれの団体の構成員となる要件ないし入会の要件は、それぞれの団体の実態に即して判断されなければならない。法人と異なる権利能力なき社団においては、その団体の組織内容等は様々であり、当該社団においていかなる者が構成員となるかについては、必ずしも入会契約を必要とすべきではなく、当該社団の性格、成り立ち、従前の構成員の決定の仕方等その実態に即して判断されなければならない。特に、近代法治国家成立以前から存在する団体を承継する形で現在まで存続する団体にあっては、血縁関係にあるか否かなどその団体の性格に合わせた基準・要件で構成員であるか否かが判断されなければならず、このような団体について入会契約は不要というべきである。

　被告は、近代法治国家成立以前から「杣山」と呼ばれる本土地を生活のために使用するなどして入会権を持っていた者たちの子孫で、明治39年に本件土地の払下げがなされた当時の部落民で本件土地の使用収益権を有していた者からその権利を承継した者らにより組織された入会団体である。その入会団体の設立時から

厳格な設立行為への参加が行なわれていたか、また、各会員について厳格に入会契約手続が取られていたか確実ではない。むしろ、そのような厳格な手続が取られていたかは疑わしい。仮に、特定の会員についてそのような手続が取られていたとしても、その承認等に法的意味はない。

被告の構成員決定の実態としては、明治39年当時本件土地を使用していた者達の子孫であるという血縁関係と、仮に米軍基地が返還された場合に従前同様本件土地を使用できること、すなわち、金武区域内に居住しているという地縁関係があれば、当然に被告の構成員になり得るものであった。但し、被告においては、これらの要件に加えて性別という資格要件を設け、構成員となる資格を男性に限定してきたのである。現行会則上も、正会員の要件は、性別の要件を除けば、血縁関係及び地縁関係の要件が必要とされている。なお、現行会則第7条において、加入手続として「第5条に規定する会員の男子孫が相続し又はその者の男子孫が分家しその世帯主の届出によって役員会の議を経て加入することができる。」と規定されているが、当該規定は、会員の承継の場合の手続要件について定めているのみであり、被告の入会について入会契約を必要とするものではない。

以上の通り、入会団体の構成員であるためには、本件土地払下げ当時の住民の子孫であるという要件（血縁関係の要件）及び金武区域内に現在も居住しているという要件（地縁関係の要件）を満たしていればよく、入会契約は不要であるというのが被告の実態である。

したがって、以上の血縁関係及び地縁関係という2つの要件を満たしている原告らは、男子孫に限るという性別要件が無効であれば、当然に被告会員となる。それゆえ、原告らは、現行会則の無効を主張することができ、これが無効であれば被告会員の地位を有するから、その地位の確認も当然に請求できる。

(3) 那覇地方裁判所民事第1部の判断

㈠争点(1)（「被告に関する諸会則」のうち、被告の正会員資格を本件土地払下げ当時の住民の男子孫に限る規定部分は、公序良俗に反し無効であるか。）について

前述の通り、「被告に関する諸会則」のうち旧部落民会会則以外の会則は、いずれも、その規定上、被告の会員たる資格を本件土地払下げ当時の住民の男子孫に限定し、男女間において異なる取扱いをしている。

一般に、社団の構成員（会員）たる資格をどのように定めるかは、私的自治の原則により、その社団が自由に決定することができる。但し、その自由はおよそ無制限なものではなく、その会員資格に関する定めにおいて、本件で問題とされ

ているような性別のみを理由とした異なる取扱いが行なわれている場合には、当該取扱いについて、これを正当化する合理的な理由がない限り、当該取扱いに関する定めは、法の下の平等、性別による差別禁止を規定する憲法第14条1項、両性の平等を定める民法第1条の2の趣旨に違反し、公序良俗に反するものとして、民法第90条により無効となると言わなければならない。

　そこで、以下、被告の会員資格に関し、上記のような男女間で異なった取扱いをすることについて、合理的な理由が認められるか否かを被告の主張に沿って検討する。

　（ⅰ）旧慣に基づくとの点について

　㋐被告は前記2の(1)の＜被告の主張＞の通り、「被告に関する諸会則」において正会員たる資格が本件土地払下げ当時の住民の男子孫に制限されているのは、金武部落の旧慣に基づくものであり、当該規定部分は、旧慣に基づく合理的な差別であって、不合理な差別と評されるものではない旨を主張する。

　㋑なるほど、入会権は、各地方の旧慣に従って管理・処分されるべきものである（民法第263条、第294条）。前記のとおり、被告は、明治39年の本件土地払下げ当時の住民等の子孫で現に金武区域内に住所を有し居住している者により構成される権利能力なき社団であり、旧慣による使用権（入会権）の設定されている公有財産及び個人名義で登記されている部落有地である本件土地の管理・処分等を活動の目的とするものであるから、被告が金武部落の旧慣に基づいてその会則を定め、本件土地の管理・処分等を行なうことには相応の合理性が認められる。

　㋒前記の事実、証拠及び弁論の全趣旨によれば、①被告に関する諸会則においては、旧部落民会会則を除き、各会則とも一致して正会員たる資格を本件土地払下げ当時の住民の男子孫に限定する規定が存すること、②女子孫に正会員の資格又は正会員に準ずる地位が認められるのは、男子孫の後継者がない場合で女子孫がその後継的状態にある場合又は一定年齢（50歳）を超えて独立世帯である場合としていること、③男子孫についても、各会則とも一致して世帯を基準として正会員の資格又は正会員に準ずる地位を認める規定が存すること（共有権者会会則第6条2項、第7条1項、入会権者会会則第6条2項、第7条1項、旧部落民会会則第5条2項・4項、第6条1項、前会則及び現行会則第6条2項、同第7条1項、現行会則第48条）、④共有権者会会則及び入会権者会会則においては、男子会員が死亡、又は別居したときは、その妻又は男子孫のいずれかが後継会員となる旨の規定が存すること（同各会則第8条1項）、⑤現行会則においては、他の被告に関する諸会則に規定さ

れているような男子孫の後継者がない場合についての規定は存しないが、被告は、成熟した男子孫の後継者がないとき、同会則第1条の「その家の代表者」として死亡した男子会員の妻に正会員としての地位を認める取扱いをしていることが認められる。上記認定事実によると、金武部落（金武区域）においては、本件入会権について、基本的には男性を中心とする「家（世帯）」単位に帰属するものとして取り扱う旧慣が存するものと認められ、その限りでは、一応被告の主張に符号する。そうすると、かかる旧慣に従って、被告の会員資格を本件土地払下げ当時の住民の男子孫に限定する規定が設けられたとの被告の主張もあながち否定できるものではない。

㋓しかし、被告の会員資格を本件土地払下げ当時の住民の男子孫にのみ限定する規定部分が本件で問題とされるのは、男子孫であるという性別以外の要件をすべて満たす者であっても、その物が女子孫、すなわち女性であるが故に会員たる資格から除外される結果となるからにほかならない。したがって当該規定部分は、専ら女性であるという性別のみを理由として、正会員資格について女性を排除して男性と異なる取扱いをするものと言わざるを得ない。

当該規定部分が被告の主張するような「入会権の帰属する主体を家の家長とする」との金武部落の旧慣に従って定められたものであると解したとしても、そもそも、そのような旧慣自体が「入会権の帰属主体とされる家の家長は、男性である」との旧慣を前提とするものであって、合理的な理由なく女性を男性と差別するものである。結局、当該規定部分は、男性が入会権の帰属する主体である家の家長として扱われることを前提とし、男性を家の中心的存在として扱う一方で、女性が入会権の帰属する主体としての家の家長として扱われることを原則として否定するものにほかならず、女性を女性であるが故に合理的な理由なく男性と差別する規程であると言わざるを得ない。

㋔したがって、被告が、旧慣が存在することをもって、当該規定部分の合理性を主張することは失当というべきであり、採用することができない。

（ⅱ）女性にも一定の措置を講じているとの点について

㋐被告は、前記2の(1)の＜被告の主張＞㋑のとおり、女子孫にも一定要件の下で会員たる資格を認めており、また、一定条件を満たした女子孫に対し入会補償を支給する規定も設けられているから、不合理な差別ということはできない旨を主張する。

㋑この点、前記1の(4)の事実、証拠及び弁論の全趣旨によれば、①共有権者会

会則及び入会権者会会則において女性の会員資格の代行権制度が、前会則において女性の代行会員及び特例会員制度がそれぞれ規定され、女性にも一定の要件下において会員の代行権又は会員と同等の権利が与えられていたこと、②被告においては、現行会則上女子孫に会員資格を認める直接の規定はないものの、現行会則第1条の「その家の代表者」の解釈として、会員である男子孫が死亡した場合には、死亡した男子孫の配偶者に会員資格を認める取扱いをしていること、③現行会則第48条の規定によれば、女子孫は被告の会員としては扱われないものの、一定の要件の下、入会補償の支給を受けることができること、④現在、被告において実際に正会員として認められている女性の人数は約80名程度（全正会員数は約450名程度）であり、また、現行会則第48条の規定に基づく入会補償の支給を受けている女性は約50名程度であることが認められる。

　しかし、他方、証拠及び弁論の全趣旨によると、⑤前会則における代行会員や特例会員の制度は、いずれも男子孫に会員資格が与えられていることを前提として、会員である男子孫の配偶者や当該男子孫の女子孫が、一時的、例外的、且つ限定的に男子孫の会員たる資格を承継するというものに過ぎないこと、⑥被告が現行会則第1条の「その家の代表者」の解釈として、一部の女子孫及び女性について認めている会員資格要件及びその内容は、基本的には、上記の代行会員、特例会員と実際上同様のものに過ぎないこと（すなわち、正会員たる資格を有する者の子孫でも女性である場合には、前会則の特例会員のような要件を満たさない限り、被告の正会員たる資格を認められないが、他方、正会員資格を有する者の男子孫の配偶者である女性については、その女性自身が正会員たる資格を有する者の子孫ではなくても、その夫である男子孫が死亡したとき、一定の要件の下で死亡した夫である男子孫の正会員資格を承継することができる。）、⑦現行会則第48条の規定により行なわれている入会補償の支給は、準会員と同等の内容のものにすぎないことが認められる。

　㋒これらの事実に照らすと、被告は、合併前の時期も含めて、女子孫にも一定要件の下で会員資格を認め、また、一定条件を満たした女子孫に対し入会補償を支給するなどして、本件土地払下げ当時の住民の女子孫に対し一定の措置を講じてはいる。しかし、当該措置の要件及び内容は、かなり限定されている。この措置が講じられているからといって、直ちに、本件土地払下げ当時の住民の子孫であるが故に当然に正会員資格を認められる男子孫との取扱いの差異を補完できるものではない。

　被告が講じている前記措置によっても、被告の正会員となっている男性と、地

縁関係、血縁関係において同じ条件下にある女性が、補償金の支給を全く受けられず、あるいは受けられるとしても、上記男性と異なった限定的要件が付されている事実は、解消されるに至っていない。

㊁したがって、女子孫に前記一定の措置を講じていることを理由にして、被告の正会員たる資格を本件土地払下げ当時の住民の男子孫に限定し、女子孫を区別して取り扱うことを正当化することはできない。この点に関する被告の主張は、採用できない。

（ⅲ）原告らが金武部落民以外の者と婚姻していることについて

被告は、旧慣によれば、本会入会権は家を単位としてその家長に帰属するものであり、他部落出身者と婚姻した原告らには、被告の会員資格が認められない旨を主張する。

しかし、被告の主張する旧慣自体、前記(2)㋐のとおり、合理的な理由なく、女性を男性と差別するものであり、実際上、本件土地払下げ当時の住民の男子孫が他部落出身者と婚姻しても何ら会員資格を失うことはないのに、女子孫のみ他部落出身者と婚姻したというだけで、会員資格を有しないという取扱いをすることに、およそ合理的な理由は認められず、女性をその性別のみを理由として差別するものというほかない。

したがって、かかる不合理な差別を前提とする被告の主張は失当であり、採用することはできない。

（ⅳ）以上によれば、「被告に関する諸会則」の規定のうち、被告の正会員たる資格を本件土地払下げ当時の住民の男子孫に限定する部分は、女子孫に対し、合理的な理由なく男子孫と異なる取扱いをするものであり、専ら性別のみによる不合理な差別を規定したものと言わざるを得ず、したがって、両性の平等を規定する憲法第14条１項及び民法第１条ノ二の趣旨に反し、男女間の平等的取扱いという公序に違反するものであるから、民法第90条により無効というべきである。

㊁争点(2)（原告らは、被告の承諾を得たり、あるいは加入申込手続をしたりすることなく、被告の会員としての地位を認められるか。）について

（ⅰ）被告は、権利能力なき社団の構成員としての地位については、その社団の設立行為への参加若しくはその後の入会契約の締結により取得されるものであり、被告がいかなる者について会員資格を認めるか（入会契約を締結する相手方を誰とするか）は、契約自由の原則により、被告が自由に定めることができる。したがって、原告らにおいて、会員資格を男子孫に限っている被告に関する諸会則の

規定の合理性、無効性を争う余地はない。また、仮に原告らが被告の会員資格を有するものとしても、原告らは、本件訴えの提起前に、被告に関する諸会則に規定する加入申込手続をしていないのであるから、既に会員としての地位を取得していることを前提として、直接に、被告の会員としての確認を求めたり、補償金の支払を求めたりすることはできない旨主張する。

(ⅱ) そこでこれを検討する。

㋐一般的には、社団の構成員たる地位を取得するためには、設立行為への参加又は当該社団との入会契約が必要であると解される。が、私法上の団体、とりわけ権利能力なき社団においては、その団体の組織、内容等の点で様々なものがあり、いかなる者が当該社団の構成員となるかについては、入会契約の要否の点も含めて、当該社団の性格、成り立ち、従前の構成員の決定の仕方等、その実態に即して判断する必要がある。

㋑被告は、前記1の(1)及び(2)の通り、近代法治国家成立以前から、「杣山」として入会使用されてきた本件土地の管理処分等を目的として、明治39年の本件土地払下げ当時の金武部落民で本件土地の使用収益権（本件入会権）を有していた者（本件土地払下げ当時の住民）を基準とし、その者からその権利を承継した者らにとり組織された入会団体（権利能力なき団体）であって、その成立過程に照らしても、社団の目的や構成員において、極めて血縁的、地縁的要素が強い団体である。被告の現行会則をみても、前記1の(3)のとおり、その規定上は、被告の正会員としての資格要件として、男子孫であるという性別要件を除けば、①本件土地払下げ当時の金武部落民でその使用収益権を有していた者の子孫であること（血縁的要件）、②現に金武区域内に住所を有し居住している者であること（地縁的要件）という要件以外には格別の資格要件は定められていない（同会則第5条）。また被告においては、被告の会員資格を認めるに当たり、「被告に関する諸会則」に規定されている加入手続（入会申請書の提出及びこれに対する役員会における審査）が必要とされ、実際にも、申請者からの入会申請書の提出及びこれに対する役員会における資格調査が実施されている。しかし、その内容は、現行会則に規定する会員の資格要件に該当するかどうかといういわば形式的な要件を審査するに過ぎず、それ以上に実質的な要件（例えば、構成員としての能力、資格等）を審査するものではないこと、証人Sが理事に就任した平成12年5月以降、入会申請を認めなかった事例は、現行会則5条の会員たる資格要件に該当しなかった者が申請した1例のみで、同条の要件を充足するにも拘らず、会員資格を認めなかった事例は

ないことが認められる。

　これらの事実等によれば、被告が会員として本件入会権を有する者であるかどうかは、結局、男性であるという要件を除けば、①本件土地払下げ当時の金武部落民でその使用収益権を有していた者の子孫であるかどうかという血縁関係と、②現に金武区域内に住所を有し居住しているかどうかという地縁関係があるかどうかにより決せられることになる。したがって、被告の会員となるためには、このような血縁関係及び地縁関係の要件を充足することが必要且つ十分条件である。

　そうすると、被告における入会の申請及びこれに対する役員会の審査といった入会手続も、前記の血縁関係及び地縁関係という会員資格要件に該当するかどうかを形式的に審査するためのものに過ぎず、被告の会員（構成員）となるためには、いわゆる意思表示の合致としての申込み及びこれに対する承諾といった契約を必要とするものと解することは相当でない。

　男性であるという性別要件を除いて考えると、前記血縁的要件及び地縁的要件を充足する者であれば、当然に被告の会員たる地位を取得すると解すべきである。

　㋪男子孫であるという点を除く前記血縁的要件および地縁的要件の各要件を充足する原告らは、被告に関する諸会則において、男子孫であるとの性別を被告正会員の要件として規定する部分が無効であるならば、被告の正会員たる資格要件を充足し、当然に被告の正会員たる地位を有する者に該当することになる。したがって、原告らは、被告の正会員たる資格を男子孫に限定する当該規定部分が無効である旨を主張して、被告の会員たる地位を有することを直接に確認することができ、併せて、被告の正会員たる地位に基づいて、本来支給されるべきであった補償金の支払を被告に対し求めることができるというべきである。

　（ⅲ）よって、この点に関する被告の前記主張は採用することができない。

　㈢なお、平成12年に合併する前の旧部落民会会則では、旧金武部落民会の正会員たる資格を男子孫のみに限定する規定は見当たらないが、旧金武部落民会と同時期に併存している金武入会権者会ないし金武共有権者会においては、正会員たる資格を男子孫のみに限る会則が存することや、旧金武部落民会において原告らが正会員として補償金の支払を受けていたような形跡が本件証拠上窺えないことに鑑みると、旧金武部落民会でも、実際は会員資格を男子孫のみに限る取扱いが行なわれていたものと推認することができる。

(4) 那覇地方裁判所の結論

以上、原告らの本訴請求は、いずれも理由があるから、これらを認容し、訴訟費用の負担につき民事訴訟法第61条を、仮執行の宣言につき同法第259条1項を適用して、次のとおり判決する。

(1)原告らと被告との間において、原告らがいずれも被告の正会員の地位を有することを確認する。

(2)被告は、原告Tに対し120万円、その余の原告らに対し各306万及びこれらに対する平成14年12月12日から支払済みまで年5分の割合による金員を支払え。

(3)訴訟費用は、被告の負担とする。

(4)この判決は、第2項に限り、仮に執行することができる。

2 福岡高等裁判所那覇支部民事部の判断

(一)争点(1)(被控訴人らが入会権者たる資格を取得したか、否か。)について

(1) 本件土地は、古来「杣山」と呼称される入会地であり、明治32年公布の沖縄県土地整理法によりいったん官有地とされたが、明治39年に沖縄県杣山特別処分規則により当時の金武部落に払い下げられたこと、払下げ当時の金武部落の住民らが杣山の入会権(本件入会権)を有していたこと、その後、本件土地のうち本件公有土地は、昭和12年ころに金武村の公有財産に編入され、昭和57年以降は金武町の公有財産に編入されたこと、公有財産に編入されなかった土地(本件部落有地)は、部落代表者の個人名で登記されたこと、払下げ後、入会団体たる金武部落が、本件公有土地については金武町との間で協定を締結した上、本件土地の管理・処分等を行なってきたこと、本件土地の管理・処分を行なう団体として、本件部落有地につき昭和31年に「金武共有権者会」が発足し、本件公有土地につき昭和57年に旧「金武部落民会」が発足したが、両会の会員及び実態は同一であったこと、平成12年5月19日、両会が合併して控訴人が発足したこと、控訴人は金武部落民及びその男子孫の世帯主又はその家の代表者をもって組織し、本件土地(本件公有土地及び本件部落有地)の管理及び処分並びに会員相互の発展に寄与することを目的とする権利能力なき社団であるとされ、以後は控訴人が本件土地の管理・処分等を行っていること、本件土地は、第二次大戦後国が賃借した上で米軍基地として使用されており、控訴人は、その賃料(いわゆる軍用地料)を収受、管理して、その一部を入会権者である控訴人の構成員らに対し、毎年度補償金名目で分配していることの各事実は、いずれも認定した通りである。

これらの事実からすれば、本件土地（本件公有土地及び本件部落有地）は入会地であって、控訴人は、本件土地の入会権者らを構成員とする入会団体であると認められる。したがって、被控訴人らが控訴人の構成員たる地位を有するというためには、まず、被控訴人らが入会権者であること（本件入会権を取得したこと）が認められる必要がある。入会権については各地方の慣習に従うとされているから（民法第263条、第294条）、入会権の得喪についても当該地方の慣習によって定められるべきであって、慣習によらずに相続や譲渡等によって当然に入会権の得喪が生じることはない。したがって、被控訴人らが入会団体たる控訴人の構成員たる地位を有すると言うためには、被控訴人らが当該地方（金武部落）の慣習に基づいて本件入会権者としての資格を取得したことが認められなければならない。

　被控訴人らは、控訴人は入会権者から成る入会団体としての性格のみを有するものではないと主張するが、その主張の趣旨は必ずしも明らかでない。確かに、本件土地は、第二次世界大戦後は米軍基地として使用されていて、現在は個々の入会権者が直接入会地に立ち入ってその産物を収得するといった形態での利用が行われているわけではない。しか、入会権に基づく入会地の利用形態には様々なものがあり、入会団体が入会権者以外の第三者（国）との間で契約を締結してその利用の対価を徴収したとしても、当該契約に基づく利用の対価としての収入は入会権者からなる入会団体の総有に帰するものであるし、契約終了後は入会団体ないし入会権者の総意によって入会地の利用形態を変更することもできるのである。したがって、このような利用形態を取っているからといって、本件土地の入会権が消滅するわけでないし、このことから直ちに本件入会権の内容ないし控訴人の入会団体として性質が変容を受けるとか、通常の入会権と異なる取扱いをすべきであるなどということもできない。よって、被控訴人らの上記主張は採用することができない。

　(2)　被控訴人らが慣習に基づいて入会権者たる資格を取得したか否かを判断する前提として、入会権者たる資格の得喪に関する金武部落の慣習がどのようなものであったかについて、認定事実、証拠及び弁論の全趣旨を総合して、検討すると以下の事実を認めることができる。

　㋐金武村（現在の金武町及び宜野座村）の集落（金武部落）の住民らは、古来、杣山に入って薪を取ったり材木を伐採などしていた。杣山は、明治32年公布の沖縄県土地整理法によりいったん官有地とされたが、明治39年、沖縄県杣山特別処分規則により、当時の金武部落民らが30年の年賦償還で本件土地の払下げを受け

た。その購入代金は、村頭（区長）が、昭和8年まで正規の部落民である各戸主から償還金を賦課徴収して支払った。

　入会団体たる金武部落は、本件土地の払下げ後、同部落の規則及び慣習に基づき本件土地の管理・処分等を行なってきた。なお、本件土地のうち本件公有土地は、昭和12年頃に金武村の公有財産に、昭和57年以降は金武町の公有財産に編入され、金武村との間で締結された協定ないし合意に基づき、金武部落がその管理・処分等を行なっていた。

　本件土地の払下げ後第二次世界大戦末期まで（明治40から昭和20年3月まで）に他地区から金武部落に移住した者（寄留民）については、各戸につき、木草金（木草賃）として毎年50銭を金武区事務所に納入することにより杣山の木草の採取が認められ、また、各戸につき20円を納付すれば金武部落民としての資格を得ることができた。

　㋑昭和31年9月16日、本件部落有地の入会権者らを構成員とする団体として金武共有権者会が発足するとともに、金武部落の従来の規則及び慣習を参照、整理して共有権者会会則が制定され、以後は同会則に基づいて「金武共有権者会」の名称で本件部落有地の管理・処分等が行われるようになった。昭和36年から昭和38年にかけて、数回にわたり委員会が開催され、本件部落有地の共有権者（入会権者）の確認等について議論が行なわれた結果、戦前に正規の寄留手続を経て金武行政区に世帯を構成していた者を基準とすること、村外居住者は戦前の戸主とし、村外での分家者については復帰することにより入会権者たる地位を認めること、配分の基準は戸数制とすることなどが確認された。なお、金武共有権者会は、昭和61年3月19日に会の名称が「金武入会権者会」に変更され、それに伴い会則も変更されて入会権者会会則が制定された。

　他方、本件公有土地については、金武町の公有財産に編入された後も、金武村との協定ないし合意に基づいて金武部落が管理・処分等を行っていたが、昭和57年1月16日に金武町により本件条例が制定された。本件条例は、明治39年に政府から杣山の払下げを受けた各部落（金武部落もこれに含まれる。）の使用権について、杣山を公有財産に統合する際に各部落との間で協定のあったことを確認し、その財産の管理、処分に関し必要な事項を定めることを目的とするものであった。本件条例の制定に対応して、昭和57年7月12日、控訴人の前身となる旧金武部落民会が設立され、旧部落民会会則が制定された。

　旧金武部落民会が設立された昭和57年以降、金武区域（旧金武部落）では、外観

上、本件公有土地の管理・処分等を行なう同会と、本件部落有地の管理・処分等を行なう金武入会権者会の2会が併存する状況となったが、両会の実態が同一であったことから、平成12年5月19日、両会が合併して控訴人が設立され、これに伴い前会則が制定された。その後、平成14年5月17日に前会則が改正され、現行会則となった。

㋒控訴人に関する諸会則には、会員資格等について、以下のように規定されている。

①昭和31年9月16日に制定された共有権者会会則では、金武の行政区域に住所を有し且つ会員名簿に登載されている者が会員資格を有すると規定し（第6条1項）、会員の男子が相続し又はその者の男子孫が分家し且つ前項に規定する区域内に住所を有する者はその世帯主である者の届出によって入会することができる（同条第2項）とされていた。

また、会員の男子孫が区域内で分家し独立生計にある者等は申出によって入会することができること（第7条1項）、会員が死亡したとき又は区域内の住居の家族と別れて別居した場合は、その者の妻か男子孫いずれかが後継会員となること（第8条1項）、会員が死亡しその者に男子孫の後継者がない場合、その者と生前から同居していた女子孫がその家に引き続き残存し後継的状態にある場合は理事会の議により会員として代行権を付与することができるが、その権利は満33年間に限ること（第9条）などの規定があった。

②昭和61年3月19日に会の名称が共有権者会から金武入会権者会に変更されたのに伴い変更・制定された入会権者会会則は、その目的として、慣習を明文化し入会地の利用及び収益を会総体のために適正に管理運営することと規定し（第1条）、会員資格について、①明治以前から金武の部落民として入会地を求めた者及びその男子孫（第6条1項）、並びに、②昭和20年3月1日以前から金武区民として世帯を構え、且つ毎年木草賃を納付していた者及びその男子孫（同条第2項）であって、金武区の行政区域に居住し、且つ会員名簿に登載された者と規定していた。同会則は、会員の男子孫が相続し又は分家した場合や会員が死亡した場合等について、概ね上記Ａと同趣旨の規定があった（第7条1項、8条1項、9条1項）ほか、会員の女子孫で50歳を超え金武区の行政区域内で世帯を構え独立生計にある者は、本人の申出により理事会の議を経て一代限り特例として会員同等の入会補償金を支給することができる旨の規定（第6条の2）が新設された。

③昭和57年7月12日に本件公有土地につき旧金武部落民会が設立されたのに

伴って制定された旧部落民会会則は、会員を正会員及び準会員と規定していた（第5条2項）。正会員とは、払下げ当時（明治39年）に住民として杣山の使用収益権を有していた者の子孫で現に金武区の行政区域内に居住し、会員名簿に登載された世帯主であり（同条第2項）、準会員とは、明治40年から昭和20年まで杣山を利用していた者又はその子孫で現に金武区の行政区域内に居住し、会員名簿に登載された世帯主とされた（同条第3項）。なお、一家に二世帯以上同居している者は一世帯とみなす旨の規定があった（同条第4項）。

　同会則には、会員の男子孫が相続し又は分家した場合について、その世帯主たる者の届出によって理事会の議を経て入会することができる（第6条1項）との規定があったが、それ以外には、会員の妻や女子孫が会員たる地位を取得する場合等についての規定はない。

　④平成12年5月19日、旧金武部落民会と金武入会権者会が合併して控訴人が設立されたのに伴い制定された前会則では、同会は本件条例第2条に規定する部落民（杣山払下げ当時の部落民及び当該部落民会の協議によって会員と定めた者）及びその男子孫の世帯主又はその家の代表者をもって組織するものとされていた（第1条）。会員を正会員及び準会員としていること（第5条1項）は旧部落民会会則と同様である。また、正会員及び準会員の定義も概ね旧部落民会会則に類似しているが、前会則においては、いずれも「男子孫」と規定している一方、「世帯主」とは明記されていない点が旧部落民会会則とは異なる。

　前会則には、会員の男子孫が相続し又は分家した場合について、その世帯主の届出によって役員の議を経て入会することができること（第9条1項）、会員が死亡しその者に男子孫の後継者がない場合、その者と生前から同居していた女子孫がその家に引き続き同居し、後継的状態にある場合は本人の申出により役員会の議を経て会員としての代行権を付与することができるが（第6条1項）、その権利は会員であった者の死亡した日から起算して33年とすること（同条第2項）、会員が2世帯以上同居している場合は一会員とみなすこと（同条第3項）、会員の女子孫で満50歳を超え金武区域内で世帯を構え独立生計にある者は、本人の申出により役員会の議を経て一代限り特例会員として会員同等の権利を付与することができること（第7条）などが規定されていた。

　⑤平成14年5月17日、前会則が改正されて現行会則が制定された。現行会則は、部落民及びその男子孫の世帯主又はその家の代表者をもって会を組織すること（第1条）、会員を正会員及び準会員としていること（第5条1項）、正会員は払

下げ当時の部落民（入会権者）の男子孫で現に金武区域内に住所を有し居住している者とし（同条第2項）、準会員は明治40年から昭和20年3月まで杣山等を利用していた入会権者又はその男子孫で現に金武区域内に住所を有し居住している者とすること（同条第3項）、会員が二世帯以上同居している場合は一会員とみなすこと（同条第4項）、会員の男子孫が相続し又は分家した場合について、その世帯主の届出によって役員の議を経て入会することができること（第7条1項）などは、前会則の規定と同様である。また、現行会則は、会員の女子孫及び長男で満50歳を超え金武区域内で世帯を構え独立生計にある者は、特別措置として本人の申出により役員会の議を経て入会補償を予算の定めるところより支給することができるが、女子孫については一代限り、長男については現会員からの譲渡及び相続がなされるまでの間とする（第48条）と規定している。但し、会員が死亡しその者に男子孫の後継者がない場合、一定の条件の下に女子孫に会員としての代行権を付与することができる旨の前会則の条項は、会則案には存在したものの現行会則には存在しない。

㈢同金武共有権者会、金武入会権者会、旧金武部落民会および控訴人においては、概ね控訴人に関する諸会則に従い、入会資格（入会権者たる資格）の審査及び手続が行なわれてきた。

もっとも、現行会則及び旧部落民会会則には、会員が死亡しその者に男子孫の後継者がない場合、一定の条件の下に女子孫に会員としての代行権を付与することができるなどの条項が存在しないことは上記㈢に認定したとおりであるけれども、控訴人においても、現実の運用としては、会員が死亡し、男子孫の後継者がいない場合や幼少である場合などには、その妻を正会員として取扱い、また、会員が金武区域外に転出して配偶者が区域内に居住し続けている場合などにも、慣習に基づき当該妻に会員としての資格を認める取扱いとしている。実際にもそのような取扱いを経て控訴人の正会員たる資格を取得した女性が相当数存在する。なお、この場合には当該妻が払下げ当時の住民（入会権者）の子孫であることは要件とはされず、他部落の出身者であっても資格が認められる。他方、入会権者の子孫であっても、他部落の男性と婚姻した女子孫は、離婚して旧姓に復しない限り、金武部落の入会権者たる資格は認められない。

金武部落の構成員（入会権者）は一世帯につき一名とされていて、男性であれ女性であれ、過去に同一世帯で二名以上が同時に会員ないし入会権者たる資格を認められた例はない。

会員資格（入会権者たる資格）のうち世帯主であること等の審査に当たっては、申請者に戸籍謄本及び住民票等の書類の提出を義務づけ、これに基づいて審査を行なうが、単に書類上形式的に「世帯主」として記載されているだけでは足りず、現実にも独立して生計を営んでいることが必要とされるため、審査に当たっては必要に応じて生活実態の調査等も行われる。

㋖杣山は、第二次世界大戦後は米軍基地とされたが、昭和35年頃までは部落民及びその家族が自由に立ち入ることができた。被控訴人NMも、そのころまで実際に杣山に立ち入って草を採るなどしていた。もっとも、同被控訴人は、当時、既に婚姻していたものの実家で母及び弟と同居していて、弟が戦死した父の後継者として入会権者たる資格を認められていた。

㋕被控訴人らのうち、被控訴人G及び同A（以下、両名を併せて「被控訴人Sら」という。）を除くその余の被控訴人らは、いずれも世帯主ないし戸籍筆頭者ではない。被控訴人Sらは、いずれも他部落民（払下げ当時の金武部落民又はその後継者でない者をいう。以下同じ。）と婚姻したが、配偶者が死亡したことにより、現在は戸籍筆頭者として記載されている。

(3) 上記㋐〜㋕に認定した事実によれば、本件土地の入会権の得喪についての金武部落における慣習は、以下のようなものであった。

㋐明治39年に杣山の払下げを受けた当時、金武部落民として世帯を構成していた一家の代表者（戸主）は、いずれも杣山につき入会権を有し、入会団体の構成員である。

㋑明治40年から昭和20年3月までに他地区から金武部落民移住した一家の代表者（戸主）であって、一定の金員を納めるなどして部落民としての資格を認められた者もまた、杣山につき入会権を有し、入会団体の構成員である。

㋒入会権者たる資格は、一家（一世帯）につき代表者一名にのみ認められる。一家の代表者（世帯主）として認められるためには、単に住民票等に形式的に「世帯主」として記載されているのみでは足りず、現実にも独立した世帯を構えて生計を維持していることを要する。

㋓入会権者（会員）の死亡や旧民法下における家督相続によって一家の代表者（旧民法下の戸主ないし世帯主）が交替した場合には、新たな戸主ないし世帯主が後継者として入会権者たる資格（会員たる地位）を承継する。この場合の戸主ないし世帯主は、原則として男性（男子孫）に限られるが、例外的に、入会権者たる会員が死亡し又は金武区域外に転出して、男子孫の後継者がいない場合や幼少のた

め後継者として適当でないときには、会員の妻が入会権者たる資格を取得することが認められる。

　但し、入会権者は一世帯につき一名のみであるから、幼少であった男子孫が成長して当該人が入会権者たる資格を取得するに至った場合は、会員の妻は入会権者たる資格を失う。また、入会権者たる会員が死亡し後継者となるべき男子孫がいない場合には、女子孫が入会権者たる資格を承継することも認められる。しかし、いずれの場合も、男子孫の後継者がいない場合には入会権者として認められるのは当該女性一代限りである（なお、旧部落民会会則及び現行会則にはこのように例外的に女子孫が資格を承継する場合につき明文の規定はないけれども、昭和31年に制定された共有権者会会則を初めその余の諸会則にはいずれも同旨の規定があること、控訴人自身、現在に至るまで運用としてこのような取扱いをしていることを認めていることなどからすれば、会員が死亡した場合等につき上記のとおりの慣習があることが認められる。）。

　男子孫が分家し、金武区域内に独立した世帯を構えるに至った場合は、その世帯主から会（入会団体）に対する届出により、当該男子孫は入会権者たる資格を取得する。

　独身の女子孫については、50歳を超えて独立した生計を営み、金武区域内に居住しているなど一定の要件を満たす場合に限り、特例として、一代限りで入会権者たる資格を認められる。

　(4)　そこで、上記(2)と(3)に認定した金武部落における慣習が公序良俗に違反して無効であるか否かについて検討する。

　被控訴人らは、金武部落の慣習として、世帯主であることや原則として男子孫であることが入会権者たる資格（会員資格）を取得する要件とされているとしても、そのような慣習は、男女平等を定めた憲法第14条に違反し公序良俗に反するから無効であって、被控訴人らが入会権者たる資格を取得するためには、払下げ当時の住民ら（当初の入会権者ら）の子孫であること及び現に金武区域内に居住していることのみで足りると主張する。

　㋐本件土地についての入会権は、金武部落の構成員（部落民）に総有的に帰属する権利である。ここでいう構成員（部落民）とは、当該共同体に居住する家族を含めた居住者全員を指すものではなく、金武部落内に世帯を構える一家の代表（戸主ないし世帯主）を指すものと解すべきである。このことは、払下げ当時の住民ら及びその後昭和20年3月までに金武部落に寄留した住民らにつき、各戸（家ないし世帯）を単位として割り当てられた金員を納付することによりその代表（戸

主）が杣山の入会権を有する正規の部落民として認められたこと、昭和31年に発足した金武共有権者会においても、会員たる資格は各戸ないし世帯を単位としてその代表者（戸主）に認められることが前提とされ、配分も戸数割りとすることが確認されていることなどの経緯に徴しても明らかである。また、そもそも入会権は、家ないし戸を基本単位とする封建社会の生活共同体において、当該生活集団としての部落を構成する部落民に総有的に帰属する権利として発祥したものであるという歴史的沿革に照らしても、入会権の帰属主体としての部落民とは、生活の基本単位である家ないし戸の代表者を指し、入会権は、家の代表者からその後継者へと承継されるのを原則とすると解するのが自然な理解というべきである。このことは、入会権については当該地方の慣習に従うと規定し、原則として民法の個人法的相続原理に服しないこととした法の趣旨にも合致する。

とすれば、入会権者は一世帯につき一名のみであることを前提にその資格を一家の代表としての世帯主に限定する慣習は、入会権の本質にも合致するものであって何ら不当ではない。上記の入会権についての負担が各戸を単位として割り当てられてきた従前の経緯からすれば、各戸は平等に扱われるべきである。被控訴人らの主張を前提にすると、入会権者の子孫であって金武区域内に居住する者は、乳幼児に至るまで全員が当然に本件土地の入会権を取得し、入会権者として控訴人に財産（軍用地料）の分配を請求することができ、居住者数の多い家族ほど多額の分配金を受領できることとなってしまい、むしろ、各戸間の不公平、不平等が生じるという不合理な結果を招来してしまうことになる。したがって、入会権者を一世帯につき一名のみとすることが不合理ということはできない。これを前提にその資格を世帯主に限定する慣習が公序良俗に反し無効であるともいえない。

①金武部落の慣習によれば、男子孫の場合には分家して金武区域内に独立の世帯を構えることにより新たに入会権者たる資格を取得することができるのに対し、女子孫の場合は、他部落の男性と婚姻すると、離婚して旧姓に復しない限り、仮に配偶者が死亡するなどして独立の世帯を構えるに至ったとしても金武部落の入会権者たる資格は認められない。この点については、仮に、他部落の男性と婚姻したにも拘わらず配偶者が死亡したために女子孫が独立の世帯を構えるに至ったときには、当該女子に金武部落の入会権者たる資格を認めるとすれば、当該女性は、金武部落民として入会権者たる資格を有しながら夫の有していた他部落民としての入会権者たる資格をも取得するという不都合な事態が生じる可能性

第八章　金武町金武の入会裁判とシマの法文化の変容　　275

も否定できない（居住地域が判然とは区分できない部落もあるから、部落内に居住することを要件とするだけではこのような事態を防ぐことはできない。）のに対し、男子孫については、実際上、そのような事態が生ずることは想定し難い。このことを考慮すれば、他部落の男性と婚姻した女子孫につき、離婚して旧姓に復しない限り金武部落の入会権者たる資格を認めない取扱いとすることにはそれなりの理由があり、当該慣習が公序良俗に違反して無効であるとまではいえない。

　㋒そうすると、被控訴人らが控訴人の正会員たる資格を有するというためには、前提として、被控訴人らが上記㋐、㋑に認定した金武部落の慣習に基づいて入会権者たる資格を取得したことが認められる必要があるところ、このことについての主張立証はない、すなわち、被控訴人Ｓらを除くその余の被控訴人らは、そもそも家の代表としての世帯主であることの主張立証がないし、被控訴人Ｓらは、いったん他部落民と婚姻した後に配偶者が死亡したことにより世帯主として独立の生計を構えるに至ったものである。結局、いずれの被控訴人らについても、金武部落の慣習により、入会権者たる資格を取得することができないことになる。

　なお、金武部落の慣習によれば、家の代表ないし世帯主として入会権者たる資格を承継することができるのは原則として入会権者の男子孫に限られ、女子孫の場合には、後継者たるべき男子孫がいないなど一定の場合に一代限りで入会権者たる資格を認められるに過ぎない。このように男子孫と女子孫とで取扱いに差異を設けるべき必要性ないし合理性は特に見当たらない。また、控訴人と同じく杣山について入会権を有する者によって構成される他の入会団体の中には、近年会則を変更するなどして、「世帯主」である限り男子孫と女子孫とで差異を設けない取扱いをするようになった団体もあることが認められる。これらのことからすれば、社会的経済的変容に伴う団体構成員ら（入会権者ら）の意識の変化その他の諸状況により、将来金武部落における上記のような慣習自体が変容することも十分に考えられる。しかしながら、入会権は、過去の長年月にわたって形成された各地方の慣習に根ざした権利である。そのような慣習がその内容を徐々に変化させながらも現時点でなお存続していると認められる以上は、その慣習を最大限に尊重すべきであって、上記のような慣習に必要性ないし合理性がないということのみから直ちに当該慣習が公序良俗に違反して無効であるということはできない。入会権が家の代表ないし世帯主としての部落民に帰属する権利であって、当該入会権者からその後継者に承継されてきたという歴史的沿革を有すること、歴

史的社会的にみて、家の代表ないし跡取りと目されてきたのは多くの場合男子（特に長男）であって、現代においても、長男が生存している場合に次男以下又は女子が後継者となったり、婚姻等により独立の世帯を構えた場合に女子が家の代表ないし世帯主となったりするのは比較的稀な事態であることは公知の事実といえること、控訴人以外の入会団体の中にも会員資格（入会権者たる資格）を原則として男子孫に限定する取扱いをしているところが少なからず存在することなどに照らせば、家の代表ないし世帯主として入会権者たる資格要件を定めるに際し男子と女子とで同一の取扱いをすべきことが現代社会における公序を形成しているとまでは認められない。さらに、男子と女子とで入会権者たる資格が認められる要件に差異があることにより一世帯の内部において男子と女子の間で生じる不平等については、相続の際の遺産分割協議その他の場面で財産的調整を図ることも可能であることをも併せ考慮すれば、入会権者たる資格について男子孫と女子孫とで取扱いを異にする上記のような金武部落の慣習が公序良俗に違反するとまで認めることはできない。

(5) したがって、被控訴人らの請求は、その余の点につき判断するまでもなく、理由がないことに帰する。

(二) なお、地裁の争点(2)［被控訴人らが加入申込手続又は控訴人の承諾なくして控訴人の構成員（正会員）たる地位を取得するか、否か。］については、判断する必要がない。

(三) 福岡高等裁判所の結論

以上、被控訴人らの本訴請求は理由がないから、これをいずれも棄却すべきところ、当裁判所の上記判断と結論を異にする原判決は不当であるから、これを取り消した上、被控訴人らの請求をいずれも棄却することとして、次のとおり判決する。

(1)原判決を取り消す。
(2)被控訴人らの請求をいずれも棄却する。
(3)控訴費用は、第1、2審とも、被控訴人らの負担とする。

五　判決の検討

「はじめに」において既述したように、本訴訟の最終的判断はまだ下されてい

第八章　金武町金武の入会裁判とシマの法文化の変容　277

ない。確定判決のない段階で、軽軽しい発言は控えるべきである。だが、本件の第1審判決と第2審判決は、一体、何を裁いたのか、紛争当事者にとってどういう意義を有するのか、についてここで少し考えてみたい。

1　当事者にとっての判決の意義

「人権を考えるウナイの会」の会員である第1審の女性原告達は、旧慣を打破し、「家」よりも「個人」を大切に考える新しい男女平等権の確立と性差別解消をめざしている。新聞報道によれば、彼女達が第一義的に問題にするのは、軍用地料配分に与りたいとか、地料配分額の多寡とか、軍用地自体の是非ではない。一定の措置を講じているとは言え、人間としての「個人」の尊厳を大切にして、女性にも、恩恵としてではなく、男女平等に金武部落民会の正会員資格を認めて欲しいということである。第1審裁判所は、民法を適用して、金武部落民会の男子孫優先の慣習を合理的理由のない公序違反の無効な規範であると判断した。この判決は、入会団体の内部規範であっても、それが拘束力ある法規範となるためには、憲法、民法等の規制を受けることを示したものと言える。

だが、この判決は、国家法のみが法を作るという国家法優位の法実証主義のドグマ、及び国家の内部で立法者・法制定者のみが法を作るという古典的三権分立論を前提にしていると言えないだろうか。どのような場合にも、「法とは国家制定法のことであり国家制定法のみが法である」という法＝国家制定法の公式が成立するならばともかく、金武部落民会の慣習は準自律的な社会集団が長年にわたって作り出してきた規範である。一つの国家のなかに、国家法と異なる法体系は存立できるはずがないという国家法中心主義は、必ずしも自明の法理ではない。慣習法は、そもそも国家がなくても慣習規範が成立することが前提になっている。ただその規範が公序良俗に反しないことを要するのである。

他方、第1審の被告である金武部落民会は、部落のなかの世帯主であることが入会団体の構成員の資格であるという伝統的慣習を成文の会則にして半世紀になり、この入会権と伝来の財産（入会地）を守るために原告側と裁判闘争している。第2審裁判所は、過去から続いた金武部落民会の慣習に合理性がないとしても、直ちにこの慣習が公序良俗に違反して無効であるとは言えないと判断した。この判決は、法を国家制定法と同視する第1審の国家制定法中心主義とは異なり、任意団体が自律的に作り出した慣習規範も法源であることを前提にした自由法学的法理に基づいている。

各個人が、自分に関することを自分で決めるという各自の自己決定権を可能な限り尊重するというのが民主主義社会の原則である。集団についても同様であって、集団の自己決定も公序良俗に反しない限り尊重されなければならない。民法で言えば、法律行為を自由に行なうことができるという私的自治・契約自由の原則が認められなければならない。

　金武部落民会にとって、那覇地裁判決は、司法権力による社団の統制と映る。地裁判決によれば、部落民会の内部秩序は、単なる慣行であり、公序に反する非公式法となる。逆に福岡高裁判決によれば、部落民会の内部秩序は、非公式法ではなく公式法と認められる。

　そこで問題は、私的自治・契約自由の原則と公序良俗規範とをどのように調和させるかになる。私的自治が原則で、公序良俗がその例外なのか。それとも公序良俗は個人の意思を制限する例外ではなく、法を支配する根本理念であり契約自由もこの枠内でのみ認められるのか。

2　民法の「公序良俗」と慣習の有効・無効判断

(1)民法（国家の公式法）と金武部落民会（準自律的社会集団）の慣習

　国家法といえども、金武部落民会という私的団体の内部秩序（男子孫優位のヤー相続と祖先祭祀の慣行）とそれを経済的に支えて来た総有地を一方的に否定し、団体構成員をその男女平等ルールに従うよう直接強制することはできない（金武部落民会の職員は国家公務員ではない）。準自律的社会集団の伝統は、国家法とは独立に存在する自律的団体が支え、時には国家法に抵抗また国家法を変形しながら、自律的に運用されてきたのである。

　だがもし原告が女性であるというだけの理由で金武部落民会の正会員資格を拒否されているとすれば、これは原告の基本権が侵害されている事態とも言える。国家司法裁判所は、金武部落民会による女性に対する性差別を容認することはできないが、さりとて金武部落民会の私的自治・契約自由の原則を無視してはならない。裁判所は、「公序良俗」を用いて、紛争当事者間の権利を比較衡量して、過少保護の禁止と過剰介入の禁止という二つの急流の間をぬって船を前進させねばならない。那覇地裁と福岡高裁とで金武部落民会の伝統的慣習の法的有効性の判断が対立したことは、このことの反映とも言える。

3　国家法一元論と多元的法体制論

「部落民会が、慣習を尊重して定めた会則を無視して、裁判官が勝手に部落民会のルールを決めることができるのか」、これは或る部落民会幹部の言葉である。国家法は、準自律的な社会集団の伝統的社会統制を、男女平等権（性差別禁止）という新しい法概念の導入および国家司法裁判所による新しい法的解決の導入によって、破壊することができるのか。逆に、準自律的な社会集団の大半の構成員は、国家の公式法を自分達の法生活に無関係な規範とみなし、当該社会集団の伝統的慣習に自ら正当性と紛争解決の権能を付与することができるのか。

国家法と地域の慣習法との間には種々の関係が存在しうる。そもそも国家は、異なる文化的背景を有する多様な共同体から成立している。金武部落民会と「人権を考えるウナイの会」の女性達との間の今回のような紛争は、インドであれば、パンチャーヤット裁判所で審理されるであろう。日本では、裁判所は国家司法裁判所の一種類しかない。市町村や都道府県の地方自治体の運営する裁判所があれば、今回のような地域の慣習をめぐる紛争は、当事者にとって違った意味をもつかもしれない。近年の道州制導入の議論に関して、新しい道州には立法権、司法権も含めた形で新しい道州を構想するのかどうかが、一部で論じられている。慣習と制定法と関係を考える上で、興味深い論点の一つである。

六　おわりに

1　米軍基地（日本政府提供地）からの軍用地料と入会集団の範囲

大戦前の杣山への入会権は、山林原野の実際の保護監視、維持管理義務を伴っており、入会権者特に可動労働者の権利と義務とは対応していた。山林原野の管理・維持に際しては、入会権者特に可動労働者の数が多いほど能率が上がるので、入会権者の資格範囲は厳格ではなかった、また戦前は通婚圏が村内や近隣部落間にほとんど限定されていた[12]ため、女性は金武地域を離れない限り、杣山の入会的利用から経済的利益を受けることができた。

しかし、大戦後、杣山は、軍用地（米軍演習場）として金網でぐるりと周囲を囲い込まれ、住民による伝統的入会利用が不可能になった。そのため、物権である入会権の対価として、入会権は、山林原野の実際の保護監視、維持管理義務を伴なわないまま、いわば地料の分収権という債権的権利に変容して、存続して来た。入会地への入会権は、義務の負担のない経済的利益（軍用地料）に与る権利

1972年の本土復帰から1988年までの金武町内の米軍基地賃借料支払実績

軍用地＼年度	1972	1974	1976	1978	1980	1982	1984	1986	1988
キャンプ・ハンセン	約6.2億円	約14.8	約18.9	約21.1	約23.8	約28.9	約31.1	約33.9	約36.5
ギンバル訓練場	600万円	1500	2200	2800	3100	3600	4000	4400	4700
金武レッドビーチ訓練場	238万円	452	452	497	505	600	600	700	700
金武ブルービーチ訓練場	400万円	1060	1514	1856	2079	2500	2700	2900	3200

（金武町『金武町と基地』企画開発課発行、平成3年、87頁より作成）

「をなり」（聖）と「えけり」（俗）の相補性	祭祀（位牌継承慣行）における男子孫優先	軍用地料の男女平等配分（女子の正会員としての資格）
認める	認める	認める
認める	認める	認めない
認める	認めない	認める
認める	認めない	認めない
認めない	認める	認める
認めない	認める	認めない
認めない	認めない	認める
認めない	認めない	認めない

となったのである。そのため、軍用地料が高騰すればするほど、また基地建設に伴う外部からの移住者が増えれば増えるほど、入会権を有する入会権者の資格要件と入会集団の範囲[13]の明確化が村落共同体のなかで問われ始めた。金武部落民会が、女子孫にも、代行権や特例による軍用地料補償金を認めたのは、その証しであろう。

　金武部落民会は、経済的には入会地の利用に支持され、父系原理のヤー制度（入会権者の資格継承）の慣習に維持されて、戦前からの入会集団の伝統を守って来た。任意団体であるこの入会集団の伝統的慣習に直接適用される性差別禁止法が、今のところ無い。そのため、金武部落民会会則を民法の公序良俗違反として違法性を立証するのは、法の解釈と適用の上から、簡単ではない。

　とは言え、薪や用材のための原木伐採、造林等から成る利用形態ではない現在のような入会地の利用形態は、いつまでも続く保証はない。例えば、将来、軍用地が返還され、杣山の保護監視、維持管理義務が再び高齢化した入会権者に課さ

れるに至った場合、果たして、軍用地料の収入のない年金だけで生活する高齢の入会権者はこの負担に耐えられるだろうか。金武町の産業別就業者の推移のうち農林業従事者数は、若干の例外の年はあるものの、戦後ずっと減り続けていることを示している。軍用地料（金武部落民会は、会員に対して、年額、入会補償50万円、地料補償10万円の、合計60万円を払っている）の収入があるからこそ、その配分につき入会集団の範囲（会員資格）を問う今回の入会裁判は生じたとも言えよう。

2　少子化社会の到来と位牌継承慣行の存続可能性

　入会権と入会集団の範囲は、社会経済の変化により影響を受ける。少子・高齢化社会の到来も、金武部落民会の入会慣習に将来、様々な影響を及ぼすことが予想できる。少子化は、通婚圏の拡大を招来すると思われる。長年にわたる通婚圏の拡大は、入会権者の資格要件に変化をもたらす可能性がある。また少子化は位牌継承の伝統的慣行にも影響を及ぼすであろう。そうすると、現在の金武部落民会の慣習存続と会員資格要件も、長い間に変化することが予想される。入会地が軍用地でなくなる事態が生じれば、もちろん、現在の金武部落民会の慣習は変化せざるを得ないであろう。社会経済の変化は、入会地の利用、入会権者の資格要件、入会集団の範囲に変化を及ぼす。

3　新しい入会裁判の出現

　金武町内には、本件のほか、昭和21年の行政区変更により、旧並里区から中川区に編入された「源原組（げんばるぐみ）」の住民121人が、「源原部落民会」を組織して、「並里財産管理会」を相手に、会員一人当たり、過去10年の軍用地料と区有地のダム建設補償費の合計約216万円（原告全員の請求総額は約二億五千万円）の支払を求める訴えがあり、現在裁判が行なわれている。居住地場所は変わらないまま、行政区が変更しただけなのに、並里区財産管理会の会則が「現に並里区に居住する世帯主」となっているため、中川区に編入された「源原組」の住民は離村者となりもはや入会権者ではないとして取り扱われ地料をもらえない。住民らが、2003（平成16）年12月に那覇地方裁判所に提起した裁判において、この条項の有効性をめぐり、源原組を除外する現行会則の有効性・正当性が、争われている。

　源原組の入会紛争は、過去の行政区変更に伴う入会集団の範囲の現在における確認の問題である。平成の市町村大合併により発生した類似する入会紛争は、沖

縄以外の他の地域にもあると思われる。そのような地域との比較を通じて、入会権が近年どのように変化しつつあるのか、を解明することは残された課題の一つである。

4 シマの法文化の変容

　金武町金武の入会裁判は、女性側が勝訴しても、また、部落民会側が勝訴しても、司法に関する限り、当事者に不満は残ろうが、それで済む。しかし、判決が、地域共同体の伝統、特に共同体の仲間感情、個人の利害、シマどうしの対抗意識などにどのような副作用を及ぼすかは、未だ明確ではない（金武町内の新しい入会裁判の出現もその一つの表われかもしれない）。判決の前後において、原告、被告の双方は、同じシマ共同体に居住し続けている。そのなかで円滑な隣人関係を今後ともどのように構築するのか。判決は、あくまで一つの「司法的」解決すなわち「私的紛争の公権的解決」に過ぎない。実際、当事者のみならず、法律家にとって、裁判所の判決は何を裁いたことになるのか。この問いは、裁判や訴訟の目的・機能、また判決の既判力の社会的・哲学的意義に関わる諸問題も引き起こす。

　今回の紛争は、なぜ国家司法裁判所の判決という形でしか法的解決ができなかったのか。なぜ当事者の自発的な話し合いによる裁判外紛争処理（ADR）ができなかったのか。紛争と法の連続性理論から言えば、これは、関係者が「法」をどのように観念していたのか、に関する問題でもある。地方分権化、地域活性化実現のために司法や行政が、裁判の事前または事後に果たすべき役割はなかったのかどうか。裁判所や弁護士に全面的に頼るのではなく、金武部落民会が、地域の自律した社会集団として、関係者の理解・協力を得ながら、自ら創り直した慣習法によって、内部紛争を処理し、金武というシマ共同体の再生と活性化を今後実現するよう期待したい。

　新約聖書によれば、「誰も、新しい着物から布切れを切り取って、古い着物につぎを当てる者はいない。もしそんなことをしたら、新しい着物を裂くことになるし、新しいのから取った布切れも古いのに合わないだろう。また誰も、新しいぶどう酒を古い皮袋に入れはしない。もしそんなことをしたら、新しいぶどう酒は皮袋をはり裂き、そしてぶどう酒は流れ出るし、皮袋も無駄になるであろう。新しいぶどう酒は新しい皮袋に入れるべきである。また誰も、古い酒を飲んでから、新しいのを欲しがりはしない。『古いのがよい』と考えているからである。」

（『ルカによる福音書』第6章36-39節）

　制定法の皮袋と慣習のぶどう酒との関係、また法自体の永続性と可変性との関係については、機会を改めて他日論じることにしたい。

1　「シマ法理」とは、「人間と人間の直接的、無媒介的な関係を軸とする法理［⇒イチャリバチョーデー法理］であり、「国家法理（または指令法理）」とは、「人間と人間または人間と国家ないし集団の間の威嚇を背景とする強制とそれに対する服従（の上下関係）を軸とする法理」である。徳永は、沖縄のシマの法文化を理解する場合、「イチャリバチョーデー法理」が、良くも悪しくも、国家法理、市場法理に種々の影響を及ぼしている点を、無視できないと考えている。参考。安田信之『アジアの法と社会』三省堂、1987年、千葉正士『スリランカの多元的法体制』成文堂、1988年、徳永賢治「シマの土地紛争とその法文化的意義」（『法と政治』第43巻4号、1922年）、同「多元的法体制考」（『沖縄法制研究』第2号、2000年、39-50頁）、同「多元的法体制再考」（『沖縄法制研究』第5号、2003年、67-86頁）、Peter Brooks, "Law, Therapy, Culture" in 13 Yale Journal of Law and Humanity, 2001, pp.227～237。なお、本稿を整理する際に発想の点で参考になったのは、イスラム法についてではあるが、I. Yilmaz, Muslim Laws, Politics and Society in Modern Nation States, Ashgate, 2005である。
2　本章については、『金武町勢要覧　平成16年版』、『金武町誌』、『金武区誌』等を参考にした。
3　本章については、『金武町と基地』金武町企画開発課発行、平成3年等を参考にした。
4　血縁集団により構成された沖縄の古代村落の中心は、根屋（ニーヤー）や根神屋（ニーガンヤー）であった。根屋の家長は、「根人（ニーチュ）」と呼ばれ、村落の男達である「ころ」の先頭に立って行政を担当した。根人に対し、神女として祭祀を掌握していたのが神女である。根人と根神は兄弟と姉妹、「えけり」と「をなり」の関係にあり、「をなり」の有する霊力（セジ）が「えけり」を保護した。村の草分けの家の「えけり」が根人になると、彼の姉妹の「をなり」は根神となり、村落全体の宗教的支配者となった。家庭の主婦が一家の繁栄を願って祀る「火の神」は、「ニライ・カナイ［海の彼方の理想郷］」への通路神であり、村落や支配地域の繁栄を願う根神（祭祀者）もまた、根神屋の竈や火の殿に「火の神」を祀っていた。根人→按司→大按司への男子側の拡大・発展は精神的には「をなり神」の霊力（セジ）のおかげであると信じられ、按司の支配地域の根神達を宗教的に支配する神女として、ノロがいた。
5　琉球王府時代の沖縄の山村は、大別すると、①個人の私有地の性格を有する仕明山野、請地山野、②間切・島・村が管理、保護し、共同に使用収益する間切山野、村山野、③官有林である杣山に区分された。
　このうち杣山は、歴史的には琉球王府の所有林に当たり、天然林が大半を占めていた。18世紀頃の琉球王府は、山林を村単位で管理する杣山分割管理政策を取る一方、琉球王府においても、山奉行所の設置（1628年）、地方在勤の山奉行の配置（1737年）、検査官の配置（5年間のみ）などによって杣山を保護管理した。

杣山は、森林面積の90％以上を占めていて、その管理の仕方は、各間切ごとに王府から派遣された地方在勤の山奉行が管轄し、さらに間切・村レベルでは、総山当、仮総山当、山当、杣山筆者などの山役人の指導の下に、各間切・村の農民が共同で管理し、入会的に利用していた。
　この杣山の利用の仕方は、地域的に濃淡はあるものの、村落共同体と深く結びつき、間切や村の自治的要素が比較的に強い。杣山以外の山野には、百姓地山野、請地山野、仕明山野、間切・村山野（御物山野）、私用山野、間切抱護山、村抱護山、御物松山・御物山、唐竹山、仲山、喰実山野など、さまざまな名称がある。これらは杣山と違って、田畑の再生産にとって重要な意味を持っていたため、行政上は、田地奉行の管轄下に置かれ、村落共同体の自治的管理利用に委ねられていた。
　杣山の農民的利用について、沖縄県農林水産部林務課は、おおよそ次のように述べている。「近世琉球の農民は、共同体規制の下で、地割制度に基づいて田畑を耕し、また、農耕生産の補完としての焼畑耕作、王府の御用木や間切内の公共用材・私的用材の生産、用材採取を目的とした植林などの形で、杣山や山野と関わっていた。
　焼畑耕作の事例は、近世期の史料中には、『喰実御仕立松敷』、『開地敷』、『開地松雑木敷』、『開地閉敷』、『開地閉敷松敷』、『開地閉敷雑木敷』などと書かれている。これらは一般的には、喰実畑、喰実敷、喰実山野、キナワ畑、山キナワ、明替畑、山野畑、などの名称で呼ばれ、山野や杣山内で間切や村単位で共同で開地し、各戸に割り振りして利用していた。
　この喰実畑は、藪山を焼き払って、普通3～4年間、イモ、栗、野菜などの作物を栽培し、次第に雑草が繁茂し、また地力が低下して作物の実入りが悪くなってくると、主に松の種子などを蒔き入れて、樹木を仕立てる耨耕のことである。これは焼畑造林と呼ばれ、近世日本の各地で普通に行なわれていた農法である。
　王府は用材、薪、炭、竹などの『山雑物』が必要なときは、各間切の森林資源の状況を勘案して、頭高（人口）の規模に応じて賦課し、手形を発送して、『山雑物』を調達した。この『山雑物』は、王府が『山雑物定代』（公定価格）に基づき、間切上納日用銭と差引きして引き取り、その運搬費は同様に、間切より徴収する夫役銭と相殺した。
　王府へ納付する御用木や間切・村内で使用する公用の用材などを調達する際には、原則として各間切・村の所持する杣山から切り出すことになっていた。納付すべき御用木が自村内になく、他村、他間切の山に依存しなければならないときは、それ相当の木口代を支払って伐採したり、また、ある地域によっては、無償で切り出したりしていた。
　私的用材を調達する場合には、王府の許可を得て、各村所持の杣山より伐出する決まりになっていた。地域（久米島や宮古島）によっては、許可を受けた者は、杣山の管理区域に関わりなく、同間切内の杣山であれば、他村の杣山内に立入って、伐木しても差支えないことになっていた。
　王府は農民から家屋建築用材の申請があれば、御用木以外の樹木に限って伐採許可

を与えた。しかし、国頭地方になると、特別な計らいで、貫屋建築のみを許可制にし、その他の掘建て小屋程度のものは、村内法に基づく共同体規制の下で自由に伐採させていた。」(沖縄県編『勅令貸付国有林契約更改記念誌』沖縄県農林水産部林務課発行、平成4年、2頁)。

6　内法ないし村内法は、近世から明治中期まで間切や村で農民の生活を律していた規範であり、農民は村締（ムラジマイ）、村固（ムラガタミ）、村吟味（ムラジンミ）などとも呼んだ。内法違反者に対しては、科料、鞭打ち、財産没収、所払いなどが科されたものの、1879年の廃藩置県後は、鞭打ちや所払いの刑は禁止された。金武の村内法の成文化については、1886（明治19）年12月、当時の地頭代伊芸金次郎が中心となり、惣耕作当、総山当、夫地頭らが取りまとめ、これを郡長に進達、許可を受けた後、県知事に届出、間切内の住民に示達された。金武間切の内法第40条は、貢租その他上納物を未納する地人がいる場合、夫地頭、掟、頭々が本人の作物家財畜類等の財産を没収して売却し弁済に充て、余りがあれば本人に返還し、不足するときは妻子を売らせて弁済に充て、不足するときは親類が攻めを負い、なお与、村が責任を負うことを定めている［妻子売り⇒ずり売い、糸満売いなど］。内法は、権力と対抗してでも自分達の自治法規を守るという今日の地方分権時代における団体自治・住民自治の思想に基づいた自治法ではなかった。むしろ、共同体の家父長制的思想教化の手段として、琉球科律と総補関係に立つ規範であるという側面をもっていた（金武間切の内法については、琉球政府編『沖縄県史』第14巻、1965年の359-367頁、金武間切各村内法については、同367-374頁参照）。

7　仲間によれば、蔡温（1682-1761年）の林政八書のうち、御差図控は1868（明治2）年に出たものであるから、蔡温時代の18世紀の林政について述べるなら、これを除いた林政七書（1737年の杣山法式帳、1737年の山奉行所規模仕次帳、1747年の杣山法式仕次、1747年の樹木播殖方法、1748年の就杣山惣計條々、1751年の山奉行所規模帳、1751年の山奉行所公事帳）について論じるべきであると主張している（仲間勇栄『沖縄林野制度利用史研究』37頁）

8　琉球藩固有の杣山制度においては、住民は薪炭材などは無償で伐採してよい。そのかわり、住民は山の管理、保護、植林などの義務を負わされている。一方、藩庁の建築材に用いられる御用木というものがある。この御用木は、住民は勝手に切ることはできない。また、藩庁が切る場合でも無償ではなく、幾分かの御下賜金（日用銭）のようなものを間切・村の住民に支払う慣例になっている。つまり、杣山は一種の固有の制度で、「官ノモノデモナケレバ、民ノモノデモ尚更ナイ」（沖縄県編『勅令貸付国有林契約更改記念誌』沖縄県農林水産部林務課発行、平成4年、6頁）。

9　前掲法3の『金武町と基地』10-13頁による。

10　平成16年度の金武部落民会の会員は、平成17年3月31日現在、637名（正会員477名、準会員160名）を数えている。同年度の金武部落民会の、部落有地（総有地）面積は1157864.57m^2（約35万1千坪）であり、軍用地料は約5億6千万円である。

11　「ヤー（家）」と「チネー（世帯）」は同義で用いられる場合もあるが、「ヤー」の方

がチネーよりも意味範囲が広く複雑である。田中によれば、「チネー」が共住集団であることに重点を置いた一家・家族を意味するのに対し、「ヤー」は親族集団としての一家を意味する。「ヤー」の永続性は、父子関係を通して、各世代長男により継承される。「ヤー」の男子継承に際しては、「兄弟の重なり（チョーデーカサバイ⇒同じ仏壇の位牌立てに兄弟どうしの位牌を並べて祀ってはいけない）」、「嫡子押込み（チャッチウシクミ）⇒長男を排除して二男以下が継承者になってはいけない）」、「他系混交（タチーマジクイ⇒男系の血縁に繋がらない者が位牌を継承して、一つの家系に複数の血統が含まれてはいけない）」、「女元祖（イナグガンス⇒婿養子を迎えるなどして女子が位牌の継承者になってはいけない）」のタブーがある（田中真砂子「沖縄の家族」、原ひろ子編『家族の文化誌』弘文堂、1986年、230-264頁）。なお、門中構成員の資格は祖先を同じくする血縁関係である（従って墓を中心とする祭祀継承に深く関わる）のに対し、入会団体の構成員の資格は地縁に基づく生活共同体の世帯主に限られ、相続法理の適用はない。「チネー」と「ヤーグナ」の異同については、津波高志「村落と親族」（並里区誌編纂委員会編『並里区誌　戦前編』並里区事務所発行、平成10年、45-47頁）参照。

12　昔、シマの通婚圏は限定されていた。馬手間（ンマディマ）は、地割制度のあった沖縄本島だけの婚姻風習の一つで、馬酒（ウマジャキ）、馬乗り酒ともいう。娘の村（現在の字）外への流出を防ぐためにとられた罰金慣行で、村外の婿方から嫁方の村へ負担過重なほどの罰金を納めさせた。事典によれば、北部の村では、婿方が罰金を納めないと、夜に女方へ通ってくる婿を捕えて木馬（擬馬）に乗せ、村の拝所や共同井戸を拝ませたうえ村中を引きずりまわし、ひどい婿いじめをした。それを免れるために酒や金品を贈ったことから、馬手間の名が生まれたそうである。税の負担が村（字）単位だった地割制度の下では、一人の娘が村外へ嫁ぐと労働力が減るので、その対価として馬手間を求める慣行が生じたと考えられる。婿いじめは、婚姻が家と家の結合であると同時に、婿が彼と同年齢層の若者達の管轄下にあることを示す習俗と言える（『沖縄大百科事典』、沖縄タイムス社、1983年、上312頁、下632頁）。沖縄の村落が同族型か年齢階梯型であるか、それともその中間形態であるかにつき、佐渡和子「沖縄における年齢階梯型村落─家連合型村落との比較─」（『村落社会研究』）第26集転換期の家と農業経営、115-147頁）参照。なお、「金武…では明治35、6年頃から正式結婚については、馬酒を取らないことになり、明治40年に金20円を最後に、馬酒の風習は消えたという。…この酒の分量は、13歳から40歳までの若者の協議によって決定し、その処分も、定期または臨時に村の二才揃でした」とのことである（『金武区誌　上』408頁）。

13　中尾によれば、どのような者に入会権者としての資格を認めるかは、大体部落の慣習や規約で決められている。①部落に居住して一戸を構えれば当然に権利を認める。②部落に居住して一戸を構え、一定の負担金、加入金を納めれば権利を認める。③部落に居住して一戸を構えて一定の年限居住し、部落の共同作業に従事し部落住民としての義務を果たした者に権利を認める。④部落に居住して一戸を構え、入会林野の権

利（株などとよばれる）を譲り受けた者に権利を認める。⑤分家した者とかいったん部落の外へ出たが再び部落にもどってきた者など、入会権者と血のつながりがあるとか特定の縁故関係ある者に限って権利を認める。⑥従来の入会権者以外一切新たな権利を認めない。どの部落でもここに掲げた①～⑤の基準のどれかによって新しく入会権者を認めるかどうか慣習的に決まっており、誰が入会権者であるか、入会集団とはどの範囲であるかは、各部落また入会集団で分かっている。

　ところが、入会地の第3者による契約利用の場合、部落内の世帯に変動があったとき、その第3者から取得した地料（分収金など）の分配をめぐり、入会権者の範囲が問題となることがある。一般にどの範囲まで入会権者として認めるかは、その部落ないし入会集団で決めるほかはない。部落には、通常、次のような人々が生活している。ⓐもともと入会権者で現に入会林野を利用している者。ⓑもともと入会権者であったが農業をやめたりして現に入会林野を利用していない者。ⓒ分家や入村者でほんらい入会権者ではなかったが現に農業を営むなどして直接入会林野を利用しているか、または利用を必要とする者。ⓓ分家や入村者でほんらい入会権者ではなく、現に農業も営まず入会林野を直接利用していない者。

　どの範囲まで入会権者としてみとめるか（⇒集団の範囲）を考える場合、一応の基準を示せば次のように言える。まずⓐの人々が入会権者であることに問題はない。次に、ⓑの人々であるが、入会林野が採草や放牧など農業的に利用されていればともかく、そうでない限り農業をやめたことによって直ちに入会権を失なうものではない。農家であるかどうかは、入会権者であるかどうかの決め手には必ずしもならない。しかし、ⓒの人々のように、現に農業を営みかつ入会林野を必要とし、あるいは現に利用しているならば、特別の事情がない限り入会権者と認めてよい。現に入会林野を利用しているならば入会権者であることは当然である、とも言える。しかし、現に入会林野を利用していても、その利用について明確に入会集団の承認を得なかった場合とか、入会権者としては認めないが、とくに恩恵的に利用を認めた、というような場合には入会権者かどうかが問題となる。利用について明確に承認しなかったが、事実として入会林野を利用し、入会集団もこれを黙認してきた、という場合入会権者として認めるべきである。他方、入会権者としては認めないが恩恵として利用を認めてきた、という場合には、特別の事情に該当するので、入会権者とは認められないことになる。この特別の事情とは、この部落では、新しく入会権者に加わることを一切認めないとか、分家は入会権者になることを認めるが入村者は入会権者となることを認めない、という慣習がある場合のことを言う。このような慣習があればその慣習にしたがって決定すべきである。残るはⓓの人々の場合、およそ部落で一戸を構えれば入会権者として認める、という慣習がない限り入会権者と認めることはできない。

　しかし入会権者であるかどうかを決定するのに一番重要なのは、いずれの場合にも入会林野の維持管理に必要な義務を負担し、本来の入会権者たちと部落住民としてつきあいをしているかどうかにある。権利は義務を伴う、という大原則からいって、入会権者であるためには入会林野維持管理の義務を果さなければならない。ただし、

その義務は入会林野に対して直接労務を提供するものであるとは限らない。要は、少なくとも ⓐ の人々が負担している義務と同じ程度の義務を負担することが必要で、この義務を負担しない場合には、ⓒ や ⓓ に属する人々はもちろん、ⓑ に属する人々も入会権者ではない、というべきである。(中尾英俊『入会林野の法律問題　新版』勁草書房、昭和59年、115-123頁)。

参考文献

金武町誌編纂委員会編『金武町誌』金武町役場発行、1983年
金武区誌編集委員会編『金武区誌　上下』金武区事務所発行、1994年
金武区誌編集室編『金武区誌　戦前新聞集成（資料）』金武区事務所発行、1989年
金武町役場企画課編『平成14年度版統計きん　第5号』金武町役場発行、2003年
国頭村役所編『国頭村史』国頭村役所発行、1967年
宜野座村誌編集委員会『宜野座村誌、第1巻通史編』宜野座村役場、1991年
仲間勇栄『沖縄林野制度利用史研究』ひるぎ社、1984年
中須賀常雄編『意訳　林政八書』東洋企画、1997年
中須賀常雄編『沖縄林業の変遷』ひるぎ社、1995年
沖縄県農林水産部、琉球林業協会編『沖縄の林業史』沖縄県発行、1972年
沖縄県編『勅令貸付国有林契約更改記念誌』沖縄県農林水産部林務課発行、1992年
奥野彦六郎『南島村内法』1952年、至言社より1977年再刊
那覇地方裁判所　平成14年(ワ)第1195号　地位確認等請求事件（平成15年11月19日判決）
福岡高等裁判所那覇支部　平成16年(ネ)第16号　地位確認等請求控訴事件(平成16年9月7日判決)
中尾英俊『入会林野の法律問題　新版』勁草書房、1984年

第九章　ヤップのタビナウを考える

一　はじめに

　ヤップ人にとって、土地は、生活のなかで重要な役割をもっている。誰がどのような土地を保有しているか（保有主体）、誰がどのように土地を利用しているか（利用形態）、土地は誰から誰に移転（売買、相続、贈与等）するか、これら土地に関する諸問題は、ヤップ社会の親族構造と深い関係をもっている。なぜなら、ヤップの一定の社会関係が、そこで生活する人々の財産関係と財産権を規制し、この規制された財産権のなかから、ヤップの人々の土地に関する権利関係が出てくるからである。

　ヤップでは、土地保有の基礎となるのは、個人ではなく、親族集団である。この親族集団が土地をどのように獲得、保有、処分するか、その方式と制度が、ヤップの土地法の内容を構成している。須藤健一（須藤　161-162頁）によれば、ヤップの土地は一つの拡大父系家族若しくは父系的出自集団の保有下にあるが、その集団の女性成員も部分的に土地を相続する権利をもつ。しかし、マウト（タロイモくほ地）、ミライ（ヤムイモ畑）、ダイ（礁湖の漁場）、エク（魚垣）などの、自家で生産し自家で消費する食糧供給地は、土地登記簿に記載されていない。登記簿中に使われている土地を表わす一般的なヤップ語のビナウ（binaw）は、これらの区画を登記簿上「土地」と見做していないのである[1]。

　ヤップにおいては、土地の保有単位・相続単位を表わす言葉はタビナウ（tabinaw）であり、これはその下に分類される個々の土地（バン・エビナウ、ban ebinaw）とは区別されている。タビナウというヤップ語は、地所、屋敷、土地保有の単位、父系的出自集団、家系などの意味を併せもった多義的な言葉である[2]。

　本稿は、まず、ヤップを地理、天候、人口等の角度から、また前史から現在のFSM（ミクロネシア連邦、Federated States of Micronesia）の時代に至るまで歴史を概観する。次にヤップの行政、経済を概観する（二　ヤップ概観）。その後、多義的な「タビナウ」は、ヤップ外の人にとって、どうして多義的なのか、を考える。そのために、まず土地の保有と利用がどう違うのかを確認し、土地保有の形式を

決める諸要因について考察する（三　土地の保有と利用）。次いで、土地保有権に対する親族集団による慣習的規制が、土地の保有権と所有権の差異を生み出していることを指摘する（四　土地保有権と土地所有権）。そしてタビナウと呼ばれる土地の売買と相続による移転には、近代市民法には見られない慣習法上の制限が課せられていることを解明する（五　土地の売買と相続による移転）。おわりに、「タビナウ」が土地保有の単位であると当時に親族集団をも意味する一つの理由が、ヤップの人々の土地哲学にあることを述べる（六　むすび）。

二　ヤップ概観

1　地理、気候、人口等

　ヤップは、ミクロネシア連邦（Federated States of Micronesia、略称FSM）を構成する4州（ヤップを除く残りの3州は、チューク、ポンペイ、コスラエの3州である）のうちの一つであり、州の中では最西端に位置する州である。

　ヤップは、大きく分けて、ヤップ島、ガギル・トミル島、マープ島、ルムング島の4島（正確には12島）から成るYap Proper（以下、ヤップ本島と表記する）部分と、66の島から成るOuter Islands（以下、離島と表記する）部分との、二つに区分される。ルムング島を除くヤップ本島中の三つの島は橋でつながっている。ヤップ州全体では78の島があり、うち有人島は22を数える。ヤップの最高地点は、ファニフ管区にあるタビウオル山で、海抜178mである。

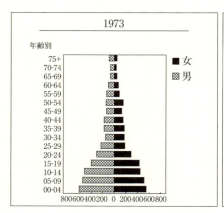
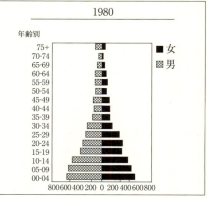

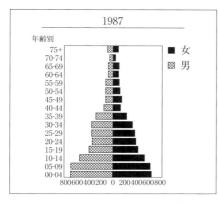
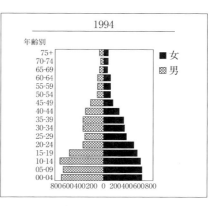

（1994年FSMセンサスによる）

　島の面積は、ヤップ本島が126km^2（うち陸地は100km^2、ラグーンが26km^2）、離島が1042km^2（うち陸地は19km^2、ラグーンが1023km^2）となっている。

　1994年（以下、本節の数字は、この年のものである）のヤップの総人口は、11178人であり、そのうち本島が6929人、離島が4249人である。全人口のうち、38％は離島部分に、残り62％が本島部分に住んでいる。人口密度（人／km^2）は、本島が約69人、離島が約227人である。1994年の世帯数は、本島で1300世帯、離島で634世帯、そして一世帯当たり平均人数は各々、5.0人と6.6人となっている。ヤップの1973年から1994年までの約20年間の人口の年齢別・性別構成は、次の通りである。

　一つの言語しか話さない人（15歳以上の有職者358人）のうち、ヤップ語を話す人は115人と一番多く、次いでウルシー語21人、ウォレアイ語16人、その他の順となっている。二つの言語を話す人（ヤップ本島の5歳以上の4126人）のうち、第一言語としてヤップ語を話し、第二言語として英語を話す人の割合が一番多い（69％）。

　宗教としては、ローマ・カトリック教が圧倒的に多く（全人口の約85％）、次いでモルモン教、組合教会、エホバの証人、洗礼派、SDA（セブンス・デー・アドベンチスト―1951年頃、Sobroという名のパラオ人がヤップに広めたと言われている。）、その他のプロテスタントが続く。バハイ教、仏教徒は、0.18％足らずである。

　ヤップは、貿易風と周期的な季節風の影響を受け、6月～10月の雨期はほとんど毎日雨雲が西または南西からやって来る。平均降雨量は、雨期が約3556mm、乾期は約1422mmである。年間平均気温は26.8℃である。

　ヤップの土壌は大部分が火山性である。ヤップの有用樹木はパンの木、マホガ

ニー、マンゴー、ココナッツ、ビンロウジ、バナナ、パパイヤ等である。ヤップの動物は、豚、牛、犬、猫、ネズミ、トカゲ等であり、ワニ、毒ヘビ、サソリ等はいない。

2 略史
(1) 前史
ヤップに人間が定住したのは、西方の諸島からであり、B.C.1500年頃だと言われている。考古学的に確認できるヤップの人の古い定住跡は A.D.176年と言われている。

その後約1300年間のヤップの歴史は、今のところ分かっていない。香辛料（丁子）を求めてモルッカに向かっていたポルトガル人の探検家ロシヤ（Dioga de Rocha）は、台風に流され、1526年に偶然ウルシー島を発見し、その後300年以上続く冒険家によるカロリン諸島探検の先便をつけた。1527年には、スペイン人の探検家サーヴェドラ・セロン（Alvaro di Saavedrn Ceron）はファイス（Fais）島を発見し、ヤップ島に8日間滞在した。1542年スペイン人ヴィラロボス（Ruy Lopez de Villalobos）は、ファイス島とヤップ島を訪れ、住民がスペイン語で Hola と呼びかけ、十字を切るしぐさをするのを見て驚いた。ウルシー島を除く、他のヤップの島々はすべて1543年から1828年に至るまでの間に発見され、この期間にスペインの影響が現れ始めた。

1686年、スペインは、マリアナ、カロリン、マーシャルの三群島を領土に編入した。その理由は、これらの群島が自国民により発見・命名されたこと、またローマ教皇アレキサンドル六世が1493年に認めたトルデシリャス条約等であった[1]。伝道のための教会と植民都市が、1731年、ウルシーに築かれた。1874年、スペインは、ヤップ全体に対する主権行使を宣言した。

(2) スペイン時代
1874年、スペイン政府は、ヤップとパラオで商取引を行なう外国船は、まずフィリピンに来航し、政府の許可証を得て且つ租税を納入すべきことを布告したため、両島に営業所を設置していたドイツのゴーデフロイ商会（設立は1776年）のほか、ロバートソン・ヘルンスハイム商会などのドイツ商人は、ビスマルク政府に対し、ドイツの商業及びドイツ人の居留地に障害となるスペインのやり方に抗議するよう求め、スペインとドイツとの間には紛争が生じた。

1875年、ドイツは、砲艦イルチスをヤップに派遣し、黒白赤三色のドイツ国旗

第九章　ヤップのタビナウを考える　　293

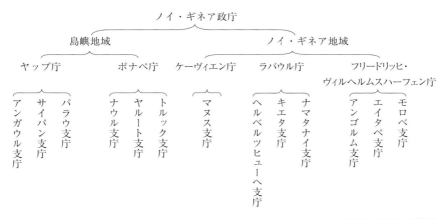

（髙岡、297頁より作成）

を掲揚して占領を公示した。両国間の紛争は、同年、ローマ法王レオ十三世（Leo XIII）の仲裁により、スペインがマリアナ、カロリン群島を領有し、ドイツはスペイン国民と同様な栽植業及び農業を経営する自由を認められることになった[2]。

　ゴーデフロイ商会は、1870年代にはチリのバルパライソからコーチシナ（ベトナム南部）に至る南洋の全域にわたり、45の事業地と代理店を設けて、コプラ、砂糖、綿花、コーヒーなどの植栽と売買、また真珠貝の採集も行なっていた。この商会が本業と無関係の鉱山事業の失敗のためつぶれた（1879年）あと、ビスマルク政府は、1880年、この商会の事業を継続するため、当初の資本金800万マルク、設立年限50ケ年とするドイツ南洋貿易栽植会社を設立した。

　1898年米西戦争に敗れたスペインは、フィリピンとグァム島を米国に割譲し、マリアナ、カロリン両群島をドイツに2500万ペセタ（1725万マルク）で売却することを決め、翌年独西両国間に売買条約が成立した。

（３）ドイツ時代

　ヴィルヘルム二世治下のドイツは、1886年から1918年に至る約32年間、ヤップを支配した。ドイツの南洋における植民の中心地は、ノイ・ギネア島（グリーンランドに次ぐ世界第二の大島ニュー・ギニア島）であり、1884年、プロイセン王国の法律に基づき、ノイ・ギネア会社（Neu-Guinea Kompagnie）が設立された。翌年ビスマルク政府は、この会社に特許状（保護状）を交付した。これにより、ノイ・ギ

ネア会社は、①関税・租税を賦課・徴収する権利、②無主地を所有しそれを処分する権利、③土地その他の財産に関し、原住民と契約を結ぶ特権、④鉱山の採掘に関する独占権、⑤鉄道、郵便、道路その他交通・通信制度を定める権利、⑥植民地の内部行政を施行する権利等を認められた。ドイツによる南洋の統治は、前頁の図の通りである。

　高岡（303-4頁）によれば、ドイツ支配下のヤップには、白人に関する司法事件を処理するために、庁裁判所（Bezirksgericht）が設置され、西カロリン、パラオ、マリアナ群島がその管轄下に属していた。庁裁判所の専任判事は、ラバウル（管轄区域ビスマルク群島）のみに置かれ、その他のフリードリッヒ・ヴィルヘルムスハーフェン（カイゼル・ヴィルヘルムスランド）、ポナペ（東カロリン、マーシャル群島）、ヤップにおいては、当該地域の行政官たる庁長が判事を兼任した。陪審員は、庁判事が、裁判所所在地方における信頼すべき住民のなかから選任（任期一年）した。適当な陪審員が選任できないとき、民事事件については判事単独での事件処理が認められ、刑事事件については少なくとも2名の陪審員の出席が不可欠であった。控訴及び訴願事件を扱う上級裁判所（Obergericht）は、最初ヘルベルツヒューへに設けられたが、後ラバウルに移った。上級裁判所の裁判には、上級判事単独で行なう場合と、4人の陪審員の合議を必要とする場合があった。上級裁判所の判決は最終のものであり、2審制が採用されていた[3]。

（4）日本時代

　1914年、第一次世界大戦が勃発した。同年8月9日、イギリス中国艦隊の主力巡洋艦3隻は独艦を捜索しながらヤップ島に向かい、11日、同島を砲撃して無線電信所を破壊し、海底電線を切断した。日本と同盟関係にあったイギリス（日英同盟1902〜23年）は、ドイツに対する日本の参戦を要求していたが、日本は8月23日、ドイツに対して宣戦布告した。同年10月8日、ヤップ島は、日本海軍の第二南遣支隊の第二支隊により占領された。日本海軍は、南洋群島全域を占領し、12月からはトラック島に本部を置き臨時南洋群島防備隊による軍政を開始した。

　1918年7月1日、防備隊司令官の下に民政部が設置され、民政が始まった（後にこの日は、南洋庁始政記念日となった）。同年11月、ドイツの全面降伏後、対独平和会議が開かれ、1920年、連合国とドイツとの間の平和条約（ヴェルサイユ条約）が発効し、南洋群島は国際連盟規約によるＣ式委任統治地域[4]と決められ、日本国の委任統治条項が確定された。

　委任統治は、南アフリカのスマッツ将軍が提唱し、アメリカのウィルソン大統

領が賛同した制度である。国際連盟を敗戦国の失った土地（地域）の承継者と認め、連盟にその土地（地域）の上に国際法上の領土権と施政権をもたせるものの、連盟自身は統治せず、植民地統治に経験のある特定の国を受任国として、連盟に代わって統治されるというものである[5]。

　1921年、民政部がトラック島の防備隊司令部から分離してパラオのコロールに移された。翌年、臨時南洋群島防備隊が廃止され、南洋庁が設置された。

　日本支配下の司法制度については、軍政時代（占領時～1918年）、民政時代（1918～1922年）、南洋庁時代（1922～1945年）の三時代に区分される[6]。軍政時代の南洋群島刑事民事裁判令による裁判所は、第一審裁判庁（軍政庁とその分遣庁に置かれ、裁判官は守備隊長及び民政事務官または分遣部隊長であった）と第二審裁判庁（防備隊司令部に置かれ、裁判官は防備隊参謀長、参謀1名及び民政顧問1名であった）から成る二審制であった。1916年、南洋群島警察犯処罰令が公布され、警察犯に対しては軍政庁長が即決で拘留、科料又は1月未満の労役を科すことになった。またこの権限の一部は、司令官の認可を得て、総村長もしくは村長に委任することもできた。

　民政時代は、南洋群島刑事民事裁判令の一部が改正（1919年）され、第一審裁判庁は民政署に、第二審裁判庁は防備隊民政部に各々置かれ、第一審裁判官は民政署長、第二審裁判官は民政部事務官2名が充てられた。

　南洋庁時代の南洋群島裁判令（1922年）による裁判所（南洋庁法院）は、高等法院（パラオに置かれ、判事3人の合議制）と地方法院（パラオ、サイパン、ポナペに置かれ、判事一人の単独制）の二院制であった。各法院には検事局が附置された。ヤップは、南洋庁ヤップ支庁管内として、南洋庁パラオ高等法院と地方法院の管轄下に置かれた。

　1923年、南洋群島裁判事務取扱令が公布され、土地の状況、島民の性情及び旧慣等を考慮に入れて、特殊例外規定はあったものの、群島における民事刑事及び非訟事件に関する適用法規が明らかになった。同年、南洋群島犯罪即決令が公布され、軽微な犯罪は所轄支庁長に即決させた。

　南洋庁時代の司法裁判機関としては、南洋群島裁判令による南洋庁法院、南洋群島犯罪即決令による支庁長、南洋群島警察犯処罰令による総村長もしくは村長があった。

　1922年の南洋群島島民村吏規程による島民の自治のための村吏として、ヤップにおいては、ウル、グロール、ニフ、カニフ、オカオ、ギリベス、トミル、ウギリ、マップ、ルモンの各管区総村長10人と、ウル管区内のチャモロ区のチャモロ

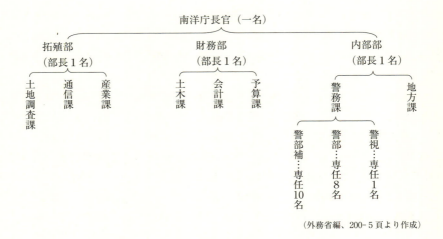

（外務省編、200-5頁より作成）

区区長の計11人の村吏がいた。村吏のうち、総村長と区長には月額35円以内の、村長と助役には月額20円以内の月額手当がそれぞれ支給された。原則として（すなわちサイパン島を除いて）、カナカ族部落には総村長及び村長が、チャモロ族部落には区長及び助役が置かれた。カナカ族の場合、村吏は、南洋庁長官の認可を得て支庁長が任命したが、実際は旧慣により酋長が任命された。チャモロ族の場合、村吏は部落民の推挙により任命された。1922年の南洋庁官制は次の通りである。

　1941年12月7日、日本軍はハワイの真珠湾を爆撃すると同時に、軍艦をパラオからフィリピンに移動させ、翌年6月迄にはフィリピン、マレーシア、オランダ領東インドを占領した。チュークの日本海軍司令部は、パプア・ニューギニアとクワゼリンを結ぶ中間地点に位置し、日本海軍にとっては重要な戦略地であった。しかし、ガダルカナル戦を境として、熟練パイロットと航空用燃料の不足のため、日本軍は劣勢となり、1943年の末までにアメリカ軍はキリバス、ニューギニア、ソロモン諸島を奪い返した。1944年2月には、アメリカ軍はチューク島を爆撃し、多くの日本商船がチュークのラグーンで破壊された。3月にはパラオが爆撃され、日本軍は残った飛行機でダバオやペリリューへ移動した。だがアメリカ軍はすぐに日本軍の飛行機を発見し、ヤップ、ウルシー、ウォレアイ、ングルとその近くの島々で150機以上の零戦を破壊した。

　アメリカ軍がヤップ本島を初めて爆撃したのは、1944年3月31日であった。7

月と8月には、激しい爆撃が行なわれた。9月23日には、ウルシー諸島がアメリカ軍に奪回され、その後ヤップと近隣の島々への航空爆撃は、ウルシー飛行場を飛び立つ飛行機により実施された。ングル島は、10月16日戦闘のないまま、アメリカ軍の手に入った。1945年元旦、ファイス島が陥落した。1944年5月に約7000人の日本兵がウォレアイ還礁に着いたが、11ケ月後4500人の兵士が死亡し、1945年9月19日、この島から生きて日本へ還れたのは約1600人であった。

日本がアメリカに降伏したのは1945年8月であるが、ヤップの明渡しを命じる文書は飛行機から投下され、9月5日になって、ヤップ本島、ソロル島、イファルク島、エユリピク島が正式にアメリカ軍の占領下に入った。降伏時、ヤップ本島には、6936名の日本兵と3500人のヤップ島民がいたと言われている。ヤップにアメリカ合衆国旗が掲げられたのは、同年12月7日のことであった。

(5) **アメリカ時代**

1945年から1951年の間、ヤップを統治したのはアメリカ海軍であった。1947年以後アメリカの戦略的信託統治領となったヤップは、1948年から1951年までパラオ地区の管轄下に置かれた。1946年7月に実施された酋長選挙では、日本時代に任命された10人の酋長のうち5人が落選した。

1951年の7月に、信託統治領はアメリカの海軍から内務省の管轄下に移され、ヤップとウルシーはパラオとは別の地区になった。1952年、ウォレアイからサタワルに至る全諸島がヤップ地区の一部分となった。信託領の統治は、高等弁務官(High Com.)、地方長官(Distad.)、地方副長官(Deputy Distad.)から成り、内務省の長官が高等弁務官を任命した。高等弁務官は、統治に当たって法律を作り決定を下すだけでなく、統治のために必要な法律をすべて強制することができた。高等弁務官は、統治を補佐する補佐人として地方長官及び副長官を任命した。各管区(municipality)には選出された下級官吏(大部分は酋長)がいるが、それは伝統的統治の実効性を確保するためである。1957年に、ヤップ本島の各管区から選出された議員達が、地方長官と協力して実効的な統治を実現するために、ヤップ諸島会議(the Yap Islands Council)を結成した。

1952年、民政府は海軍軍法会議を、①高等裁判所(High Court)、②上訴裁判所(Appellate Court)、③地方裁判所(District Court)の三つから成る裁判所機構に置き換えた。高等裁判所には、2ケ月毎にヤップに巡回してくる単独制の判事がおり、そこでは地方裁判所の判決に不服な当事者が提起した事件が審理される。重罪はすべて高等裁判所で審理される。

上訴裁判所は、裁判長1名と2名の陪席判事から成る合議制の裁判所である。高等裁判所は、事件を上訴裁判所に移送し判決させることもある。事件につき必要のある場合には、ヤップにおいて現場検証することもある。

各地区には、地方判事（local judges）のいる地方裁判所がある。ガギール管区の酋長でもあったファネチョール（Joseph Fanechoor）は、初めてのヤップ人裁判官として任命された。地方裁判所は軽犯罪を審理し罰金を科す。犯罪が例えば1000ドル以上の窃盗のような重罪であり、被告人が有期懲役に該当する場合には、地方裁判所は、高等裁判所判事が島に来る迄の間、被告人を保釈する権限をもつ。判事がヤップに来た段階で、その事件は裁判所に提出されるのである。

地方検事は、犯罪の被疑者を訴追し、この起訴が正しいことを法廷で立証する。官選弁護人は、犯罪の被疑者・被告人を弁護する。官選弁護人は、一定のヤップ島民を委員会の代議員として任命する。委員会代議員は、各地区の地方裁判所のなかで仕事をする。

1969年、信託統治領の将来の政治的地位について、ミクロネシア会議（the Congress of Micronesia）と合衆国との間で交渉が始まった。ミクロネシア会議には、将来のミクロネシアについて、①完全に独立する、②アメリカと自由連合する、③アメリカの領土となるという三つの選択肢があった。ミクロネシア各地域の言語、文化等の相違のため、会議のメンバーにとって共同作業の継続は簡単なことではなく（初めのうち、会議の共通語は日本語であった）、アメリカとミクロネシア会議との間で合議が成立するまでに7年間（1969-1976年）を要した。

1975年[7]、ミクロネシアの憲法会議がサイパンで4ケ月間開かれた。1975年11月8日、ミクロネシアの代表者は、ミクロネシア憲法を完成した。1978年にこの憲法の採否を問う投票が実施されるまで、4年間は人々にこの憲法を周知してもらう期間に充てられた。

ところがこの憲法に対し、マリアナ諸島の人々は、独自の憲法をもつ北マリアナ連峰（Commonwealth of the Northern Marianas, CNMI）を結成した。マーシャル諸島の人々も、1978年に独自の憲法を採用し、マーシャル諸島共和国（Republic of the Marshall Islands, RMI）を結成した。1980年、パラオも独自の憲法を採用し、パラオ共和国として独立した（独立は1994年）。

（6）FSM時代

ヤップ、チューク、コスラエ、ポンペイの人々は、ミクロネシア憲法を承認する投票を行なった。ヤップ地区の人々の95％はミクロネシア憲法を認めた。1979

年5月10日に施行されたミクロネシア憲法の下で、ミクロネシア連邦（FSM）が結成され、ヤップ、チューク、コスラエ、ポンペイはそれぞれ新しい国家の州となった。FSMの首都はポンペイに置かれた。ヤップ州は、立法、司法、行政のほか、酋長会議を設置し、独自の統治の道を歩むことになった[8]。

1979年3月、FSM議会議員の第1回選挙が実施され、ヤップからは、ガギール管区のペトルス・タンが4年任期の議員として、エウリピク管区のジョン・ハグレルガムが2年任期の議員として選出された[9]。

1981年11月、ヤップ州は、第1回ヤップ州憲法会議への代表者を選出し、1978年11月10日に発動したヤップ地方憲章（Yap District Charter）に代わる新しいヤップ州憲法を作ろうとした。FSMの中でヤップ州は一番早く州憲法を制定した州であり、この州憲法は、1982年12月24日から施行された。

1983年6月21日、ヤップ州はU.S.Aとの自由連合協定（Compact of Free Association）を承認する投票を行なった。U.S.AとFSMとの自由連合協定は、1986年11月3日に発効した。協定の終了は2001年である。ヤップ州は、アメリカの提供するコンパクト・マネーを使って、州経済の強化、食料生産の増大、外国からの援助への依存率の減少、文化的価値と伝統の保存等を目標とする5ケ年計画を実施している。第1回目の5ケ年計画は、1986年から、第2回目のそれは1992年から始まった。

3　行政、経済

ヤップには、1956年頃六つの管区があった。ルル、ウェロイ、ファニフ、ダリペビナウ、カニファイ、ギルマンがそれである。

Rull管区は24の村（binau）から成り、そのうち6つ（すなわち、Baanmoot, Tora', Mer, Fanaalility, Madargil, Wugem）は無人村となっていた。Weloy管区は14の村から成り、そのうち3つ（すなわち、Mkal, Ma', Gatmoon）は無人村となっていた。Fanif管区は15の村から成り、そのうち3つ（すなわちBunuknuk, Bolocang, M'areniew）は無人村となっていた。Dalipebinaw管区は8つの村から成るが、そのうち2つ（GaanipanとBinau）は無人村であった。Kanifay管区は6つの村から成り、全村が有人村であった。Gilman管区は8つの村から成り、そのうち2つ（Mat'ibuwとMruuru'）は無人村であった。

現在ヤップ本島には10の管区、離島には11の管区があるが、各管区の1935年から1994年に至る迄の人口の推移は次の通りである。ヤップ本島では、トミル、

管区・島別のヤップ州人口 (1935-1994のセンサスからの抜粋)

Municipality/Island	Year							
	1935	1958	1967	1973	1977	1980	1987	1994
Total	6,006	5,540	6,761	7,870	8,480	8,100	10,139	11,178
Yap Proper	3,694	3,243	4,024	5,140	5,474	5,196	6,650	6,929
Rumung	141	120	160	129	131	130	102	153
Map	390	300	303	337	322	319	520	550
Gagil	501	400	352	537	601	616	711	707
Tomil	472	503	544	666	643	713	843	903
Fanif	386	356	394	367	376	392	460	462
Weloy	602	514	800	1,020	1,021	926	1,444	1,188
Rull	603	524	941	1,463	1,696	1,436	1,852	1,968
Dalipebinaw	200	202	153	169	212	211	262	544
Kanifay	213	181	202	235	239	225	276	250
Gilman	186	143	175	217	233	228	180	204
Outer Islands	2,312	2,297	2,737	2,728	3,006	2,904	3,489	4,249
Ngulu	58	45	18	8	16	21	26	38
Sorol	8	13	13	8	6	7	0	0
Ulithi	407	460	549	710	859	710	847	1,006
Fais	310	234	213	212	195	207	253	301
Eauripik	105	141	146	127	116	121	99	118
Woleai	521	488	644	608	668	638	794	844
Ifalik	250	301	325	314	359	389	475	653
Faraulap	141	118	149	122	147	132	182	223
Elato	72	40	48	32	54	51	70	121
Lamotrek	176	172	243	232	204	242	278	385
Satawal	264	285	389	354	382	386	465	560

Source: Nan'yo-cho 1937; Office of the High Commisioner, TTPI 1959; School of Public Health, University of Hawaii n.d.; Office of Census Coordinator, TTPI 1975; U. S. Department of State 1978; U. S. Bureau of the Census 1982a; Office of Planning and Budget 1988a; and FSM Census of Population and Housing 1994.

　ウェロイ、ルル、離島ではウルシー、イファリク、サタワルの人口の伸びが目立っている。

　ヤップの経済は、都市部（コロニア）を中心とする商品経済と村における自給自足経済並びにコロニアにおけるドル経済と村における日常の無ドル経済（儀式、祭祀における島貨経済）との二重経済である。次の表は、男女別、本島離島別に見た、15歳以上の人口の就業割合（A）、及び雇用割合（B）を示したものである。1987年の資料で少し古いが、大筋は現在も妥当すると思われる。

15歳以上の人口の経済活動別、性別、場所別の就業割合 (A)

Economic Activity	Total			Males			Females		
	Total	Yap Proper	Outer Islands	Total	Yap Proper	Outer Islands	Total	Yap Proper	Outer Islands
Total	5,831	3,883	1,948	2,945	2,051	894	2,886	1,832	1,054
Economically Active	4,113	2,601	1,512	2,084	1,441	643	2,029	1,160	869
Subsistence	2,392	1,099	1,293	801	346	455	1,591	753	838
Paid Work	1,721	1,502	219	1,283	1,095	188	438	407	31
Not Active	1,718	1,282	436	861	610	251	857	672	185
Looking for work	135	111	24	112	93	19	23	18	5
Attending school	565	354	211	343	194	149	222	160	62
Unpaid housework	424	354	70	68	56	12	356	298	58
Unable to work	227	138	89	111	67	44	116	71	45
Other	367	325	42	227	200	27	140	125	15

Source: 1987 Census Reprocessed

15歳以上の人口の業態別、性別、場所別の雇用割合 (B)

Economic Activity	Total			Males			Females		
	Total	Yap Proper	Outer Islands	Total	Yap Proper	Outer Islands	Total	Yap Proper	Outer Islands
Total	5,831	3,883	1,948	2,945	2,051	894	2,886	1,832	1,054
Employed by	1,639	1,420	219	1,220	1,033	187	419	387	32
Government	1,064	855	209	805	626	179	259	229	30
Private	575	565	10	415	407	8	160	158	2
Other	4,192	2,463	1,729	1,725	1,018	707	2,467	1,445	1,022
Employer	30	30	0	22	22	0	8	8	0
Own Account Worker	34	32	2	22	22	0	12	10	2
Unpaid family worker	114	110	4	35	33	2	79	77	2
Attending school	557	347	210	339	191	148	218	156	62
Other	3,457	1,944	1,513	1,307	750	557	2,150	1,194	956

Source: 1987 Census Reprocessed

　Aからすると、本島の男子が離島男子よりも多く賃金労働をしていること、Bからすると、本島男子が政府と民間の両部門において離島男子よりも雇用率が高いこと（政府部門では約4倍、民間部門では約57倍）、また本島の男子と女子に経営者はいるものの、離島の男子と女子に経営者は一人もいないこと等が目立つ。

三　土地の保有と利用

　土地の利用は、実際に人が土地を直接耕作、植栽、放牧、建築等のために使うことであるに対し、土地の保有は必ずしも常にその土地を実際に使うことを意味するわけではない。土地の保有は、人間が自然環境を一つの資源として利用する

その仕方を統制する一つの社会制度である。土地保有権をもつ者は、土地の用益機能だけではなく、一定の制限の下に、地代や賃貸料に変化した土地の担保機能を利用することができる。

　土地保有の形式と機能を決める要因は、数多くある (Crocombe, pp. 2-5)。例えば、人間に備わったなわばり行動や性衝動などの社会生物学的要因、地球上の位置、地形、気候、土壌・真水の有無などの自然環境等の地理学的要因、草木や動物などの繁殖力の要因、居住者のもつ技術、電気・ガソリンなどの供給施設、官僚組織等の技術的要因、住民の歴史、信仰、政治、法律などの文化的要因、住民の年齢（高齢・若年化）、分布と密度（過疎化・過密化）等の人口統計的要因などがある。

　これら諸要因の複雑な組み合わせが、特定の社会の土地保有の形式・機能に影響を与えると考えられる。人間が他の人間と群れる傾向をもちながらも、人と人との間に間隔を置く傾向を併わせもつことから、人が人に対して一定の行動をとるよう要求する人間社会の階層構造が生まれることも考えられよう。人間と動物に共通するなわばり行動から、他者を排斥する行動、また他者を支配・服従の上下関係若しくは相互関係に置く行動が生まれる場合もある[3]。えさをつつく順番の決まっている動物、えさを獲り運搬し子供を生み育てる労働の分業が見られる昆虫社会があるように、人間にも、資源や利益に接近する方法、入手した資源や利益を変形し移転する順序・方法が決められている社会がある。

　権力の上・下関係、借りたものの返却、権威の配分等が明確に決められている社会の場合、成員は過去の行動に照らして同様な行動をとることが期待される。もしこの相互性[4]やバランスの期待や予測を破る者がいると、彼（女）に対して、一定の直接的若しくは関節的制裁[5]（不都合）が加えられることが多い。社会的に承認された制裁を一定の手続に従って加えることのできる人の地位・資格を権利と言い、加えられる人の地位・資格を義務と呼ぶかどうかは別として、ヤップ社会にも、一方に相手に対し一定の行為（作為・不行為）を要求することのできる地位・資格をもつ酋長、公機関、タビナウ長、相続人等の人々が、他方にそれらを要求される地位・資格をもつタビナウ成員、住民等の人々がいることは確かである。

四　土地保有権と土地所有権

　土地所有権と言うと、人が土地そのものを所有するかのような印象を与えるが、実際に人が所有するのは、土地ではなくて、土地についての一定の権利である。土地とその土地の一定の区画に対する権利が、人の一定の地位に帰属せしめられるのである。酋長、タビナウ長、州政府等が、この権利を保有する。土地に対する諸権利がどのように配分されるかは、従って、権利保有者間の社会関係によって決められることになる。

　土地に関する権利を取得する原因には、戦争、無主物先占、人の死亡（相続）、婚姻、養子等の場合、また片務契約（贈与）や双務契約（売買、リース、抵当）等の場合がある。資本主義社会における土地売買の場合、土地の価格や移転される土地の権利の種類は、当事者間の契約締結に先立って、予め決められている。

　ヤップの慣習法上の土地の売買（クワイ、cuway）の場合、土地の価格（これは石貨によって評価される）や移転される土地の権利は、近代市民法とは異なる扱いを受ける。なぜなら、彼が契約の結果として売り手からどんな権利を取得するのかは、買い手の、親族集団における地位に影響されるからである。その地位は、男性か女性か、大人か子供か等の性別と年齢により区別され、さらにその地位は出自（descent）と居住地（residence）により変わってくる。彼（女）が生まれ成長し同化した集団内部における地位により、彼（女）は、出自集団の第一次的成員権を認められる。他方、第一次的成員であった人が婚姻等により転出すると、その人はその集団内では第二次的成員と呼ばれ、土地に関する権利が制限されることになる。近代法のように、市民誰もが、土地に対する財産権を平等にもつ訳ではないのである。

　考えてみれば、蜂蜜や蟻が、被相続人の第一次的成員（子供、兄弟）であることを理由に、他の成員に対して土地保有の相続権を主張することはない。どうして人間が家族（family）を形成し、しかも家族の範囲を登記簿（戸籍、住民票等）に記載するのか、これは不思議なことである。しかし、近代西欧私法における土地所有者は、自由、平等独立な人格をもつ「市民」として自分の土地を自由に使用、収益、処分する排他的権利（私的所有権）を認められている。それ故に不動産業が発達する。だがこのような権利は、ヤップの伝統的土地にはない。土地の保有者は、原則として、自己の男系直系子孫に、土地を譲渡することが許されているの

である。共通の出自による土地保有権を取得する人は、生きている間その権利を行使することができ、彼は相続によって、その権利を再譲渡することができる。

　スペイン人が都市コロニアをヤップに建設する前に、ヤップには自給自足地があり、人々は衣食住に必要なものを海と陸から採ってくる生活をしていた。ドイツ、日本、アメリカが制定法（secondary order）を作る前に、またヤップ人がミクロネシア連邦憲法を制定するより前に、ヤップには慣習法（primary order）が自生していた。土地に関する慣習が制定法として整備されると、それ以降、制定法に拘束される人と土地との関係は、慣習法に拘束される人と土地との関係から区別されることになる。区分された土地に関する権利の配分、移転、履行を条件づける法的基準（external systems としての移植国家法）と慣習的基準（internal systems としての土着法）が何であり、両者はどのように関係するのか、を理解するためには、この権利が組織される社会・政治構造を理解することが不可欠である。

五　土地の売買と相続による移転

　日本民法の第555条的な理解によれば、「売買」とは、当事者の一方が或る財産権を相手方に移転することを約束し、相手方がその代金を支払うことを約束することによって、その法的効力が生じる。土地（不動産）の売買において、売主の財産権は、特約や特別法の定めのない限り、すべて買主に移転することになる。

　ところが、ヤップには、このような土地の売買（正確には売ること：cuway）はない。なぜならヤップではタビナウ購入者は、クワイにより、自分自身と自分の子孫に対するこの土地の永久の使用権のみならず、売主（元の保有者）に対する責務（ザーン、zaan）を受領するからである。ヤップにおける伝統的な土地のクワイは、買主が売主と「親類になる」こと（一種の家族擬制）に近い。買主は、クワイにより、特定のタビナウの上に居住することになる結果、売主タビナウは、買主タビナウに援助を、このタビナウの産物である食糧や土地耕作労働の形で、期待する権利をもつ（換言すれば、買主は、売主にザーンという責務を負うことになる[6]）。日本では、地主が自分の土地を買主に売れば、買主はその後、その土地の産物を売主にあげたり土地の宗教的儀式を行なう責務（ザーン）をもつことはない。しかし、ヤップでは、買主タビナウは、クワイの結果、売主タビナウに、食糧や財の配分、労働奉仕、祖霊の祭祀を行なうという形での援助を期待されるのである。

　買主側が、この責務（ザーン）を無視すると、クワイは無効となり、当該タビ

ナウは元のタビナウに返される。例えば、ダリペビナウ村のある事例では、ある人が石貨二枚で土地一区画を売ったが、売主は、二年後、石貨を買主に返すことなく、買主をタビナウから追放したことがあった。このとき売主は非難されたが、その理由は、売主に買主をタビナウから追放する権利があるかどうかではなく、むしろ、買主の側にザーンを無視したと言える充分な証拠があったことを売主側が立証したかどうかであった[6]。

かつて日本人やサイパンから来たチャモロ人は、ヤップ人の保有者から土地をクワイしたが、彼らはザーンを果たそうとしなかった。そこで、第二次大戦後、日本人やチャモロ人が証書なくして保有していた土地の大半は、タビナウに自動的に復帰した[7]。

1958年頃、マホニーは、いつから、どのようにして、土地のクワイが生じたのかを、タビナウ長に質問したところ、クワイは、スペイン人が来るより前に、ヤップ島で広く行なわれていた取引であったかどうか確実な証拠は残っていないとの返事を得た。そして49人のタビナウ長のうち、7人だけが土地をクワイしたことがあり、その区画数は全部で14であったこと、また他の11人のタビナウ長は、合計13の区画を買ったことがあることを報告したらしい[8]。

タビナウの所有権をもたないタビナウ長は、自分の個人的意思に基づき、排他的に土地の使用、処分を決めるのではない。それは、タビナウ成員の声を聞いて始めて、可能となるのである。原則として、タビナウは、父から長男へ男系リネジに沿って、相続により移転される。それは、男女平等の均分相続なのではない。但し、父に男子相続人がいない場合、兄弟が互いに敵対している場合、娘による親への顕著な献身がある場合、父のタビナウと父の配偶者の財産は、父の次の兄弟若しくは長男に、まとめて相続されることがある[9]。

六　おわりに

ミクロネシア連邦憲法第5条第二節は、人権に反するとして〔国民から〕異議申立てがあった場合、ミクロネシアの伝統の保護が、このような〔人権保障に反する〕政府の行為を正当化する避け難い社会目的と見做されねばならないことを規定している。これは、同憲法第2条の「この憲法は、人民主権の表現であり、ミクロネシア連邦の最高法規である。この憲法に抵触する政府の行為は、抵触する範囲において無効とする」という規定[10]と両立しない。ミクロネシア連邦で

は、憲法が優先するのか、伝統の保護が優先するのか[11]。タビナウのクワイにおいて、売主が買主にザーンの履行を要求するのは、買主の財産権（人権）を侵害することになるのだろうか。また、男系出自集団によるタビナウ相続は、法の下の男女平等権に反する無効な相続になるのだろうか（沖縄のトートーメー相続慣行と比較すると分かり易い）。

　近代西欧国内法は、若干の例外を除き、国家制定法が、憲法を頂点とするピラミッド構造をなしており、このような法が社会を支配すべきであることを法思考の前提としている（「慣習の支配」ではなくて、「法の支配」）。裁判官は、人間としてではなく、認定された事実に条文を適用する機械であり、弁護士は法機械（law machine）の歯車であるかのように考えられている。大学の法学教育も、このような法のイメージに従って、法実証主義的な法学を構築しようとしている。しかし、法は文化の加工品である。文化が異なれば法も変わらざるを得ないはずである。にも拘わらず、欧米人や日本人がアジアの異文化に対しても、西欧と同一の「法」概念をあてはめようとするのは、その法が普遍的法概念（universal concept of law）であるはずだとの独断に起因する偏見と言わざるを得ない。

　太平洋に浮かぶヤップ島の人々にとって、タビナウは、生活のあらゆる場面に関係している。地上のすべての命を、生み、育て、支えてくれるのは大地である。自分を生み育ててくれた祖先が埋められ、その祖先が創造してくれたタビナウを耕して生活するヤップの人々（祖先の文化を継承するヤップ人）にとって、祖先の人達（骨となった彼（女）の血と汗と涙）が土と化し、情緒的に自己の身体と同化したヤップのタビナウは、神聖な土地である[12]。タビナウは、ヤップ人の心を生き生きと写したものであり、そこには祖霊が住んでいる。

　思えば、ヤップ人が、生まれ、立って歩くこと、自然を敬うこと、そして宇宙全体とタビナウとの関係を学んだのも、すべてタビナウの上であった。彼らにとって、土地は、恵みを与え、人を嵐から保護し、心を慰めてくれる母である。移り行く世界にあって、タビナウは、季節がめぐるたびに変化しながら、しかも変わらぬ姿でそこにずっとある。タビナウの上で、ヤップとヤップ人の物語（history）が語られ、タビナウのなかでそれが聞かれ、伝えられ、記録されていく（ハワイの Aloha Aina も類似の観念と言える。）。

　ヤップ人にとって、土地（タビナウ）は、市場における商品として、すべて投機や売買の対象となったり、抵当に入れられるのではない。水、空気、太陽の光が商品でないように、土（大地、白い砂浜）、水（透明な碧い海）、火（太陽の光）、空

気（汚染されていない青い空）は、生命にとって、本来分割できない一まとまりの元素である。生物は、同じ大地から生まれ成長するという意味で、互いに共通な魂（気、spirit）をもつ兄弟と言える。欧米人、日本人が来る前に、ヤップ人は、タビナウの上で、タビナウのなかで、ヤップの風土に適合した法文化を既に形成していた。西欧の地で西欧人が生み出した「法」文化だけが、「法文化」であるのではないことは明らかである。ヤップの「タビナウ」から学ぶべきものは多いと思った。

1　Mahoney, p.251.
2　須藤（161頁）によれば、「タビナウ」は、主屋の土台となる六角形の石積みの基壇（ダイフ、dayif）に由来する言葉である。タビナウは、一つまたは複数のダイフから成り、このダイフにはタビナウ名がついているらしい。
3　ザックは、社会生物学的原因が、人間社会に対して、直接機械的に作用して法ができるのではないこと、法ができるには文化の複雑な作用があることを述べている（Sack, 1988）。
4　ザックは相互性（reciprocity）を相関的権利や報復（タリオの法）と翻訳する場合、メラネシア法を誤解しかねないと注意を呼びかけている（Sack, p.96）
5　ザックは、メラネシアにおいては、法と法的強制を同一視することが誤まりであることを述べている（Sack, p.97）。
6　Mahoney, pp.266-7
7　日本統治時代（1914～1945）の1933年、南洋庁は、島民が有効な土地利用をしない場合、その土地を日本人に使わせる（初めのうち、日本人は一度に10年間の土地利用しか認められなかった）という土地政策に基づき、島民有地を測量し、土地台帳を作成した。アメリカ人がアメリカ・インディアンの土地を先占したように、当時の日本人は、ヤップの島民が利用していない過剰の土地には「先占の法理」が適用されると考えたのである。こうして取得した新しい土地は、ガギル管区のダチャとルル管区のディナイにあって、南拓が開拓した。畑を耕作したのは、ヤップ人やチャモロ人であった。
8　Mahoney, p.268
9　マホニーによれば、ヤップには幾つかの親族集団に同時に属する「共有地（common land）」はないとのことである（Mahoney, p.257）。これは日本の入会地（総有）、割地慣行とどのような異同があるのか、土地制度と村落共同体との関係については、今後の研究課題のうちの一つである。
10　矢崎、74頁、71頁参照。
11　ミクロネシア連邦憲法第9条第二節（p）は、議会が「地方の慣習および伝統を充分考慮して、主たる犯罪を定め、刑罰を規定すること」を定めている。これは、西欧人からみると、慣習刑法の禁止という近代刑法の大原則、罪刑法定主義に反する規定と

なろう。しかし、ヤップ人からみると、むしろ西欧刑「法」の方が、不当にヤップ人に対し彼らの刑「法」概念を押しつけようとしていることになるかもしれない。(矢崎、77頁)。

12　身体の文化的イメージが親族関係にどのように反映されているかを、フィジーの生命観に基づき、交叉イトコ婚を例として、「親族関係のヤム芋モデル」を用いて研究した河合利光氏の論文は興味深い。そこでは、身体のイメージが土地にも投影されており、「…土地と人間との関係は、親族と人間との関係についてもあてはまる」ことが指摘されている (河合、40頁)。南の島々には、自分の身体の各部分にならって、特定の土地の場所に一定の名前がつけられていることがあるので、よそ者が酋長の「頭」とか「背骨」と象徴的に呼ばれている場所を知らずに侵犯すると、トラブルを招くことになりかねない。

参考文献

外務省編　1990年『外地法制誌』第10巻、文生書院

千葉正士　1995年「世界の中のアジア法」(『比較法雑誌』第29巻　第3号、1-59頁)

河合利光　1995年「親族関係のヤム芋モデル」(『園田学園女子大学論文集』30-Ⅰ、21-44頁)

須藤健一　1989年「ミクロネシアの土地所有と社会構造」(『国立民族学博物館研究報告』別冊第6号、141-176頁)

高岡熊雄　1954年『ドイツ内南洋統治史論』日本学術振興会

徳永賢治　1998年「石貨の眼」(『産業総合研究調査報告書』第6号　第1編、23-41頁)

矢崎幸生　1984年「ミクロネシアの憲法集」暁印書館

Crocombe, R. 1974, "An Approach to the Analysis of Land Tenure Systems" in Land Tenure in Oceania, ed. by Lundsgaarde, H. P., pp. 1-17

Lingenfelter. S. G., 1975, Yap: Political Leadership and Culture Change in an Island Society, The Univ. Press of Hawaii

Labby. D, 1976, The Demystification of Yap Univ of Chicago Press

Mahoney, F. 1958, "Land Tenure Patterns on Yap Island", in Land Tenure Patterns —— Trust Territory of the Pacific Islands, vol. I, M. I., pp.251-287

J. Parry and M. Bloch ed. 1989, Money and the Morality of Exchange, Cambridge Univ. Press

Rebecca, R. B. 1993, Yap State History, Yap State Department of Education

Sack, P. 1988. "Melanesian Jurisprudence: A "Southern" Alternative ?" in Philosophy of Law in the History of Human Thought, IVR, 12th World Congress, Proceedings-Part I, Franz Steiner Verlag, pp.91-101

Saipan Publication Office, 1956, Yap: our Island

補　論　ヤップの石貨

(1)　石貨の穴を眼として、ヤップ本島で貨幣について考えてみる。眼前の石貨は、その名の通り、石（霰石）から作られている。重い。数10kg〜4トン位まである。この石は、数百km南方にあるパラオ島の岩山（Rock Island）から採って来たものである。

　硬貨（アルミニウム、銅、銀、金など）でもなければ紙幣でもないが、石貨は貨幣である。なぜなら、土地の売買を仲立ちするのは石貨であり、結婚時女性が男性側に支払うのは石貨であり男性が女性に支払うのは貝貨であり、交通事故の損害賠償また村内の軽犯罪の罰金は石貨で支払われることがあるからである。そして、ヤップ州内のヤップ本島と離島との間の取引においては、例えばウルシー島民がヤップ島に持ってくるラババラバ（腰布）、タコの木の葉で作ったバッグと、ヤップ島のバナナ、タロイモ、タピオカの交換を仲立ちするのは貝貨のサワイ（thaway）であるからである。債務の支払、財の交換、貯蔵、尺度に用いられるものは貨幣と言ってよい。

(2)　紙幣、例えば日銀券は、印刷局で刷ろうと思えば幾らでも増刷（札？）することができる。しかし、石貨は大量生産することはできない。ヤップ島の石貨の数は固定されている。既存の石貨の島外への持ち出しは法律で禁止されている[1]。逆に新たな石貨の搬入は法律的に禁止されておらず、物理的にはパラオから大量の石貨を近代的道具と輸送手段を用いてヤップ島に運んでくることはできる。しかし、それは道端や海岸にころがっている石と同様、何の価値もない。ヤップ島民の間で貨幣として流通しないのである。

　1700年代の初め、ヤップ本島部のマープ島のタレンゲスの村近くで5個の石貨（石英）が切り出された。このうちの1つがトミル管区のテブに現存するが、これらの石貨はダニョール（danyor　誰も泣かない）と呼ばれ価値のないものとして扱われている。なぜなら、マープ島でこの石貨を切り出した男は、何の危険も犯さなかったからである。

　1870年代におけるアメリカ人貿易商オキーフとヤップの首長との間で、コプラ貿易の支払手段としての石貨について、両者の貨幣観が食い違っていたように、ヤップの人にとって、石貨は対外的な普遍的交換手段ではない。石貨の一つ一つは固有名詞をもっており、それぞれ由来と物語をもっているのである。石貨は、

ヤップの人の間でだけその本来的評価の下に通用する。ヤップの人は、石貨を島外の人に売却したりはしない。石貨は祖先の形見、親族と村落の勲章なのである。

　祖先の形見を他人に貸す人、売る人、また祖先の墓を他人に貸す、売る人、そして親族と村落の誇りを他の親族や他村に売却する人がいるだろうか。祖先が苦労して命がけで何百km の距離をカヌーで運んで来た石貨を、他所者に譲渡することはできない。それは自分と祖先とのつながりを断ち切ること、自分が自分でなくなること、ヤップ人でなくなることを意味するからである。子供が親を、親が祖父母を、祖父母が先祖を敬う（respect）のは、ヤップ社会においてはとても大切なことである。伝統の裏付けのない穴のあいた石は、石貨ではなく単なる「間の抜けた石（間抜け石）」、または「心の無い石（芯の無い石）」にすぎない。

　(3)　ヤップの店で、外貨（ドル）で買える品物は、大部分が外国から輸入された商品である（飲料水、缶詰、石ケン、チリ紙、洗剤などの日用雑貨、薬、文房具、金物、酒類、電気製品等）。コロニアのスーパーでは、ヤップ島産のタロイモ、バナナ、パパイヤ、パンなどをドルで購入することができる。しかし、地元の人は、これらの品物をほとんど買わないし、これらの商品を買うのに、貝貨、俵貨、石貨などの島貨を用いることはない。原則として島の外側からヤップに入った新しい商品はドルで購入できるが、昔からヤップにあったものはたいていの場合ドルで買うことはできない。ドルと島貨の住み分けが行なわれている。

　ヤップでは、不動産取得税もなければ固定資産税も無いとのことである。土地は、ヤップ人相互間でしか売買する（クウェイ　cuway…商品の売買だけでなく用益権の永久の移転にも使われるヤップ語）ことはできない。外国人相手に、アパートや土地を賃貸する不動産業はあっても、土地を売買する不動産業はヤップにはない。土地は、島の外部に対して商品化されていないのである[2]。

　ではお金を貸すときの担保（抵当）に土地を使う場合、どうなるのか。FSM 市民だけがヤップ州の土地を所有することが認められる。従って FSM 市民が所有する銀行（例えば FSM 開発銀号）だけが FSM 市民の土地を抵当としてとることができるのである。ヤップにあるハワイ銀行は FSM 市民だけによって所有されているわけではないので、たとえ FSM 市民が借金を返せなくても、ハワイ銀行は借り手の土地を担保として取り上げることはできない。

　新事業を始めるのに必要な多くの資金はどのようにして調達するのか。それは、貸し手（甲）と借り手（乙）の間に第三者（丙）を介在させ、元の乙が借金を

返済できない場合、丙が乙に代わってその返済を保証するというやり方を用いて、乙の負担（債務）を除去するのである。ヤップ以外のFSMの州ではこのやり方は合法的なものとして認められていたが、1993年以降、ヤップでもこれが認められるようになった（信託証書法　Deed of Trust）。

(4) ヤップでカード（VISA、MASTER、AMEX、JCB等）の使えるところは、コンチネンタル・ミクロネシア航空の営業所支店、マンタ・レイホテル他2・3箇所しかない。旅行者が使うのは、ほとんどドルの現金である。ヤップの人は、コロニアではカードを村では島貨を使えるが、外部からの旅行者は島貨で買い物をすることはできない。

クレジット・カードで買い物ができるのは、カード会社にクレジットを引き受けるか否かの照会（Authorization）をして、買い主の口座（残高？）をカード会社に認証してもらっているからである。そして、それができるのは、予めカード自体に磁気による番号が書き込まれており、しかもカードの発行者とカードで買える商品やサービスを提供する側が同じグループに加盟しているからである。どういう種類のカードが使えるかは小売店のレジやカウンター入口に予め表示されており、それがそのカードが使えることの証拠になるのである。小売店は、カード会社からお金を先払いしてもらっているわけで、カード会社は後で買い主の銀行口座から必要な額を引落とせばよい。カードでの買い物は、売り手と買い手の間にカード会社や銀行が介在することにより、単純な二人の間の二項関係が四項関係になっているのである。

これに対し、石貨は、プリペイドマネーとして使うことはできない。石貨でつけ買いをすることはできないのである。プリペイド・カード[3]なら、前払いされたカード記載の金額は、持参者が小売店で商品やサービスを購入すれば、その分だけ、金額情報が減額されることになる。例えば、テレホンカードの場合、使用した度数分だけ穴があけられ、残りの利用可能な度数はその分だけ減少する。

(5) 石貨を担保にして、別の石貨を借りることはできない。ヤップ島の石貨を、石貨を用いて独占する（または買い占める）ことはできない。これに対し、市場社会における貨幣は、自己増殖し資本形成を行なうことができる。

石貨のヤップ島外への移転が禁止されているので、ヤップの人の中には、ヤップにはお金がたまる一方であると考える人がいる。そのわけは、次の通りである。外国人は石貨を見るためにヤップを訪れ、島内にドルを落としてくれる。ヤップの人はドル貨を見るためにU.S.Aへ行ったりはしない。ドルは島外から

このヤップ島内に入ってくる。石貨は外国のお金を引き寄せる誘貨のようなものである。石貨は外国の貨幣を引きつける元金であり、ヤップの人にとってはまさに石貨銀行（Stone Money Bank）[4]である、と言うのである。

石貨は、その価値を自己増殖させることはない。1万円札は使っても1万円の価値があるように、石貨の場合も、使ってもその価値が減ることはない。カードは使えば金額が減少するが、石貨は使ってもその額が減少することはない。

ルル管区のある村（B）の石貨は、ガギル管区の別のある村（A）の石貨として、使われることがある。例えば、ルル管区のB村の住民が、ガギル管区のA村の住民を交通事故でケガさせたとする。被害者であるA村の住民が、加害者であるB村の住民に、あなたの家の石貨で損害賠償してほしいと請求すれば、加害者の石貨は実際にはBからAへ運搬されなくても、当事者間の約束で被害者のものになる（占有改定？）。この場合、他村（B村）にある特定の石貨は、自分（自村A）の石貨であるということになる。

(6) 紙幣やカードは偽造されたり変造されたりすることがあるが、石貨はそういうことがない。なぜなら、どの石貨を誰がどこに保有しているかを古老は知っており、彼は集会所（ファルー）で若い世代の人々にそれを教えるからである。

石貨は、家の前、道路側に向けて公開・展示されている。これに対し、現金やカードは財布やポケットの中にしまわれており、非公開である（他人のふところ具合はプライバシーである）。

現金（硬貨や紙幣）は盗まれると、盗んだ人が窃取した現金を使って買い物をしても、小売店の売主は現金の占有者がその正当な所有者であると推定するから、売買は有効に成立する（石貨ではこういうことはない）。

カードの場合、偽造や変造されたカードを機械が排除しないで受け付けてしまえば、現金と同様、自動的に有効なカードとして、商品やサービスが提供される。しかし機械がカードを排除すると、カードは貨幣としての購買力を喪失する。

石貨の場合、一つ一つの石貨に固有名と言われ（伝承）が口頭によりついて回るので、偽造されたり変造されたりするとすぐにそれが判明し、貨幣としての通用力を喪失する。

(7) カードでキャッシング（現金支払い）をすることができるが、石貨でキャッシング（この場合は石貨を出してもらうこと）はできない。先述したように、石貨は、通貨としてヤップ本島を超えて成長・拡大することはない[5]。

円もドルもポンドもフランも元も、貨幣には基本単位があって、物の値段は、この基本単位の何倍であるかにより数字で表示される。しかし、石貨の場合、各石貨に共通の基本単位やその名称がなく、すべての石貨を総額で幾らであると表示することはできない。石貨は、硬貨のように耐久性のある貨幣ではあるが、溶解し分割できるという性質をもたないため、お金を両替（くずす）することができない。例えば円なら、何百何十何円というように、精確におつりを計算することができるのに対し、石貨では、おつりを精確に渡すことはできない。

　石貨には、表面に額面価値が幾らであるのかの表示がなく、その価値はヤップ社会の内部でのみ決定される。ヤップ社会の外部では、石貨は穴のあいた古い石ころとさほど変わらない。1万円札や50ドル紙幣は、それ自体が1万円であること、50ドルであることが、紙に印刷された数字で示されている。

　石貨は、ヤップ社会ではそれをもつ自分が一定の親族や村落のメンバーであることを保証する会員証としても機能している。IDカードや会員証は、それが広範な通用性をもつカードであれば、世界中たいていの場所で身分を保証してくれる一つの証拠として機能する。石貨はヤップ社会以外では、そのような機能をもたない。

(8)　石貨の素材は石、硬貨の素材は金属、紙幣の素材は紙、カードの素材はプラスチック、電子マネーの素材はICまたはデジタル・データである。

　石貨は、往復1000km近くもかかるパラオからカヌーでヤップに持ち込まれた穴のあいた円形の霰石製の石でなければならない。

　硬貨は、アルミ、銅、銀、金などの固まりから、一定の形、大きさ、重さ、刻印を押されたものでなければならない。

　紙幣は、透かしの入った一定の良質の紙に、大蔵省の印刷局が一定の大きさ、形、数種類の特殊インクを使った絵や数字を印刷したものでなければならない。

　カードは、一定のプラスチック板に、特殊な磁気で数字（濃淡のついたバーコード）を刻印したものでなければならない。

　IC型電子マネーは、ICチップにオリジネータが現金データを充填し、データのチェック機能や保管機能、不正アクセスの排除機能をもつものでなければならない。

　ネットワーク型電子マネーは、サイバー・スペースに、ブラインド署名により暗号印をつけられたデジタル・データ（e-cash）でなければならない。

　硬貨、紙幣は現実の銀行に預入れができるが、石貨やカードは預入れができな

い。電子マネーは仮想銀行に預入れや引き出しをすることができる。

　石貨は、人の手で穴をあけた丸い石に財産的権利をくくりつけたものである。これに対し、硬貨、紙幣、カードは進んだ印刷・刻印技術により、機械が金属、紙、プラスチックカードに財産的権利をくくりつけたものである。他方電子マネーは、暗号技術を使って署名されたデータに、コンピュータを使って財産的権利をくくりつけたものである。

　石貨では、それ自体がマネーであるが、マネーを入れる財布はなく、持ち運ぶことはできない。これに対し、硬貨、紙幣（カード）では、それら自体がマネーであり、マネーを財布に入れて持ち運ぶことができる。他方電子マネーでは、ICカードが財布で、カードの中のデータがマネーであると言え、マネーそのものの電子化、それへのアクセス手段の電子化により、マネーは瞬時に世界中どこへでも送金することができる（貨幣の流通速度が最速である）。

　(9)　ヤップに行ってみると、石貨がたくさんあった。緑色のコケに覆われた石貨、ピンクに白色が混ざった石貨、茶色の少し縁が欠けた石貨、厚みのある石貨、中心の穴から外側の円周に向かって3段もの円心円の段差のある石貨、直径の大きい石貨、小さい石貨、実にいろいろな石貨をみることができた。

　実は、私はヤップで初めて気付いたことがある。石貨の穴は、お金を竹でかついで運ぶためにだけあけられたのではない、のではないかということである。ヤップの人々は、お金の中心には何もないということ（象徴としての貨幣）を、石貨の穴によって人々に示したかったのではなかろうか。穴があいているのに、そこに金銀財宝が一杯積まっているように考え、その向こうに特別な金融空間が展開しているように錯覚しているのが市場社会なのではないか。

　ヤップに滞在して、私は、石貨の眼になってこの世界を見ようとした。石貨の穴から見えた世界は、青い空、碧い海、白い砂浜、緑の山々、家族や親族を大切にする人々の伝統的な生活、すなわち欧米人と接触する以前の古ヤップの世界の一端であったように思う。しかし熱帯の余りにも強烈な太陽の日の下で、私の目は、見るべきもの[6]を見落としてしまったかもしれない。もしそうなら、再度ヤップを訪れて、勉強し直さなくてはならないだろう。

1　1998年3月13日現在、離島のウルシー島民がヤップ島から石貨を持ち出したとして刑事事件となっている。ヤップ州法の「酋長と伝統法」の第409条（5 YSC409）は、歴史的財産を傷つけたり移動することを禁止しており、違反者は410条により1年未満

の収監または2000ドルを超えない罰金またはその両方の罰が科せられる。
2　土地（tabinaw）は売買されるのではなく、交換され、買い手は売り手に対し親類同様になることを意味する。タビナウというヤップ語は、土、地所、家族、世帯などの意味をもつ。日本語の「いえ」「しま」「とこ」、沖縄方言の「ヤー（家）」「はら（腹）」、どれをとってもピッタリ対応する言葉は見つからない。
3　ヤップから日本へコレクト・コールをかけることはできない。ヤップからコレクト・コールができるのはハワイのみである。また公衆電話ボックスがないため、ヤップではカードを使って島外の人と電話を通してコミュニケーションをとることができない（但し、これは1998年3月中旬のことである）。
4　本来の Stone Money Bank の意味は、石貨が列をなしてずっと並んでいることを意味する。
5　1929年に日本人がヤップ本島の石貨の数を数えたところ13281個あったとのことである。1965年に、人類学者がヤップ本島で石貨を数えたところ約半数の6600個であった。第二次大戦中、日本人は石貨を防弾壁や舟のいかりとして用い、かなりの数が失われた。その他、台風時の洪水や土砂崩れのため押し流されたり土中に埋まったものもある。第1次大戦が始まった1914年に石貨の切り出しはほとんどなくなった。パラオで切り出された最後の石貨は、トミル管区のデーチムル出身の男が、1931年にパラオのアンガウル島で切り出し、1932年にヤップ本島に持ち帰ったものであると言われている。しかし、この石貨は後に、日本軍の空港建設のために使われ、破壊されたとのことである。

　日本軍の空港建設は、1941年頃から始められ、11才〜50才までのヤップ人男子をかり集め、2年間かけて、ショベルとスコップを使った人力で行なわれた。1943年3月に空港はアメリカ軍の爆撃を受け、滑走路に穴があき、一度は修理したが1944年、アメリカ軍の飛行機が再び爆撃したのでその後は放置されたままになっている。現在のヤップ国際空港はアメリカが別の場所に作ったものである。
6　貨幣（ヤップ本島の石貨、ヤップ離島の貝貨、ヤップ本島都市部のドル、外国のドル市場圏のドル、サイバースペースの仮想通貨）を用いての事物の交換とその交換の枠組を支持する法秩序（一定の取引を合法（inlaws）または違法（outlaws）とする規範）が、それぞれの社会でどのような象徴的意味・文化的意味をもっているのか、の問題である。

参考文献

高岡熊雄『ドイツ内南洋統治史論』日本学術振興会、1954年
外務省編『外地法制誌　第10巻』文生書院、1990年
岩村　充『電子マネー入門』日本経済新聞社、1996年
Lingenfelter. S. G., 1975, Yap: Political Leadership and Culture Change in an Island Society, The Univ. Press of Hawaii
Labby. D, 1976, The Demystification of Yap Univ of Chicago Press

J. Parry and M. Bloch ed. 1989, Money and the Morality of Exchange, Cambridge Univ. Press

Saipan Publication Office, 1956, Yap: our Island

終　章　西欧近代法と南島法の研究

一　「守禮之邦」から「守法の国」へ

　昔から、人間は、さまざまな場所でいろいろな門や扉を建てて来た。一つの社会・時代・文化を象徴する施設や建築物への門（入口）にはどのような言葉（標語や表札等）が掲げられて来たのか、またその言葉は門の内部空間と外部空間をどのように接合することを目指したのか（理念）また接合したのか（現実）、門の入口と出口の両側に同じ言葉が掲げられて来たのか等に注目すると興味深いことが分かる。

　紀元前387年頃にポリスの指導者・立法者を養成するために創られ、ローマ法大全で有名なユスティニアヌスが紀元後の529年に解散を命じるまでの約900年間、維持されていたアカデメイアの入口の門には、プラトンによれば、「幾何学を知らざる者は入るべからず」との標語が掲げられていたらしい（但し、その卒業生が卒業後も幾何学者と言える業績を残したかどうかは判明でない）。

　教会のほかに救いはないとされる天国への門について、バチカンの聖ピエトロ寺院大聖堂の丸屋根下の円環部分には、「あなたはペテロである。私はこの石の上に私の教会を建てよう。そしてあなたに、天の王国の鍵を授けよう」との銘文が書かれているそうである。大聖堂の扉は「聖なる扉」であり、キリストは「私は門である。私を通って入る者は救われる。その人は、門を出入りして牧草を見つける」ことを示したと解されている。

　アウシュビィッツのユダヤ人強制労働収容所の入口には「労働はあなたを自由にする」との言葉が掲げられていたそうである。ナチスは、ドイツの全占領地からユダヤ人をアウシュビィッツ等の絶滅目的の強制収容所へ移送し、ガス室などで大量殺戮（160万人以上を殺害）したと言われている。

　アメリカ人ペリーが、1853年6月に首里城を訪ねたときのW.ハイネの手になる石版画には、「守礼の門の扁額には『中山府』と記されている」。上原正稔氏は、この文字は「守禮之邦」となるべき」であると述べておられる（照屋善彦氏監修『青い目が見た「大琉球」』ニライ社、1987年、88頁）。西欧人にとっては、「守禮」か

「守法」か、「邦」か「國」かは、問題でなくどうでもよかったのかもしれない。

中国の伝統的礼法秩序（礼治システム）論によれば、華夷秩序の中の子（臣下）である日本は、忠孝の礼に反し、親（君主）を侵略し、天皇制を唯一の正しい価値とみなしその価値の受け入れをアジア諸国に強制するという逆道を歩んだことになる。中華という世界の華夷秩序（正道）を踏み外した日本は、天の秩序を受けた琉球国王を琉球処分により廃位し、天理の表現としての礼に反した非礼で失礼な国家ということになる。

しかも、日本政府は、日本軍のアジア侵略の記述をめぐる歴史教科書問題、台湾人である元日本軍兵士に対する戦後賠償問題、首相や閣僚による靖国神社参拝問題等において、今なおその無礼な行為の反省を行動で示していない。日本の安保理常任理事国入りなど論外である。このような諸問題を通しての日中・日韓の間の敵対関係が今後とも維持され、そして日米同盟の強化・拡大が一層進行すれば、東アジアにおける緊張が一層深化し、それが将来米中日韓朝間の対立関係を拡大・強化する可能性がある。

日本軍によるハワイの真珠湾攻撃に始まった第二次大戦の終結の一つのきっかけは沖縄戦（約3カ月間の戦闘で沖縄県援護課の発表では約20万人の死者が出た）であった。ハワイと琉球という二つの王国は、社会の近代化の過程で、ハワイはアメリカの州となり（1895年ハワイ王国滅亡、1898年準州となり、1959年アメリカ50番目の州になった）、琉球は日本の県となった（1872年に琉球王国が廃止され琉球藩が設置された廃国置藩が行なわれ、1879年琉球藩は沖縄県となった）。アメリカは、大戦後、1972年まで、沖縄を統治したが、日本全土の土地面積の0.6％しかない沖縄に在日米軍専用施設面積の約74％が現在も集中しており、この意味で、沖縄は、本土復帰しても、数字上、今なお米軍の支配下にあるとも言える。

沖縄のみならず日本政府も、アメリカが割り当てた範囲（年次改革要望書）の中で外交・経済政策を立案、実施しており、未だに、ロシアと平和条約を締結していない。北朝鮮は水爆保有を宣言し、台湾の一部の人々は台湾独立と憲法改正を目指している。中国は、2005年3月、反国家分裂法を制定し、一つの中国に反する台湾の独立は許さないという姿勢を内外に示した。台湾独立派を牽制している中国は、過去軍事費を増大し続けており、これまでの東アジア地域や南シナ海の政治・軍事的状況が、今後も現状のまま維持されるとは限らない。

日米両国のネオコン達は、中国の経済発展と軍備の拡大・高度化が、日米による対中国の政治・軍事政策を左右すると考えている。特に日本のネオコンは、米

軍の圧倒的な軍事力が、東アジアの安定にとって不可欠であると考えている。麻生外務大臣（当時の）は、「靖国の話をするのは世界で中国と韓国だけ。ほかから言われたことはほとんどない」と言い、外務大臣であるにも拘らず、彼の目には中国と韓国は存在しないも同然である。彼は、「日本が孤立しているとか、好かれていないとか、どうでもいいことは気にしなくていい」と述べている。

　チャルマーズ・ジョンソンによれば、アメリカ国民が他国の人々と大きく違っているのは、米国が軍事力で世界を支配していることを認めない、あるいは認めたがらない点だそうである。アメリカ国民の多くは、米軍基地のネットワークが地球を一周している事実を知らないらしい。他方、平和ボケした日本では、平和憲法は武力行使をせず、国際平和に貢献していくためにあると考えている野党に対し、政府は逆に、今の憲法が足かせとなって海外平和貢献・援助ができないと考えている。憲法については、日本は、政権担当政党が結党以来その改正を党綱領の一つにしている珍しい立憲民主主義国家である。

　米軍再編と普天間海兵隊基地の名護市辺野古への移設をめぐり、県内世論は揺らいでいる。ヤマト化した沖縄は、これからどのような道を歩むのだろうか。沖縄の進もうとする道は、①ヤマトと一層一体化する道なのか、②中国と一体化する道なのか、③アメリカと一体化する道なのか、④伝統沖縄へ回帰する道なのか、⑤沖縄を中心とする新しい東アジア共同体を形成する道なのか等、幾つかの道がありうる。沖縄は、独立国への道を進むのか、それとも、日本、中国、アメリカに通じる道に寄り道しながら、新しい道をジグザグ進むのか。どのような道にしても、沖縄は、かつて日本が、「大東亜共栄圏」「五族協和」「八紘一宇」の大義の名の下に行った侵略戦争への道を再び辿り、多大の犠牲者を出す破滅への道を歩むことは避けるべきである。

　近年の映画であるスターゲイト、またコンピュータ・ソフトの帝王と呼ばれ、グローバルな新世界秩序形成に取り組んでいるビル・ゲイツ（「門建設」）は、それぞれどのような異次元空間やバーチャルなネット空間への門を開くのか。司法制度改革後の沖縄の「守法の国」への道は、これまでそうであったように、これからも法的チャンプラリズムで進むように思われる。国際海洋法を無視して南シナ海のサンゴ礁を埋め立てして自国の固有の領土・領海と主張する中国、また六カ国協議に反して核実験やミサイル開発を続ける北朝鮮に対して、沖縄は、これから、どのような安全保障の道を進もうとしているのか、道の島に住む者の一人として未知の道が気になる、昨今である。

二　西欧近代法の特質

　明治以降に日本が継受した、また19世紀以降（但し、スペインは16世紀以降キリスト教布教活動をしていた）本格的にミクロネシアに移植された西欧近代法は、そもそも都市国家的な法としてまず発達した。古代の地中海東部の都市国は、古代ギリシャの哲学と民主主義を生み出した。古代～中世にかけて、都市に住む自由人は、田舎に居住する生粋の農民達を恐怖と軽蔑の目で見ていた。しかし、キリスト教が、都市生活者も農村生活者も同じ教会の信者であるという見方を広めた。

　8世紀～11世紀にかけて南欧の都市国家法はアルプスを越えた北方のゲルマン世界に適用され始めた。そのきっかけは、711年、ウマイヤ朝ムスリムの攻撃による西ゴート王国の滅亡であった。ムスリムは、その後何回かフランク王国に侵入したが、732年トゥール・ポワティエ間の戦いでカール・マルテルは、イスラム軍を撃退し、西方キリスト世界を外敵から守った。

　(1)中世の西欧法と近代西欧植民地法との間には、キリスト教の拡大を通じての連続性があった。実は、イベリア半島のレコンキスタは、後の時代のスペイン・ポルトガルによるインディオス征服の前哨戦であったのである。イベリア半島のレコンキスタは、君主がキリスト教徒の将軍に、封建的なエンコミエンダとそれに伴うムスリムに対する統治権を委ねるという形で実施された。但し、このエンコミエンダは法的権利ではなかった。封臣が受け取ったムスリムに対する統治権は、ムスリムをできるだけ、キリスト教徒に改宗させるようにとの義務を負っていた。エンコミエンダは、未開地域において権力と法との関係を整理する必要性に直面した団体であった。

　(2)修道院と教区教会によるアルプス以北の未開地域へのキリスト教の布教は、当該地域における人々の日常世界を変化させた。

　各修道院は、母修道院が娘修道院を設立するという形で規則と悔悛者を支配した。各地の修道院を支配するためのこの内部の法は、また、世俗社会を治めた教会法の基礎の一部分にもなった。修道院は、地域の人々の読み書き力や物的財産の認可問題を成文法で処理する中心地であった。またキリストによる最後の審判において、クリスチャンは全員、その居住場所も地位も威厳も関係なく、すべて神の法によって裁かれる対象となったので、教会は、世俗においても信者の生活を支配した。

(3)中世イギリスにおける地方の慣習的権能（power）と中央の君主権能（power）とを整理する過程で、後の西欧による世界の植民地化のための幾つかのモデルが出現した。

①王府は、地方の「慣習上の権利」の中身を尊重することに同意するが、それらの権利に関する訴訟は、王の定めた手続法に従い、国王裁判所で審理されると主張した。

②地方公共団体の自治や慣習的制度の衰退

③手続きについては正しいが、実体的権利については必ずしも正しいとは限らない法律（⇒フィクションとしての共通法 ius commune）

(4)西欧近代社会においては、法実証主義的思想が発展し普及した。その意義は次の３点にある。

①法は権力や実力そして外部の強制によって裏打ちされた命令であること。

②法と道徳を相互に別個のものと見るべきであり、また見なければならないこと。

特定の命令やルールや原則が法と見做されるべきであるかどうかを決める場合、人は、その内容によってではなく、それが特定の裁判管轄をもつ手続的に正しく採用された法であるかどうか、という単に形式的源（例えば、承認のルールや社会の根本規範）のみを考慮すればよいということ。

西欧中世における田舎の人々に対する王法の適用は、ギリシャ・ローマの都市法（市民法）による田舎の植民地化をもたらした（→十字軍（聖戦）としての西欧法）。

こうした西欧法による未開地域の植民地化の例としては、ⓐラテンアメリカにおけるインディオスの支配（但し、大勢には影響しなかったものの、サラマンカ学派の法律家や地元の宣教師の抵抗があった）、ⓑ商人と並んで先頭を歩んだイエズス会士の東アジアにおけるキリスト教布教活動（例えば、フランシスコ・ザビエルなど）、ⓒイギリス領インドにおけるイギリスの支配、などを指摘することができる。

その後の西欧における宗教改革は、世俗的には、西ヨーロッパの諸民族が民族統合のシンボルとして宗教をローマ教会から相対的に独立させようとする民族独立運動であり、同時に、教会体制下の政治権力を覆して新しい政治体制を実現しようとする権力闘争でもあった。

三十年戦争（1618-48）は、西欧における近代民族国家の成立を促したが、絶対主義王政下の法と法思想は次の特色をもっていた。

㋐「国家と教会の一体性の理念」による国家教会の確立（例えば、イギリス国教

会、フランスの国家教会主義等）。

　④国家統治のための政府機構と官僚機構の形成。中央官庁は量質ともに充実し始め、裁判所についても上訴制度の確立や民事裁判と刑事裁判の分離が進行した。権力者の私的・慣行的支配から、主権者の公的・制度的統治へと移った（→専門的法律家の増加と、その養成機関としての法学校や新設大学の役割の増大）。

　⑨王権の絶対性をそれ自体の論理で正当化する王権神授説と王権絶対論（例えば、イタリアのマキァヴェリ（1469-1527）、フランスのジャン・ボダン（1530-96）、イギリスのホッブス（1688-1679）など）。

三　南島法と時間

　法が、不変的当為としての規範的側面をもつのみならず、可変的事実としての社会的側面を併せもつことは確かである。「時が経てば法も変わる」、「法と国家の死滅論」、「法進化論」のような「時間のなかの法」、また「時効論」、「期間と期限」、「受領遅滞や履行遅滞」、「裁判における時機に後れた攻撃防御方法の却下」、「法律不遡及の原則」、「事情変更の原則」、「後法は前法を破る」、「戦争と武力の行使の永久放棄」、「永久の権利としての基本的人権」等のような実定「法のなかの時間」に関する話題は、少なくない。

　しかし、共同体のゆとりに富んだ自由時間の世界に住む住民の多い南島法に目を転じるとき、先進国に住まう近代市民は、人工的に作られた時計時間に支配される不自由時間（ゆとりのない画一的時間）の世界に住んでいるのではないか、ということに気付かされることがある。一部の人々は、太陽が昇ると目を覚まし、漁や耕作から得た食物で食事をし、衣類を編んだり、必要に応じて住居を建て替えたりして、日が沈むと眠るという自然のリズムに合致した自然時間の世界に生活している。人々は、ゆとりのある自由時間（親子・兄弟や親族を大切にする親族的時間、友人や近所のつき合いの時間）を大切にしており、それをゆとりのない公式の国家的時間（公的労働の時間）よりも優先する傾向がある。「法の支配」があるからこそ、人々は自由でありながら社会で秩序ある共同生活を送ることが可能となるとの思想を前提する西欧近代法は、果たして南島の人々よりもずっと自由、平等な生活をしていると言えるだろうか。

　熱帯気候帯に属するヤップやパラオの離島の住民の中には、原則として自然の時間・法に服従しており、国家の決めた時間や法のみに必ずしも服従しようとは

考えない。国家法は「法であると自称しているに過ぎない法」である。例えば、ミクロネシア連邦憲法は、第2条最高法規の第一節において「この憲法は、国民主権の表現であり、ミクロネシア連邦の最高法規である。この憲法と矛盾する政府の措置は、矛盾する限度においてその効力を有しないものとする。」と規定する。一方、同憲法の第五条伝統的諸権利において「第一節　この憲法における、いかなる条項も、慣習および伝統によって承認されている伝統的な指導者の役割または機能を喪失させるものではなく、また、伝統的な指導者が、この憲法または制定法により定められたあらゆる種類の政府において、承認され、尊敬され、かつ正式のまたは機能的な役割を有することを妨げるものではない。第二節　ミクロネシア連邦の国民の伝統は、制定法によりこれを保護することができる。ミクロネシアの伝統の保護のための政府の措置が第四条に違背するものとして争われた場合、ミクロネシアの伝統の保護を、そのような措置を是認する最も優先する社会的目的と考えられなければならない。第三節　連邦議会は、必要と認めるとき、伝統的な指導者を有する州の場合はその指導者、および、伝統的な指導者を有しない州の場合には、選挙によって選ばれた代表者により構成される首長会議を設置することができる。伝統的な指導者を有する州の憲法は、その者のために積極的かつ機能的な役割を定めることができる。」と規定している。つまり、最高法規である憲法においても、実社会における伝統的な指導者である「酋長(chief)」の役割が大きいのである。

　沖縄県は、平和を祈念する意味から、沖縄戦が終了した6月23日を毎年「慰霊の日」として休日にしている。この日は、国の機関（官庁）や米軍基地で働く日本人労働者は休みではなく、働いていた（但し、何年か前まで、日本人基地労働者はアメリカ独立記念日は休みであった）。6月23日は、平和を祈念する沖縄県や市町村の役所、私立学校等は休みとなっている。この日は、沖縄の時間（ウチナータイム）が国家法の時間規定に優越することを示している。

　なお、「法と時間」の問題は、「法の支配（rule of law）」概念や近代の法実証主義の見直しにつながるとも考えられる。なぜなら、現在の議会における立法は、過去からの因果関係の結果であるものの、その目的は現在における未来の方向づけ（現在による未来の固定化）であり、そのことがどのようにして可能となるのかについては、「法の支配」の「法」概念及びその前提にある「現在の法」の「現在」概念の理解が論者によって、必ずしも明らかでないからである。また、法実証主義は、「在るべき法」ではなく「在る法」を在るがままに把握すると主張するも

のの、その方法については万人を理論的に説得できる説明がなく、その原因の一つに功利主義的・進化論的時間概念があげられよう。

変動するのがあるがままの法であるとすれば、異なる時間系のなかの法体系は、異なる法体系となる。異なる時間系における秩序化は、時間系と特定の歴史的社会の文化によって異なってくる。あるがままの法が変動するなら、法体系の表見上の静止は、むしろ歴史的社会の人と人・団体（法主体）間の恒常的関係を表わしている。この恒常的関係が、社会を秩序化する時間系を規定する

＜法の支配と民主主義＞
例えば、新法に遡及効を認め、支配者の既得権や利益を剥奪してまで新法の支配を貫徹しようとするのは革命であるのに対し、既得権や利益を保護し、新法の遡及効を認めないのは保守主義であるとすれば、「法の支配」と言うときの「法」（法律意思）はどこまで「新法の支配」であり、どこまで「旧法の支配」であるのか、「法の支配」と民主主義との闘係は、時間論からみても、必ずしも明らかではない。

南島社会を秩序化する法体系上の恒常的な表見上の静止（戦争や武力行使の永久放棄、基本的人権の永久的保障の理念）の意味を、変動する歴史的社会の現実の中で実現するにはどうすればいいのか。

南島法を研究する上での、基準となる法概念のジャイロスコープの役割が、新たに求められている。特に、法であるもの（what is law）と法でないもの（what isn't law）との識別基準について、ハートのような「違反者に対する公に制度化された制裁機構を備えていれば、そこに法が存在する」と言うことができるのか（但し、「公に」とはどういうことなのか、公とは国家に限定されるのか。公私が分かれていない社会には法は存在しないのか）。それとも、国家が有ろうが無かろうが、或る社会集団内部で規範的秩序を維持する規制作用があれば、その集団には法がある、と言えるのか。それとも、ムーア（S. F. Moore）が言うように、「準社会的自律集団（SASF; semi-autonomous social field）の秩序」が法であるのか。さらに、法的規範秩序と非法的規範秩序との間には明確な境界線を引くことができないのか。これまでのような国家法一元論は、急速にグローバル化している現代において、国家としての求心力と遠心力、集権化と分権化のバランスを図ることが困難な状況に直面している。

東アジアの平和に限定しても、例えば北朝鮮の核開発とミサイル問題をめぐる6か国協議を考える場合、今は、その会議の開催自体について合意の成立が困難な状況（開催できる条件とは何か、その順序と手続きはどうあるべきかなど）である。また

海洋法条約に違反する中国による南シナ海のサンゴ礁埋め立てと領有の主張、尖閣諸島をめぐる中国と日本の間の衝突、竹島の領有権をめぐる韓国と日本の間の衝突等を考えると、平和実現のためには、孫子が言うように、自分の国の法を知り、相手の国の法を知れば、国際法的紛争危うからず、と言えるかどうか。先入観や偏見を、できる限りもたない事実認識は、すべての議論の前提である。だが、実は、それが簡単なことではない。国家を超えた内外の「在る法」をあるがままに知ることは、どうすれば可能になるのか。動いている船の中から、動きながら姿を変えている南島法をあるがままに認識する作業は、言うは易く行いは難い作業である。

あとがき

　本書は、これまで筆者が発表した論説や研究ノートや調査報告等のうち、南島法研究に関わりの深いものを中心に整理したものである。このきっかけになったのは、2015年11月上旬に沖縄で開催された日本法哲学会の沖縄特別シンポジウムであった。このシンポジウムの開催を法哲学会の理事役員から持ち掛けられた筆者は、与えられた制限時間のなかで、どうすれば沖縄の現状と課題を全国各地から参加される会員の方々にお伝えすることができるかを小柳正弘会員と一緒に考えた。そのためには、土曜日の沖縄県市町村自治会館内でのシンポジウムの他に、月曜日に沖縄を取り巻く法的現状の一部をバスに乗って現地視察して頂くのがよいのではないかと考え、亀本洋理事長と濱真一郎理事にお話を申し上げたところ仮了解されたので、現地視察の日程を調整させて頂いた。しかし、シンポジウムや現地視察を計画しているうちに、まだまだ伝達が困難なテーマがあり、それについては現地の開催責任者の方で補充報告するしかないのではないかと思うようになった。

　哲学は、書物の言葉だけから始まるわけではなく、現場体験からも始まることがあるのではないか。東京や京都や大阪などの本土大都市だけではなく、沖縄で開催される学会だからこそ、沖縄の現状・課題を哲学して頂くのがよいのではないか。目に見える文字としての制定法だけでなく、制定法ではない目に見えない慣習法にこそ南島法の特徴が表れているのではないか。目に見えない慣習規範を通して、目に見える現実社会やその法的構成を考えることが大切なのではないか。そう考え始めたときに、筆者の研究室の隣室におられる中野正剛教授から、成文堂から本を出してみませんかというお話があり、筆者はこの提案に賛同し、この度本書を成文堂から刊行する運びになった。この場をお借りして、中野教授と成文堂社長の阿部成一様に御礼申し上げる。

　拙い著作であるが、本書刊行にあたっては、多くの方々にお世話・ご指導を頂いたことに対して感謝を申し上げる。まず、私がこの世に生まれなければ執筆すること自体ができなかったという意味で、亡き両親に感謝したい。次に、関西学院大学の学部・大学院の恩師故飛澤謙一と故及川伸の両先生、大阪大学大学院の故矢崎光圀先生、都立大学の故千葉正士先生、名古屋大学の安田信之先生など、

多くの先生方にご指導・お世話を頂戴したことに厚く御礼申し上げる。特に千葉正士先生とは、1987年に神戸で開かれたIVR世界大会の懇親会の会場で偶然隣の席に座ることになり、それ以来筆者のケント大学留学の際にはFits Patrick教授への紹介状を頂くなど、大変お世話になった。先生には、多くのことを学ばせて頂き、深く感謝を申し上げる。

　沖縄国際大学に赴任して以降は、当時法学部長を務めておられた緑間栄教授の他、福里盛雄、渡嘉敷一郎、故嘉陽安則、高良阮二、故山城将美、西原森茂、宮平魏秀その他の先生方にお世話になった。思い返せば、関西学院大学の大学院在学以降、多くの友人や先輩にお世話になり、またいろいろ学ばせて頂いた。友人や先輩方の名前を数え顔を思い起こすと、さまざまの思い出が脳裏に蘇る。周りの方々の助言に本書が適切に応えられているか否か、心もとない。足りないところ、重複しているところ、内容が明確でないところ等については、今後、修正を加えていきたい。法規範の論理的側面と哲学的側面については、後日、追加発表できればと考えている。国家がその通用を保証するとは限らない仮想通貨（virtual money）の出現・普及が、納税や賃金支払いを除き、法定通貨の世界にどのような融合と分業をもたらし、法律・通貨の多元的現実が既存の国家法体制をどう変容させるか、その仕組み（「法の支配」と「マネーの支配」の相互関係）等の解明についても、今後の残された課題である。

　最後に、本書出版に当たり、沖縄国際大学研究成果刊行奨励費の支援を頂いたことに対して、また、父母や妻のほかこれまでいろいろお世話になったすべての方々に対して、心より御礼を申し上げる。

　　2017年2月

　　　　　　　　　　　　　　　　　　　　　　　　徳　永　賢　治

著者紹介

徳永賢治（とくなが けんじ）
1949年　3月13日生まれ
1971年　関西学院大学法学部卒業
1976年　同大学大学院法学研究科博士課程単位取得退学
1978年　沖縄国際大学法学部専任講師
現　在　沖縄国際大学法学部教授

南島法と多元的法体制

2017年3月20日　初版第1刷発行

著　者　徳　永　賢　治
発行者　阿　部　成　一

162-0041　東京都新宿区早稲田鶴巻町514
発行所　株式会社　成　文　堂
電話 03(3203)9201(代)　FAX 03(3203)9206
http://www.seibundoh.co.jp

製版・印刷　藤原印刷　　　　　　製本　佐抜製本
©2017 K. Tokunaga　　Printed in Japan
☆乱丁・落丁本はおとりかえいたします☆
ISBN978-4-7923-0609-0 C3032　　　検印省略

定価(本体8000円+税)